Die Verfolgung der Prophetin Gottes
und der Nachfolger des Jesus von Nazareth

Die Verfolgung der Prophetin Gottes und der Nachfolger des Jesus von Nazareth

Die Geschichte der Grausamkeit von Kirche und Staat

Was Sie hier lesen, ist nur die Spitze des Eisbergs

Zusammengestellt
von Matthias Holzbauer

Gabriele-Verlag
Das Wort

Der freie universale Geist
ist die Lehre der Gottes- und Nächstenliebe
an Mensch, Natur und Tieren

Die Verfolgung der Prophetin Gottes
und der Nachfolger des Jesus von Nazareth
Die Geschichte der Grausamkeit
von Kirche und Staat
1. Auflage Dezember 2017
© Gabriele-Verlag Das Wort GmbH
Max-Braun-Str. 2, 97828 Marktheidenfeld
Tel. 09391/504-135, Fax 09391/504-133
Internet: www.gabriele-verlag.de
Alle Rechte vorbehalten.

Druck: KlarDruck GmbH, Marktheidenfeld

ISBN 978-3-89201-950-3

Sie werden staunen:
so ein dickes Buch -
nur Verfolgung.

Aber 40 Jahre war es so:
Verfolgung über Verfolgung.

So war es im Mittelalter,
so ist es heute.
Lesen Sie die Einführung.

Inhalt:

Zur Einführung: Die Hintergründe 9
  Das Ewige Wort, der Eine Gott
  von Abraham bis Gabriele
  Gottespropheten klären auf:
  Das System Baal 12

Gefährden diktatorische Religionen
unsere Demokratie? 40

1. Einleitung 69

2. Die Handreichung des Christus Gottes
   wird ausgeschlagen 74

3. Die Verleumdungen beginnen
   (1981-1984) 80

4. Erste Betriebe der Urchristen werden
   bekämpft oder verhindert (1984) 145

5. Die Hetzkampagne der Kirchen gegen ein
   Gewerbeprojekt in Würzburg (1985) 166

6. Die Vertreibung der Christusfreunde
   aus Hettstadt (1985-1996) 208

7. Kirchliche Angriffe gegen eine Naturklinik
   (1986-1997) 266

8. Der moderne Inquisitor Wolfgang Behnk
   (1991-1999) 298

9. Eine urchristliche Schule?
   Das darf nicht sein! (1986-2011) 352

10. „Endzeitapostel" oder: Gott hat
    rechtzeitig gewarnt (1985-2000) 382

11. Staat und Justiz unter der Fuchtel
    der Kirche 409

12. Die Auswirkungen der Verleumdungen ... 469

12.1. Stört die Aktivitäten ihrer
      Glaubensgemeinschaft! 471

12.2. Entzieht ihnen die Lebensgrundlage! 481

12.3. Isoliert und diskriminiert jeden Einzelnen
      von ihnen! 544

13. Trotz Anfeindungen und Schikanen:
    Das Friedensreich entsteht 560

Anhang

Offener Brief an Politiker und Mitglieder
des Deutschen Bundestages 637

Weitere Leserbriefe 643

Zur Einführung:
Die Hintergründe

„Die Verfolgung der Prophetin Gottes und der Nachfolger des Jesus von Nazareth. Die Geschichte der Grausamkeit von Staat und Kirche" – worum geht es in diesem Buch?

Es geht um Gabriele, die Prophetin und Botschafterin Gottes in unserer Zeit. Sie erhielt von Gott, dem Ur-Ewigen, den Auftrag, die Lehren des Reiches Gottes auf diese Erde zu bringen, soweit diese mit den Worten der Menschen wiedergegeben werden können.
Sie hat diesen Auftrag erfüllt. In wenigen Jahrzehnten ist durch ihren unermüdlichen Einsatz ein weltweites Werk entstanden, das über Rundfunk- und Fernsehstationen hinausgeht. Die Ergebnisse sind in vielen Sprachen im Zelt Gottes unter den Menschen mit der Sophia-Bibliothek, der Bundeslade des Freien Geistes, in Wort, Bild und Ton für jedermann frei zugänglich.
Doch gegen welche Widerstände musste alles errungen werden? Mit wie viel Leid war diese übermenschliche Leistung verbunden? Wie viel seelische Grausamkeit vonseiten ihrer Peiniger musste

die Prophetin Gottes erdulden? Darum geht es in diesem Buch.

Die Talarträger von heute, die Priestermänner der kirchlichen Institutionen, gingen über Jahrzehnte mit Unwahrheiten und Verdächtigungen, mit permanenter Hetze gegen das Wort aus den Himmeln vor, gegen die Wortträgerin Gabriele und gegen alle, die sich mit ihr gemeinsam für ein Leben nach der Bergpredigt des Jesus von Nazareth einsetzen. Die in diesem Buch geschilderten Ereignisse sind Teil eines jahrtausendelangen Kampfes der Priestermänner aller Zeiten, die sich im Gefolge des Götzen Baal befinden, gegen die Wortträger Gottes. Sie verleumdeten und verhöhnten die Gottespropheten der Israeliten, sie veranlassten die grausame Folterung und Ermordung des Jesus, des Christus, und sie rotteten mit Schwert und Scheiterhaufen die zahlreichen Bewegungen aus, die im Mittelalter an den Strom des Urchristentums anknüpften.

Ein Mord am Menschen Gabriele durch priestergläubige Anhänger und Abhängige wurde dadurch verhindert, dass das Reich Gottes über Transmitter den Baal-Dienern den kosmischen Marsch der sieben Cherubim gegen den Gott Baal und seine Gewaltverbrecher angekündigt hat.

Das Mittelalter ist nicht vergangen, das wird in diesem Buch mit einer Fülle von nachprüfbaren Fakten belegt. Eine Vergangenheit, die nicht aufgearbeitet

ist, ist Gegenwart. Wie präsent in manchen Köpfen das Mittelalter noch immer ist, zeigt sich exemplarisch an einer E-Mail-Nachricht, die bei den Urchristen im November 2017 einging: „Schade, dass es die Inquisition nicht mehr gibt. Ich wäre dabei, wenn man euch Pack ansteckt."
Die Inquisition des Mittelalters hat sich lediglich ein „moderneres" Gewand angelegt. An die Stelle des Mordes ist vielfach der Rufmord getreten. Der Staat hat auch heute der Kirche das Forum geboten, und die Kirche hat ausgeführt, was sie will.

Hinter dem Kampf der Talarträger gegen den Freien Geist steht das System der alten Schlange, das in einem TV-Vortrag unter dem Thema „Das Ewige Wort, der Eine Gott von Abraham bis Gabriele. Gottespropheten klären auf: Das System Baal" entlarvt wird.
Die moderne Inquisition wirkt bis in unsere Zeit hinein, wie ein weiterer TV-Vortrag unter dem Titel „Gefährden diktatorische Religionen unsere Demokratie?" darlegt.
Diese beiden Vorträge zeigen einige Hintergründe auf, deren Kenntnis dabei hilft, die nachfolgend dargestellten Ereignisse besser zu verstehen. Daher sind sie dem Buch vorangestellt.

Martkheidenfeld, im November 2017

**Das Ewige Wort, der Eine Gott
von Abraham bis Gabriele
Gottespropheten klären auf: Das System Baal**

Seit Ur-Zeiten leben und wirken Gottespropheten unter den Menschen. Viele kennen die Namen der großen Gottespropheten, die im Verlauf der letzten 4000 Jahre das ewige Wort Gottes zu den Menschen brachten: Abraham, Mose, Elia, Jesaja, auch Amos, Jeremia, Hesekiel, Hosea, Daniel und viele weitere bis zu Jesus von Nazareth, dem größten Propheten. Auch nach Jesus von Nazareth gab es viele Propheten, erleuchtete Männer und Frauen – die Namen der wenigsten sind heute noch bekannt. Heute lebt wieder eine große Gottesprophetin unter uns, Gabriele, die Prophetin und Botschafterin Gottes.

Woher kommen die Gottespropheten, und warum lebten und leben immer wieder Gottespropheten unter uns?
Gottespropheten und -prophetinnen sind hohe Geistwesen aus dem Reich Gottes. Gottespropheten, Männer und Frauen, versuchten und versuchen, in den Herzen der Menschen das Bewusstsein für den Einen Gott zu erwecken, den Gott der Liebe, des Friedens und der Einheit. Alle Gottespropheten, Männer und Frauen, kündeten und künden

vom Reich Gottes, vom ewigen Sein; sie kündeten und künden von dem Einen Gott der Liebe, der der Vater aller Seiner Kinder ist. Durch Seine Gottespropheten ruft der liebende Vater diejenigen Seiner Kinder, die die ewige Heimat verlassen haben.

Am Beginn der Seinsschöpfung Gottes wollte sich ein hohes Geistwesen, dem sich andere anschlossen, nicht wie die anderen Geistwesen in die Einheit, in die Gleichheit der Kindschaft des Vater-Mutter-Gottes, einreihen, sondern selbst sein wie Gott. Diese Geistwesen wollten herrschen nach ihrem Prinzip der Ungleichheit, des Oben und Unten, des „Trenne, binde und herrsche!". Damit stellten sie sich gegen das göttliche Prinzip der Einheit, der Güte, Liebe und Sanftmut, das lautet: „Verbinde und sei!"
Von Anfang an waren die Abtrünnigen untereinander uneins. Doch aus ihren unterschiedlichen, gegen Gott gerichteten Wünschen und Vorstellungen kürten sie Baal zu ihrem gemeinsamen Oberherrscher. Baal ist ihr Gott. Baal verkörpert ihr Herrschaftsprinzip, wir nennen es kurz: das System Baal. Das System Baal bekämpft die göttlichen Kindschaftseigenschaften der Güte, der Liebe und der Sanftmut, welche die Grundlage des ewigen Lebens sind, das vom wahren, ewigen Gott des reinen Seins geschaffen ist.

Seit der Abkehr der Fallwesen von Gott, dem Ewigen, gibt es neben dem reinen Sein des wahren, ewigen Gottes das System Baal, das Prinzip „Trenne, binde und herrsche". Seine Anhänger – die abtrünnigen Wesen – entfernten sich im Laufe der Zeiten immer mehr vom reinen Sein des Reiches Gottes, denn das System Baal führte bei seinen Anhängern und ihren Wohnstätten zu immer größerer Verdichtung.

Es bildeten sich stufenweise die Fallwelten, bis schließlich als unterste Stufe der materielle Kosmos entstand, zu dem auch die Erde gehört. Seither besteht das System Baal, das Prinzip des „Trenne, binde und herrsche", auf der Erde.

Nach diesem Prinzip haben sich Herrscher gebildet. Wem dienen sie? Nach diesem Prinzip haben sich Religionen gebildet. Wen beten sie an? Wem dienen sie?

Nach Seinem Gesetz der Freiheit ließ Gott, der Ewige, Seine abtrünnigen Kinder gewähren. In Seiner Barmherzigkeit und Gerechtigkeit gab Er ihnen sogar noch ein Quantum Seines göttlichen Lichtäthers mit, ohne den die Fallwesen gar nicht hätten existieren können. Der Lichtäther enthält die Essenz des Gesetzes Gottes. Somit hatten die Fallwesen die Möglichkeit, ihre eigene Schöpfung nach ihren Vorstellungen zu schaffen.

Doch gleichzeitig – seit Beginn des Falls – klärte Gott, der Ewige, Seine gefallenen Kinder über die Folgen ihres Tuns auf und rief sie zur Umkehr auf. Von Anfang an, über unvorstellbare Zeiträume bis heute, waren und sind es die höchsten Geistwesen aus dem Zenit, aus dem Heiligtum Gottes, die diese Aufgabe im Auftrag des Allerhöchsten erfüllen. Dies ist die Gerechtigkeit Gottes, weil der Fall ebenfalls von einem Geistwesen aus dem Heiligtum ausging.

Auf der Erde wirken die höchsten Geistwesen seit Ur-Zeiten als die Propheten Gottes, als Seine Botschafter der Gottes- und Nächstenliebe. Seit Ur-Zeiten klären sie auf über das System Baal und seine Diener im Kultgewand und bringen den Menschen die Botschaft aus dem Reich Gottes, das Gesetz der Gottes- und Nächstenliebe, den Ruf der ewigen Heimat an alle gefallenen Kinder.
Von Anbeginn des Falls bis heute bekämpft das System Baal das Reich Gottes, Seine Boten, Seine Propheten und Seine Botschaft der Gottes- und Nächstenliebe. Und seit 2000 Jahren richtet sich sein Zorn am meisten gegen Christus, weil Er die Kindschaftseigenschaften Güte, Liebe und Sanftmut wieder auf die Erde gebracht hat und durch Seine Tat auf Golgatha zum Erretter und Erlöser aller gefallenen Wesen wurde.

Das System Baal tritt immer wieder in unterschiedlichen Gewandungen auf. Doch es ist immer dasselbe System, es sind immer die Kulte und Kultpriester, immer das „Trenne, binde und herrsche". Daran ist Baal zu erkennen. Gott hat kein System, keine Religionen und keine Priester. Gott ist das Leben, Er ist das „Verbinde und sei".

Sein Sohn, der Christus Gottes, der Mitregent der Himmel, hat als Jesus von Nazareth in klaren Worten das System Baal beschrieben, als Er zu den Religionsvertretern Seiner Zeit, der damaligen Priesterkaste, sprach:

„Ihr habt den Teufel zum Vater und ihr wollt das tun, wonach es euren Vater verlangt. Er war ein Mörder von Anfang an. Und er steht nicht in der Wahrheit; denn es ist keine Wahrheit in ihm. Wenn er lügt, sagt er das, was aus ihm selbst kommt; denn er ist ein Lügner und ist der Vater der Lüge."

Und für die Priester selbst fand Jesus von Nazareth ebenso klare Worte. Er nannte sie Nattern und Schlangenbrut und sprach:

„Weh euch, ihr Schriftgelehrten und Pharisäer, ihr Heuchler! Ihr seid wie die Gräber, die außen weiß angestrichen sind und schön aussehen; innen aber sind sie voll Knochen, Schmutz und Verwesung."

All dies ist nachzulesen in den Bibeln der Kirchen. In vielen Beispielen ist dort auch überliefert, was

Jesus von Nazareth dem System Baal weiter vorhielt:
Er prangerte die Missachtung des Lebens aus Gott und Seiner göttlichen Gebote an, das Quälen und Töten der Tiere und den blutigen Opferkult der Priesterkaste Seiner Zeit, die Er mit der Geißel aus dem Tempel, wo das Blut der Opfertiere in Strömen floss, trieb mit den überlieferten Worten:
„Mein Haus soll ein Bethaus sein, ihr habt daraus eine Mördergrube gemacht!"

Stattdessen brachte Jesus von Nazareth – wie alle Gottespropheten – die Botschaft aus dem Reich Gottes, Sein Gesetz der Liebe und Freiheit. Dass Er zu dem einen Strom aller Propheten gehört, die die eine Botschaft aus dem Reich Gottes bringen, darauf hat Jesus von Nazareth immer wieder hingewiesen, unter anderem in den überlieferten Worten:
„Ich bin nicht gekommen, das Gesetz und die Propheten aufzulösen, sondern zu erfüllen."

Und was das Gesetz, der Inhalt der gemeinsamen Botschaft aller Gottespropheten ist, nämlich das Gesetz des Reiches Gottes, hat Jesus vor 2000 Jahren schon ebenso eindeutig beschrieben. Auf die Frage eines Pharisäers nach dem wichtigsten Gesetz gab Jesus von Nazareth folgende Antwort:

„Du sollst den Herrn, deinen Gott, lieben mit ganzem Herzen, mit ganzer Seele und mit all deinen Gedanken. Das ist das wichtigste und erste Gebot. Ebenso wichtig ist das zweite: Du sollst deinen Nächsten lieben wie dich selbst. An diesen beiden Geboten hängt das ganze Gesetz samt den Propheten".
All diese sinngemäßen Worte sind auch in den überlieferten Schriften der Kirchen nachzulesen, in den Teilwahrheiten-Büchern, wie sie der Christus Gottes in unserer Zeit einmal bezeichnet hat.

Offenbar gab es einen Grund, warum Jesus von Nazareth immer wieder darauf hinwies, dass Er und die Propheten aus dem gleichen Strom von Oben kommen und lehren. Denn offenbar wurden auch damals schon den alten Propheten von dem System Baal, von den Söhnen des Lügners – um es mit den Worten des Jesus von Nazareth auszudrücken – Worte und Handlungen aus dem Lügentopf des Baal-Opferkultes untergeschoben, so wie dies bis heute allen wahren Gottespropheten widerfährt.

Doch Christus in Jesus von Nazareth hat unwiderlegbar bezeugt: Alle Gottespropheten lehrten und lebten nach dem Gesetz Gottes, nach den Geboten Gottes, so wie sie von Gott, dem Ewigen, durch den Propheten Mose gegeben und von Jesus von Nazareth gelebt und vertieft wurden. Alle Gottespropheten standen auf gegen die Söhne des Baals, gegen jeden Priesterkult des Baals in jeglicher Gewandung. Alle Propheten traten auf gegen den grausamen heidnischen Blutopferkult und das Abschlachten der Tiere.

Was wird von den alten Propheten eigentlich heute berichtet?
Vor ungefähr 4000 Jahren lebte Abraham auf der Erde. Aus den Gottesoffenbarungen unserer Zeit durch Gabriele ist bekannt: Abraham ist der Gesetzesfürst des göttlichen Ernstes, ein Cherub vor Gottes Thron. Gott, der Ewige, ist der Ur-Gott, das Ur-Sein der Liebe.
Durch Abraham kam das Wissen um den Einen Gott auf die Erde und ist seitdem erhalten geblieben. Abraham folgte dem Ruf des Einen Gottes und verließ seine Heimat, um in der Fremde ein Land zu erschließen für ein Volk, das dem einen, wahren Gott nachfolgt und die Gesetze des Reiches Gottes auf der Erde lebt. Diese Vision des gelobten Landes begegnet uns später in den überlieferten Schriften immer wieder und heute wieder in der Verheißung des Friedensreiches des Jesus, des Christus.

Abraham, dem großen Gottespropheten, wird heute in den Kirchenbüchern die Bereitschaft unterstellt, auf Verlangen Gottes Seinen Sohn auf dem

Altar zu ermorden. Die Vorstellung, Gott, der Ewige, könne so etwas verlangen, entstammt dem Baalskult, nicht dem Einen Gott, dem Schöpfer allen Seins. Gott der Ewige, die Ur-Liebe, ist das Ur-Leben – nicht der Tod. Gott, der Ewige, fordert keinen Opfer-Tod. Warum sollte Er, der alles Leben geschaffen hat, Leben zerstören?

Gott, dem liebenden Vater, unser Allzumenschliches auf dem inneren Altar darzubringen und es dort zu belassen, das ist Gott gefällig, nicht Mord und Totschlag auf blutigen Opferaltären im dämonischen Geist des Baalskultes.

Genauso fragwürdig ist der Wahrheitsgehalt der weiteren Überlieferung: Als Gott auf das Kinderopfer verzichtet hätte, hätte Abraham an Stelle seines Sohnes ein Tier geopfert. Abraham war zwar in einem Kulturkreis der Vielgötterei und dem Schlachtopferkult des herrschenden Systems Baal aufgewachsen. Doch selbst wenn Abraham zu Beginn seiner Berufung noch in dieser alten, langjährigen Prägung gefangen gewesen sein sollte, hätte sich dies spätestens nach seiner Propheten-Ausbildung durch Gott geändert.

Nach der Berufung des Menschen Abraham zum Propheten wurde Abraham, der Träger des göttlichen Ernstes, von Gott unmittelbar in den Gesetzmäßigkeiten des Reiches Gottes geschult, wie es auch bei den anderen großen Gottespropheten geschah: bei Mose, dem Träger der göttlichen Ordnung, bei Elia, dem Träger des göttlichen Willens, und bei Jesaja, dem Träger der göttlichen Weisheit.

Doch darüber schweigen die Überlieferungen. Warum finden wir kein Wort darüber? Von vielen anderen Propheten der Antike ist nämlich überliefert, dass gerade die Missachtung des Lebens und die Schändung der Tiere Gott ein besonderer Gräuel ist, und dass dieses zentrale Merkmal des Systems Baal in allen seinen Gewandungen von den Propheten immer wieder massiv angeprangert wurde. Vom Propheten Hosea sind unter anderem folgende Worte überliefert:
„Schlachtopfer lieben sie, sie opfern Fleisch und essen davon, der Herr aber hat keinen Gefallen an ihnen."

Und der Prophet Jesaja sprach: *„Wer einen Stier schlachtet, gleicht dem, der einen Mann erschlägt; wer ein Schaf opfert, gleicht dem, der einem Hund das Genick bricht."*

Jesaja prangerte immer wieder das Schlachten und Opfern im Geiste des Baals an, und auch von den Propheten Amos und Jeremia sind in den Bibeln der Kirchen ähnliche Worte überliefert.

Trotz dieser klaren Haltung aller Propheten gegen Baal, gegen seine Priester und ihren Schlachtopferkult liest man in den überlieferten Schriften über den großen Propheten Mose, den Träger der göttlichen Ordnung vor Gottes Thron, Aberwitziges: Er, durch den Gott ein Volk in die Freiheit geführt und dem Er Seine ewig gültigen Zehn Gebote gegeben hat – den Auszug aus dem Gesetz der Liebe des Reiches Gottes, der Ur-Liebe und des Ur-Lebens –, dieser große Gottesprophet soll ausgerechnet eine Priesterkaste eingesetzt haben. Er soll sie mit umfangreichen Machtbefugnissen ausgestattet haben, und er soll ihnen als Wille Gottes Anweisung für Ekel erregende Riten und Zeremonien gegeben haben, in denen auf grausamste Weise unschuldige Tiere, Geschöpfe Gottes, zu Tode gequält werden, auf dem Altar zerstückelt und dann verbrannt werden, zum – wie es heißt – *„beruhigenden Duft für den Herrn",* damit die Priester dann anschließend die begehrtesten Teile der Tier-Kadaver selbst verschlingen.

Dem Propheten Elia – in dem der Träger des göttlichen Willens inkarniert war – wird nicht nur nachgesagt, beim Wettopfern eines Stieres mitgemacht und die Baalspriester besiegt zu haben, sondern er soll auch noch die Anweisung gegeben haben, alle Priester umzubringen. Alles Dinge, die zu den

Insignien des Systems des Baals gehören, des Gottes der Grausamkeit: Gewalt und Mord an Menschen und Tieren. Und im gleichen Atemzug wird berichtet, dass Elia sein Leben lang gegen die Baalspriester eingetreten ist, die solches tun.

Bei Jesaja, dem Träger der göttlichen Weisheit, wird dann von seinem Erdengang wahrheitsgemäß berichtet, dass Jesaja den Götzenkult, den Opferkult, die Tiermordlust im Schlachtopferkult der Priester und des Volkes anprangerte. Jesaja forderte Mitgefühl und Hilfsbereitschaft statt Götzendienst. Der Prophet Jesaja kündigte das Kommen des Messias, des Erlösers, an, das sich im Christus Gottes in Jesus von Nazareth und Seiner Opfertat auf Golgatha erfüllte.
Er brachte die Vision, die Vorhersage des kommenden Friedensreiches, des Reiches Gottes auf Erden. Viele Menschen wissen, dass im werdenden Friedensreich keine Tiere mehr geopfert werden, weil es im Friedensreich keine Priester mehr gibt, sondern einzig den Christus Gottes, der für die Tiere gesprochen hat.

Wenn Gott durch Jesaja vom Frieden für Mensch, Tiere und Natur im kommenden Friedensreich spricht und das Kommen des Messias, des Friedefürsten ankündigt, hat sich Gott dann bei den anderen Propheten geirrt, durch die Er angeblich Mord und Totschlag gegen Mensch und Tier forderte, oder ist Gott, der Ewige, gar wandelbar?

Selbst in den überlieferten Schriften, auf die sich auch die Priesterkaste beruft, stehen die Worte: *„Ich, der Herr, wandle Mich nicht."*
Die Schriftgelehrten unserer Zeit, die Theologen, nennen diese widersprüchlichen Schriften „Priesterschriften", die oft erst viele Jahrhunderte nach dem Tod des jeweiligen Propheten von Priestern aufgeschrieben wurden.

Fest steht: Kein Prophet gehörte der Priesterkaste an; kein Prophet, der von Gott kam, hat eine Religion gegründet oder war einer Religion zugetan, geschweige denn religionshörig. Auch Christus in Jesus von Nazareth gehörte keiner Priesterkaste an, Er kam aus dem Volk, Er blieb im Volk, Er war religionsfrei, wie alle Propheten vor und nach Ihm bis heute und alle Seine Nachfolger.

Warum werden dann die Propheten, die Gott zu den Menschen sandte, in den Schriften der Priesterkaste, in den Schriften der Religionen, überhaupt erwähnt? Weil die gesamte Priesterkaste die Propheten vereinnahmt hat, um den Propheten ihren eigenen Duktus zuzuschreiben. Die gestrige und heutige Priesterkaste spricht von den Propheten, in Wirklichkeit spricht sie von sich selbst, denn das, wovon sie spricht, war nie von den Propheten.

Die Priester haben den Propheten das Schächten und Schlachten des Systems Baal angedichtet. Man fragt sich, ob das jahrtausendelange Übel die großen Propheten nur benutzt hat, um ihren alttestamentarischen Fleischgenuss abzusichern. Und das bis heute, denn der Fleisch-Opferkult der Baalspriester von gestern ist der Fleischkult, der Gaumenkult von heute. Der Baal von gestern ist der Baal von heute.

Würde die gestrige und heutige Priesterkaste das leben, was die Propheten tatsächlich gesagt haben, dann gäbe es weder Priester noch Religionen, noch Kirchen.

Vor 2000 Jahren war das System Baal in äußerstem Aufruhr, als der größte Prophet, Christus, der Sohn Gottes, des Ewigen, auf die Erde kam. Seiner Friedensbotschaft aus dem Reich Gottes, Seinem Ruf, Ihm nachzufolgen und mit Ihm den Weg zurück in die ewige Heimat anzutreten, begegneten die Diener des Systems Baal mit Nachstellung, Lüge, Verleumdung und Rufmord bis zum Mord; denn sie sahen ihre dämonische Herrschaft bedroht.

Zu Recht, wie die Geschichte lehrt. Christus, der Sohn des Allerhöchsten und Mitregent der Himmel, hat das System Baal überwunden mit der Kraft der Liebe, dem Gesetz des Reiches Gottes. Er wurde auf Golgatha zum Erretter und Erlöser aller Seelen und Menschen und der gesamten Seinsschöpfung. Aus Seiner göttlichen Teilkraft aus der Ur-Kraft übertrug Er jeder Seele eine energetische Stütze. Dadurch sicherte Er unwiderruflich die Kindschaftseigenschaften Güte, Liebe und Sanftmut, die im Innersten jeder Seele und jedes beseelten Menschen erhalten sind. Diese Kindschaftseigenschaften wollte das System Baal mit seinem „Trenne, binde und herrsche" von Anfang an auslöschen.

Christus selbst verkörpert diese Kindschaftseigenschaften aus der Liebe Gottes, Er hat sie als Jesus von Nazareth vorgelebt und in Seiner Bergpredigt gelehrt. Er hat den Menschen den Weg gewiesen, diese göttlichen Eigenschaften wieder zu entfalten und Ihm nachzufolgen.

Nach der Auferstehung des Christus Gottes und Seiner Rückkehr ins Reich Gottes begannen viele Menschen, in urchristlichen Gemeinschaften nach Seiner Lehre zu leben. Doch das System Baal gab nicht auf. Bald schlich sich Baal in die urchristlichen Gemeinschaften ein und gewann mehr und mehr die Oberhand. Unter Kaiser Konstantin und seinen

Nachfolgern wurde das System Baal unter dem falschen Etikett „christlich" allein geduldete Staatsreligion. Fortan wütete das System Baal nur noch heftiger gegen Christus.

Alle Nachfolger des Jesus von Nazareth wurden verfolgt, am unbarmherzigsten und grausamsten die Gottespropheten, die auch nach Jesus von Nazareth immer wieder auf die Erde kamen. Viele wurden ermordet, immer mit den Mitteln ihrer Zeit, weil sie alle für Christus, den Sohn Gottes, eintraten, der das System Baal entlarvt und dessen dämonische Pläne durchkreuzt hat.
Dieses Schicksal musste auch der Seraph der göttlichen Weisheit viele Male erleiden, der seit Jesus von Nazareth als Gottesprophetin in unterschiedlichen Ländern und Kulturen inkarniert war und heute in Gabriele als die Prophetin und Botschafterin Gottes unter uns lebt.

Seit nahezu 2000 Jahren hinterlässt das System Baal unter falschem Namen mit seinen Massakern eine breite Blutspur in der Geschichte. Das ist Baal, der sich christlich nennt. Nichts davon ist christlich. Dies erkennt jeder, der die Lehre des Jesus von Nazareth kennt. Nichts davon hat mit Christus zu tun, dem Friedenslehrer der Gottes- und Nächstenliebe. Warum dann all diese Verbrechen und abscheulichsten Taten unter dem Namen christlich?

Weil der Christus Gottes die Kindschaftseigenschaften – Güte, Liebe und Sanftmut – selbst verkörpert, vorgelebt und geschützt hat. Ihn, Seinen Namen will das System Baal in den Schmutz ziehen.

Das ist das Credo des Baal, den Jesus von Nazareth als Lügner und Mörder von Anfang bezeichnet hat.

Auch wenn das System Baal unter falschem Etikett auftritt, ist es doch zu erkennen, gerade dann, wenn es sich des Namens des Christus Gottes bedient. Denn dann muss man nur die Worte und Taten seiner Diener an den Worten und Taten des Jesus von Nazareth messen, um sie zu entlarven.

Christus selbst hat dies in unseren Tagen mit machtvollen Offenbarungsworten durch Gabriele, die Prophetin und Botschafterin Gottes, getan.
Aus Seiner Vollmacht als Sohn des Allerhöchsten und Mitregent des Universums erhebt Christus als Kläger Seine Stimme für die Millionen von Menschen, die den Verbrechen zum Opfer gefallen sind, begangen von Machtkonglomeraten unter Missbrauch Seines hehren Namens Christus.
In den Worten des Christus Gottes wird der jahrtausendelange Missbrauch Seines Namens und Seiner Friedenslehre aus dem Reich Gottes offenbar, und diejenigen wurden entlarvt und angeklagt,

die sich dahinter verbergen und nach dem Gesetz von Ursache und Wirkung ihrem eigenen Urteil unterliegen.

An vielen Stellen wird dieser Missbrauch Seines Namens, den Christus anklagt, erkennbar:

Weder Jesus, der Christus, noch irgendein Gottesprophet hat je eine Kirche oder einen Opferkult gegründet, je Priester, Pfarrer, Dogmen, Zeremonien, Reliquien, Sakramente oder angeblich Heilige eingesetzt.

Wer hat dann Kirchen, Opferkulte, Dogmen, Zeremonien, Reliquien, Sakramente und angeblich Heilige erfunden?

Alle Gottespropheten – allen voran Jesus von Nazareth – traten gegen den Baal-Schlachtopferkult ein, gegen das Töten von Menschen und Tieren. In den ersten urchristlichen Gemeinden gab es keine Metzger und keine Fleischesser, keine Jäger und keine Soldaten.

Wer ist es, der heute das Töten von Menschen und das massenweise Schlachten von Tieren rechtfertigt?

Wie sehr durch solche und viele andere Verhaltensweisen, die Christus in Seiner großen Offenbarung anklagt, Sein Name verhöhnt und verspottet wurde und wird, ist offenkundig.

Warum begehen die Religionen solche Untaten nicht unter dem eigenen Namen, sondern unter dem Namen Christus? Weil Jesus von Nazareth, der Sohn Gottes, den Wesenskern in jeder Seele geschützt hat.

Und warum gibt es dann so viele Splitterreligionen unter dem Namen Christus? Wer ist es, der solche Religionen aufbaut? Wer ist der Herrscher?

Lesen wir dazu in den heute noch gültigen Dogmen des Vatikans:

„Diese Autorität [des Papstes] *ist aber keine menschliche, sondern vielmehr eine göttliche Gewalt. ... Dem römischen Papst sich zu unterwerfen, ist für alle Menschen unbedingt zum Heile notwendig. Das erklären, behaupten, bestimmen und verkünden Wir."*

So lautet das im Vatikan bis heute verbindliche und unfehlbare Dogma des Papstes Bonifaz VIII in der Bulle Unam Sanctum aus dem Jahr 1302.

Gott, der Ewige, kennt keine Unterwerfung.

Wer ist der, der den Papst „göttlich" macht? Wer ist es, der von Anbeginn des Falls bis heute fordert, dass sich die anderen Herrscher der Welt vor ihm beugen? Wer ist der Oberherrscher?

Christus klagt in Seiner großen Offenbarung in klaren Worten die Gotteslästerung an, die in solchen und ähnlichen anmaßenden Lehren und Forderungen liegen.

Jesus, der Christus, sagte: „*Nichts habe Ich im Geheimen gesprochen.*"
Wer ist es, der vom Geheimnis Gottes spricht? Welcher Gott hat Geheimnisse?

Wer ist der, der sich als Stellvertreter Christi auf Erden bezeichnet, der die Vatikanischen Geheim-Archive braucht? Welcher Christus wird in den Archiven des Vatikans versteckt? Wer kennt einen mörderischen Christus? Jesus von Nazareth war es nicht. Wer wird dann in den Vatikanischen Geheim-Archiven verborgen?

Ist alles, was in den Geheim-Archiven verborgen ist, Vergangenheit? Wenn Kreuzzüge, Inquisition, Hexenverbrennungen, Ketzerverfolgung, Religionskriege und vieles mehr, was in den Geheim-Archiven liegt, Vergangenheit ist – also gesühnt, alles wiedergutgemacht, die Schätze den ausgeraubten Menschen und Völkern soweit wie möglich zurückgegeben –, dann könnte man doch alle Dokumente allen zugänglich machen. Warum sind dann die Archive unter Verschluss? Wer hat den Schlüssel zu den Vatikanischen Archiven?

Christus, der Sohn Gottes, hat keinen Schlüssel zu einem Geheim-Archiv, Christus hat den Schlüssel zum Himmelreich.

Wie Untaten – wenn sie nicht gesühnt sind – noch nach Jahrhunderten, ja Jahrtausenden fortwirken, kann man an Kaiser Karl erkennen, der heute von manchen „der Große" genannt wird. Vor rund 1200 Jahren hauste Karl mit Gewalt, Krieg und Schrecken in fast fünfzig Feldzügen in ganz Europa, in denen er unter den Insignien der katholischen Institution ganze Völker dezimierte. Seinen damaligen Namen „Sachsenschlächter" erwarb er sich wegen der unvorstellbaren Brutalität und Grausamkeit, mit der er gegen das Volk der Sachsen wütete und sie vor die Wahl stellte – wie viele andere auch: „tot oder katholisch".

In unserer Zeit verleiht die Stadt Aachen alljährlich den Karlspreis. Durch diesen Preis mit dem Namen des grausamen Schlächters Karl ließen sich schon viele Exzellenzen und Würdige aus ganz Europa ohne Skrupel ehren, die im Namen ihrer Institutionen den Namen des Christus führen.

Wem diese Exzellenzen und Würdigen in Wahrheit dienen, wird offenbar durch den Preisträger des Jahres 2016, das Oberhaupt des Vatikans. Um es noch deutlicher zu machen, wurde der Preis dem Preisträger nicht, wie sonst üblich, in Aachen übergeben, sondern die weltlichen Mächtigen mussten wieder nach Rom pilgern, um dem Papst zu huldigen, genau wie vor 1200 Jahren, als Kaiser Karl vor dem damaligen Papst in Rom niederknien musste.

Noch vieles geschieht, wofür der Name des Christus Gottes missbraucht wird:
Jesus, der Christus, lehrte die Zehn Gebote und die Bergpredigt und hat sie uns vorgelebt. Er sagte: *„Wer diese Meine Lehre hört und sie tut, ist ein kluger Mann."* – Wer lehrt: *„Der Glaube allein genügt"*? Wer ernennt tote Menschen zu sogenannten „Heiligen", zu denen die Menschen in Dauergebeten beten und deren Gebeine sie verehren sollen?
Von Jesus, dem Christus, wissen wir: Es gibt nur einen Heiligen, den Vater im Himmel. Er sprach: *„Wenn ihr betet, sollt ihr nicht plappern wie die Heiden, die meinen, sie werden nur erhört, wenn sie viele Worte machen. Macht es nicht wie sie; denn euer Vater weiß, was ihr braucht, noch ehe ihr Ihn bittet."*
Wenn Gott weiß, was wir benötigen, weshalb dann Gebete zu angeblichen Heiligen, die ihrerseits wiederum als Fürbitter bei Gott etwas bewirken sollen? – Was? – Das sind nur einige Beispiele neben den vielen, die Christus in Seiner Klage denen vorhält, die Seinen Namen missbrauchen.

Gott, der Freie Geist, lässt jedem die Freiheit. Deshalb hat jeder Mensch die Freiheit, zu glauben, was er möchte. Für manche Menschen mögen all diese Kulte und Kulthandlungen ja in Ordnung sein. Warum nehmen die, die dies alles bejahen, aber dafür nicht ihren eigenen Namen, sondern den Namen des Christus? Wo doch in ihren eigenen Bibeln steht, dass Jesus, der Christus, genau das Gegenteil gelehrt und gelebt hat?

Als vor 40 Jahren das System Baal merkte, dass durch das Prophetische Wort der Gottesprophetin Gabriele der Christus Gottes wieder auf die Erde gekommen war, herrschte erneut großer Aufruhr. In Würzburg, dem irdischen Wohnort der Prophetin Gottes, lauerte für sie die Gefahr. Von dort brachte Christus, der Sohn Gottes, im Prophetischen Wort den Menschen erneut den liebenden Vater, den Geist der Liebe und Freiheit, und rief, wie vor 2000 Jahren als Jesus von Nazareth, alle Menschen auf, Ihm, Christus, nachzufolgen, religionsfrei und ohne jeden Zwang, ohne Priester und Pfarrer, ohne Dogmen, Riten, Zeremonien.
Wie Christus auch in Seiner mächtigen Offenbarung darlegt, wandte Er, Christus, sich schon 1979 mit einer Handreichung direkt an die Oberhäupter der beiden großen Religionskonglomerate einschließlich des Papstes.
Bruder Emanuel – so stellte sich der Cherub der göttlichen Weisheit den Menschen vor – richtete im Auftrag von Christus im Prophetischen Wort durch Gabriele viele Fragen an die Kirchenmänner. Er nahm die Bibeln der Kirchenmänner, die Er als

Teilwahrheiten-Buch bezeichnete, und die darin enthaltenen Aussagen des Jesus von Nazareth. Diesen Aussagen stellte Er die Lehre und das Verhalten der Kirchenmänner gegenüber und fragte sie immer wieder, wer die Kirchenmänner, die sich christlich nennen, gelehrt habe, sich gegen die Worte des Jesus, des Christus, zu verhalten.

So fragte der Cherub der göttlichen Weisheit unter anderem:
Wer hat die Organisation „Kirche" ins Leben gerufen, und wer hat den Staat im Staat befürwortet?
Wer hat die kirchlichen Oberhäupter gekrönt, und wer hat ihnen Titel verliehen?
Wer sprach: Nehmt den Zehnt und baut prachtvolle Kirchen und lasst euch vom Volk euren Titeln entsprechend honorieren?
Der Cherub der göttlichen Weisheit zitierte eine wunderbare Aussage des Jesus von Nazareth, die auch noch in der Bibel enthalten ist:
„Kommet her zu Mir alle, die ihr mühselig und beladen seid; Ich will euch erquicken."
Was sagt aber die kirchliche Organisation? Ihr Zahlenden, kommet alle zu mir her und gebt, wenn möglich, noch mehr. Bist du aber kein zahlender Christ, dann bist du auch kein Kirchenchrist, weil du von der allein selig machenden Gnade ausgeschlossen wirst. ...

Die Institution mit ihren Obrigkeiten stützt sich auf die Bibel und lebt sie nicht! Was hat dazu unser Bruder, auf Erden „Heiliger Vater" genannt, zu sagen? Welch eine Anmaßung: „Heiliger Vater"! Hat es dir, lieber Bruder, Jesus angeraten oder kommt dies unvorstellbare Vergehen gegen die einzige Heiligkeit aus der Dogma-Fabrik?

Nach vielen Fragen und Ermahnungen tat der Cherub der göttlichen Weisheit den Kirchenoberen den Wunsch des Christus Gottes kund, dass sich alle verbrüdern und die Vollendung in der wahren Bruderschaft und Gemeinschaft Jesu Christi anstreben mögen.

Die Kirchenoberen befanden den Cherub der göttlichen Weisheit und den Christus Gottes keiner Antwort wert.

Der Christus Gottes selbst gibt heute nach nahezu 40 Jahren in Seiner großen Offenbarung den Kirchenoberen die Antwort, die sie Ihm verweigert haben.

Für das System Baal ist die Gemeinschaft in Christus, von der der Fürst der Weisheit sprach, die größte Gefahr. Denn Freiheit, Einheit, Friede, Gottes- und Nächstenliebe in Christus bedeutet das Ende des Systems Baal, das Ende des „Trenne, binde und herrsche", das Ende des Falls.

Während Christus damals den Bischöfen nochmals die Hand reichte und dem Papst ein unmittelbares Gespräch anbot – worauf wiederum keine Reaktion erfolgte – richteten religiöse Machtkonglomerate im Verborgenen bereits ihre Verfolgungsbehörden ein. Mit großen Geldsummen und großem personellen Aufwand aktivierten sie ihre Verfolgungsbeamten und richteten neue Inquisitionsbehörden ein, um Christus zum Schweigen zu bringen.

Die Priestermänner versuchten zuerst, die Prophetin Gottes in ihrer Institution zu vereinnahmen, so wie sie dies mit anderen im Mittelalter gehandhabt hatten. Als dies misslang, reagierte das System bei Gabriele gemäß seiner Tradition: mit Verfolgung, Rufmord, Existenzgefährdung, soweit es die jeweilige weltliche Macht zulässt. Mord gehört heute nicht mehr dazu. Vielleicht deshalb die Worte des obersten lutherischen Inquisitors an einige seiner Opfer: *„Im Mittelalter wären wir ganz anders mit euch umgesprungen".*

Doch ansonsten hatten die Inquisitoren im Talar weitgehend freie Hand von den Mächtigen in Staat und Gesellschaft, von denen viele die Insignien der Institution Baal auf ihren Fahnen führen.

Auch in unserer Zeit führen die Inquisitoren ihren Feldzug gegen Christus, den Sohn des Allerhöchsten, und die Prophetin und Botschafterin Gottes,

Gabriele, unter dem Missbrauch des Namens des Erlösers aller Seelen und beseelten Menschen. Auch heute versuchen sie, Ihn, den Sohn Gottes, zu verhöhnen und zu verspotten.

Immer noch glauben sie, Ihn besiegen zu können, der sie schon vor 2000 Jahren besiegt hat. Sie glauben, Sein Wort zum Verstummen bringen zu können.

Doch das ist nicht mehr möglich. Durch Gabriele, die Prophetin und Botschafterin Gottes, ist Sein Wort heute weltweit. Millionen und Abermillionen von Menschen hören und lesen es täglich.

Der von Jesus von Nazareth verheißene Geist der Wahrheit ist im Prophetischen Wort der großen Lehrprophetin und Botschafterin Gottes, Gabriele, gekommen und hat die Menschen in alle Wahrheit geführt. Er hat auch das System Baal entlarvt. Immer mehr Menschen erkennen die Hure Babylon und wenden sich von ihr ab nach den Worten, die der Seher von Patmos vor ca. 2000 Jahren gesprochen hat:

„Gehet aus von ihr, Mein Volk, dass ihr nicht teilhaftig werdet ihrer Sünden, auf dass ihr nicht empfanget etwas von ihren Plagen."

Das System Baal ist am Ende. Immer mehr Menschen wenden sich ab vom System Baal und folgen dem Ruf des Christus Gottes, des Erlösers aller

Seelen und beseelten Menschen, in die Freiheit. Es ist das eine Wort des Einen Gottes, das Christus und alle Gottespropheten verkündet haben und verkünden, von Abraham bis Gabriele.

Das „Es werde" im beginnenden messianischen, sophianischen Zeitalter der Gottes- und Nächstenliebe macht alles offenbar. Das „Es werde" ist der Wille des Schöpfergottes, der Umwandler, der alles neu macht, einen neuen Himmel und eine neue Erde mit dem beginnenden Friedensreich Jesu Christi. Christus hat erneut Sein Kommen im Geiste angesagt in den Worten „Ich komme bald".

Liebe Leser, wir wünschen Ihnen, dass Aspekte dieser Ausführungen Ihnen bei Ihren eigenen Entscheidungen eine Hilfe sein können, ebenso wie die Worte des Christus Gottes in Seiner großen Offenbarung, auf die verschiedentlich hingewiesen wurde. Denn jeder hat die Freiheit, selbst zu entscheiden, was er glauben möchte. Doch für das, wofür er sich entscheidet, darf er nicht den Namen eines anderen missbrauchen. Darin wird bestimmt jeder mit uns übereinstimmen.

Im Juli 2017
Gert Hetzel

Gefährden diktatorische Religionen unsere Demokratie?

Liebe Leserinnen, liebe Leser,

ich bin Pazifist und überzeugter Demokrat und stehe zur Lehre des Jesus von Nazareth. Als Demokrat möchte ich heute ein Thema ansprechen, das alle Demokraten betrifft. Es geht um die Beeinflussung und Schwächung unseres demokratischen Rechtsstaats durch totalitaristische Regime. Welche Gefahr von totalitären Regimen ausgeht, wissen wir Deutschen aus unserer Erfahrung mit diktatorischen Regimen und ihren aggressiven Absolutheits- und Weltherrschafts-Ideologien.

Da wird man hellhörig, wenn man liest, dass zu allen grundlegenden Fragen des gesellschaftlichen Zusammenlebens und Gemeinwohls in Deutschland vor jeder wichtigen Entscheidung massive Aktivitäten einsetzen, die im Ausland – und zwar im Regime Vatikan in Rom – ihren Ursprung haben. Sie gipfeln in persönlichen Verlautbarungen des Papstes und einer Häufung von Gesprächen deutscher Entscheidungsträger, bis in die obersten Ränge des Staates, mit dem Herrscher in Rom – unter Ausschluss der Öffentlichkeit.

Solch ein Verhalten ist zwar für eine Demokratie schon für sich gesehen ungewöhnlich. Gerade erleben wir den Aufschrei in den USA, wo Auslandskontakte im Zusammenhang mit demokratischen Entscheidungen unter dem Begriff „Landesverrat" untersucht werden.

Verschärft wird dies alles, wenn dieses ausländische Regime wie kaum ein anderes in der Weltgeschichte Freiheits- und Menschenrechte mit Füßen getreten hat. Wenn es unter Berufung auf seine Ideologie hunderttausendfache Verfolgung, Folter und Mord, Kreuzzüge, Inquisition, Hexenverfolgung, Völkermord und vieles mehr angezettelt oder gebilligt hat. Wenn es dadurch Millionen von Menschen auf dem Gewissen hat.

Dass diese Beschreibung auf die Geschichte des Regimes Vatikan mit seiner Ideologie, die es als seinen „Glauben" bezeichnet, zutrifft, wird niemand bestreiten.

Und wie ist es heute? Hat das Regime Vatikan sich von seiner grausamen und blutigen Vergangenheit distanziert? Hat es die Strukturen und Programmsätze abgelegt, welche Grundlage für seine Untaten waren? Oder einfach gefragt: Bekennt sich das katholische Regime in Rom heute zu demokratischen Prinzipien, zu den fundamentalen Freiheits- und Menschenrechten, wie sie zum Beispiel in der Menschenrechtscharta der Vereinten Nationen und in der Europäischen Menschrechtskonvention niedergelegt sind? Um es vorwegzunehmen: Beide hat der Vatikan nie unterschrieben.

Wenn wir jetzt weiter den Fragen nachgehen, wie das Regime Vatikan es mit demokratischen Grundprinzipien, Freiheits- und Menschenrechten hält, dann kann ich dazu Fakten darlegen, für die es Beweise gibt. Ziehen Sie aber bitte selbst daraus Ihre Schlüsse. Verstehen Sie meine Ausführungen also bitte so: Die Fragen sind gegeben, um darüber nachzudenken, denn gerade bei diesen Aussagen ist jeder gefragt, selbst zu entscheiden.
Hinweise zum Verhältnis des Regimes Vatikan zur Demokratie findet man zum Beispiel im sogenannten Grundgesetz des Vatikanstaats vom 26. November 2000. Gleich im ersten Artikel im 1. Satz heißt es dort: Der Papst besitzt als Oberhaupt des Vatikanstaats die Fülle der gesetzgebenden, ausführenden und richterlichen Gewalt. – Gewalt, dieses Wort im Namen des Christus?
Klarer kann man es im Übrigen nicht ausdrücken: Keine Spur von Demokratie, sondern völlige, totale, absolute Alleinherrschaft des Papstes. Und weil man offenbar über allem zu stehen scheint, wird nicht einmal der bei Diktaturen übliche Versuch gemacht, wenigstens den Anschein einer freiheitlichen Demokratie zu wahren.

Wer im Übrigen glaubt, bei der Bezeichnung des Vatikans als Staat handle es sich um einen Scherz, der irrt. Zwar besteht der Vatikan wirklich nicht aus mehr als aus einem weitläufigen Palast mit Nebengebäuden und Gärten auf einer Fläche von gerade 0,44 km^2 innerhalb der Stadt Rom, mit nur einem einzigen Eigentümer, dem Papst, und einer „Bevölkerung" von rund 400 – 500 wechselnden „Staatsangehörigen", fast ausschließlich Männern. Viele Staaten weltweit nehmen trotzdem den Anspruch des Vatikans ernst und räumen dem Regime Vatikan wie einem Staat vielfache diplomatische und sonstige Privilegien ein. Dabei firmiert das Regime Vatikan auch als „Heiliger Stuhl", dem ebenfalls der Papst als absoluter Herrscher vorsteht.

Worüber der Papst herrscht, ist also nach völkerrechtlichen Kriterien kein Staat, aber trotzdem ein mächtiges weltweites wirtschaftliches und personelles Netzwerk. Über seinen unermesslichen Reichtum ist schon viel geschrieben worden. Wie weit sein Arm und sein Einfluss tatsächlich reichen, beschreibt ein Bericht, der im Jahr 2014 in den USA für die Regierung Obama erstellt wurde. Darin heißt es über das Regime Vatikan:
„Trotz der Unterschiede in Größe, Führung und Geschichte, sind wir beide Weltmächte mit globalen Interessen und Einfluss. Unter vielen Gesichtspunkten

ist der Heilige Stuhl einzigartig auf der Welt in seiner Fähigkeit, die eigene Agenda zu verfolgen. Er hat diplomatische Beziehungen zu 180 Ländern, und ist somit zweiter nur nach den USA."
„Die eigene Agenda" zu verfolgen bedeutet: eigene Machtinteressen durchzusetzen.

Wie dieses Regime Vatikan selbst sein Verhältnis zu dem Rest der Welt grundsätzlich definiert – unabhängig von der öffentlichen Selbstdarstellung seines jeweiligen aktuellen Amtsinhabers –, zeigt ein Blick in weitere Vatikanische Dokumente, zum Beispiel in die Lehrsatz- und Dogmensammlung von Neuner und Roos, wo unter der Nr. 430 die Bulle Unam sanctam des Papstes Bonifatius VIII abgedruckt ist, die in dem Satz gipfelt:
„Dem römischen Papst sich zu unterwerfen, ist für alle Menschen unbedingt zum Heile notwendig. Das erklären, behaupten, bestimmen und verkünden Wir."
Dieser Satz ist bis heute als „unfehlbare" Glaubensvorschrift der römisch-katholischen Kirche gekennzeichnet.
Unter der Nr. 381 kann man in dieser Sammlung auch nachlesen, was dem droht, der sich dem Absolutheitsanspruch des Regimes Vatikan und seinem Anspruch, über das allein selig machende Heil zu verfügen, nicht unterwirft. Dort steht:

„Die heilige römische Kirche ... glaubt fest, bekennt und verkündet, dass ‚niemand außerhalb der katholischen Kirche, weder Heide' noch Jude noch Ungläubiger oder ein von der Einheit Getrennter – des ewigen Lebens teilhaftig wird, vielmehr dem ewigen Feuer verfällt, das dem Teufel und seinen Engeln bereitet ist, wenn er sich nicht vor dem Tod ihr (der Kirche) anschließt."

Doch der Vatikan droht nicht erst für das Leben nach dem Tod mit dem ewigen Höllenfeuer, sondern ganz konkret damit, nachzuhelfen, dass der nach seiner Lesart Ungläubige schneller dorthin gelangt. In der erwähnten Lehrsatzsammlung hört sich das unter der Nr. 382 so an:

„Die Kirche hat kraft ihrer göttlichen Einsetzung die Pflicht, auf das gewissenhafteste das Gut des göttlichen Glaubens unversehrt und vollkommen zu bewahren und beständig mit größtem Eifer über das Heil der Seelen zu wachen. Deshalb muss sie mit peinlicher Sorgfalt alles entfernen und ausmerzen, was gegen den Glauben ist oder dem Seelenheil irgendwie schaden könnte."

Viele weitere ähnliche Bestimmungen finden Sie bis heute unverändert in allen programmatischen verbindlichen Vorschriftensammlungen des Vatikan, z.B. im Corpus Juris, im Katechismus, in Dogmen und Dekreten.

Erschrecken Sie dabei ebenso wie ich? Denn solche und viele ähnliche Vorschriften sind nicht nur unverbindliche Sätze in alten Büchern. Wenn Sie die blutige Spur kennen, die die Romkirche in der Geschichte hinterlassen hat, dann wissen Sie, dass diese, als katholischer Glaube bezeichnete und unverändert gültige aggressive Gewaltlehre vom Ausmerzen für Millionen von Opfern zur bitteren Realität geworden ist. Das hat unter anderem den anerkannten internationalen Kirchenhistoriker Karlheinz Deschner schon 1986 zu der Feststellung veranlasst:

„Nach intensiver Beschäftigung mit der Geschichte des Christentums kenne ich in Antike, Mittelalter und Neuzeit, einschließlich und besonders des 20. Jahrhunderts, keine Organisation der Welt, die zugleich so lange, so fortgesetzt und so scheußlich mit Verbrechen belastet ist wie die christliche Kirche, ganz besonders die römisch-katholische Kirche" (in: Die beleidigte Kirche, Freiburg 1986, S. 42 f.) – wobei Deschner selbst hier auch dem Etikettenschwindel der Kirche mit dem Namen „christlich" aufgesessen ist!

Was ist das für ein Regime, das solche faulen Früchte hervorbringt, ganz abgesehen von der moralischen Kompetenz seiner Herrscher? Kann man von dem unumschränkten Machthaber eines Regimes, das schon seinem Programm nach autoritär und totalitaristisch ist, erwarten, dass er die Errungenschaften unserer freiheitlichen Demokratie achtet, demokratische Prinzipien wie die Unversehrtheit des Lebens aller Menschen, die Freiheit, die Glaubensfreiheit und all die anderen Menschenrechte? Entscheiden Sie selbst, es gibt dazu weitere Fakten.

Möglicherweise glauben Sie, ein Regime, das mittelalterliche Vorstellungen über 1000 Jahre lang stur verteidigt hat, werde sich mit einem neuen Mann an der Spitze ändern? Weil sich der öffentliche Auftritt geändert hat? Das ist gar nicht möglich, denn die bisherigen totalitaristischen Lehrsätze und Absolutheitsansprüche des Regimes Vatikan können gar nicht geändert werden. Sie stammen überwiegend von Päpsten und Heiligen; und Päpste können nach vatikanischem Dogma nicht irren, sie sind nach der Lehre des Vatikan unfehlbar, wenn sie ex cathedra sprechen.
Die Unveränderbarkeit gilt nicht nur theoretisch, sondern sie wird durch die Praxis auch bestätigt. Unverändert werden heute wie früher dort, wo der Vatikan seinen Einfluss geltend machen kann, grundlegende Freiheits- und Menschenrechte ignoriert. Am deutlichsten ist dies im Vatikan selbst sichtbar, aber auch in Deutschland zeigt sich der Einfluss des Regimes Vatikan überall, bei der Gleichberechtigung von Mann und Frau, beim

Diskriminierungsverbot, beim Koalitionsrecht, beim Recht auf Religionsfreiheit und bei vielen weiteren Rechten.

Dass sich auch dort in der Sache nichts ändert, wo nach außen gerade ein solcher Eindruck erweckt wird, wird am deutlichsten sichtbar beim sogenannten Missbrauchsskandal unter der Schirmherrschaft des Vatikan, der die Öffentlichkeit seit über 10 Jahren beschäftigt. Es handelt sich um die Verwicklungen des Regimes Vatikan in die geschätzten mindestens 200 000 Fälle weltweit, in denen Kleriker der Romkirche Kinder und Jugendliche vergewaltigt oder sich anderweitig an ihnen vergangen haben.

Nach dem Rücktritt des alten Papstes Joseph Ratzinger, der jahrzehntelang als Präfekt der Inquisition für diese Fälle zuständig war, die ebenso jahrzehntelang vertuscht wurden, versprach der neue Papst öffentlichkeitswirksam konsequente Aufklärung und Aufarbeitung solcher Fälle. Was tatsächlich geschah, beschreibt die angesehene *Neue Züricher Zeitung* am 20. Januar 2017 unter Berufung auf das Buch «Lussuria» des italienischen Journalisten Emiliano Fittipaldi so: *„Kein Papst hat Pädophilie so wortgewaltig verurteilt wie Franziskus. Doch in der Praxis schützt die katholische Kirche auch unter ihm noch immer die Täter in den eigenen Reihen."*

Mit den weltweiten Kinderschänderverbrechen katholischer Kleriker beschäftigt sich auch das 2010 erschienene Buch „The Case of the Pope» – in der deutschen Übersetzung: „Angeklagt, der Papst". Es untersucht ebenfalls die Verantwortlichkeit des Vatikans und des damaligen Papstes Ratzinger für diese Verbrechen. Verfasst wurde das Buch von dem bekannten britischen Kronanwalt und Leiter der größten britischen Kanzlei für Menschenrechte, Geoffrey Robertson. Im Verlauf seiner Nachforschungen stellte Robertson immer wieder fest, dass das Regime Vatikan über Jahrzehnte die klerikalen Täter erfolgreich vor der staatlichen Strafverfolgung bewahren konnte. Schließlich kam er zu dem Schluss:

„Der Heilige Stuhl, ein Pseudo-Staat, hat in befreundeten Staaten ein fremdes Rechtssystem etabliert, nach welchem unter strengster Geheimhaltung Sexualverbrecher auf eine Weise behandelt wurden, die mit dem Recht des Staates, in dem der Heilige Stuhl operiert, unvereinbar war, ja in manchen Fällen sogar in konträrem Gegensatz dazu stand, und er hat das Beweismaterial für die Schuld der Verbrecher den Strafverfolgungsbehörden vorenthalten."

Zu den „befreundeten" Staaten, von denen Robertson spricht, gehört auch Deutschland. Einige hundert Fälle wurden hier bekannt, die Dunkelziffer ist vermutlich viel höher. Der Vatikan kennt die Fälle, denn sie müssen dem Vatikan gemeldet werden. Dort unterliegen sie bis heute dem sogenannten päpstlichen Geheimnis.

Geheimnis, gut und recht. Doch hat Jesus, der Christus, so etwas gelehrt? Hat Er Schweigegebote gelehrt und Geheim-Archive? Wer dieses Schweigegebot bricht, auch das Opfer, wird mit Exkommunikation bedroht, was nach der oben erwähnten Bestimmung Nr. 381 in der Sammlung Neuner/Roos nach Vatikanlehre für das Opfer – nicht für den Verbrecher – die ewige Verdammnis nach sich ziehen kann.

Die Aussage Robertsons wurde nie angefochten.

Da erhebt sich natürlich die Frage: Wie weit geht die Macht dieses fremden Staates, des Vatikans, in Deutschland? Inwieweit hat er seine auf der Welt einzigartigen Fähigkeiten ausgeschöpft, die eigene Agenda zu verfolgen, wie es in dem erwähnten Bericht an die US Regierung heißt, um also Interessen eines totalitaristisch organisierten Regimes so gegen das Recht eines parlamentarischen Rechtsstaates durchzusetzen, dass sogar Schwerverbrecher der Kontrolle und Festnahme durch unseren parlamentarischen Rechtsstaat entzogen werden? Ich frage das als überzeugter und besorgter Demokrat. Dass der Vatikan, ein undemokratischer Staat, in Deutschland viele Aktivitäten unterhält, ist bekannt.

Achtet er dabei die Souveränität des deutschen Staates und hält sich uneingeschränkt an die für alle Deutschen geltenden Gesetze und an das Grundgesetz? Lesen Sie die Fakten, entscheiden Sie dann selbst:

Im Steuerrecht, im Arbeitsrecht, im Koalitionsrecht, beim Recht auf Glaubens- und Gewissensfreiheit anderer, beim Diskriminierungsverbot, im Strafrecht und auf vielen weiteren Gebieten nimmt der Vatikan und seine registrierten Anhänger unter Berufung auf ihre als „Glauben" bezeichnete Agenda eine Fülle von Ausnahme- und Sonderrechten in Anspruch.

Unter Berufung auf diese „Glaubensagenda", deren Inhalt und Reichweite allein der Herrscher im Vatikan bestimmt, regiert dieses ausländische Regime unkontrolliert in unseren freiheitlichen Rechtsstaat mit unserer demokratisch vom Volk gewählten Regierung hinein. Dieses ausländische Regime bestimmt zum Beispiel, wer an bestimmten deutschen Lehrstühlen an deutschen Universitäten eingestellt wird, es kontrolliert den Religionsunterricht an Schulen, es bestimmt Kardinäle und Bischöfe, die nicht etwa vom ausländischen Regime, sondern vom deutschen Steuerzahler bezahlt werden.

Das ist das Prinzip: Die demokratisch gewählte Regierung in Deutschland unterwirft sich in all diesen Punkten bereitwillig dem absolutistischen ausländischen Regime. Zahlen muss der deutsche Steuerzahler, einerlei, welchen Glauben er hat.

Oftmals beruft sich das Regime Vatikan auf Abmachungen aus der Zeit, als Deutschland noch vollständig von dem diktatorischen Naziregime unterdrückt wurde.

Aus konstruierten jahrhundertealten angeblichen Ansprüchen, die angeblich nie verjähren können, kassiert das Regime „katholisch" Hunderte von Millionen vom deutschen Staat, schmettert selbst aber die deutschen Opfer ihrer klerikalen Kinderschänder ungerührt mit der Einrede der Verjährung ab, wenn diese um eine bescheidene Wiedergutmachung für den an ihnen verübten „Seelenmord" bitten.

Auf mannigfache Weise entzieht das vom Vatikan in Rom kontrollierte System dem eigentlich souveränen demokratischen deutschen Staat jährlich Milliarden über Milliarden an Geldern. Es beansprucht Subventionen und materielle Vergünstigungen von nahezu zehn Milliarden; über seine in vielen Bereichen staatlich begünstigten Dienstleistungsorganisationen und Wirtschaftsbetriebe fließen ihm weitere Milliarden zu.

Mit den Milliarden, die alle deutschen Steuerzahler aufbringen müssen – auch die, die nie etwas mit dem Konstrukt „katholisch" des Vatikans zu tun hatten oder nicht mehr zu tun haben wollen – führen die Parteigänger dieser ausländischen, Tausende von Milliarden schweren Organisation ein Leben in Luxus und Wohlstand mit Monatsgehältern auf Staatskosten von bis zu 15 000 Euro mit Wohnung und Dienstwagen. Gleichzeitig fallen immer mehr deutsche Bürger durch das wirtschaftliche und soziale Netz und leben am Existenzminimum; jedes vierte deutsche Kind ist mittlerweile von Armut bedroht. Immer mehr Menschen sind sogar von der sogenannten Arbeitsarmut bedroht, also von Armut trotz voller Beschäftigung.

Das sind nur wenige und nur die offensichtlichsten Auswirkungen eines undemokratischen ausländischen Regimes auf den demokratischen Rechtsstaat Deutschland und alle seine Bürger.

Das Regime in Rom unterhält in Deutschland auch ein engmaschiges Netz von Tausenden von Untergebenen, die direkt auf den Papst in Rom oder seine Bischöfe eingeschworen sind. Diese Männer nehmen sich in Deutschland zum Beispiel das Recht heraus, unter Berufung auf ihren „Glauben" und ihr „Geheimnis" sonst selbstverständliche staatsbürgerliche Pflichten zu missachten. So zum Beispiel das Recht, unter Berufung auf ihren vom Regime Vatikan verliehenen Status als Priester nach ihrem Gutdünken drohende Straftaten nicht anzuzeigen

oder bei deren Aufklärung nicht mitzuwirken. Teilweise entziehen sie sich der Kontrolle durch den Staat auch unter Berufung auf eine eigene staatsähnliche Sonderstellung, beispielsweise beim Datenschutz, was der Bedeutung des Wortes „Staat im Staat" schon sehr nahe kommt.
Darunter fallen auch zahlreiche Vorgänge, wo das Regime Vatikan unmittelbar und privilegiert auf staatliche Entscheidungen Einfluss nimmt, zum Beispiel im Bereich öffentlich-rechtlicher Medienanstalten, aber auch bei der Diskriminierung und Verfolgung anderer Glaubensrichtungen – dem staatlichen Gegenstück zur klerikalen Inquisition – und sogar in der Ausbildung der Richter.

Kennen Sie eine andere ausländische Macht, noch dazu totalitaristischen Zuschnitts, die ebenso massiv, oder überhaupt, in den demokratischen deutschen Rechtsstaat eingreift?

Der Einfluss des vatikanischen Netzwerks geht aber noch viel weiter. Nach Vorgaben aus Rom kontrolliert dieses zahllose Einrichtungen, Kliniken, Kindergärten, Unterrichts- und Bildungsstätten. Dort werden Kinder und Jugendliche von frühester Kindheit an nach der Vatikandoktrin beeinflusst, von Mitarbeitern, die zum Teil auch durch Treue-Eid auf das totalitaristische Regime Vatikan eingeschworen wurden. Solche Gefolgsleute und Funktionsträger sitzen auch überall in deutschen Staatsorganen, in Regierungen und Parlamenten bis in die obersten Ränge. Dort sind sie nach ihrem staatlichen Amtseid eigentlich dem Wohle des deutschen Volkes verpflichtet und nicht dem Regime Vatikan. Das Regime Vatikan verpflichtet sie aber in seinen Glaubensregeln, gegen diesen Amtseid zu verstoßen, wenn es der von Rom diktierte „Glaube", die Agenda Vatikan, verlangt.

Dasselbe verlangt der Vatikan aber nicht nur von seinen Funktionsträgern. Im Zweifel müssen alle katholischen Staatsdiener immer zugunsten des Regimes Vatikan entscheiden, auch wenn sie damit gegen ihren Amtseid verstoßen. Diesem Dogma kann sich keiner entziehen, der einmal als Mitglied in den Büchern dieser Organisation geführt wurde, die auch nicht der Kontrolle des Rechtsstaats unterliegen. Nicht einmal durch Austritt. Denn die Vatikan-Kirche erkennt einen Austritt nicht an. Das Regime Vatikan erhebt einen ewigen Besitzanspruch auf jeden Registrierten, sogar über dessen Tod hinaus.

Dieser absolute Gehorsamsanspruch gilt also für jeden katholischen Politiker, jedes Regierungsmitglied, jeden Beamten und jeden Richter. Sie alle haben in letzter Konsequenz dem Befehl des Herrschers im Vatikan zu gehorchen, auch wenn dieser Befehl Recht und Gesetz des deutschen Staates widerspricht.

Niedergelegt und nachzulesen ist dieser universale Absolutheits- und Unterwerfungsanspruch in dem umfangreichen Regelwerk des Vatikanischen Regimes, unter anderem im Katechismus unter der Nr. 2242 und in weiteren Bestimmungen. Für Ungehorsam gelten auch in diesem Fall die schon bekannten drastischen Strafandrohungen bis hin zur ewigen Hölle.

Was glauben Sie: Wem wird ein katholischer Entscheidungsträger oder Richter wohl folgen, wenn die Agenda des Vatikans von ihm verlangt, im Widerspruch zu Recht und Gesetz zu entscheiden? Dem Gesetz und seinem Amtseid auf die Verfassung – oder aus Angst um sein Seelenheil dem Diktat aus Rom?

Das war in der Tat nur ein kleiner Ausschnitt aus der Vielzahl von Eingriffen eines totalitaristischen Regimes in Rom in die freiheitliche Demokratie in Deutschland. Doch er rechtfertigt die Frage: Ist dieser Absolutheits- und Unterwerfungsanspruch eines Potentaten aus Rom nicht schon die Unterwanderung der Demokratie? Ist er nicht eine Missachtung der Souveränität und des Wählerwillens des deutschen Volkes? Jeder soll gezwungen sein, das zu glauben, was der Herrscher in Rom vorgibt.

Denn er ist unfehlbar. Und jeder muss seinen Anweisungen folgen. Tut er es nicht, dann werden ihm von dort schlimmste Konsequenzen angedroht, nicht nur für dieses Leben, sondern sogar für sein Seelenheil, für sein ewiges Leben.

Ist das nicht eine unglaubliche Anmaßung und abscheuliche Drohung für diejenigen, die sich von dem Märchen nicht einfangen lassen, mit dem sich das Konstrukt „katholisch" als allein selig machende Gnade ausgibt? Doch wie reagieren überzeugte Anhänger des vatikanischen Regimes aus Angst um ihr Seelenheil? Was glauben Sie?

Entscheidet also der „weise" Kopf im weißen Gewand in Rom, was in unserer Demokratie gilt? Müsste nicht das Volk wählen und entscheiden, ob es von ausländischen totalitaristischen Macht-Konstrukten geführt werden will?

Man müsste sich jeden Tag bewusst machen, wie das Konstrukt arbeitet, welches mit dem Märchen der allein selig machenden Gnade operiert – und sich ständig fragen: Wie verträgt sich all das mit den Freiheits- und Menschenrechten, mit einer parlamentarischen Demokratie und vor allem, mit einem freiheitlich-demokratischen Grundgesetz?

Und wie verträgt es sich mit der Lehre des Jesus von Nazareth, in dessen Namen sie dies alles betreiben?

Und wenn man noch weiter denkt: Kann jemand, der von einem undemokratischen Regime wie diesem abhängig ist, überhaupt ein Volksvertreter in einem demokratischen Rechtsstaat sein oder gar ein Repräsentant eines demokratischen Staates?
Wie sehen Sie das? Es geht um unsere Demokratie, und hier ist jeder selbst gefragt, zu entscheiden.

Lassen Sie bei ihren Überlegungen über die Gefährdung der Demokratie durch das Regime in Rom aber bitte Gott, den Ewigen, und Seinen Sohn, den Christus Gottes, aus dem Spiel, denn mit denen hat das Regime Vatikan rein gar nichts gemein.
Dass das Regime Vatikan für sein Konstrukt „katholisch" den Namen des Jesus, des Christus, missbraucht, des Sohnes des ewigen Gottes, des größten Propheten und Erlösers aller beseelten Menschen und Seelen, des Friedens- und Freiheitslehrers der Gottes- und Nächstenliebe, ist nämlich der größte Etikettenschwindel der Menschheitsgeschichte.
Christus hat nichts mit einem Regime und den unheilvollen Machenschaften zu tun, mit denen das Konstrukt „katholisch" seit rund 1700 Jahren die Erde überzieht und Not, Unglück, Verfolgung, Mord, Krieg, Ausrottung und Völkermord verbreitet hat. Das größte Verbrechen, die größte Infamie besteht darin, dass das katholische Regime all diese

Untaten unter Missbrauch des Namens des wahren Christus Gottes begangen hat, worauf sich die Opfer und deren Seelen von Christus abwandten.

Diese Infamie wird zurzeit weltweit aufgedeckt. Entlarvt wird auch, wer hinter dem Regime Vatikan steht. Die in der Offenbarung des Johannes, der sogenannten Apokalypse, angekündigte Frau aus den Himmeln, über die wir noch sprechen werden, und einige Söhne des wahren Gottes klären auf.

Ich möchte hier auch zur Aufklärung beitragen. Wieder gilt: Ich lege die Fakten dar, Sie entscheiden!
Schon bei einem ersten Blick in die eigenen Überlieferungen der Kirche werden Sie feststellen, dass der Vatikan und seine Priestermänner mit Jesus, dem Christus, nichts zu tun haben können. Obwohl heute wissenschaftlich anerkannt ist, dass die Berichte in den Überlieferungen von Priestern vielfach in ihrem Sinne verändert und gefälscht wurden, werden Sie nirgends ein Wort darüber finden, dass Christus Priester oder einen Papst eingesetzt hätte. Das Gegenteil davon ist dort berichtet:
Nattern, Otterngezücht und Söhne des Vaters von Unten, der ein Lügner und Mörder von Anfang ist und Ähnliches mehr nannte Jesus von Nazareth die Religionsverwalter Seiner Zeit. Jesus, der Christus,

lehrte „Gott in uns, im Innersten jedes Menschen". Gott braucht keine Mittler und Religionsverwalter. Und welchen Anspruch erheben die heutigen Priester selbst?

Unabhängig von dem erschreckenden Anteil von Straftaten an Kindern und Jugendlichen ist das generelle Selbstverständnis der Männer in den langen Kleidern schockierend. Hier nur einige Zitate von Priestern:

Der abgedankte Papst Ratzinger beschrieb den Priester im Jahr 2012 mit einer Aussage des Johannes von Ars:

„Oh, wie groß ist der Priester! (...) Gott gehorcht ihm: Er spricht zwei Sätze aus, und auf sein Wort hin steigt der Herr vom Himmel herab und schließt sich in eine Hostie ein (...) Nach Gott ist der Priester alles! (...) Erst im Himmel wird er sich selbst recht verstehen."

Noch größer ist die Hybris, die aus den Worten des Generalvikars von Toulouse, Jean-Baptiste Caussette, in einem älteren Exerzitien-Buch für katholische Priester spricht:

„Ich schmeichle euch nicht mit einer frommen Übertreibung, wenn ich euch Götter nenne.".

Und: *„Ich stehe in der Regierung der Welt nicht ein wenig unter den Cherubinen und Seraphinen, sondern über ihnen; denn sie sind nur die Diener Gottes ... während wir seine Gehilfen sind."*

Wenn Priester glauben, es stehe ihnen als Götter zu, sich an den Kindern zu vergehen, wer ist dann der Gott, dessen Gehilfen sie sind? Es kann nur der Gott Baal sein.
Der wahre Gott, der Ewige, ist allgegenwärtig. Er braucht keine Gehilfen.

Wenn ein normaler Bürger von solchen Allmachtsvorstellungen geplagt würde, würde man ihn intensiver staatlicher Betreuung zuführen. Doch Männer in langen Gewändern, die sich selbst als Götter erhaben über jedem menschlichen Recht und Gesetz sehen, frönen unter dem Schirm eines absolutistischen Systems in Rom meist ungestraft ihren Anwandlungen mitten in unserem demokratischen Gemeinwesen.

Fest steht, dass Jesus, der Christus, nie eine Religion gegründet hat, ebenso wenig wie je ein Gottesprophet vor und nach Ihm. Das wäre auch widersinnig: Jede Religion bedeutet Trennung.
Im Reich Gottes herrscht Einheit; Gott hat keine Religionen. Und so soll es auch auf Erden sein, wie Jesus im Vaterunser lehrte, dem Gebet der Einheit, in dem alle sogenannten Christen beten: *„Dein Wille geschehe, wie im Himmel, so auf Erden."*
Jesus lehrte auch keinen „heiligen Vater", sondern das Gegenteil: *„Keinen sollt ihr Vater nennen, denn Einer ist euer Vater, der im Himmel."*

Wer ist es dann, der sich über das Wort des Christus Gottes hinwegsetzt und sich selbst als „heiliger Vater" huldigen lässt?

Jesus lehrte keine „Heiligen". „Heilige" sind nach dem Baal-System Götter, zu denen man beten soll. „Heilige" sind also die Produktion des Gottes Baal. Und was haben die „Heiligen" gebracht, was haben die Gebete zu den „Heiligen" gebracht? Die unabwendbare Klimakatastrophe; die Erde wird mehr und mehr zerstört, überall herrschen Not, Leid, Elend, Kriege und Tod.

Jesus lehrte keine Riten, Zeremonien, Sakramente, und Er hängt auch nicht mehr am Kreuz, denn Er ist auferstanden. Im Regime Vatikan hängt überall in den Kirchen der Gekreuzigte. Am Karfreitag wird Er verborgen und am Ostersonntag hängen sie Ihn wieder hin – warum? Weil sie die Lehre des Jesus von Nazareth gekreuzigt haben. Was für ein Christus ist das also in den Priestern?
Den wahren Christus haben sie ja ans Kreuz gehängt und glauben, Ihn dort immer noch zu halten. Ist für die Priester der auferstandene Christus in ihnen, oder sind sie mit Gott Baal, dem Dämonischen, das immer noch Jesus, den Christus, zur Strecke bringen will? Denn die kirchlichen Lehren haben mit Jesus, dem Christus, nichts gemein.

Der russische Schriftsteller Dostojewski gab darauf schon vor rund 150 Jahren eine ausführliche Antwort in seiner Erzählung „Der Großinquisitor". In dieser Erzählung hält der katholische Großinquisitor dem wiedererschienen Christus entgegen: *„Warum bist Du gekommen, uns zu stören? ... Wir haben Deine Tat verbessert und auf dem Wunder, auf dem Geheimnis und auf der Autorität neu aufgebaut."*
Und worin das Geheimnis der Kirche besteht – ein Wort, das uns beim Regime Vatikan auch ständig begegnet –, spricht der Großinquisitor gegenüber Christus auch unumwunden aus: *„Wir sind nicht mit Dir, sondern mit ihm, ...als wir das von ihm annahmen, was Du mit Zorn zurückgewiesen hast, jenes letzte Geschenk, das er Dir anbot, indem er vor Deinen Augen die Reiche dieser Erde ausbreitete."*
Der Großinquisitor meint die in den überlieferten Schriften berichtete Begegnung des Jesus von Nazareth mit dem Satan, der Ihm vergeblich alle Reiche und alle Schätze der Welt anbot und von Jesus zurückgewiesen wurde.
Dostjewskis Großinquisitor spricht nicht nur aus, mit wem die Vatikankirche ist, sondern auch, dass sie das Angebot des Satans angenommen hat und wo ihr Sitz zu finden ist: *„Wir haben aus seiner Hand Rom und das Schwert des Cäsars empfangen und uns als die Herren der Erde erklärt, die Einzigen."*
Nur eine Erzählung?

Und wie sieht die Realität aus? Wer erklärt sich selbst heute zum Herrn der Erde in den Worten:
„Dem römischen Papst sich zu unterwerfen, ist für alle Menschen unbedingt zum Heile notwendig."
Das sind die Worte aus dem Vatikan in Rom.

Wer ließ sich bis vor nicht allzu langer Zeit bei der Thronbesteigung mit den Worten huldigen:
„... Wisse, dass du bist der Vater der Fürsten und Könige, Lenker des Erdkreises, auf Erden Stellvertreter unseres Erlösers Jesus Christus...".
Das sind Worte des Regimes Vatikan an den Papst in Rom.
Zu wem pilgern heute die Schönen und die Mächtigen der Welt, die Pilgersynodalen, um den „Segen" zu holen und den Ring zu küssen?
Zum Papst im Vatikan in Rom.

Und wer hat Ja gesagt zu dem Angebot: alle Schätze dieser Welt? Wer ist eine der reichsten Organisationen dieser Welt mit Tausenden von Milliarden von Vermögen und Schätzen dieser Welt?
Das Regime in Rom.
Nicht nur Dostojewski beschreibt das Regime Vatikan in Rom. Ähnliches lesen wir schon in einer viel älteren Schrift, in der erwähnten Offenbarung des Johannes, dem letzten Buch der Bibel, der sogenannten Apokalypse. Es enthält die prophetische

Schau des Sehers von Patmos, der vor nahezu 2000 Jahren die Zukunft der Welt und den Untergang des Regimes des Widersachers vorhergesagt hat, das er als Hure Babylon bezeichnet:
Der Seher von Patmos beschreibt die Hure Babylon als eine Stadt, mit der die Könige der Erde Unzucht getrieben haben, eine Stadt, die über die Könige der Erde regiert.

Wieder die Frage: Wer entspricht heute diesem Bild, wer erhebt heute diesen universalen Herrschaftsanspruch? Das Regime Vatikan in Rom.

Der Seher von Patmos sah die Hure Babylon symbolisch auch als eine Frau, die das Wort „Geheimnis" auf der Stirn trägt und trunken ist vom Blut der ermordeten Menschen, die Gott geheiligt hat und die als Zeugen für Jesus aufgestanden waren.

Welches Regime trägt ständig das Wort Geheimnis vor sich her, welches Regime verfolgt und bringt seit 1700 Jahren Propheten und Menschen um, weil sie für Jesus, den Christus, eintreten?
Wenn Sie möchten, können Sie in der Offenbarung des Johannes mehr darüber lesen, wie das als Hure Babylon bezeichnete Regime gehaust hat; und vergleichen Sie dann die Schau des Sehers von Patmos mit der Geschichte des Regimes Vatikan in

der Stadt Rom. Dann ziehen Sie daraus, wenn Sie möchten, Ihre Schlüsse.
Der Rat in der Offenbarung des Sehers von Patmos ist da eindeutig:
„Gehet aus von ihr, mein Volk, dass ihr nicht teilhaftig werdet ihrer Sünden, auf dass ihr nicht empfanget etwas von ihren Plagen!"

Der Untergang der Hure Babylon wird in der Schau des Sehers von Patmos eingeleitet durch das Wirken der Frau aus dem Himmel, die er beschreibt als *„mit der Sonne bekleidet, und der Mond unter ihren Füßen und auf ihrem Haupt eine Krone mit zwölf goldenen Sternen."*

Wer dem Ewigen Wort des Einen Gottes durch Prophetenmund glaubt und nicht von der Barmherzigkeitslüge des Konstrukts Baal mit seinem zornigen und rachsüchtigen Götzen der ewigen Verdammnis und Hölle umnebelt ist, der erkennt in den Worten des Sehers von Patmos, in der Frau aus dem Himmel, den Seraph der göttlichen Weisheit, Sophia.
Durch Sophia weiß die Welt heute, dass durch die Cherubim vor Gottes Thron, Seine Gesetzesfürsten, der Fall der Hure Babylon eingeleitet ist. Mit der Hure Babylon fällt ihr Konstrukt Baal, in dessen Geist sie unter dem falschen Etikett „christlich" ihre Untaten vollbracht hat.

Noch ein Wort als Erklärung zu dem System Baal. Baal ist ein grausamer Konstrukt-Gott, ein verfilzter Götterglaube, dessen Hauptträger das Geheimnis ist. Baal gibt immer das Geheimnis vor. Ein Geheimnis birgt in sich immer schon die Lüge oder gar das Verbrechen. Baal ist die manifestierte Unwahrheit, die Lüge und Mordlust, die Hurerei und Buhlerei im Angesicht des wahren Gottes, der die Gottes- und Nächstenliebe ist. Baal ist der, den Jesus von Nazareth als den Vater von Unten bezeichnet, der ein Lügner und Mörder von Anfang an ist. Wenn seine Lehre sich nicht hinter dem Geheimnis verbergen müsste, sondern die Wahrheit wäre, dann hätten seine Diener nicht Millionen von Menschen umbringen lassen, auch nicht die Propheten. Das gilt für die Priestergilde aller Zeiten bis heute, wo die Vorstufe des Hinmordens der Lügenmord oder Rufmord ist.

Die Priestergilde im Strom Baals ... Wo stehen Sie? Jetzt, da Sie nicht nur wissen, wie das ausländische undemokratische Regime Vatikan in unserem demokratischen Staat schaltet und waltet, sondern auch, von welchem unseligen Geist dieses Regime angetrieben wird?
Als Demokrat fühle ich mich dadurch betrogen, denn Demokraten haben die Demokratie gewählt und nicht die Einflussnahme eines totalitären Systems.

Noch treibt der Strom Baal sein Unwesen, mehr denn je treibt er Unzucht mit den Mächtigen der Welt, wie der Seher von Patmos es genannt hat. Doch sein Ende naht.

Wenn Sie laufend von Skandalen hören und lesen – vor kurzem erst wieder von Drogen- und Sexorgien in Rom in den ehemaligen Gemächern der vatikanischen Inquisition –, dann wissen Sie, wie weit Baal schon gefallen ist.

Und auch vom Cherub der göttlichen Weisheit wissen wir: Die Hure Babylon fällt.

Liebe Leserinnen, liebe Leser,

wenn Ihnen die vorgetragenen Fakten geholfen haben, das „Geheimnis" des Systems Baal zu lüften, dann kennen Sie auch die Antwort auf die Frage: Gefährden diktatorische Religionen unsere Demokratie?

Sie bestimmen – so, wie es in jeder funktionierenden Demokratie sein sollte: Entscheiden Sie selbst und ziehen Sie selbst Ihre Schlüsse. Treffen Sie Ihre Wahl, wenn es darum geht, Ihre demokratischen Rechte zu wahren.

Im Juli 2017
Gert Hetzel

1. Einleitung

Durch alle Zeiten hindurch hat die Priesterkaste mit ihren Dogmen, Ritualen, Zeremonien und Kulthandlungen – und in der Vergangenheit allzu oft mit brachialer Gewalt – die Menschen an sich gebunden und somit davon abgehalten, zu dem Freien Geist, Gott in uns, zu finden. Er, Gott, der Ewige, hat keine Religion gegründet und keine Priester eingesetzt. Er, der All-Eine, ist der Vater-Mutter-Gott, der Schöpfer allen Lebens. Er ist die ewige Liebe, die in jedem von uns wohnt. Deshalb braucht Er keine Mittler oder gar „Stellvertreter" auf Erden – Er ist in uns selbst, in der Seele des Menschen zu finden.

Aus Liebe zu Seinen Menschenkindern sandte Gott, der Ewige, immer wieder Seine Boten, Seine Propheten – hohe Wesen aus dem Reich Gottes, die die Menschen das Gesetz Gottes lehrten, die Gottes- und Nächstenliebe, und über den Freien Geist, Gott in uns, aufklärten. Gott hat nicht die Sprache der Menschen. Um zu den Menschen sprechen zu können, benötigt Er, der Ewige All-Eine, einen Dolmetscher, ein Mundstück. Weil die Widersacher Gottes die Menschen daran hindern wollen, die Stimme Gottes zu vernehmen, greifen sie das Mundstück an. Die Gesandten Gottes wurden stets von der jeweils herrschenden Priesterkaste mit allen nur erdenklichen Mitteln verfolgt und bekämpft.

So, wie die Priestermänner die Gottespropheten der Israeliten verhöhnten, verleumdeten, das Volk gegen sie aufhetzten und viele von ihnen grausam ermorden ließen, so ließen sie auch Jesus von Nazareth, den größten Gottespropheten, grausam am Kreuz zu Tode foltern. Und so gingen sie mit Lüge und Verleumdung, mit Feuer und Schwert auch gegen alle vor, die an die geistige Revolution der ersten Christen anknüpften und damit begannen, ihr Leben gemeinsam nach der Bergpredigt des Jesus von Nazareth zu gestalten.

Die Stimme des Ewigen, des Freien Geistes, lässt sich jedoch nicht zum Schweigen bringen.

Heute, in unserer Zeit, schenkt Gott, der All-Eine, für alle Menschen Sein ewiges Wort aus der göttlichen Weisheit, in einer Fülle wie nie zuvor in der Geschichte der Menschheit: durch Gabriele, Seine Prophetin und Botschafterin in unserer Zeit.
Das Ewige Wort, das Wort des Freien Geistes durch Gabriele entströmt der unendlichen Liebe Gottes zu all Seinen Kindern. Jedem einzelnen Kind, jedem Schaf geht Christus, der Sohn Gottes und Mitregent des Reiches Gottes, nach – auch den Schafen, die sich gegen Ihn wenden, so, wie Jesus von Nazareth

sinngemäß sprach: neunundneunzig Gerechte lasse Ich stehen und gehe dem einen verirrten Schaf nach. Durch Gabriele führt der Gottesgeist Menschen und Seelen zum ewigen Gesetz der Gottes- und Nächstenliebe, zu Frieden und Freiheit, zum wahren Leben, das Einheit ist. Er zeigt jedoch auch auf, wer Seine Menschenkinder seit nahezu zwei Jahrtausenden in die Irre führt durch die Verzerrung und Verdrehung Seiner schlichten Lehre unter Missbrauch des Namens „christlich".

In den frühen Jahren des weltweiten Christus-Gottes-Werkes, das durch Gabriele aufgebaut wurde, wandte sich das Reich Gottes deshalb direkt an die kirchlichen Obrigkeiten, um ihnen den Spiegel ihrer Gottferne vorzuhalten und gleichzeitig, um ihnen die Hand zu reichen und das unmittelbare Gespräch mit dem Christus Gottes anzubieten. Die kirchlichen Amtsträger hatten also die einmalige Möglichkeit, den jahrtausendealten Irrweg der Priesterkaste, ihre eigenen Fehlhaltungen und damit die Irreführung der Menschheit zu erkennen; sie hätten unter der direkten Führung von Christus vieles zum Guten wenden und eine Wiedergutmachung einleiten können.

Wer diese Briefe an den Papst in Rom sowie an die katholischen und lutherischen Bischöfe des deutschsprachigen Raumes nachlesen möchte, könnte sich ja an die vatikanischen Geheim-Archive wenden. Vielleicht erfahren Sie, werter Leser, werte Leserin, dann auch die Namen all der dort agierenden vatikanischen „Sektenbeauftragten". In den 85 Regalkilometern der Geheim-Archive wird das wohl zu finden sein.

Statt die Hand des Christus Gottes zu ergreifen, hielten es die Talarträger der heutigen Zeit jedoch wie die Priesterkulte aller Zeiten: Sie schmähten das ewige Wort Gottes.
Die institutionellen Vertreter reagierten auf die Gesprächsangebote aus dem Reich Gottes zunächst mit Schweigen – sie hielten es nicht einmal für nötig, auf die Briefe zu antworten. Als die Nachfolger des Jesus von Nazareth die Briefe jedoch rund ein Jahr später, im Dezember 1981, veröffentlichten, zusammen mit einer Offenbarung des Cherubs der Göttlichen Weisheit, entfesselten sie eine unvorstellbare Hetzkampagne gegen das Werk des Christus Gottes und gegen Seine Prophetin, Gabriele. Diese wird im vorliegenden Werk umfassend und ausführlich geschildert und belegt.

Diese Dokumentation enthält die wesentlichen Fakten und Aufzeichnungen; sie vermag aber nicht annähernd wiederzugeben, was Gabriele, die Gesandte Gottes, durch die kirchlichen Verfolgungskampagnen an seelischer Grausamkeit, an Ungerechtigkeit, Rufmord, Lächerlichmachung und Diffamierung des Ewigen Wortes Gottes und ihrer Person über Jahrzehnte zu tragen hatte – während sie gleichzeitig aus Liebe zu Gott, zu ihren Mitmenschen und zur Schöpfung das inzwischen weltweite Christus-Gottes-Werk aufbaute.

Von Abraham bis Gabriele ist es das Ewige Wort, der eine Strom, die eine Liebe, Gott – und von Abraham bis Gabriele sind es die Widersacher Gottes, die Talarträger, die Seine Gesandten, die Propheten, und Sein Wort der Liebe und Einheit verfolgen.

2. Die Handreichung des Christus Gottes wird ausgeschlagen

„Das Angebot des Herrn bleibt für viele Monate aufrechterhalten." Das hatte der Cherub der göttlichen Weisheit vor Gottes Thron, auf Erden Bruder Emanuel genannt, am Ende seines Briefes an den Papst in Rom im November 1980 kundgetan.
In diesem Brief, übermittelt durch Gabriele, die Prophetin und Botschafterin Gottes in unserer Zeit, hatte der Cherub der göttlichen Weisheit dem Papst das Angebot gemacht, dass Christus selbst, der Mitregent des Reiches Gottes, durch das Wort Seiner Prophetin mit dem Oberhaupt der katholischen Kirche sprechen wolle, *„um aus dieser verweltlichten Kirche noch zu retten, was zu retten ist."* Die Stimme des Herrn wollte innerhalb der Institutionen Kirche lebendig und führend werden.

Die Kirchen antworteten jedoch, wie gesagt, weder auf den Brief des Cherubs der göttlichen Weisheit vom September 1979 noch auf das Schreiben vom November 1980 an das Oberhaupt der katholischen Kirche noch auf das Angebot vom Januar 1981 an alle Bischöfe der beiden großen Konfessionen.
Damit war nun vor aller Welt klar: Die Kirchen, die sich fälschlicherweise „christlich" nennen, hatten die

Handreichung, das Angebot des Christus Gottes, das Gnadengeschenk, wie es in dem Brief an den Papst genannt worden war, nicht angenommen.

Das bedeutet: Sie hatten den Kampf gewählt gegen den Christus Gottes und gegen Sein Wort der Wahrheit, der Gottes- und Nächstenliebe, das der Menschheit heute aus dem Reich Gottes geschenkt ist durch die Prophetin und Botschafterin Gottes, Gabriele. Die Kirchen bleiben damit in der Tradition der Priesterkaste, denn es waren seit jeher die Priester und Schriftgelehrten, die Religionsverwalter, die immer wieder die von Gott, dem Ewigen, gesandten Boten, Seine Propheten, verfolgten, in früheren Zeiten buchstäblich bis aufs Blut.

Das System Baal, dem die Talarträger angehören, verteidigt mit aller Macht das Priestertum der äußeren Religion und insbesondere die Vorstellung eines angeblich strafenden Gottes – eine Vorstellung, mit der sie den Menschen Angst einjagen und sie an ihre Rituale und Zeremonien binden können. Baal ist der grausame Konstrukt-Gott – und der von diesem Konstrukt ausgehende verfilzte Götterglaube ist zugleich der Hauptträger des „Geheimnisses". Denn die Widersprüchlichkeit und Monstrosität des Konstrukts Baal verschleiern die Talarträger seit Urzeiten bis heute, indem sie sich auf das angebliche „Geheimnis Gottes" berufen.

Doch Gott, der Ewige, hat keine Geheimnisse vor Seinen Menschenkindern. Er ist die Wahrheit, und Er offenbart Seinen Menschenkindern die Wahrheit durch Seine Gottesboten.

Wenn das katholische Konstrukt die Wahrheit wäre, dann hätte es nicht Millionen Menschen umbringen lassen, auch nicht die Propheten, die Wortträger Gottes.

Die Vorstufe des Hinmordens ist der Lügenmord, auch Rufmord genannt. Mit Lügen und Verleumdungen gingen die Priestermänner immer wieder gegen die Wortträger Gottes vor – und so tun sie es auch heute.

Es ist, rein äußerlich besehen, auch heute ein höchst ungleicher Kampf: Hier die mächtigen Kirchen-Institutionen mit ihren Reichtümern, ihrer Macht und ihrem Einfluss auf Politiker, Massenmedien und das ihnen hörige Volk, aufgebaut über Jahrhunderte der Indoktrination, indem sie den Menschen eintrichterten, dass einzig sie es seien, die auf Erden Gott und Sein Wort vertreten. Dort eine Handvoll Christusfreunde, die sich um das Prophetische Wort scharen, weder reich an Geld noch an Einfluss. Hier Schriftgelehrte und Theologen, die alle Register der Verdrehung, der Lüge, der Ehrabschneidung

ziehen – dort die Prophetin Gottes und ihre Mitstreiter, die allein der Wahrheit verpflichtet sind, wie sie in den Zehn Geboten Gottes durch Mose und in der Bergpredigt des Jesus, des Christus, zum Ausdruck kommt.
Doch Christus, der Erlöser aller Seelen und Menschen, lässt sich durch die Verstocktheit der Talarträger nicht aufhalten, wie der Cherub der göttlichen Weisheit in seiner im Dezember 1981 veröffentlichten Offenbarung kundtat:
„Der Herr des Lebens ist bemüht, die Menschheit die Stufen zum göttlichen Bewusstsein zu lehren, auf dass sich die Seelen nach ihrem Erdengang erheben können, um in das Vaterhaus zurückzufinden. Jesus Christus ruft jetzt Sein Volk auf, die wahre Lehre anzunehmen und Ihm, dem einzig guten Hirten, nachzufolgen."

Die wahre Lehre ist die Lehre der Gottes- und Nächstenliebe, die Erfüllung der Zehn Gebote Gottes und der Bergpredigt des Jesus von Nazareth, die zur Rückkehr der Seelen und beseelten Menschen ins ewige Vaterhaus führt. Es ist die Lehre des Ewigen, All-Einen, des Freien Geistes, der auf Erden keine Mittler zwischen sich und Seinen Kindern benötigt – und diese Lehre ist denen ein Dorn im Auge, die ihre Macht und ihren Einfluss nicht verlieren wollen: Es sind die Talarträger der kirchlichen Religionsverwalter. Sie haben den Namen des Jesus, des Christus, für Ausbeutung, Kriege und Terror im Namen Gottes missbraucht und Seine Lehre der Bergpredigt mit Füßen getreten. Und sie setzen auch heute alles daran, die Flamme des Christus-Gottes-Geistes möglichst rasch wieder zum Verlöschen zu bringen. Wenn ihnen dazu heute die blanke physische Gewalt von Folter und Scheiterhaufen nicht mehr zur Verfügung steht, so tritt an die Stelle des Mordes eben der Rufmord.

Durch die Prophetin Gottes, Gabriele, legte der Gesetzesfürst vor Gottes Thron, der Cherub der göttlichen Weisheit, bereits im Dezember 1981 einen Teil der Verleumdungsstrategie der Kirche offen, wie sie dann Monate später tatsächlich in kirchlichen Verlautbarungen auftauchte:
„Die Argumentation der unwissenden kirchlichen Obrigkeiten und deren Anhänger ist Folgende: Die Lehre des Herrn in Seinem Heimholungswerk wäre ein Gemisch von christlichem, buddhistischem und hinduistischem Wissen. Die Kirchenmänner maßen sich an, die gesamte Wahrheit zu besitzen. Sie glauben, Andersgläubige werden von Jesus Christus nicht angenommen, da sie Ihn, den Erlöser, nicht anerkennen. Durch ihre dogmatische Einstellung sind die Autoritäten beider Kirchen der blinden Meinung, Er, der Herr, sei nur mit der Christenheit. Dieser

Täuschung unterliegen nur jene, die mit Scheuklappen behaftet sind und die nur auf die intellektuellen Worte von Menschen hören, zu denen der wahre Geist Gottes schweigt."

Die Behauptung einer angeblichen „Religionsvermischung" (wir werden darauf zurückkommen) ist allerdings nur ein winziger Bruchteil dessen, was in den folgenden Jahrzehnten an Niedertracht und Häme, an Lügen, Verleumdungen, Unterstellungen, Verdrehungen und Beschimpfungen auf die Nachfolger des Jesus von Nazareth herniederprasseln sollte, allen voran auf Gabriele, die Wortträgerin des Geistes Gottes, die die Bürde dieser Verfolgung meist auch noch alleine zu tragen hatte.

Wenn heute trotz aller Angriffe das Licht des messianischen, sophianischen Zeitalters heller denn je auf dieser Erde strahlt, so ist dies der himmlischen Leuchtkraft und Stärke der göttlichen Weisheit zu verdanken: dem Gesetzesfürsten vor Gottes Thron und seinem Dual im Erdenkleid, der Gottesprophetin Gabriele.

Die Nachwelt soll jedoch erfahren, was sich in all jenen Jahren abgespielt hat und zum Teil noch immer abspielt. Denn die alte Schlange, von der in der Überlieferung die Rede ist, züngelt noch immer.

3. Die Verleumdungen beginnen (1981-1984)

Würzburg, Ende der 70er Jahre des 20. Jahrhunderts: eine Großstadt mit 130.000 Einwohnern, beschaulich am Main gelegen, seit einem Jahrtausend geprägt – mental und auch baulich mit Dom, Festung, Residenz – von den katholischen Fürstbischöfen. Eine historische Hochburg der Judenmorde, der Gegenreformation und der Hexenverbrennung. Ausgerechnet hier erhob der Freie Geist, der Christus Gottes, machtvoll Seine Stimme.
Es trafen sich fortan regelmäßig zunächst eine Handvoll, später wenige Dutzend Menschen in einem öffentlich zugänglichen Raum, um das Wort Gottes durch Prophetenmund zu hören – im Heimholungswerk Jesu Christi, dem Lehr- und Aufklärungswerk des Christus-Gottes-Geistes und der Basis für das spätere Universelle Leben.

Durch das Prophetische Wort erhielten die Besucher in Würzburg und einigen anderen Städten tiefe geistige Lehren über der Menschheit bislang unbekannte Zusammenhänge, z.B. über das Wesen Gottes und den Aufbau des Reiches Gottes, über den Aufbau der Seele, über das Leben nach dem Tod, über die Kraft des Gebets, vor allem aber über den Weg nach Innen, den jede Seele und jeder Mensch gehen kann, der sein Herz für Gott öffnet.

Die in Würzburg dominierende vatikanische Kirche beobachtete die Entwicklung zunächst nur. Wie alle katholischen und lutherischen Bischöfe Deutschlands hatte auch der Bischof von Würzburg, Paul-Werner Scheele, im Januar 1981 ein Schreiben des Cherubs der göttlichen Weisheit erhalten, unter anderem mit der Botschaft:
„Das Wort Gottes ist im Tempel aus Fleisch und Bein und nicht in äußeren Kirchen und wird jenen zur Gnadenkraft, die Gott demütig in sich suchen ... Denn es steht sinngemäß geschrieben: Du bist der Tempel des Heiligen Geistes, und der Geist Gottes wohnt in dir."

„Gott in uns" – das war und ist eine der Kernaussagen der Botschaft aller wahren Gottespropheten. Schon Jesus von Nazareth, der größte Gottesprophet aller Zeiten, lehrte: „Das Reich Gottes ist inwendig in euch." Doch diese Botschaft, die sich immer ausnahmslos an alle Seelen und beseelten Menschen richtet, steht in schroffem Gegensatz zu dem Gebaren der Priester und Theologen verschiedener Konfessionen, die den Menschen an äußere Steinhäuser binden, an Dogmen und Rituale, die den Gläubigen einreden, Vermittler zwischen ihnen

und Gott zu sein, und die damit den Menschen den direkten Zugang zu Gott im Inneren jedes beseelten Menschen verbauen.
Dabei berufen sich diese Kirchen auf Gott, den Allerhöchsten, und nennen sich „christlich". Diesen Etikettenschwindel haben die Gottespropheten zu allen Zeiten angeprangert: Wer den Willen des ewigen Vaters im Himmel nicht tut, der soll sich nicht auf Ihn, den Allerhöchsten, berufen. Und wer die Lehre des Nazareners, die hohe Ethik und Moral der Bergpredigt, mit Füßen tritt, der soll sich katholisch oder lutherisch nennen, doch er soll sich nicht mit dem Namen des Jesus, des Christus, schmücken.

Im Dezember 1981 wurden, wie erwähnt, die Briefe des Cherubs der göttlichen Weisheit öffentlich gemacht und alle Menschen angesprochen, „die sich aus einengenden Gemeinschaften von Christen befreien wollen."
Die Reaktion kam prompt – und sie kam hinterhältig. Gabriele und ihre Familie lebten damals in einem Reihenhaus am Stadtrand von Würzburg. Ein Augenzeuge und Freund der Familie erinnert sich an folgende Begebenheit:
„Zu Weihnachten 1981, am Abend des 24. Dezember, erfolgten gegen 18 Uhr in der Wohnung unserer Schwester [Gabriele] mehrere Anrufe des gleichen Sprechers, auch mit den gleichen Stimmen

im Hintergrund. Der Sprecher sagte, bei ihm sei ein Suizidgefährdeter; dieser möchte am heutigen Weihnachtsabend zu unserer Schwester kommen. Es wurde ihm erklärt: Wenn er zum Gebet um 20 Uhr kommen möchte, dann ist er herzlich eingeladen, mehr kann unsere Schwester nicht für ihn tun. Man hörte im Hintergrund Stimmen, dann legte der Sprecher auf – der ‚Suizidgefährdete' erschien nicht. Wir hatten den Eindruck, dass es ein fingierter Anruf war.
In der Folgezeit erfolgten immer wieder Drohanrufe im Haus unserer Schwester. Diese Anrufe wurden zu einer Selbstverständlichkeit. Noch nachts um 2 Uhr wurden Verwünschungs- und Verfluchungsdrohungen ausgesprochen. Kurz nachdem der Telefonhörer aufgelegt war, erfolgte der nächste Anruf, mit dem die Verfluchung fortgesetzt wurde, dann ein dritter, mit dem sie abgeschlossen wurde. Im Hintergrund hörte man ebenfalls Stimmen."

Ein solcher Telefonterror ist nervenaufreibend. Wer auch immer hier fortgesetzt und mehrfach hintereinander anrief, um seine Fluchbotschaft aus wüsten Verwünschungen und Verfluchungen loszuwerden – er bewegte sich in „gut" katholischer Tradition. Denn die Verfluchung von „Ketzern" und „Hexen" gehört seit Jahrhunderten zum festen Repertoire der Vatikankirche. In den Lehrbuchsammlungen katholischer Dogmen wimmelt es bis heute von Verfluchungen aller Menschen, die es wagen, auch nur eines der katholischen Dogmen anzuzweifeln. Wer seine Meinung nicht beizeiten ändert, das ist die Botschaft, der wird in der ewigen Hölle schmoren!

Katholische Unwahrheit, als „Meinung" verpackt

Hinter den Mauern der bischöflichen Amtsgebäude wurden derweil Maßnahmen anderer Art ausgeheckt. Die kirchliche Hetzjagd lief schnell auf Hochtouren. Ein erster großer öffentlicher Angriff erfolgte am 20.6.1982. Im *Würzburger Katholischen Sonntagsblatt* erschien ein ganzseitiger Artikel unter der Überschrift „Für Schäden keine Haftung!" Als Autorin des Artikels wird eine katholische Journalistin namens Jutta Falke bezeichnet.
Der Artikel zeigt das kirchliche Vorgehen auf und bildet den Auftakt zu der langjährigen Strategie der Verfolgung mit den Mitteln der heutigen Zeit. Die Kirche denkt nicht daran, sich inhaltlich mit den göttlichen Offenbarungen des Christus-Gottes-Geistes wirklich auseinanderzusetzen. Stattdessen werden dem Leser von Anfang an glatte Unwahrheiten aufgetischt. So wird etwa behauptet, bei

den im Heimholungswerk Jesu Christi angebotenen Heilungen durch Gebet und Glauben werde Heilung „versprochen". Das ist unwahr.
Weiter wird behauptet, man weise im Heimholungswerk die Gläubigen an, keine andere Literatur zu lesen als die des Heimholungswerks – eine weitere Unwahrheit.

Wer sich mit derartigen kirchlichen Angriffen auf „Ketzer" befasst, der wird immer wieder auf ein Denkschema stoßen, das in der Psychologie als „Projektion" bezeichnet wird:
Wenn jemand etwas blind bekämpfen will, dann unterstellt er dem Gegenüber oft Fehlhaltungen und Verhaltensweisen, die in Wahrheit nur seine eigenen sind. So auch hier: Einen Index verbotener Bücher, die Katholiken nicht lesen durften, gab es in der römischen Kirche bis in die 60er Jahre des 20. Jahrhunderts hinein.

Die Gläubigen des Heimholungswerkes, so wird in dem Artikel weiter behauptet, sollten „nicht nachdenken, sich keine eigene Meinung bilden". Ihre Kritikfähigkeit werde „systematisch abgebaut oder gar zerstört und die Vernunft abgeschaltet". Im Heimholungswerk würden die Menschen „hörig gemacht, in Abhängigkeit versklavt, verdummt, bis sie engstirnig nur das vertreten, was man ihnen sagt".

Besser hätte man die Bildungspraxis der Talarträger der letzten 1500 Jahre nicht beschreiben können.

Tatsache ist, dass der Christus Gottes im Prophetischen Wort durch Gabriele die Freiheit lehrt, denn das Gesetz Gottes beinhaltet die absolute Freiheit jedes Wesens. Der Mensch soll zu Gott finden, der in ihm ist, tief in seinem Seelengrund; er soll zu sich selbst finden und lernen, selbständig zu denken, sich einzig auf Gott auszurichten und sich von den Meinungen anderer unabhängig zu machen.

Die kirchliche Institution griff in diesem Artikel auch die Person der Prophetin Gottes direkt an – notdürftig verbrämt mit einigen herablassenden, in ihrer Scheinheiligkeit geradezu peinlich wirkenden Worten: „Ein lieber, guter, harmloser Mensch, Hausfrau ... wie du und ich, gründet eine ‚Kirche' ..." (Das dürfen in der katholischen Kirche schließlich nicht mal Männer! Aber nichts liegt Gabriele ferner, als eine Kirche gründen zu wollen.) Sie verbreite „Lügen" (welche, wird allerdings nicht gesagt) und säe „Hass". Letzteres sollte sich wohl darauf beziehen, dass einige Nachfolger des Jesus von Nazareth wenige Monate zuvor damit begonnen hatten, aufklärende Vorträge über Tatsachen aus der Kirchengeschichte zu halten.

Weiter heißt es, die Prophetin Gottes werde *„zu einer „willenlosen Marionette degradiert, die von einem der Allgemeinheit unsichtbaren ‚Geist' dirigiert" werde, „der sich als ‚Weisheits-Cherub vor dem Throne Gottes' ausgibt, Gott aber nicht von Ferne gesehen haben kann – wie könnte er sonst Lügen verbreiten, die im Vergleich mit der Bibel nachweisbar sind."*

Wer die Geschichte der Bibelfälschung kennt, der weiß, wer sich in diesem Vergleich als Lügner entlarvt, nämlich der Vater von unten. Doch die Verhöhnung des Cherubs der göttlichen Weisheit geht noch weiter. Es heißt:
„Wie könnte er sonst ... Hass säen, indem er eine abscheuliche Kirchengeschichte aufrollt und veröffentlichen lässt ..."

Die Talarträger geben damit selber zu, dass ihre eigene Kirchengeschichte abscheulich ist. Hier zeigt sich wieder die Projektion und die perfide Verdrehung der Tatsachen: Nicht derjenige, der die abscheulichsten Verbrechen begangen hat, sät Hass – sondern derjenige, der die Verantwortung der Kirche dafür ans Tageslicht bringt! Die Strategie der Kirche: Wer es wagt, die Wahrheit über die Talarträger zu sagen und an die Öffentlichkeit zu bringen, der wird von ihnen diffamiert.

In einem Kasten in der Mitte des Artikels kann man nachlesen, wer tatsächlich hinter dieser Anhäufung von Unwahrheiten, falschen Zitaten und Schmähungen steht: „Das große Zeichen – die Frau aller Völker" steht da zu lesen – und der Würzburger Filiale dieser spiritistisch angehauchten katholischen Mariengruppierung stand der Journalist Franz Graf von Magnis (1926-2004) vor. Der Würzburger Bischof Scheele hatte ihn bzw. seine Organisation beauftragt, in der Diözese Würzburg „Sekten" zu beobachten.

Die „Frau aller Völker"

Der Name der Organisation lehnt sich an die Geheime Offenbarung des Johannes im Neuen Testament an, wo von einer „Frau aller Völker" die Rede ist – welche von der Kirche in der Regel mit Maria gleichgesetzt wird.
„Das große Zeichen – die Frau aller Völker" ist eine sektenartige Gruppierung innerhalb der katholischen Kirche, die sich auf eine Marienerscheinung des 20. Jahrhunderts in Holland beruft und sich diesen Namen zugelegt hat. Im Zusammenhang mit dieser angeblichen Marienerscheinung waren spiritistische Phänomene wie starker Geruch, Lärm und Schüsse aufgetreten. Doch der Katholik

Magnis hatte mit derlei astral-okkulten parapsychologischen Phänomenen offenbar keinerlei Berührungsängste. Einige Jahre später ließ er unter einem Pseudonym Rundbriefe an die Adressen von Urchristen versenden, in denen ein „Glaubensgradbeobachter" aus Flensburg – in Wirklichkeit ein etwas verwirrter Rentner – mittels eines „radioästhesistischen Pendels" die „Schwingungszahl" bekannter Urchristen ermittelt haben wollte.
Und eine solche Gruppierung will nun die Katholiken über das Prophetische Innere Wort Gottes „aufklären" …

Den deutschen Zweig dieser Vereinigung hatte Graf Magnis 1968 in Würzburg gegründet. Was für ein Mensch war Magnis?
Er hatte sich unter anderem über viele Jahre als Großwildjäger auf verschiedenen Erdteilen betätigt und darüber auch ein Buch geschrieben, in dem er den Leser unter anderem über die besten Methoden informiert, wie man exotische Tiere am besten jagt und schlachtet. „Das tägliche Waidwerk war mir zur Quelle der Kraft geworden", schreibt der leidenschaftliche Jäger – offenbar so sehr, dass er diese makabre „Quelle der Kraft" später in der Jagd auf Andersgläubige suchte und fand.
In der Würzburger Stadtbibliothek fand sich sein Jagdbuch unter den „Kinder- und Jugendbüchern".

Der Graf hatte also nichts dagegen, diese Art von katholischen „Werten" an die Jugend weiterzugeben. „Jugendgefährdend" dagegen war für ihn z.B. ein Buch des Jesuiten Graf Spee, der sich im 17. Jahrhundert gegen die Hexenverbrennungen eingesetzt hatte. Das Buch setzte er im Oktober 1986 auf eine Liste von Büchern, die er deshalb aus eben dieser Stadtbibliothek entfernt zu haben wünschte.

Soweit einiges zur Person des Journalisten Franz Graf von Magnis, des Vorstands der Würzburger Gruppierung „Frau aller Völker". Für seine Verdienste bei der Verfolgung religiöser Minderheiten bekam Magnis 1987 übrigens von Papst Johannes Paul II. den päpstlichen Silvester-Orden verliehen.
Und an diese Organisation „Frau aller Völker" schrieb Gabriele, die Prophetin Gottes, am 1.7.1982, also wenige Tage nach Erscheinen des Hetz-Artikels im Katholischen Sonntagsblatt, einen kurzen Leserbrief:

„Grüß Gott!
Hätte die Frau aller Völker auch so zynisch und polemisch gesprochen?
Mich kann man nicht beleidigen. Durch die Kraft des Geistes Gottes stehe ich über diesen Anfechtungen und ruhe in Gott, meinem Herrn. Durch den mystischen Weg, den ich dank der Gnade unseres

Herrn wandeln darf, erkenne ich den Bewusstseinsstand meiner Mitmenschen, so auch von jenen, die das Werk des Herrn und mich verächtlich machen. Da ich Kenntnisse über das Gesetz von Ursache und Wirkung habe und eine entsprechende geistige Schulung durchlebe, ist es mir möglich, meinen Mitmenschen in reiner Nächstenliebe zu begegnen. Werte Frau Falke, werte Herren, die ihr vor Gott meine Geschwister seid, je mehr ihr mich verächtlich macht, desto mehr reine Nächstenliebe bringe ich Ihnen entgegen. Ich gehe den Weg unbeirrt, trotz Polemik Entstellungen und Verdrehungen der ewigen Wahrheit. Die göttliche Liebe wird siegen. Die Zeit wird kommen, wo wir uns auf einer anderen Ebene begegnen werden, dann wird auch Ihnen die Binde von den geistigen Augen genommen. Wir werden dann schauen, wer die Wahrheit hatte.
In Liebe zu Gott und zu meinen Nächsten verbleibe ich mit allen Menschen verbunden.

... P.S.: Wenn Sie sich vor Ihrer Leserschaft nicht fürchten, dann veröffentlichen Sie doch dieses Schreiben ungekürzt."

Das Schreiben wurde nicht veröffentlicht, weder ungekürzt noch gekürzt. Trotz des Rufmords, trotz der öffentlichen Diskreditierung und der Angriffe gegen das Wort des Christus-Gottes-Geistes und gegen ihre Person blieb Gabriele dem Geist Gottes, der Liebe, treu. Doch wie erging es ihr als Mensch in dieser Situation? Auch wenn Gabriele in Gott lebt und somit in ihrem Inneren mit dem Ewigen und mit Christus und mit dem Cherub der göttlichen Weisheit verbunden ist, so mußte sie doch als Mensch diese Niedertracht ihrer Mitmenschen erst einmal aushalten. Sie bringt über viele Jahre hinweg jedes Opfer, um das höchste geistige Gut in die Welt zu tragen, um den Menschen den Christus-Weg zur Gottes- und Nächstenliebe, zu einem Leben in Freiheit, Einheit und Frieden zu bringen – und erntet dafür Hohn, Spott und Verfolgung. Und dies geschieht durch die Priestermänner einer Organisation, die seit Jahrhunderten die Lehre des Jesus von Nazareth mit Füßen treten, die ihre Mitmenschen mit ihren Dogmen und der Drohung ewiger Verdammnis knechten und den grausamen Tod unzähliger Männer, Frauen und Kinder zu verantworten haben.

Die geistige Welt stand Gabriele bei. Doch wer konnte sie als Mensch in dieser Situation unterstützen? Wer war in der Lage, sich in sie einzufühlen? Um sie herum gab es nur einen kleinen Kreis von Aktiven, die alle einem Beruf nachgingen und oft noch mit eigenen Problemen beschäftigt waren.

„Lebt die Kirche nach der Bibel?"

Die Kräfteverhältnisse im Vergleich zu den Kirchen waren denkbar ungleich: Hier zwei mächtige Religionskonzerne mit Tausenden von gut bezahlten Amtsträgern, mit immenser Finanz- und Medienmacht – Kirchenzeitungen, Verlagsbeteiligungen, Sitzen in den Rundfunkräten – sowie mit großem Einfluss auf kirchlich erzogene und herangezogene Journalisten und Politiker. Dort eine kleine Bewegung, in Gang gehalten von einigen Dutzend Menschen, die sich nur in ihrer Freizeit für das Christus-Gottes-Wort engagieren konnten; mit geringen finanziellen Mitteln und ohne jeglichen Einfluss auf Massenmedien oder Politik.

Welche Möglichkeit der Entgegnung auf einen solchen Schmähartikel bleibt einer Minderheit, die weder über ein auflagenstarkes eigenes Presseorgan noch über eine Presseagentur mit entsprechenden Kontakten zur Tagespresse verfügt? Letztlich nur eine bezahlte Anzeige.

Am 7. Juli 1982 erschien in der Lokalzeitung eine großformatige Anzeige mit der Überschrift: „Sind wir von Gott verlassen?" Die Nachfolger des Jesus von Nazareth wiesen in dieser Anzeige mit wissenschaftlicher Sorgfalt auf die Widersprüche in der Bibel hin, zeigten die Gräuel einer blutigen

Kirchengeschichte auf. Der hetzerische Artikel im *Sonntagsblatt* wurde also nicht mit einer Rechtfertigungs- oder Verteidigungsrede beantwortet, sondern mit belegbaren Tatsachen über die Kirchen – und mit Gegenfragen.

Hier nur einige wenige Beispiele.
So wurde die Frage gestellt: *„Lebt die Kirche nach der Bibel?" – etwa nach dem Gebot Jesu: „Liebet eure Feinde!"?*
Dazu wurde unter anderem der katholische Theologe Bruno Bauer zitiert: *„Keine Religion hat so viele Menschenopfer gefordert und auf eine so schmähliche Weise hingeschlachtet als diejenige, die sich rühmt, sie für immer abgeschafft zu haben."*
Oder befolgt die Kirche das Gebot: *„Häuft euch nicht Schätze auf der Erde, wo Motten und Würmer sie zerstören!"?*
Hierzu folgt u.a. ein Zitat von Karlheinz Deschner: *„Der Gesamtbesitz des Vatikans an Aktien und Kapitalbeteiligungen wurde 1958 auf etwa 50 Milliarden DM geschätzt."*
Jesus sprach: *„Denn ich war hungrig, und ihr habt mir nichts zu essen gegeben."* – Doch: *„Täglich verhungern auf dieser Erde Tausende von Menschen, doch der Vatikan trennt sich weder von seinen Kunstschätzen noch von seinem Aktien- und Immobilienbesitz."*

Am Ende folgt ein Hinweis auf das Heimholungswerk Jesu Christi: *"Christus: ‚Ich werde euch Propheten senden...'... könnt ihr es jetzt ertragen? ... Im Werk des Herrn gibt es keine Ausrichtung auf einen Menschen. Wir hören Sein allmächtiges Wort durch Sein Instrument, Seine Prophetin. Der eine glaubt daran und lebt danach, der andere verwirft es – wir nehmen auf beide keinen Einfluß. ... Wenn das Heimholungswerk Jesu Christi und alle, die dem Herrn nachfolgen, auch von kirchlicher Seite verhöhnt und verspottet werden, und wenn dem Werk alles Üble nachgesagt wird, und wenn auch das Wort Gottes verdreht und verächtlich gemacht wird: Wir gehen unerschütterlich den Inneren Weg, der uns frei macht. Denn Jesus sprach und spricht: Folget Mir nach! Das Reich Gottes ist inwendig in euch."*

Ein lutherischer Pfarrer meldet sich zu Wort

Mit dieser mutigen Reaktion, die auf eine Anregung Gabrieles zurückging, hatte die Kirche wohl nicht gerechnet. Die Pressestelle des bischöflichen Ordinariats war offenbar nicht imstande, auf die gezielten Fragen zu antworten, sie ging auch nicht auf die vorgebrachten Fakten über die Kirchen ein. Stattdessen warf die Kirche in einem Leserbrief an die *Main-Post* (10.7.1982) den Urchristen „üble antichristliche, speziell antikatholische Propaganda" vor. Es sei ein „trübes Wasser, aus dem hier geschöpft wird".

Die Geschichte der Kirche ist in der Tat ein sehr trübes Wasser, aus dem allerlei Betrübliches zutage gefördert werden kann. Zu diesen trüben Gewässern der Geschichte gehört auch die jahrhundertelange Verfolgung urchristlicher Bewegungen durch die kirchliche Inquisition. Und die gibt es längst auch in der Lutherkirche. Denn auch Martin Luther forderte die damalige Obrigkeit auf, „Ketzereien zu wehren und die Anhänger am Leib zu strafen."

Originalton Luther: *„Mit Ketzern braucht man kein langes Federlesen zu machen, man kann sie ungehört verdammen. Und während sie auf den Scheiterhaufen zugrunde gehen, sollte der Gläubige das Übel an der Wurzel ausrotten."*

Luther forderte die Gläubigen auch zum Denunzieren auf: Erfahre man etwas von einem Andersgläubigen, so solle man das unverzüglich dem lutherischen Pfarrer melden.

Wenn es um die Bekämpfung der „Ketzer" geht, nimmt offenbar auch das Bischöfliche Ordinariat Würzburg „Hilfe" der anderen Konfession, in Anspruch – obwohl sie diese lange Zeit ebenfalls öffentlich als „Ketzer" verteufelt hat und es in ihren Dogmenbüchern noch immer tut. Wenige Tage später meldete sich der lutherische Pfarrer Friedrich-Wilhelm Haack aus München erstmalig zu Wort. Haack war von der bayerischen Landeskirche bereits 1969 zum hauptamtlichen „Beauftragten für Sekten-

> Gestern - Inquisitor: Verfolgung bis zum Mord
>
> Heute - Sektenbeauftragter/Sektenexperte: Verfolgung bis zum Rufmord

und Weltanschauungsfragen" ernannt worden. Er bezeichnete sich als „Sektenexperte" – und er war in der Tat Experte einer Demagogie, die an die dunklen Zeiten der Inquisition erinnert.

Am 12. Juli 1982 stand in der *Lohrer Zeitung* zu lesen, die erwähnte Anzeige des Heimholungswerks habe ihn, Pfarrer Haack, „veranlasst, Christen vor dieser Sekte zu warnen". Es handle sich hier „um eine neue spiritistische Sekte", die „hinduistisches und christliches Gedankengut vermische."
Da ist sie, die Meinungslüge, die der Cherub der göttlichen Weisheit schon Ende 1981 vorhergesagt hatte. Doch es ist wiederum eine Projektion – denn kaum eine Weltreligion hat so viel fremdes Gedankengut aufgenommen, so viele Denkmuster, Rituale und Zeremonien aus antiken heidnischen Kulten wie die römisch-katholische Staatskirche, von der sich später die lutherische Kirche abspaltete.

> **Meinungslüge:**
> Eine Unwahrheit = Lüge, die von „Experten" so formuliert wird, dass sie juristisch von den Gerichten als „Meinung" eingestuft und erlaubt wird, weil ihr Wahrheitsgehalt nicht überprüft wird. Der gutgläubige Bürger kennt den Unterschied zwischen erlaubter Lüge im Meinungsgewand und Tatsache nicht. Er hält deshalb die Lüge für eine Tatsache, die das Gericht bestätigt hat.

Und ausgerechnet ein lutherischer Pfarrer gebrauchte als erster im Zusammenhang mit dem Heimholungswerk Jesu Christi den Begriff „Sekte". Die Vatikankirche hat gerade die Lutherkirche über Jahrhunderte mit diesem Schimpfwort verächtlich gemacht, so wie sie im Mittelalter die sogenannten Ketzer damit brandmarkte. In der frühen Neuzeit verfolgten dann beide Konfessionen gemeinsam die „Hexensekte". Aber der Begriff ist noch viel älter: Bereits die Anhänger des Jesus von Nazareth wurden von den damaligen Schriftgelehrten als „Sekte des Nazareners" diskriminiert, wie es sogar in den Bibeln der Kirchen nachzulesen ist (Apg 24,5).

Pfarrer Haack „warnte" des Weiteren vor dem „Absolutheitsanspruch solcher pseudoprophetischer und pseudooffenbarerischer Bewegungen" und vor einer Lehre, die nach seiner Meinung „oft sämtliche Lebensbereiche in Beschlag lege".

Der Pfarrer hat hier ganz offensichtlich ausgeblendet, dass die Zehn Gebote Gottes durch Mose und die Lehren der Bergpredigt des Jesus von Nazareth ebenfalls für alle Lebensbereiche gelten – in Achtung allerdings vor der Freiheit des Einzelnen. Dies ergibt sich auch aus dem Wortlaut der Zehn Gebote Gottes, in denen es heißt: „Du sollst …" und nicht „Du musst …", und aus den Lehren der Bergpredigt. Am Ende Seiner Rede sprach Jesus von Nazareth: *„Wer diese Meine Lehre hört und danach handelt, ist ein kluger Mann, der sein Haus auf Fels baute. … Wer aber Meine Worte hört und nicht danach handelt, ist wie ein unvernünftiger Mann, der sein Haus auf Sand baute."*

Auch dieser Vorwurf ist also reine Projektion: Es sind doch die kirchlichen Institutionen, die den freien Willen des Menschen missachten, die von der Wiege bis zur Bahre – also von der Säuglingstaufe an über die Konfirmation bzw. Firmung, die Hochzeit, die sogenannten Sakramente bis hin zum Begräbnis – den Menschen vorschreiben, ihre Kirchengesetze zu befolgen, unter Androhung der ewigen Verdammnis für all jene, die sich dem nicht unterordnen.

Und in den eigenen Bibeln der Kirchen finden sich auch zahlreiche Hinweise auf die Gabe des Prophetischen Wortes. Jesus von Nazareth kündigte den Tröster an, den Geist der Wahrheit, den Er senden werde, um die Menschen in alle Wahrheit zu führen.

*Gott, der Freie Geist,
lässt sich nicht vereinnahmen*

Trotz der kirchlichen Angriffe auf das Heimholungswerk Jesu Christi wuchs die Zahl der Menschen, die sich um das Prophetische Wort durch Gabriele scharten.
Nachdem offensichtlich wurde, dass das geistige Gut, das durch Gabriele gegeben ist, einen unermesslichen Reichtum an wahrer Spiritualität, an göttlicher Weisheit beinhaltet – die den Kirchen fehlt –, und dass das Wort des Christus Gottes durch Seine Prophetin nicht zum Schweigen gebracht werden konnte, erklärte Graf Magnis am Telefon gegenüber einem Anhänger des Heimholungswerkes ganz offen, dass er sich wünschen würde, diese Bewegung innerhalb der Kirche zu sehen.

Dies war nicht der einzige Versuch, Gabriele, die Prophetin Gottes, in die katholische Kirche einzubinden.
Ein weiterer Anrufer gab sich als Kontaktperson des Augsburger Bischofs aus und bot ebenfalls an, das Heimholungswerk Jesu Christi in die katholische Kirche einzubinden. In dem Buch „Die Rehabilitation des Christus Gottes" wird geschildert, wie es weiterging:

„Demütig und schlicht fragte die Prophetin Gottes daraufhin den Christus-Gottes-Geist, was Sein Wille ist. Die Antwort war klar und unmissverständlich: ‚Sein Prophetisches Wort, das Wort des Christus-Gottes-Geistes, bleibt außerhalb der institutionellen Kirchen.'
Der all-weise Freie Geist, den wir im Abendland Gott nennen, der Schöpfer allen Lebens, offenbart sich also nicht innerhalb der institutionellen Kirchen, so auch nicht der Christus Gottes. Der Geist Gottes weht, wo Er will. Die schriftliche Antwort an den kirchlichen Anrufer beschränkte sich dann auf den Hinweis: ‚Ich glaube, es wäre besser, wenn wir getrennt marschieren'..." (S. 87 f.)
Als diese Antwort, sinngemäß, auch Graf Magnis übermittelt wurde, setzte er als moderner Inquisitor seine Hetzkampagne unvermindert fort.

Katholisches Sonntagsblatt warnt vor „Ansteckungsgefahr"

Im September 1982 gibt Magnis eigens eine Schrift unter der Firmierung „Frau aller Völker" heraus, die den Titel trägt: „Kritische Stellungnahmen zum angeblichen Heimholungswerk Jesu Christi oder auch Innere Geist-Jesu-Kirche". Bereits im Titel ist ein schlampiger und herablassender Umgang mit der Wahrheit zu ersehen: Nicht einmal den Begriff „Innere Geist=Christus-Kirche" vermag er richtig abzuschreiben.

Was der Graf in dieser Schmähschrift über Gabriele schreibt, trieft regelrecht von Hohn, Falschheit und Herablassung: Sie sei eine „bedauernswerte, unserem Gebet anvertraute Frau", und deshalb erscheine „eine öffentliche Auseinandersetzung mit ihr uns grausam und unbarmherzig ..."
So schreibt der Graf über die Frau, deren Bewegung er kurz zuvor noch „innerhalb der Kirche" sehen wollte! Wer sich der Macht der Kirche nicht unterordnen will und ihr gar gefährlich werden kann, wird gnadenlos bekämpft.

Sein Mitgefühl ist geheuchelt, und seine Behauptung, eine „öffentliche Auseinandersetzung" scheine ihm „grausam und unbarmherzig", straft er selbst Lügen, indem er in derselben Schrift ein wahres Arsenal an dreisten Unwahrheiten und Verdrehungen auf Gabriele und das Heimholungswerk abfeuert.
So wird Gabriele wahrheitswidrig unterstellt, sie bezeichne sich selbst als „spiritistisches Medium Jesu". Oder es wird indirekt behauptet, in der Lehre des Heimholungswerks Jesu Christi gäbe es keinen persönlichen Gott – auch dies ist unwahr. Die dort verkündete Lehre sei ein „zusammengeflicktes

Denkgebäude aus östlichen Weisheiten, christlichen Schriftstellen, alternativen Gesundheitsvorschlägen", sie baue „auf Hass gegen die Katholische Kirche", es sei ein „falscher Geist", der hier rede und sich „lügnerisch als Geist-Jesus" ausgebe. (Wie unsauber Magnis arbeitet, sieht man bis in die Wortwahl hinein: Der Begriff „Geist-Jesus" ist im Heimholungswerk Jesu Christi unbekannt.)

Vor lauter Verleumdungseifer verheddert Magnis sich in Widersprüche: Einerseits sollen die Offenbarungen „so langweilig" sein, „dass Zuhörer in sanften Schlummer versinken". Andererseits ließen sich die „Schlichten, Gutgläubigen" durch die „magische Atmosphäre" verzaubern. (Zwischen diesen Polen bewegt sich ohne Zweifel ein normaler katholischer Gottesdienst.) Magnis behauptet weiter: „Alles, was die Prophetin ihren Anhängern verkündet, muss kritiklos angenommen werden." So werde „das kritische Bewusstsein ausgeschaltet", die Anhänger würden „computerhaft mit den Lehren aufgeladen".
Ist das nicht eine treffende Beschreibung für die kirchliche Indoktrination von Kindesbeinen an?

Am Ende der Schrift richtet Franz von Magnis mit Worten aus der Kirchenbibel einen Aufruf an die Leser:

„Zieht die Rüstung Gottes an, denn wir haben nicht gegen Menschen aus Fleisch und Blut zu kämpfen, sondern gegen die Fürsten und Gewalten, gegen die Beherrscher dieser finsteren Welt, gegen die bösen Geister des himmlischen Bereichs." (Eph. 6, 10-12)
Ist das nicht übelste Stimmungsmache – nur weil Menschen dem Freien Geist folgen und nicht dem Diktat der Kirche! Dabei zeigt die Blutspur der Kirchen durch die Geschichte deutlich auf, wo in Wahrheit die „Beherrscher dieser finsteren Welt" thronen.

Die Kampagne gegen Gabriele und das Heimholungswerk Jesu Christi wird nun über Monate fortgesetzt.
Unter der Überschrift „Die fixe Idee" schreibt „Jutta Falke" am 3. Oktober 1982 im *Katholischen Sonntagsblatt* über die „Verlockungen" des Heimholungswerks und warnt die Gläubigen vor einem „bedingungslosen, blinden Gehorsam" (und das ausgerechnet in einer katholischen Zeitung) und davor, dass ihr „Idealismus missbraucht" werden könne. Sie räumt zwar ein, dass auch die „echten Mystiker" von einem „inneren Wort" gewusst hätten. Doch es sei viel zu gefährlich, sich damit ohne die „Amtsautorität der Kirche" zu befassen.
Der Mensch hat sich also der Kirche zu unterwerfen – das ist das kirchliche Credo, und dort wird auch

der „bedingungslose, blinde Gehorsam" gefordert! Und wohin hat die „Amtsautorität der Kirche" unzählige Menschen geführt? Das wird am Zustand dieser Welt immer deutlicher sichtbar.

Das „Dämonische", so das *Sonntagsblatt* weiter, laure hier auf den Menschen und man könne in eine „Geisteskrankheit" fallen.
Wie sich die Aussagen gleichen! Schon die damaligen Schriftgelehrten warfen Jesus von Nazareth vor, Er stünde mit dem „Obersten der Dämonen" im Bunde.

Der Katholik habe das Recht, heißt es weiter, sich von „Menschen mit einer fixen Idee ...fernzuhalten", wenn die „Gefahr der Ansteckung besteht".
„Ansteckungsgefahr" – davor hatten auch die Inquisitoren des Mittelalters die Gläubigen gewarnt. Damals hatte man als Katholik nicht nur das „Recht", sondern man hatte bei Todesandrohung die „verdammte Pflicht und Schuldigkeit" („verdammt" im wörtlichen Sinne), sich von „Ketzern" fernzuhalten – denn diese könnten schließlich jedermann „anstecken".
In gewisser Weise stimmt das sogar: Man könnte sich beim Kontakt mit der Botschaft Gottes durch Seine Wortträger durchaus anstecken – nämlich mit berechtigten Zweifeln an den angeblich unfehl-

baren Dogmen und Lehrsätzen der angeblich allein seligmachenden Kirche. Denn, so heißt es weiter:
„Die größte Lüge des Heimholungswerks Jesu Christi ist die Behauptung, Jesus sei der natürliche Sohn von Joseph und Maria."
Eine Tatsache, die viele Menschen für wahr halten, wird von der katholischen Kirche als „größte Lüge" bezeichnet und Gabriele dafür öffentlich an den Pranger gestellt. Es erscheine „barmherziger", heißt es herablassend, „mit den Persönlichkeiten des Heimholungswerkes vorerst in seelsorgerlichem Briefkontakt zu stehen ..."

„Seelsorge" auf katholisch

Diese „Seelsorge" sah so aus, dass Gabriele jeden Freitagabend in ihrem Briefkasten eine neue katholische Schmähschrift vorfand. Die angebliche Barmherzigkeit drückte sich darin aus, dass diese Schmähschriften mit den übelsten Herabwürdigungen Gabrieles überall an Bushaltestellen verteilt wurden.

Hier zeigt sich schon die Handschrift der Inquisition, denn die kirchliche Tradition bezeichnete die Inquisition immer auch als „Sorge um die Seelen". Unter Talarträgern mag solches Tradition sein, aber wie würde es Ihnen, werter Leser, ergehen, wenn Sie als unbescholtener Bürger auf solch hinterhältige Weise angegriffen würden?

> Inquisition:
> Verfolgung und Ausmerzung aller, die sich der herrschenden Religionskaste nicht unterwerfen, durch Lüge, Verleumdung, Diskriminierung, Folter, Mord.

Im November 1982 behauptet das *Katholische Sonntagsblatt*, im Heimholungswerk würden „Familien zerbrechen", die Anhänger handelten „der eigenen Familie gegenüber herzlos, verlassen und zerstören sie dadurch oder tyrannisieren die Ihren mit ihren falschen Lehren". Besonders herzlos verhalte man sich gegenüber der katholischen Kirche, ja man verwende – der Höhepunkt des Frevels – bei seiner Kirchenkritik sogar die Aussagen atheistischer Autoren.

Der Vorwurf der „Familienzerstörung" fällt allerdings auf die Kirche selbst zurück, wenn man weiß, was die kirchliche Rufmordarbeit allein bei der Familie der Prophetin Gottes angerichtet hat. Den unablässigen kirchlichen Angriffen und öffentlichen Rufschädigungen hielt ein Teil der Familie Gabrieles nicht stand. Die Verwandtschaft wandte sich von ihr ab, um nicht unter den Kirchenbann zu fallen und in ihren Wohnorten der Ausgrenzung und Verfolgung durch die Priesterkaste ausgesetzt zu sein. Die Sektenbeauftragten schnüffelten sogar im Kirchenregister der Geburtsstadt der Prophetin Gottes herum, ob dort nicht etwas zu finden sei, mit dem man Gabriele diskreditieren könnte. Sie fanden nichts, doch die infamen Anwürfe gingen weiter.

Das sind die Institutionen Kirche. So waren sie, so sind sie bis heute, die Talarträger.

Gelegentlich versuchten Sektenbeauftragte der Kirchen, eine Ehekrise oder Trennung auf die Tatsache zurückzuführen, dass einer der Ehepartner sich dem Heimholungswerk zugehörig fühlte. Doch auch hier sah die Realität ganz anders aus. Im November 1987 erschien z.B. in der *Passauer Woche* ein groß aufgemachter Artikel, in dem ein Ehemann beschuldigt wurde, seine Familie zu vernachlässigen, weil er dem Universellen Leben nahestehe. Überschrift: „Geweint, gestritten, gefleht".

Der Passauer „Sektenexperte" behauptete, durch das Universelle Leben hätten schon viele „Haus und Hof verloren". Die „Sekte" habe „schon viele in den religiösen Wahn getrieben", indem sie „Alkohol, Nikotin und Sex verboten" habe.

Jeder, der die Bücher des Universellen Lebens über den „Weg nach Innen" liest, erkennt sofort, dass hier etwas nicht stimmen kann: Dort wird nämlich vor Fanatismus und Verdrängung ausdrücklich gewarnt.

Um auf den konkreten Fall zurückzukommen: In Wahrheit war die betroffene Familie finanziell abgesichert, die Trennung nur vorübergehend. Die Schwierigkeiten des Ehepaars hatten sich jedoch genau zu dem Zeitpunkt massiv verstärkt, als katholische Geistliche auf die Ehefrau Einfluss nahmen, um zu verhindern, dass sie „auch noch" in diese „Sekte" gerate. Nicht das Universelle Leben verstärkte also die vorübergehenden Eheprobleme, sondern umgekehrt: die Intoleranz der Kirche gegen jegliche „Abweichung".

> Zur Erinnerung - Sekte: Von der jeweils herrschenden Religionskaste verwendetes Schmähwort für alle, gegen die sich ihre Inquisition richtet.

Wir sehen an diesem Beispiel, dass kirchliche Sektenbeauftragte selbst persönliche Konflikte und Notlagen missbrauchen, um mit frei erfundenen angeblichen Sensationsgeschichten einer nichtkirchlichen Minderheit öffentlich Schaden zuzufügen.

Direkter Druck bis in den privaten Bereich gehörte schon immer zu den Machtinstrumenten der Vatikankirche – auch im Raum Würzburg. Es begann damit, dass Zeitungsausschnitte des *Sonntagsblatts* an verschiedene Adressen von Mitarbeitern und Sympathisanten des Heimholungswerkes versandt wurden. Als einige der auf diese Weise Belästigten dazu übergingen, die Annahme weiterer Zuschriften zu verweigern und sie mit dem Vermerk „Zurück an Absender" zurückzuschicken, wurde dies im nächsten Artikel prompt hochgespielt als: „Gespräche werden abgelehnt."

*Heilung wie im Urchristentum –
das darf nicht sein!*

Die Urchristen machten mit Handzetteln und Kleinanzeigen die Bevölkerung auf die Botschaft des Christus Gottes im Prophetischen Wort aufmerksam. Als eine Marketingfirma aus Limburg im März 1983 auf das Heimholungswerk Jesu Christi zugeht und diesem vorschlägt, auf einem Plakat für „Krebsvorsorge" eine Anzeige über urchristliche Glaubensheilung zu veröffentlichen, stimmen die Angesprochenen zu. Das Plakat wird in zahlreichen Arztpraxen ausgehängt.
Prompt meldet sich die *Katholische Nachrichtenagentur* und verbreitet eine „Warnung" des Bischöflichen Ordinariates Würzburg „vor Wunderheilern". Darin heißt es, eine Prophetin spreche „in Trance" und erteile Ratschläge zur Gesundheit. Man ver-

spreche „Heilungen wie im Urchristentum". „Wenn die Heilung bei dem gutgläubig hilfesuchenden Kranken ausbleibt, wird diesem gesagt, sein Glaube reiche nicht aus."

Auch hier wird wieder ein ganzer Sack voll Lügenmeinungen auf engstem Raum ausgeschüttet. Die Urchristen führen wohl Veranstaltungen durch, bei denen sie für heilungsuchende Menschen beten, so wie dies Jesus von Nazareth und Seine Jünger getan haben. Doch keinem wird eine Heilung versprochen. Es wird auch niemandem ein „mangelnder Glaube" vorgeworfen, sondern den Menschen wird erklärt, dass es zunächst um die Heilung der Seele geht. Reinigt sich diese von ihren Belastungen, so kann auch der Körper Linderung oder Heilung erfahren, so es für die Seele des Menschen gut ist. So hielt es auch Jesus von Nazareth.

Gabriele, die Prophetin Gottes, spricht auch nicht in Trance, sondern im vollen Wachbewusstsein. Dieser Umstand ist keineswegs unwesentlich, sondern ein Kennzeichen wahrer Gottesprophetie. Im Trancezustand tritt die Seele – ähnlich wie beim Schlaf – aus dem Körper aus. Die Seele des wahren Gottespropheten hingegen bleibt während der prophetischen Rede im Körper, so dass der Prophet alles bewusst wahrnimmt, was Gott, der Ewige durch ihn den Menschen mitteilt.

Die Kirche reagiert nicht von ungefähr beim Thema „Heilung wie im Urchristentum" so allergisch. Denn es handelt sich hier um einen der „uneingelösten Schuldscheine der Kirche", wie es der Kirchenhistoriker Walter Nigg ausdrückte. Heilung durch Gebet und Glauben war im frühen Christentum selbstverständlich. Doch sehr bald ging sie verloren. Wer sie heute wieder belebt, wird von der Kirche bekämpft – zumindest, wenn er dies außerhalb der Institution Kirche tut.

Hinter den Kulissen wurde in Würzburg sogar Strafanzeige wegen angeblichen Verstoßes gegen das Heilpraktikergesetz erstattet. Als die Urchristen jedoch unter anderem nachwiesen, dass Jesus von Nazareth selbst laut Bibel den Auftrag zum Heilen an Seine Jünger gab, war dieser hinterhältige juristische Angriff vom Tisch.

Die „Wahnvorstellungen" eines Pastors

Als das Heimholungswerk Jesu Christi auch in Bonn zu Veranstaltungen mit Heilmeditationen einlädt, reagiert ein lutherischer Pastor, „Sektenbeauftragter" der Evangelischen Kirche im Rheinland. Er greift als erstes die Stadt Bonn an, die es gewagt hat, dem Heimholungswerk Jesu Christi Räume im Altstadtcenter zu vermieten. Die Stadt verteidigt sich zwar: Man lehne es ab, „die politische oder religiöse Überzeugung des Mieters zu prüfen", und aus dem Vertrag könne man nicht heraus. Doch man will auch keinen Ärger: Für weitere Veranstaltungen werde man keine Räume mehr zur Verfügung stellen. Mehr auf des Pastors Linie ist da schon der Leiter des städtischen Jugendamtes: Er habe „keine Zweifel, dass die Stadt rechtliche Konsequenzen gegen das ‚Heimholungswerk Jesu Christi' ziehen wird, wenn sie davon überzeugt ist, dass es sich um eine jugendgefährdende Sekte handelt".

Die Begriffe „Jugendreligion" und „Jugendsekte" hatte der lutherische Pfarrer Haack aus München bereits in den 1970er Jahren in der Öffentlichkeit verbreitet, um verschiedenste nicht-kirchliche Glaubensgemeinschaften in Verruf zu bringen, obwohl in diesen Gemeinschaften keineswegs nur Jugendliche zu finden waren.

Der Talarträger greift tief in die Verleumdungskiste, spricht von „Seelenfängern", durch die junge Menschen „in eine kritiklose Abhängigkeit" geraten könnten. Die Prophetin leide unter „religiösen Wahnvorstellungen", die Meditationen seien mit „okkultistischen Elementen gespickt".

„Der Prophet ist ein Narr, verrückt der Mann des Geistes" – so wurde bereits der Gottesprophet Hosea von den damaligen Priestern und Schrift-

gelehrten beschimpft. (Hos 9,7) Doch wie fühlt sich eine Frau, die die schwere Bürde auf sich genommen hat, in der heutigen Zeit Gott, dem Ewigen, als Seine Prophetin zu dienen, wenn sie öffentlich so verleumdet wird?

Das Heimholungswerk Jesu Christi antwortet mit einer öffentlichen Veranstaltung, auf der die Urchristen zu den Verleumdungen Stellung beziehen. Es kommen 300 Bürger – doch wie berichtet die Presse? „Heimholungswerk kämpft gegen Pastor" lautet die Schlagzeile der Bonner Rundschau am 23.4.1983. Man habe sich auf den Jugendpastor „eingeschossen" und „gerichtliche Schritte angedroht".
Über die an diesem Abend ausführlich vorgetragenen Tatsachen und Richtigstellungen wird kein einziger Satz geschrieben. Der berufsmäßige Rufschädiger wird stattdessen zum „Opfer" hochstilisiert.

Die Presse spielt genau die Rolle, die ihr die Kirche zugedacht hat – gute Voraussetzungen für den Mann der Kirche, das Feuer weiter zu schüren. Über den „Arbeitskreis gegen destruktive Kulte" in Bonn gibt er eine Broschüre über „Jugendsekten" heraus, in der er dem Heimholungswerk Jesu Christi unterstellt, es ginge ihm nur um Besitz und Vermögen seiner Anhänger. In seiner Darstellung der Lehre des Heimholungswerks reiht sich eine Unwahrheit an die andere: Es werde gelehrt, dass man „auch im irdischen Körper ... mit den Geistern Verstorbener Kontakt aufnehmen" könne – genau davor wird im Heimholungswerk Jesu Christi im Gegenteil gewarnt. Es werde behauptet, es sei „nur durch die HHW-Meditationen Erlösung möglich" – einen solchen Alleinvertretungsanspruch findet man nicht im Heimholungswerk Jesu Christi, wohl aber in der Kirche.

Immerhin weiß der Sektenbeauftragte 1983 noch, dass im Heimholungswerk eine „Wiedergeburt in tierischer oder mineralischer Form" abgelehnt wird. Drei Jahre später wird er auch diesen letzten Rest an Tatsachentreue noch in eine Lüge verwandeln und behaupten: „Ungläubige hingegen müssen damit rechnen, in ihrem nächsten Leben eine sehr viel niedrigere Wiedergeburt zu erfahren, etwa als Pflanze oder als Tier ..."

Was tut eine "Sekte" mit einem Schwimmbad?

Doch egal, wie widersinnig Kirchenvertreter die Wahrheit verdrehen – ihre Behauptungen machen die Runde, zunächst in Kirchenzeitungen und Pfarrbriefen, dann auch in der Tagespresse.
Und sie werden – Anfang der 1980er Jahre, vor den späteren Finanzskandalen der Kirche, vor der Enthüllung der Sexualverbrechen an Kindern durch Priester – von den meisten Menschen noch ungeprüft einfach für bare Münze genommen; damals genoss die Kirche noch ein gewisses Vertrauen, damals konnte sich kaum jemand vorstellen, dass Kirchenvertreter derart ungehemmt die Unwahrheit sagen.

Am 29.11.1983 behauptet der Direktor der katholischen Caritas in Nürnberg in den *Nürnberger Nachrichten*, dass eine junge Frau "alle Bindungen an Freunde und Familie" abgeworfen habe. Die Familien seien verzweifelt, jede häusliche Diskussion ende im Streit. Es ist einer jener Fälle, die – wie in der mittelalterlichen Inquisition – anonym präsentiert werden, so dass eine Entgegnung gar nicht möglich ist: Wer soll hier gemeint sein? Es ist bezeichnend, dass es dem Caritasdirektor nicht in den Sinn kommt, seinen eigenen Neffen, der im Heimholungswerk Jesu Christi aktiv ist, zu diesem Thema zu befragen, ehe er an die Öffentlichkeit geht. Stattdessen lobt er die gute Zusammenarbeit mit Pfarrer Haack in München.

Pfarrer Haack wiederum wird im März 1984 mit seiner „Elterninitiative" in Würzburg aktiv. Diese „Initiative" hatte Haack 1975 in München gegründet, um bei seiner Inquisitionsarbeit in der Öffentlichkeit besser auf die „Tränendrüse" drücken zu können. In Wirklichkeit gehörten ihr kaum Eltern an, dafür aber umso mehr Pfarrer und Theologen.

In Würzburg war das Gerücht in die Welt gesetzt worden, das Heimholungswerk wolle ein Schwimmbad kaufen. An die schwierige Frage, was eine Glaubensgemeinschaft mit einem Schwimmbad anfangen soll, haben die Gerüchtemacher keinen Gedanken verschwendet. Aber es zeigt die Hysterie, die Kirchenvertreter wie Graf Magnis in wenigen Monaten im katholischen Würzburg angefacht haben. Auch in den Jahren danach wurden immer wieder ähnliche Gerüchte verbreitet, wenn irgendwo im unterfränkischen Raum eine Immobilie zum Verkauf stand – und die Käufer und Verkäufer erklärten pflichtschuldigst, dass sie mit dem Heimholungswerk nichts, aber auch gar nichts zu tun haben. Böse Zungen meinten sogar zu wissen, dass solche Gerüchte bisweilen absichtlich ausgestreut wurden – um die Preise dadurch in die Höhe zu treiben oder ein „günstiges" Kaufklima zu schaffen, denn: Die „Sekte" darf es nicht bekommen!

Die Junge Union und Haacks Elterninitiative greifen derlei Unsinn begierig auf, um „gegen das Vorhaben mobil" zu machen und z.B. zu fordern: „Kein Sektenzentrum in das SV-05-Bad!" Ein JU-Aktivist, ein gelehriger Schüler Haacks, sieht hier eine Möglichkeit, sich zu profilieren. Er warnt vor der „gefährlichen Psychosekte", die „die Sehnsucht gerade junger Menschen nach Sinngebung und Geborgenheit schamlos für die finanziellen Interessen und die Machtgier ... ihrer Führungsclique" ausnütze. „Würzburg dürfe nicht Frankens Sektenzentrum werden." Die Urchristen antworten mit einem Flugblatt: „Der Sektenwahn schlägt immer neue Kapriolen! Kauft das Heimholungswerk Jesu Christi demnächst ganz Würzburg auf?"

Man muss sich immer wieder klar machen, *wer* hier von den Kirchen und ihren Helfershelfern im Staat öffentlich an den Pranger gestellt wird:
Es ist die Prophetin Gottes, die den Menschen aus dem Reich Gottes erneut die Lehre der Gottes- und Nächstenliebe nahebringt; es sind Menschen, die

sich an die Gesetze des Staates halten, die sich jedoch von den kirchlichen Dogmen und den Vorschriften der Priestermänner befreit haben. Sie streben danach, entsprechend den Zehn Geboten Gottes und der Bergpredigt des Jesus von Nazareth Ihm nachzufolgen, in aller Freiheit, also ohne Priester, Zeremonien und Verdammungsurteile – so, wie es der Christus-Gottes-Geist durch Seine Prophetin Gabriele lehrt: Der Freie Geist – Gott in uns.

Diese Menschen, die nichts Unrechtes tun, sondern lediglich ihr Recht auf Glaubensfreiheit in Anspruch nehmen wollen, werden von Staat und Kirche systematisch dem Rufmord ausgeliefert – und das bleibt nicht ohne Konsequenzen, wie wir später noch erfahren werden.

Die kirchlichen Hardliner setzen sich durch

Auch die lutherische Kirche greift das Thema „Sekten" auf und macht es in Würzburg zum Schwerpunkt der „17. Mainfränkischen Glaubenskonferenz" im März 1984. Als Referenten holt man Pfarrer Hans-Diether Reimer von der *Evangelischen Zentralstelle für Weltanschauungsfragen* in Stuttgart. Reimer bleibt bei seinen Angriffen gegen das

Heimholungswerk Jesu Christi eher im theologischen Bereich, will die Offenbarungen an die „Prüfung durch die Gemeinde" gebunden sehen (wobei er unter „Gemeinde" natürlich die Kirche versteht), bezeichnet ansonsten die Urchristen als „eine Glaubensgruppe wie jede andere".

Ein Jahr zuvor hatte man vier Anhängern des Heimholungswerkes Jesu Christi Gelegenheit gegeben, auf einer Tagung der Zentralstelle in Würzburg ihren Glauben in Kurzreferaten darzustellen. Das blieb übrigens in der gesamten Zeit von der Gründung des Heimholungswerkes bis zum heutigen Tag das einzige Mal, dass eine offizielle Kirchenstelle sich auf ein normales Gespräch mit den „Ketzern" einließ. Die Ergebnisse, auch das ist bezeichnend, behielt man dann aber doch lieber für sich.

Der katholischen Kirchenspitze in Würzburg ist das aber offensichtlich nicht böse genug. In einem Land, in dem immer mehr Menschen aus der Kirche austreten, genügen theologische Behauptungen längst nicht mehr, wenn man die Masse gegen eine Glaubensminderheit aufhetzen will. Da muss man den Menschen mit ganz anderen Themen gehörig Angst einjagen, ihnen Schauermärchen auftischen, etwa über Gesundheit, Familie oder Arbeitsverhältnisse und dergleichen mehr.

Auch die Pharisäer und Schriftgelehrten verleumdeten Jesus von Nazareth gegenüber der römischen Besatzungsmacht nicht mit Glaubensargumenten, sondern sie behaupteten rundweg, Er wolle die politische Macht übernehmen. Auf diese Weise erreichten sie schließlich Seine grausame Ermordung.

Und so geschieht nun etwas Bemerkenswertes: Am selben Wochenende, an dem Reimers Vortrag stattfindet, veranstalten die Domschule und das Bischöfliche Jugendamt eine „Akademietagung" in Würzburg – ebenfalls zum Thema „Sekten"! Und wen laden sie ein? Den lutherischen Pfarrer Haack! Die *Main-Post* nennt ihn sogleich den „besten Kenner der Okkultismus- und Sektenszene im deutschsprachigen Raum".

Innerhalb der Großkirchen scheint man sich noch nicht ganz einig zu sein, wie man den Rufschädigungskrieg gegen die „Sekten" am besten führen soll, und dieser Konflikt wird sozusagen auf dem Rücken des Heimholungswerkes Jesu Christi ausgetragen. Der Vorgang hat Symbolcharakter: Die Hardliner setzen sich durch. Sie erfinden die einprägsameren Verleumdungen, haben die niederträchtigere Rufmordstrategie, kommen eher in die Presse. So wie Pfarrer Haack am 20.3.1984 in die *Main-Post*. Dort verkündet Haack, wie früher die

Inquisitoren bei ihrer ersten Predigt im Dorf, die bekannten „Kriterien", an denen man eine „Sekte" untrüglich erkennen könne: Ein „heiliger Meister", ein „rettendes Prinzip", eine Hierarchie, weltliche Geschäfte ...
Dass dies in Wahrheit alles Merkmale der Kirchen sind, scheint niemandem aufzufallen. Dann – wie zufällig zwischendurch – der entscheidende Satz: „Ausdrücklich warnte Haack auch vor dem ‚Heimholungswerk Jesu Christi'."

Vegetarier – gottlose Ketzer!

Damit das Eisen heiß bleibt, darf nun der „Experte" der eigenen Konfession, Franz von Magnis, gleich zu Ostern 1984 bei der Frühjahrsversammlung des katholischen Würzburger Diözesanrats sprechen. Er versucht, einen Widerspruch zu konstruieren zwischen der Aussage des Heimholungswerkes, „ohne Priester, ohne Satzungen, ohne Zeremonien" auszukommen, und dem Leben der Urchristen. Er behauptet, Gabriele habe in einer Versammlung gesagt, es sei ein „eigener Pfarrer vom HHW eingesegnet" worden. Dies hat Gabriele nie gesagt; es widerspricht sowohl ihrem Sprachgebrauch als auch der durch sie gegebenen Lehre. – Wie war es also wirklich? Einer der Christusfreunde hatte in seiner Freizeit die Aufgabe übernommen, bei Beerdigungen (von ohnehin aus der Kirche ausgetretenen Menschen) einige Worte zu sprechen.

Weiter behauptet Graf Magnis, die Prophetin gestatte ihren Anhängern „das Stimmenhören". Sie verbreite eine „totalitäre spiritualistische Lehre"; er spricht von einem „gefährlichen tiefenpsychologischen Phänomen" sowie von der Forderung nach „totaler Unterwerfung der Anhänger".
Dies ist eine besonders schmutzige und boshafte Diffamierung gegen einen Menschen, der sein ganzes Leben ausschließlich in den Dienst Gottes, des Freien Geistes, und Seines Sohnes Christus, des großen Friedens- und Freiheitslehrers, gestellt hat. Wer schwarz auf weiß lesen möchte, wo es tatsächlich die Forderung nach totaler Unterwerfung gibt, der findet diese zuhauf in den Dogmen der katholischen Kirche. Hier nur zwei Beispiele aus „Der Glaube der Kirche in den Urkunden der Lehrverkündigung" von Neuner/Roos:
„Dem römischen Papst sich zu unterwerfen, ist für alle Menschen unbedingt zum Heile notwendig: Das erklären, behaupten, bestimmen und verkünden Wir." (Rand-Nr. 430)
Und: *„Wir bestimmen, dass der Heilige Apostolische Stuhl und der römische Bischof den Vorrang über den ganzen Erdkreis innehat ..."* (Rand-Nr. 434)

Der moderne Inquisitor Magnis konstruierte auch ganz neue Vorwürfe. Er schrieb: *„Aus der Praxis fernöstlich philosophischer Denkschulen ist bekannt, dass der Verzicht auf tierisches Eiweiß durch Schwächung des Eigenwillens Menschen fügsam, lenkbar und führbar machen kann. Zweifellos führt auch dieser Eiweißentzug die Anhänger des HHW zur totalen Bereitschaft, sich lenken zu lassen, sich den Lehren über den Weg meditativer Indoktrination zu öffnen."* Der Widerstand der Anhänger werde *„mittels Ernährungslehre, geschickter Didaktik, Emotionen und Meditation sanft abgebaut"*. Später wird er noch hinzufügen, diese Ernährungslehre sei *„lebensgefährlich"*.

Heute, einige Jahrzehnte später, ist jedermann klar, wie absurd solche Behauptungen sind – ebenso absurd wie der Glaube daran, dass die Sonne um die Erde kreist. Dass der Verzicht auf Fleischnahrung nicht nur physiologisch unbedenklich, sondern sogar gesundheitlich äußerst vorteilhaft ist – von Tierschutz und Klimaschutz ganz abgesehen – weiß heute jedes Kind. Doch zu Beginn der 80er Jahre war vegetarische Ernährung noch ein „alternatives" Thema, mit dem sich bei älteren Katholiken gut Stimmung machen ließ, noch dazu in Verbindung mit fernöstlich-esoterischer „Geheimniskrämerei". Die gräflichen „Enthüllungen" erinnern in fataler

Weise an Hexenzauber-Geschichten früherer Zeiten: Auch damals musste man dafür keine Beweise antreten, konnte sich aber eines begierig lauschenden Publikums sicher sein.

Vielleicht dachte Graf Magnis insgeheim auch noch weiter zurück, an eine Zeit nämlich, in der eine vegetarische Ernährung tatsächlich „lebensgefährlich" war: in der Antike und im Mittelalter, als nämlich „Ketzerbewegungen" wie die Priscillianisten (4. Jhd.) oder die Katharer (12./13. Jhd.) wegen ebendieser Lebensweise von der katholischen Inquisition umgebracht wurden! Schon in der Antike wurde die fleischlose Ernährung von der katholischen Kirche in einem bis heute gültigen Dogma (!) als „gottlose Ketzerei" verdammt. (Näheres hierzu in dem Buch: „Vegetarier – gottlose Ketzer? Was Vegetarier und Fleischesser gleichermaßen wissen sollten".)
Auf welch dubiose Weise der Inquisitor hier eine abstruse „schwarze Legende" gegen die Urchristen aufgebaut hatte, erfuhren die Urchristen erst drei Jahre später im Zusammenhang mit der Gründung einer Naturklinik – wir werden später darauf zurückkommen. Einiges davon sei aber hier schon vorweggenommen, denn am Beispiel der angeblich „lebensgefährlichen Ernährungslehre" lässt sich besonders eindrucksvoll aufzeigen, wie hinterhältig

der moderne Inquisitor vorging, um Gabriele und die urchristliche Lehre zu verunglimpfen.

Durch Gabriele lehrt der Gottesgeist die Achtung vor der Schöpfung Gottes und somit eine vegetarische Lebensweise. Dagegen ging der kirchliche Demagoge – wie gesagt, ein leidenschaftlicher Großwildjäger – folgendermaßen vor: Er beauftragte einen Ernährungswissenschaftler mit der Erstellung eines „Gutachtens" über die vegetarische Ernährungsweise der Nachfolger des Jesus von Nazareth. Dazu lieferte er dem Wissenschaftler zur Stützung seiner absurden These – der „Gefährlichkeit" fleischloser Ernährung – bewusst falsche Informationen über angebliche Aussagen des Christus-Gottes-Geistes durch Seine Prophetin Gabriele. Der Gutachter ging dem Kirchenmann auf den Leim und verfasste das verlangte Gutachten im Sinne der Kirche.
Nachdem der Wissenschaftler im Sommer 1987 über die wahren Sachverhalte aufgeklärt worden war, erkannte er, dass die Kirche ihn hintergangen hatte. Er widerrief im März 1988 sein Gutachten und untersagte Graf Magnis ausdrücklich, es weiter zu verwenden. Doch die Meinungslüge war in der Welt und wurde von anderen Sektenbeauftragten und von willfährigen Journalisten ohne Hemmungen weiter verbreitet, um damit das Wort Gottes

durch die Prophetin Gottes, Gabriele, zu verunglimpfen. Doch damit nicht genug. Das Verbot der Weiterverwendung wurde noch auf andere Weise umgangen:
Ein fast gleichlautendes „Gutachten" tauchte 1990 in einer weiteren Schrift von Graf Magnis auf. Das über längere Passagen wörtlich deckungsgleiche (!) „Gutachten" über die Ernährungslehre des Universellen Lebens, das zu denselben nachweislich falschen lich falschen Schlüssen kam wie das erste, wurde von einem gewissen Prof. Seewald von der Mayo Clinic in Rochester/USA angefertigt – oder wohl besser: abgeschrieben und unterschrieben. Prof. Seewald hat die Mayo Clinic, wie eine Anfrage ergab, wenig später mit unbekanntem Ziel wieder verlassen.

> **Meinungslüge:**
> Eine Unwahrheit = Lüge, die von „Experten" so formuliert wird, dass sie juristisch von den Gerichten als „Meinung" eingestuft und erlaubt wird, weil ihr Wahrheitsgehalt nicht überprüft wird. Der gutgläubige Bürger kennt den Unterschied zwischen erlaubter Lüge im Meinungsgewand und Tatsache nicht. Er hält deshalb die Lüge für eine Tatsache, die das Gericht bestätigt hat.

Man sieht also: In Sachen Rufschädigung kennt die moderne Inquisition keine Skrupel. Wenn an einer Stelle die Unwahrheit einer Rufmordattacke ans Tageslicht kommt, so lässt sie diese trotzdem an anderer Stelle weiter verbreiten.

Solche Vorgehensweise der modernen Inquisition charakterisierte der damals schon bekannte katholische Theologe Hans Küng in der Zeitung „*DIE ZEIT*" vom 4.10.1985 mit den Worten: „*Verbrannt wird niemand mehr, aber psychisch und beruflich vernichtet, wo immer notwendig.*" Das sind die Institutionen Kirche. So sind sie, die Talarträger, bis heute.

„Die Wahrheit wird siegen!"

Im April 1984 entschließt sich Gabriele, eine Antwort auf diese und weitere Verleumdungen zu geben – auch wenn schon abzusehen ist, dass von dieser „Antwort an die Kirchen und ihre Vertreter" wiederum nichts in der Presse abgedruckt werden wird.
Aus diesem Dokument mit der Überschrift „Die Wahrheit wird siegen!" seien einige wenige Sätze zitiert. Zum Thema Ernährung schreibt Gabriele:
„Es fällt auf, wie ‚ernsthaft' unsere Kritiker um unsere Ernährung besorgt sind. Es ist für Menschen, deren Seligkeit an Koteletts und Schinken hängt, natürlich unvorstellbar, darauf zu verzichten.
Daß z.B. die Mehrzahl der 500 Millionen Hindus und Hunderttausende hochzivilisierter Europäer und Amerikaner ebenfalls Vegetarier sind, sollte eigent-

lich bekannt sein. Sind also diese alle ‚aus Eiweißmangel' nun ‚willensschwach' und womöglich denen fügig, die Fleischesser sind? – Da nach der Behauptung meiner Kritiker ich eine ‚totale Unterwerfung' ‚meiner Anhänger' fordere und auch erreiche, dürfte dies doch in Widerspruch dazu stehen, dass ich als Vegetarierin selbst auch willensschwach sein muß."

Zum Thema „Stimmenhören":
„Es geht nicht um ‚Stimmenhören', sondern um das Hören der Stimme Gottes. ... Auch Paulus bezeugt, dass in der Urgemeinde der Heilige Geist durch Menschenmund gesprochen hat.
Wenn in den heutigen Kirchen niemand die Stimme Gottes hört oder die Gabe der Weissagung hat, dann liegt dies an der Kirche und nicht an Gott. Denn Christus lehrt uns, dass alle Menschen die Stimme ihres Vaters in sich hören sollen; wenn sie das jetzt noch nicht vermögen, dann sollten sie sich durch ein Leben nach Gottes Gesetzen reinigen ... Alle anderen Stimmen, vor denen zu Recht, auch bei uns, gewarnt wird, werden von noch sehr irdisch gebundenen Menschen gehört."

Gabriele greift an dieser Stelle eine Behauptung lutherischer Theologen aus Hessen auf, wonach das Heimholungswerk „in den Bereich des „Offenbarungsspiritismus" gehöre". Dazu Gabriele:

„Diese Theologen sollten vorsichtiger sein mit ihren Zuordnungen. Sie gründen ihren Glauben auf Gottes Wort, das nach ihrer Überzeugung in der Bibel geoffenbart ist. – Wie hat sich nun aber Gott in der Bibel geoffenbart? An 2500 Stellen heißt es: ‚Und Gott sprach.' Der göttliche Geist hat sich immer geoffenbart, in einem Menschen, der Sein Wort dann verkündet hat; am stärksten in Jesus von Nazareth. Er hat sich in den letzten 2000 Jahren immer wieder geoffenbart, indem Sein Geist durch Menschen sprach, von denen einige hinterher sogar von der Kirche heilig gesprochen worden sind. –
Beim Wort genommen, ist demnach das gesamte Christentum spiritistisch fundiert, und die Kirchen sind die größten spiritistischen Vereinigungen. Wenn unsere Kritiker nicht in der Lage sind, zu unterscheiden zwischen Offenbarungen, die Christus durch mich gibt, und dem, was eine arme Seele beim Tischerücken im Vulgärspiritismus ‚offenbart', dann ist das ihr Problem, nicht unseres."

Zum Thema „Familienkonflikte":
„Die Vertreter der Institution Kirche werfen weiterhin dem Heimholungswerk vor, es würde die Ehen zerstören, ohne Rücksicht auf wirtschaftliche Folgen. Hierzu sei gesagt: Wer im Glashaus sitzt, sollte nicht mit Steinen werfen. Sind etwa alle Ehen in Ordnung, die die Kirche gesegnet hat? Wo keine Liebe ist, bewahrt

der kirchliche Segen auch nicht vor Trennung. – Die Kirche hat durch alle Jahrhunderte hindurch die Intoleranz gegenüber nicht-katholischen Ehepartnern gelehrt und geübt. Es überrascht mich nicht, dass sie dies auch jetzt gegenüber den Anhängern des Heimholungswerkes tut. Wer Unfrieden sät, sind die Priester, die den katholischen Ehepartner zur Intoleranz verführen. Entspricht das der Liebe, die Jesus gelehrt hat? ... Gott sieht keine Katholiken und Protestanten. Er liebt alle Seine Kinder gleich und will, dass sie in Eintracht zusammenleben. ... Wäre mehr Toleranz in den Familien, ja wäre mehr Toleranz in der Kirche, dann würde der Mann oder die Frau die erwachte Seele des Partners den Weg zur Wahrheit wandern lassen, wenn die rechte Liebe da ist."

„Weshalb", so fragt Gabriele weiter, „gehen die Vertreter der Institution gegen das prophetische Gotteswort und gegen unsere Aufklärungsvorträge vor? Weshalb wehren sie sich, verwerfen das Wort Gottes und verschweigen die heilige Botschaft? Weil sie Angst haben. Wer Angst hat, hat nicht die Wahrheit. ... Wären sich die Vertreter der Kirche sicher, dass sie die allein seligmachende Gnade und Wahrheit haben, so könnten sie ruhig bleiben, da die Wahrheit siegen wird."

Wer oder was ist totalitär?

Weil – wie zu erwarten – keine Zeitung etwas von diesen aufklärenden Worten Gabrieles abdrucken will, verbreiten die Urchristen sie wieder von Hand zu Hand in hektografierter Form. Die modernen Inquisitoren haben da ganz andere Möglichkeiten; ihnen steht ein fast unbegrenzter Fundus an Geld, Personal und Einfluss zur Verfügung. Und sie wissen, dass der Verfolgungseifer ihrer Gläubigen immer wieder nachlässt, wenn man das Feuer nicht nachschürt. Denn wer ohne Vorurteile im Alltag den Urchristen begegnete, fand sie vertrauenswürdig und stellte meist fest, dass man sich gut mit ihnen anfreunden konnte.

Im Juni 1984 verlegt Pfarrer Haack die Jahrestagung „seiner" Elterninitiative nach Würzburg – ein „Zufall", der sich in den darauffolgenden Jahren wiederholen wird. Sein Hauptschwerpunkt: „Gegen den Missbrauch der Religionsfreiheit – Experten und Eltern warnen vor den Psychokulten", die „junge Leute in psychische Abhängigkeit" bringen und Kinder „verführen". Man suche nach Wegen, „wie man jemand wieder aus dem Glauben der Gurus befreien könne". Doch viel wichtiger sei es, darüber zu sprechen, „wie man die Langzeitwirkung der Seelenwäsche abbauen könne, die von diesen totalitären Gesellschaften mit großem Geschick durchgeführt werden".

Hier taucht zum ersten Mal das Wort „totalitär" auf. Mit untrüglichem Instinkt hat der Diffamierungsspezialist Haack erkannt, dass dieser Begriff in Deutschland besonderen Eindruck macht, weil er Assoziationen an die Hitlerzeit hervorruft. „Totalitär" wurde ursprünglich ein Staat genannt, der all seine staatlichen Machtmittel dazu einsetzt, die Bürger mit Gewalt gleichzuschalten und bis in ihre Privatsphäre hinein zu kontrollieren. Nun wird dieses Wort plötzlich auf Glaubensgemeinschaften in einem freiheitlich verfassten Staat angewendet, in dem es Gesetze gibt, die die Freiheit des Einzelnen schützen; in dem man eine Gemeinschaft verlassen kann, wenn man sich dort eingeengt fühlt. Was also soll dieser Begriff an dieser Stelle bedeuten? Wenn er sich auf ein totales Gewaltmonopol beziehen soll, ist er unsinnig. Wenn er ausdrücken soll, dass eine Konfession Macht und Geld hortet, um einen möglichst großen Einfluss auf die Gesellschaft auszuüben, dann sind die großen Kirchen dafür das beste Beispiel – katholische Theologen wie Küng, Greinacher oder Drewermann bezeichnen nicht ohne Grund ihre eigene Kirche übereinstimmend als „totalitär". Soll er aber bedeuten, dass eine Religion Antworten und

Anleitung für alle Bereiche des menschlichen Lebens zu geben versucht, dann war auch Jesus von Nazareth in Seiner Bergpredigt „totalitär".

Doch welcher Zeitungsleser macht sich schon die Mühe, einen solchen Begriff zu hinterfragen? Wer hält es, trotz der ständig sinkenden Bedeutung der Kirchen, schon für möglich, dass ein Pfarrer diffamiert und bewusst die Unwahrheit sagt?

Für den katholischen Inquisitorkollegen Graf Magnis ist das aber keine Frage. So zitiert er im Juli 1984 in seinem neusten Pamphlet aus der Lokalpresse: *„Das in Würzburg beheimatete Heimholungswerk Jesu Christi sieht der Münchner Pfarrer Friedrich-Wilhelm Haack im übrigen als eine „spiritualistische Sekte mit einer Pseudoprophetin an der Spitze, die den Menschen voll vereinnahme."*

Von wem spricht der Talarträger? Gabriele ist die Prophetin und Botschafterin Gottes in dieser Zeit. Wer es fassen kann, der fasse es; wer es lassen möchte, der lasse es. Wer aber mit Lügen und Schmähungen gegen die Gottesprophetin vorgeht, gibt selbst Zeugnis davon, dass er es ist, der in den Fußspuren derer wandelt, zu denen Jesus von Nazareth sagte: *„Ihr habt den Teufel zum Vater. Er war ein Lügner und ein Mörder von Anfang an."*

Die Theologen weichen aus

Um sich gegen die kirchlichen Meinungslügen zur Wehr zu setzen, blieb den Urchristen wiederum nur der Weg über Zeitungsanzeigen.

Am 2. Juni 1984 erschien eine solche Anzeige in der *Süddeutschen Zeitung*. Pfarrer Haack wurde darin aufgefordert, zu beweisen, dass die evangelische Kirche die Wahrheit besitzt, dass insbesondere Martin Luther bei seinen Hetzreden gegen Juden und Bauern aus der göttlichen Wahrheit sprach. Denn wer nicht beweisen kann, dass er selbst aus der Wahrheit spricht, der kann auch anderen nicht die Wahrheit absprechen. Die Urchristen boten öffentlich an, sich gemeinsam mit Pfarrer Haack der Öffentlichkeit zu stellen.

Dies sollte sich in den kommenden Jahren einige Male wiederholen: Die kirchlichen Hetzer wurden immer wieder aufgefordert, in der Öffentlichkeit zu beweisen, dass ihre Behauptungen über das Heimholungswerk Jesu Christi der Wahrheit entsprechen. Darauf sind die Demagogen jedoch nie eingegangen. Warum wohl?

Auch Haack kam nie einer solchen Aufforderung nach – ebensowenig wie später irgendwelche anderen Sektenbeauftragten, gleich, welcher Konfession. Denn eine faire, gleichberechtigte Auseinandersetzung in der Öffentlichkeit würde für den unvoreingenommenen Beobachter sehr rasch die Unhaltbarkeit der kirchlichen Behauptungen erkennen lassen. Der Rufschädiger braucht den Hinterhalt, die unangreifbare Machtposition, die er in den von kirchlichen Rundfunkräten und kirchlich kontrolliertem Kapital durchsetzten Medien heute ohne weiteres genießt.

Was also tat Haack? Er flüchtete in eine neuerliche Verleumdung. Am 14. Juni 1984 war in der *Süddeutschen Zeitung* zu lesen:

Propheten-Wettstreit

Zu einem Wettprophezeien ist der Sektenbeauftragte der Evangelischen Kirche in Bayern, Pfarrer Friedrich-Wilhelm Haack, von dem in Würzburg ansässigen „Heimholungswerk Jesu Christi" aufgefordert worden. Wie Haack erklärte, habe ihn ein führender Vertreter der von ihm als „neuspiritistische Sekte" eingestuften Glaubensgemeinschaft schriftlich eingeladen, in einer gemeinsamen Veranstaltung mit der Prophetin des Heimholungswerkes sein Können auf dem Gebiet der Weissagung unter Beweis zu stellen. An den religiösen Vergleichstest seien bestimmte Auflagen wie vorheriges Fasten beider Teilnehmer und völliges Ruhighalten der Beine während der Prophezeiung gebunden gewesen. Haack, der eigenen Angaben zufolge nicht über Spezialfähigkeiten dieser Art verfügt, lehnte die Einladung ab. Solche Wettbewerbe, so der Sektenbeauftragte, eigneten sich „für den Zirkus oder den Zoo", nicht aber für eine ernsthafte Auseinandersetzung mit religiösen Fragen.

Was hier wie eine „lustige Meldung" erscheinen soll, ist in Wahrheit eine weitere Meinungslüge. Die diabolische „Kunst" eines Inquisitors besteht darin, alles, auch eine Entlarvung der Kirche noch in eine neuerliche Schmähung der „Ketzer" zu verdrehen.

Hätte die *Süddeutsche Zeitung* sich die Mühe gemacht, beim Heimholungswerk Jesu Christi nachzufragen, was wirklich vorlag, so hätte sich herausgestellt: Es gab tatsächlich eine Einladung, aber schon im September 1983. Diese ging nicht nur an Pfarrer Haack, sondern an alle Theologen, die bis dahin das Heimholungswerk öffentlich in den Schmutz gezogen hatten. Die Theologen sollten freilich nicht „weissagen" oder „prophezeien"; sie sollten sich gemeinsam mit der Prophetin Gottes der Öffentlichkeit stellen und eineinhalb Stunden – auf ihre Art – über ein geistiges Thema sprechen, das ihnen erst kurz zuvor bekanntgegeben werden sollte. Denn auch die Prophetin Gottes erfährt bei großen Offenbarungen erst kurz zuvor aus ihrem Inneren, was das Thema sein wird. Die Theologen sollten auch nicht „fasten", sondern unter den gleichen äußeren Bedingungen zu diesem Vergleich antreten wie Gabriele, also nur mit einem leichten Frühstück. Wie Gabriele sollten sie ohne Redekonzept vor den Zuhörern stehen und mit geschlossenen Augen und, über lange Zeit erhobenen Händen zu ihnen sprechen – so, wie dies Gabriele während großer Offenbarungen im In- und Ausland regelmäßig tat. Den Theologen wurde der Text einer Offenbarung des Christus Gottes mit übersandt, in der es hieß:

„Mein Wort und Meine Lehre in der Jetztzeit werden verworfen und Meine Prophetin, Mein Instrument, verleumdet. So biete Ich allen an, das nachzuvollziehen, was bei jeder Offenbarung in der Öffentlichkeit Meine Prophetin, Mein Instrument, durch die Kraft Meiner Liebe vollbringt. All jene, die sich auf verwerfliche Art und Weise äußern, können sich nun Meinem Wort stellen unter den von Mir gegebenen Kriterien, die Mein Instrument ständig zu erfüllen hat. Alle Verleumder werden dann erkennen, woher die Kraft und das Wort Meines Instrumentes kommen. Sie selbst können sodann erfahren, wie weit ihre Kräfte reichen! Das soll geschehen vor einer großen Anzahl von Zuhörern! ... Jedermann kann selbst prüfen, wo wahrlich der Geist Gottes weht! ...

Der Herr reicht allen Zweiflern, Verleumdern und all jenen, die spotten und Niederträchtiges über Sein Werk aussprechen, noch einmal die Hand. ... Prüfen Sie selbst! Wer hat den lebendigen Heiligen Geist in sich? Die Theologen, die vielen Verleumder des Heimholungswerkes Jesu Christi? Oder die Prophetin Gottes für die Jetztzeit?"

Diesem Angebot war noch der Zusatz beigefügt, dass es für unbegrenzte Zeit gelte, *„so lange, bis einer der angesprochenen Theologen die Kraft und den Mut zur Annahme dieses Angebotes hat"*.

Auf dieses Angebot gab es, wie zu erwarten war, keine Reaktion, außer der oben zitierten aus der *Süddeutschen Zeitung*, ein dreiviertel Jahr später. Der Vorgang ist auch ein Beispiel dafür, dass die Öffentlichkeit immer nur einen Bruchteil dessen erfuhr, was wirklich in Bezug auf das Heimholungswerk Jesu Christi geschah – und wenn, dann nur in völlig verzerrter Form durch die Brille der Kirchenvertreter.

Wer getroffen ist, bäumt sich auf

Im Februar 1987 gab Gabriele, die Prophetin Gottes, der Zeitschrift „Der Christusstaat" ein längeres Interview. Sie wurde unter anderem gefragt, weshalb sie als Prophetin des Herrn immer wieder Angriffen von Seiten der Kirchen ausgesetzt sei. Ihre Antwort sei hier (nur leicht gekürzt) wiedergegeben, weil sie viele weitere Fragen, die öfter gestellt werden, gleich mit behandelt. Man beachte die Klarheit, Ruhe und Sachlichkeit, mit der Gabriele den Schmähungen und Lügen der Kirchenvertreter entgegnet:

Als ich die ersten Verleumdungen las ..., konnte (ich) nicht verstehen, dass Menschen Behauptungen aussprechen, die sie nicht beweisen können. Die Vertreter von „Das große Zeichen, die Frau aller Völker" haben Schmutz über mich ausgegossen, und ich musste immer wieder erkennen, dass es nur Gehässigkeiten waren, nichts anderes.

Heute weiß ich, dass es aus Angst geschah ... Sie glauben z.B., dass die Lehre von der Wiedergeburt unchristlich ist, weil sie nicht wortgetreu in der Bibel niedergeschrieben ist. Die Lehre von der Wiedergeburt ist Gesetz, und das Gesetz hat Jesus von Nazareth gelehrt und gelebt. Die Bibel enthält

nicht das vollständige Gesetz. Christus lehrt das Gesetz durch mich, und Er fragt nicht, ob es in die Lehre der Kirche passt oder nicht.
Hätten die Vertreter der katholischen und evangelischen Kirche die Wahrheit, dann wären sie frei, und sie müssten nicht andere Menschen verunglimpfen, verleumden, verhöhnen, verspotten und die Offenbarungen des Herrn verdrehen. Denn wer zur Wahrheit gefunden hat, der weiß, dass sich die Wahrheit für den Menschen einsetzen und dass die Wahrheit alles an den Tag bringen wird.

Als die ersten Verleumdungen kamen, fragte ich Gott in meinem Inneren, und Er sagte zu mir:

„Was in den kirchlichen Institutionen und was durch kirchliche Institutionen geschehen ist und zum Teil heute noch geschieht, ist nicht der Wille Gottes. Gott ist Liebe. Die Liebe tötet nicht. Die Liebe ist nicht brutal. Die Liebe schlägt nicht. Die Liebe klärt auf. Und so habe Ich dich zu den Meinen gesandt, um aufzuklären über das Unrecht, das noch in der Atmosphäre schwingt und in den Astralebenen wirksam ist, und es denen nahezubringen, die im Erdenkleid sind und die dafür Sühne leisten sollen, also Abbitte tun. Das Aufbäumen der Institutionen der Kirchen ist nichts anderes, als dass sie von Mir", so sprach der Herr, *„getroffen sind."*

Jesus von Nazareth sagte: „So, wie sie Mich verfolgen, werden sie einst auch euch verfolgen." Gehen die Kirchen mit ihren Angriffen dann nicht gegen Gott vor? Lästern sie nicht Gott?

Gewissermaßen lästern sie Gott, denn wenn sie Menschen verurteilen, wenn sie Menschen ihres Glaubens wegen benachteiligen, so verstoßen sie gegen das Gesetz der Nächstenliebe. Die katholische und evangelische Kirche können ihren Glauben nicht beweisen. Infolgedessen dürften die Vertreter der katholischen und evangelischen Kirche auch den Andersgläubigen keine Vorhaltungen machen, sie nicht des falschen Glaubens und der Verführung bezichtigen.

Es war zu allen Zeiten so, und so ist es auch heute noch: Wer gegen die Institution Kirche das Wort erhebt, wird an den Pranger gestellt. Er wird verleumdet, verhöhnt und verspottet. Er wird des Satanischen bezichtigt, obwohl der, der bezichtigt wird, nichts verursacht hat. Hingegen wissen wir, was die Institution Kirche, insbesondere die römisch-katholische, für ein Blutbad in dieser Welt angerichtet hat. Jesus sagte: „Liebet eure Feinde, tuet Gutes denen, die euch hassen."

Wenn wir die Worte Jesu in unser Leben einbeziehen, dann können wir vergeben, und wenn wir die Worte Jesu als Wahrheit leben und als Quelle der Kraft annehmen, dann ist es uns auch möglich, beide Wangen hinzuhalten. So habe ich auf die Verleumdungen hin immer wieder beide Wangen hingehalten und werde es auch weiterhin tun, denn ich weiß: Ich habe zur Wahrheit gefunden, und die Wahrheit hat mich frei gemacht. Ich weiß: Der gerechte Gott, der durch mich spricht, wird alles ans Licht bringen. Wir wissen: Gottes Mühlen mahlen langsam. Das gilt auch für die Institutionen Kirche und für „Das große Zeichen, die Frau aller Völker". Ich weiß: Gottes Gerechtigkeit wird vielen die Augen öffnen. Wann, das überlassen wir Gott. Und ich weiß: Ich werde meinen Verleumdern wieder begegnen, ob auf dieser Erde oder in anderen Welten, das überlassen wir Gott. Ich weiß, dass meine Verleumder mich auf dem Weg hin zum Herzen Gottes nicht aufhalten können. Ich brauche ihnen gar nicht zu vergeben, denn ich habe ihre Verleumdungen nicht angenommen. ...

Warum werden die Propheten und viele gottgläubige Menschen verleumdet? Weil die, die verleumden, nicht die Wahrheit besitzen, denn wer verleumdet, der hat nicht die Wahrheit. Er denkt nur an sich und will sich rechtfertigen und ins rechte Licht rücken. ...

Als Jesus vor Annas stand und Ihn der Knecht des Hohenpriesters schlug, fragte Jesus: „Habe Ich unrecht geredet? Warum schlägst du Mich?" ...

Die gleiche Frage möchte ich den Vertretern der Institution Kirche stellen: „Habe ich unrecht geredet, so beweist es mir; habe ich aber recht geredet, warum verleumdet ihr mich? Was habe ich euch getan? Wenn ihr die Wahrheit besitzt, dann beweist die Wahrheit." Das käme einem Christen nahe. Doch bisher haben die „christlichen" Institutionen ihre Wahrheit nicht bewiesen. Denn wären sie aus der Wahrheit, dann wäre es um die Welt besser bestellt.

4. Erste Betriebe der Urchristen werden bekämpft oder verhindert (1984)

Trotz aller Anfeindungen war das Heimholungswerk Jesu Christi in wenigen Jahren zu beachtlicher Größe herangewachsen. In weit über hundert Treffpunkten, den Inneren Geist=Christus-Kirchen im In- und Ausland, versammelten sich Christusfreunde, Bücher wurden in die wichtigsten europäischen Sprachen übersetzt, Tausende von Menschen besuchten Kurse des Inneren Weges oder machten die Schulung zu Hause mit Hilfe von Cassetten oder Büchern.

Als der Geist der Wahrheit, der Christus-Gottes-Geist, in Wort und Schrift viele Gesetzmäßigkeiten der Himmel gelehrt und den Inneren Weg zu Gott, dem Ewigen, gegeben hatte, rief Er um das Jahr 1983 in mehreren Offenbarungen durch Seine Prophetin Gabriele, Handwerker, Kaufleute, Landwirte, Ärzte, Menschen nahezu aller Berufszweige auf, sich Gedanken zu machen, ob sie die göttlichen Gesetze in der Gemeinschaft anwenden möchten. Es ging nun also verstärkt um das Tun der Bergpredigt, um die Umsetzung der göttlichen Lehren im täglichen Leben, entsprechend der Worte des Jesus von Nazareth:

„Wer diese Meine Lehre hört und sie tut, der gleicht einem klugen Mann, der sein Haus auf Fels baute. Als nun ein Platzregen fiel und die Wasser kamen und die Winde wehten und stießen an das Haus, fiel es doch nicht ein, denn es war auf Fels gegründet.
Und wer diese Meine Rede hört und tut sie nicht, der gleicht einem törichten Mann, der sein Haus auf Sand baute. Als nun ein Platzregen fiel und die Wasser kamen und die Winde wehten und stießen an das Haus, da fiel es ein, und sein Fall war groß."
Im Jahr 1984 schuf Christus aus der Wurzel des Lehr- und Aufklärungswerkes, des Heimholungswerkes Jesu Christi, nun das Tatwerk Universelles Leben.
Das Universelle Leben ist also der Schritt vom Inneren zum Äußeren: Was im Inneren gewachsen ist, soll auch im Äußeren sichtbar werden. Dazu gehört, dass Menschen, die dabei mithelfen wollen, sich auch im Äußeren zusammenschließen, dass sie im Geiste Gottes gemeinsam wohnen und Betriebe und Sozialeinrichtungen gründen, dass sie im täglichen Leben und Arbeiten die Zehn Gebote Gottes und die Lehren der Bergpredigt Schritt für Schritt in die Tat umsetzen.

Es dauerte einige Monate, bis kirchliche Wahrheitsverdreher davon Witterung aufnahmen. Sie bekamen dann auch mit, dass die urchristlichen Landwirte eines neu erworbenen Bauernhofes ihr Gemüse aus Friedfertigem Anbau auch auf dem Würzburger Wochenmarkt verkauften.

Menschen, die gemeinsam leben und arbeiten und sich dabei an den urchristlichen Zielen orientieren? Die geistige, ethisch-moralische und wirtschaftliche Betätigung miteinander verbinden? Klöster dürfen aus Sicht der Kirchenoberen Religion und wirtschaftliche Betätigung miteinander verbinden. Aber was ist mit Menschen, die sich außerhalb der Kirchen wirtschaftlich selbst organisieren und dadurch unabhängig machen? Auf die kann man von kirchlicher Seite keinen existenziellen Druck mehr ausüben, sie zum Beispiel bei ihren Arbeitgebern anschwärzen. Für die Kirchen war also ganz klar: Das darf nicht sein und wird mit allen nur erdenklichen Mitteln bekämpft – insbesondere auch deshalb, weil die Kirchen ihre Macht gefährdet sehen, sobald Menschen mit ihrem Leben und Denken im Alltag den Beweis dafür erbringen, dass die Bergpredigt lebbar ist und es dazu keiner äußeren Priesterreligion bedarf.

Das Würzburger Bischöfliche Ordinariat veranstaltete am 16. Juli 1984 eine Pressekonferenz – in großer Aufmachung. Nicht nur Graf Magnis trat auf, sondern auch ein Domkapitular und ein Medienreferent.

Und der Graf hat auch ein „Beweisstück" dabei: einen Rettich, erworben einige Tage zuvor am Marktstand des von Nachfolgern des Jesus von Nazareth betriebenen Hofes. Nach ein paar Tagen sah der Rettich natürlich nicht mehr ganz so frisch aus – was den Reporter der Deutschen Presseagentur dazu veranlasst, ihn als „ausgesprochen mickrig" zu bezeichnen. Was dann wiederum im Ingolstädter *Donau-Kurier* (17.7.1984) zu der hämischen Überschrift führt: „Ein mickriger Radi als Beweis für Geschäfte im Namen Jesu".

Erstmalig verbreiten die kirchlichen „Sektenbeauftragten" ihre Meinungslügen in ganz Bayern – dank der Deutschen Presseagentur, die ihnen gerne zu Diensten steht. Und die regionale Presse folgt bereitwillig, ohne irgendetwas nachzuprüfen. „Der Sektengott heißt Mammon" titelt zum Beispiel die *Nürnberger Zeitung*.

Es sei eine „Ausweitung wirtschaftlicher Aktivitäten zu verzeichnen" (*Main-Post*), so Graf Magnis mit scheinheiliger Miene, eine „bedenkliche Verquickung von Religion und ‚GmbH & Co'" (*Burghauser Anzeiger*) – so, als ob gerade für die Kirche eine „Verquickung" von Religion und Geschäft etwas grundlegend Fremdes sei. Doch es gehört zum üblichen Verhaltensrepertoire eines Inquisitors, auch ganz seriöse Vorgänge als etwas zutiefst Verwerfliches und zu Verabscheuendes hinzustellen: etwa dass Menschen gemeinsam mit ehrlicher Arbeit ihren Lebensunterhalt verdienen und sich dabei an die Bergpredigt Jesu halten – wobei diese bis heute von beiden kirchlichen Institutionen als eine Art Utopie abgetan wird.

Das katholische *Fränkische Volksblatt* stellte mit Genugtuung fest, dass die Kirche hier „eine scharfe Breitseite ... abgefeuert" habe. Als einzige der berichtenden Zeitungen hielt es die *Main-Post* für angebracht (auch dieser Restbestand an Liberalität verlor sich allerdings in späteren Jahren), wenigstens in einem Satz etwas aus einer Stellungnahme des Heimholungswerks Jesu Christi zu zitieren. Wären alle anwesenden Journalisten ihrer Sorgfaltspflicht nachgekommen, so hätten sie unschwer ermitteln können, woraus die kirchliche „Breitseite" bestand: aus gehässiger Polemik, skrupellosen Verdrehungen und glatten Unwahrheiten.

So wird z.B. behauptet, das Heimholungswerk Jesu Christi habe eine „Villa" und einen Bauernhof sowie zwei Bäckereien erworben. Magnis spricht von „Millionen". In Wahrheit handelt es sich um ein normales Wohnhaus, das, wie der Bauernhof und die Bäckereien, von Privatpersonen gekauft wurde.

Die Vatikankirche selbst hingegen besitzt gerade in Würzburg tatsächlich ungezählte Immobilien, zum Teil in bester Einkaufslage in der Innenstadt. Hier sitzen die „Millionen", und nicht nur hier:
Die Großkirchen verfügen gerade in Deutschland über ein Vermögen von geschätzt 500 Milliarden Euro, darunter Aktien- und Fondsbeteiligungen im großen Stil. Sie sind die größten privaten Grundbesitzer. Hier heißt der „Sektengott" tatsächlich Mammon! Und ihre Sozialkonzerne Caritas und Diakonie machen mehr Umsatz als Lufthansa oder Bundesbahn – und werden obendrein zu fast 100 Prozent von der Allgemeinheit subventioniert. (Näheres hierzu: Carsten Frerk, „Finanzen und Vermögen der Kirchen", „Caritas und Diakonie in Deutschland", „Violettbuch Kirchenfinanzen")
Und dann werden einige wenige mittelständische Betriebe – wie wir noch sehen werden – ausgerechnet von diesen milliardenschweren Kirchen immer wieder als „Wirtschaftskonzern" bezeichnet, nur weil sie weder von den Katholiken noch von Lutheranern geführt werden, sondern von schlichten Nachfolgern des Jesus von Nazareth.

Graf Magnis nützt die Gelegenheit, um noch ein paar weitere Unwahrheiten in die Welt zu setzen. So behauptet er, bei den Gebetsheilungen der Urchristen würden die Heilungssuchenden „mit den

Händen bestrichen". In Wirklichkeit werden sie gar nicht berührt. Magnis weiter: Beim Weg nach Innen handle es sich um „Selbsterlösung" (davon kann keine Rede sein) und um eine „Übernahme fernöstlicher Praktiken" (*Fränkische Nachrichten*).

Die Kirchenvertreter, auch das ist bezeichnend, können sich eine höhere Weisheit und Spiritualität offenbar nur im Osten vorstellen. Wenn jemand tatsächlich eine solche „Übernahme" besichtigen wollte, dann bräuchte er zu dieser Zeit nur die Zen-Kurse der Münsterschwarzacher Benediktiner im „Haus Benedikt" mitten in Würzburg besuchen. Man unterstellt also anderen genau das, was man selber tut.

Die Feinde der Gottesprophetie in Aktion

Vor allem aber geht es dem katholischen Inquisitor Magnis darum, gezielt Ängste zu wecken – etwa davor, dass Jugendliche *„Gefahr laufen, durch die eigene ‚Jugendkirche' des ‚Heimholungswerks' finanziell missbraucht und ausgebeutet zu werden"* (*Neue Presse Coburg*).

Auch dieser Schmutz fällt tausendfach auf die Kirche zurück – mittlerweile wurde aufgedeckt, dass Tausende von Kindern und Jugendlichen in kirchlichen Kinderheimen unter Misshandlung und

Ausbeutung litten, und Tausende von Kindern wurden oft über viele Jahre durch sogenannte Geistliche sexuell missbraucht. Und das sind *Fakten* über *tatsächliche* Verbrechen!

Den Großkirchen geht es insbesondere auch darum, das Prophetische Wort Gottes lächerlich zu machen. Das versucht Magnis unter anderem dadurch, dass er „einen der engsten Mitarbeiter der Prophetin" ins Spiel bringt, der „ein Wirtschaftsprofessor an der Fachhochschule, ein Experte in Marketingfragen" sei (*Kitzinger Zeitung*). Bereits in seiner Schrift von 1982 hat er diesen Professor – es handelt sich um Prof. Dr. Walter Hofmann – als „Mentor" Gabrieles bezeichnet und erwähnt, dass dieser mehrmals nach Indien gereist sei. Damit will Magnis offensichtlich suggerieren: Die Offenbarungen seien nur vorgetäuscht; in Wahrheit stamme alles aus einer weltlichen Quelle: modernes Marketing, gemischt mit einer Prise fernöstlicher Weisheit.
Wenig später greift auch der lutherische Dekan Würzburgs, Prof. Martin Elze, diese Legende des Grafen auf und baut sie weiter aus: Walter Hofmann habe z.B. die Wiedergeburt und das Karma-Gesetz in die Lehre des Heimholungswerkes eingeschleust. Auch das ist die Unwahrheit – es lässt sich leicht nachweisen, dass diese (und weitere) Lehrinhalte bereits in den Offenbarungen des Christus-Gottes-

Geistes vorkamen, als Prof. Hofmann die Prophetin Gottes noch gar nicht kannte.

Die hier geschilderte Pressekonferenz ist ein Beispiel dafür, wie moderne Inquisition heute funktioniert und wie leicht es der Kirche fiel, die uralten Reflexe der „Sekten"-Angst und „Sekten"-Verdammung erneut zu wecken. Die Journalisten stürzten sich, wie beabsichtigt, sogleich auf die dargebotenen kirchlichen Lügenmeinungen und bedienten schon in ihren Überschriften gehorsam alle Klischees: „Katholische Kirche warnt vor Heimholungs-Prophetin", titeln z.B. die *Fränkischen Nachrichten*, und im Untertitel steht: „Studie: Anhänger werden für eigennützige Zwecke indoktriniert, Jugendliche ausgebeutet". „Studie" – das klingt wissenschaftlich, dabei handelt es sich in Wirklichkeit nur um eines der Pamphlete von Magnis.

Hetzen – das können moderne Inquisitoren perfekt. Doch wie wenig die Kirchenvertreter der Wahrheit des Prophetischen Gotteswortes innerlich entgegenstellen konnten, wie wenig sie auch von den Anliegen einer spirituellen Bewegung verstanden hatten oder verstehen wollten, das belegt eine Randnotiz: Domkapitular Heinz forderte am Ende der Sitzung, in den Pfarrgemeinden „sollte deshalb die Bildung von Gruppen, die über das Evangelium reden, gefördert werden" (*Volksblatt*). Vom Reden allein wird die Welt allerdings nicht besser. Machen sich Menschen jedoch auf, Jesus, dem Christus, nachzufolgen, indem sie das Evangelium im täglichen Leben praktizieren, dann werden sie von den kirchlichen Institutionen gnadenlos bekämpft!

"Wir sind wieder auferstanden!"

Die Urchristen reagieren auf die kirchlichen Lügenmeinungen wieder mit einer großformatigen Anzeige, wobei sie jedoch kaum auf die absurden Anschuldigungen im Einzelnen eingehen. Sie stellen am 28. Juli 1984 in der *Main-Post* unter der Überschrift „Wir sind wieder auferstanden!" allerdings klar, dass das Heimholungswerk Jesu Christi keinen Besitz hat und dass „Möglichkeiten für selbstsüchtige und dubiose Geschäfte ... bei uns ausgeschlossen" sind. Sie weisen ansonsten auf die lange Tradition urchristlicher Bewegungen in der Geschichte hin und auf das entstehende Friedensreich, an dem Menschen unterschiedlicher Berufe mitarbeiten.
Wenn man Menschen aufhetzen will – das wissen die Kirchenvertreter –, muss man an die niederen Instinkte appellieren – zum Beispiel an Konkurrenzangst und Neid. Im Herbst 1984 versuchen sie deshalb, einen Keil in die Würzburger Naturkostszene

zu treiben. Graf Magnis lanciert am 26.10.1984 einen Artikel in das *Fränkische Volksblatt* mit der Überschrift: „Naturkostläden sprechen von Existenzbedrohung – Marktwirtschaft unter ‚religiösen Einflüssen' – neue Marktstände arbeiten nicht nach Gesetzen der Marktwirtschaft." Angeblich gebe es auf den von Urchristen betriebenen Marktständen „Dumpingpreise", weil, wie Graf Magnis behauptet, Anhänger des Heimholungswerkes Jesu Christi „für Gotteslohn" auf dem Hof arbeiten würden. Wieder eine glatte Unwahrheit: In Wirklichkeit erhalten alle Angestellten auf dem Hof – im Unterschied zu kirchlichen Nonnen und Mönchen – reguläre Gehälter und sind korrekt versichert.

Danach reißen die Angriffe auf die Marktstände der Nachfolger des Jesus von Nazareth und die dahinter stehenden Bauernhöfe, die kaum verhüllten Boykottaufrufen gleichkommen, über Jahre hinweg nicht mehr ab. Einige Beispiele finden sich im Kapitel 12.2, in dem es unter anderem um die Angriffe auf von Urchristen geführte Betriebe geht.

Die verhinderte Christusklinik in Dettelbach

Kirchliche und auch staatliche „Sektenexperten" versuchten sodann, geplante betriebliche Projekte der Urchristen möglichst schon im Vorfeld aufzuspüren und zu verhindern. Und wenn sie bereits unter Dach und Fach sind? Dann setzt man trotzdem alle Hebel in Bewegung, auch wenn dabei Millionen von Steuergeldern verschwendet werden. Dies zeigt das Beispiel der geplanten Christusklinik im fränkischen Dettelbach.

In Dettelbach, einem katholischen Wallfahrtsort, stand seit längerem ein ehemaliges Kreiskrankenhaus leer. Sowohl der Landkreis Kitzingen (der Besitzer des Gebäudes) als auch die Stadt Dettelbach suchten händeringend einen Käufer und begrüßten es daher, dass sich eine deutsch-schweizerische Ärztegruppe bereit erklärte, dort eine Klinik zur Nachsorge von Krebserkrankungen einzurichten. Sie stimmten Mitte Juni 1984 einem Verkauf zu, der dann sogleich abgewickelt wurde.

Landrat Siegfried Naser (CSU) freute sich, man habe bei der Suche nach einem neuen Verwendungszweck des Krankenhauses eine „glückliche Hand" gehabt. Spätestens Anfang 1985 werde der Betrieb mit 50 Betten aufgenommen werden. Auch der Kaufpreis von 1,2 Millionen Mark entspreche „durchaus unseren Vorstellungen".

Doch wenige Wochen später war plötzlich alles anders. Es hatte sich herausgestellt, dass die Ärzte und Heilpraktiker das „falsche" Gebetbuch hatten – sie standen dem Universellen Leben nahe.

Nun sagte der Dettelbacher Bürgermeister plötzlich in einer Stadtratssitzung, man müsse verhindern, „dass die Stadt Zentrum einer Sekte wird". Man müsse „aus der Erfahrung mit Jugendsekten heraus besonders besorgt sein ... um die Heranwachsenden".

Der beschauliche Weinort im Landkreis Kitzingen liegt nahe bei der Bischofsstadt Würzburg, so dass der Bürgermeister offensichtlich sehr rasch die Sichtweise des dortigen bischöflichen Ordinariats übernommen hatte. Wenige Tage später machte der Bürgermeister auf höherer politischer Ebene, im Kitzinger Kreisausschuss, „Bedenken aus Dettelbacher Sicht gegen die eventuelle Christusklinik geltend, zumal da die Kleinstadt bekannter Wallfahrtsort ist". (*Main-Post*, 28.9.1984) Dazu hatte schon ein Stadtrat in der Stadtratssitzung gesagt: „Solche Dinge können wir uns in Dettelbach nicht auferlegen."

„Kirchen bedrängen den Landrat"

Die Politiker mussten nun wieder zurückrudern – weil es die Kirche so wollte. In der *Main-Post* (28.9.1984) stand unter der Überschrift „Kirchen bedrängen den Landrat" zu lesen: „Landrat Dr. Siegfried Naser, so hieß es aus gut unterrichteter Quelle, machte in der Sitzung hinter verschlossenen Türen deutlich, dass ihn die beiden Amtskirchen bedrängten, wonach er den Verkauf des Hauses wieder rückgängig machen müsse." Wenige Tage zuvor hatte der Landrat sich noch alle Türen offen gehalten. Gegenüber der *Main-Post* (22.9.1984) hatte er „klipp und klar" festgestellt, die Ärzte hätten seine „volle Unterstützung", wenn sie „nach den Vorstellungen arbeiten, wie sie in dem Vertrag angesprochen sind, und ein ordentliches Krankenhaus führen." Wenn aber „durch die Hintertüre ein Zentrum des Heimholungswerks" in der Klinik entstehen solle, werde er „alle juristischen Möglichkeiten ausschöpfen, das Dettelbacher Krankenhaus zurückzubekommen."
Hier zeigt sich die Einstellung vieler Politiker: Zunächst sind sie ganz pragmatisch an neuen Unternehmungen und neuen Arbeitsplätzen interessiert – doch wenn ihnen der Wind der Kirche ins Gesicht bläst, rudern die meisten schnell zurück und machen gehorsam ihre eigenen Beschlüsse rückgängig.

Zum Rückzug blies auch ein adliger Kreisrat und Krankenhausreferent des Kreistages, Spross einer einflussreichen protestantischen Fürstenfamilie, für den „kein Zweifel" bestand, „dass sich die Klinik zu einem Zentrum des Heimholungswerkes entwickeln wird, das nicht in diese Landschaft paßt". (*Saale-Zeitung*, 11.10.1984)

Wie absurd es ist, von der Errichtung eines „Zentrums der Sekte" zu fantasieren, wird bei folgendem Vergleich deutlich: Hätte man beim Verkauf des Gebäudes an einen katholischen oder lutherischen Krankenhausträger wohl auch davor gewarnt, hier entstehe vermutlich ein katholisches oder evangelisches „Großsekten-Zentrum"?

> Zur Erinnerung - Sekte: Von der jeweils herrschenden Religionskaste verwendetes Schmähwort für alle, gegen die sich ihre Inquisition richtet.

Außerdem hatten die Ärzte auf einer Pressekonferenz eigens darauf hingewiesen, dass in der Klinik niemand indoktriniert werden solle, sondern dass die ärztlichen Leistungen ohne Rücksicht auf Weltanschauung und Religionszugehörigkeit und ohne jeglichen Missionsversuch angeboten würden.

Rückzug mit formalen Tricks

Doch die Politiker interessiert jetzt nur noch eines: Wie kommen sie aus dem Kaufvertrag wieder heraus? Mit einem formellen Trick: Der Kaufvertrag muss – normalerweise eine reine Formsache – noch von der Aufsichtsbehörde auf der nächsthöheren politischen Ebene, von der Regierung des Bezirks Unterfranken mit Sitz in Würzburg, bestätigt werden. Diese verweigert jetzt ihre Zustimmung, weil der Verkauf „weit unter dem Schätzpreis" von 3 Millionen Mark erfolgt sei – angesichts der Zufriedenheit aller Beteiligten noch wenige Wochen zuvor ein leicht zu durchschauender Vorwand. Und eine „Willkürmaßnahme" des Staates, wie Rechtsanwalt Gottfried Niemietz in einem Gutachten später feststellen wird. Doch die Behörden fühlten sich offenbar weniger dem deutschen Grundgesetz als den Gesetzen der mittelalterlichen Inquisition verpflichtet, wonach Rechtsgeschäfte und Rechtshandlungen Exkommunizierter grundsätzlich ungültig sind.

Vollends unglaubwürdig wird das Vorgehen der Regierungsbehörde, wenn man weiß, dass der Landkreis Kitzingen kurz zuvor ein zweites ehemaliges Kreiskrankenhaus verkauft hatte, nämlich das in Marktbreit, und zwar für nur 800 000 Mark an die

Arbeiterwohlfahrt. Auch hier lag der Schätzpreis erheblich höher – doch die Regierung von Unterfranken hatte den Vertrag anstandslos passieren lassen ...

Dass es diesmal anders kam, dafür hatten sich eine knappe Woche vor dieser merkwürdigen Entscheidung die Dettelbacher Kirchengemeinden beider Konfessionen stark gemacht – in einem Brief, in dem sie an die „verantwortlichen Politiker" appellierten, „alles in ihren Kräften Stehende zu unternehmen, den Verkauf wieder rückgängig zu machen", weil es sich bei der Glaubensgemeinschaft des Ärzteteams um eine „Kunstreligion aus fernöstlichen und christlichen Gedanken" handle – und weil es „den Kindern und Jugendlichen auf die Dauer nicht zuzumuten" sei, „ständig einer möglichen pseudoreligiösen-ideologischen Infiltrierung ausgesetzt zu sein".

Wie skurril solche Worte ausgerechnet in einem katholischen Wallfahrtsort klingen, der ja einer ständigen „Infiltrierung" ganz anderer Art ausgesetzt ist, fiel den frommen Schreibern offenbar gar nicht auf. Der Kreistag jedenfalls forderte nur vier Tage später die Verwaltung auf, mit den Ärzten über die Rückgängigmachung des Kaufvertrages zu verhandeln. Was die unterfränkische Regierung wiederum zwei Tage später mit ihrem Votum überflüssig machte.

Die Ärzte bestehen jedoch auf der Einhaltung des Vertrages, bekunden gleichzeitig ihre Bereitschaft, über einen höheren Preis zu verhandeln. Sie wenden sich mit einer „Proklamation" an die Öffentlichkeit, in der es unter anderem heißt:

„Wir wollen krebskranken Menschen, die von Ärzten aufgegeben wurden, auch den Heimgang in die jenseitigen Welten erleichtern. ... Nachdem wir die Klinik gekauft hatten, begann die Kirche um einen Steinhaufen zu streiten, für den sie bislang kein Interesse gezeigt hatte. Es geht also darum, die der Kirche unliebsamen Ärzte zu vertreiben. Der Kaufpreis wird nun hochgetrieben. Hierbei geht es nicht um die Hilfe für die Kranken. ...

Kann es sich ein Volk, das sich christlich nennt, noch einmal leisten, wie im Mittelalter Glaubensunterschiede zum Beweggrund seines Handelns zu machen? ... In welcher Zeit leben wir? ... Muß Christus sich wieder den Finanzen der Kirche und deren Einflußnahme auf die staatlichen Organe beugen?"

Unrecht Gut gedeihet nicht

Doch es ist längst beschlossene Sache, das Angebot der urchristlichen Ärzte nicht mehr zu beachten. Nur muss man dann einen Käufer finden, der freiwillig noch mehr zahlt. Wie realitätsfern in Bezug auf die tatsächlichen Marktverhältnisse die Ausrede der staatlichen Behörden ist, erweist sich in der skurrilen Provinzposse, die nun anhebt und sich über Jahre hinzieht.

Der Kreistag bringt zunächst das katholische St.-Josefs-Stift ins Gespräch, dem man ein Angebot von 1,36 Millionen unterbreiten will. Daraus aber wird nichts. Man kommt nun auf private Altenheimbetreiber aus dem Landkreis Würzburg zurück, die man ursprünglich gar nicht haben wollte, weil man schon genug Altenheimplätze hat.

Nun verkauft man die Klinik für 1,5 Millionen Mark an eine Geschäftsfrau aus Güntersleben, die dort ein „Haus Sorgenruh" einrichten will. Um dem Ärzteteam, das (bis zur Grundbucheintragung eines neuen Käufers) nach wie vor rechtmäßiger Besitzer des Gebäudes ist, den weiteren Zutritt zu verwehren, werden bei Nacht und Nebel die Schlösser ausgetauscht.

Doch Dettelbach kommt nicht zur Ruhe; auch dieser Verkauf scheitert: Das zugesagte Geld geht nicht ein.

Das Haus steht – auf Kosten des Steuerzahlers! – weiter leer, obwohl zwischenzeitlich die Urchristen noch mehrmals ihre Kaufbereitschaft bekundet hatten, und wird dann im Sommer 1988 an die evangelische Diakonie vermietet.

Nach wenigen Wochen, gerade nachdem die Umbauarbeiten für ein Ausweichquartier für Senioren begonnen haben, wird der Mietvertrag jedoch wieder gekündigt: Man habe nun einen Käufer gefunden. Es ist ein Immobilienmakler aus dem Rheinland, der die Immobilie für den Spottpreis von ca. 240 000 Mark erwirbt und gleich wieder weiter verkauft – für 12 Millionen Mark an eine schwedische Aktiengesellschaft, die unter derselben Anschrift residiert wie der Makler selbst. Man will dort ein „Seniorenwohnheim gehobenen Stils" errichten.

Nun wird der Leser sich fragen: Wie kann das sein? Der Verkaufspreis von 240 000 Mark liegt ja um eine Million Mark unter dem, was die urchristlichen Ärzte gezahlt hatten. Hat das die Regierung von Unterfranken genehmigt? Sie hat es nicht – denn der schlaue Landrat hat ein Umgehungsgeschäft eingefädelt: Er verkauft das Gebäude erst an die Stadt Dettelbach, die es dann an den Immobilienmakler veräußert, der hier fast wie ein „Arisierungsgewinnler" unseliger Zeiten die Früchte einer religiösen Diskriminierung einstreichen kann.

Bezüglich der Stadt ist nun aber der Landkreis selbst die Prüfungsbehörde ...

Unter dem Strich hat der Landkreis gegenüber dem ursprünglichen Angebot der Ärztegruppe etwa eine Million (an öffentlichen Geldern!) verloren. Und die 200 000 Mark dürften wohl für die Abfindung der brüskierten Diakonie gerade gereicht haben.

„Unrecht Gut gedeihet nicht", lautet ein Sprichwort. Seit die Urchristen auf Betreiben der Kirche (und auf Kosten des Staates) hinausgeworfen wurden, war das weitere Schicksal der Immobilie wie „verhext". Um das Maß voll zu machen, ließ der Landkreis in den Kaufvertrag die Klausel einfügen, der Käufer versichere, nicht „an das Universelle Leben oder ähnliche Institutionen zu verkaufen" – ein weiterer Verstoß gegen das Grundgesetz, welches staatlichen Behörden eine Diskriminierung aus religiösen Gründen ausdrücklich untersagt.

5. Die Hetzkampagne der Kirchen gegen ein Gewerbeprojekt in Würzburg (1985)

Die Urchristen wurden also – letztlich auf Geheiß der Kirchen – aus Dettelbach vertrieben. Aufgegeben hatten sie jedoch nicht, denn sie wollten das in die Tat umsetzen, was sich Jesus, der Christus, wünscht: die Umsetzung Seiner Lehren der Bergpredigt in allen Lebensbereichen.
Ein 48-jähriger Unternehmer bot dazu seine Hilfe an. Wenige Tage vor Weihnachten 1984 trat er an die Öffentlichkeit: Er stehe dem Universellen Leben nahe und habe vor, mit seinem Privatvermögen eine Siedlung mit Wohnungen und mittelständischen Handwerksbetrieben zu errichten, eine Gemeinde, „die nach den Gesetzen der Bergpredigt leben soll". 300 bis 500 Menschen sollten dort auf umweltfreundliche Weise Güter herstellen und Dienstleistungen anbieten, welche die Grundbedürfnisse des Lebens decken: Nahrung, Kleidung, Obdach. „Aber auch geistig-seelische Bedürfnisse werden berücksichtigt, die so lange vernachlässigt worden sind: Bedürfnisse nach Frieden und Harmonie sowie nach geistiger Entwicklung." Es war auch die Rede von „Schulen,

Kindergärten und Kliniken, in denen die Bergpredigt verwirklicht wird." Der Unternehmer: „Ich möchte Menschen, die guten Willens sind, Arbeitsplätze bieten."

Der Unternehmer überreichte dem Oberbürgermeister von Würzburg und dem Bürgermeister der Nachbargemeinde Höchberg jeweils ein gleichlautendes Schreiben, in dem er um den Verkauf eines geeigneten Geländes bat, um mit diesen Plänen zu beginnen. Der Würzburger Oberbürgermeister Klaus Zeitler (SPD) empfing ihn daraufhin zu einem ersten Gespräch und besichtigte mit ihm ein in Frage kommendes Gelände im Stadtteil Heuchelhof am Rande Würzburgs mit Trabantensiedlungen und (zu diesem Zeitpunkt) viel freier Gewerbefläche.
Zeitler, dessen Partei im Würzburger Stadtrat in der Minderheit ist, hat das Projekt im Ältestenrat des Stadtrates kurz vorgestellt. Noch am gleichen Tag, an dem die *Main-Post* über die Neuigkeit berichtet, bringt der katholische Vorsitzende der CSU-Fraktion und Bürgermeister im Würzburger Stadtrat eine „Anfrage" ein, die in Wahrheit eine einzige Ansammlung von Diffamierungen ist: Ob der Stadtverwaltung bekannt sei, dass diese „religionsähnliche Gemeinschaft ... sehr viel Leid und Tragödien" ausgelöst habe, dass dort durch „fragwürdige

Heilmethoden" Menschen „physisch-psychisch kaputtgemacht und materiell zu Boden" geworfen würden? Das Heimholungswerk stelle eine „geistig-seelische Umweltbelastung" dar". Diese ungeheuerlichen Behauptungen sind reine Spekulation und Polemik – den Beweis dafür blieb er schuldig. Wären die Christusfreunde schon damals juristisch besser beraten gewesen, so hätte der Mann vermutlich eine Anzeige wegen Volksverhetzung erhalten.

Immerhin gebietet ihm der Oberbürgermeister Einhalt: Es gehöre zu seinen „Prinzipien", sich „erst einmal vor jeden Bürger zu stellen, der mit irgendwelchen Sekten in Zusammenhang gebracht wird", dem also seine Glaubenszugehörigkeit zum Vorwurf gemacht wird. Ironisch fügt er hinzu: „Wenn da ein Zentrum des Geistes entsteht", könne man dagegen kaum etwas haben ... In einer pluralistischen Gesellschaft müsse jeder Bürger das Recht haben, „zumindest angehört, ernst genommen und darüber hinaus angemessen behandelt zu werden". Die „Maßstäbe von Dettelbach", so Dr. Zeitler, „sind für mich als Oberbürgermeister von Würzburg nicht verbindlich." Die Grundstücksanfrage, so fügt er wenige Tage später hinzu, werde behandelt wie jede andere: „Wir fragen niemand, wie hältst du's mit dem Nachtgebet."

Damit gehört Dr. Zeitler bis heute zu den ganz wenigen Stadtoberhäuptern, die es wagten, dem Machtanspruch der Kirchenvertreter und ihren Angriffen gegen die Urchristen öffentlich die Stirn zu bieten und wenigstens ein Minimum an demokratischer Fairness gegenüber einer Minderheit einzufordern.

Die hemmungslose Stimmungsmache des katholischen Stadtrats war jedoch nur der Auftakt zu einem konzertierten Kesseltreiben der Großkirchen gegen ein Vorhaben, das ihnen von Grund auf gegen den Strich ging – hätte es doch unter Beweis stellen können, dass die von ihnen für gewöhnlich als „Utopie" heruntergespielte Bergpredigt tatsächlich umsetzbar ist.

Christus, der Sohn Gottes und Mitregent des Reiches Gottes, offenbart sich

Gerade als der Sturm der kirchlichen Verleumdungen losbrach, der im weiteren Verlauf dieses Kapitels geschildert wird, offenbarte sich Christus, der Mitregent der Himmel, durch Gabriele, Seine Wortträgerin und Botschafterin.

Am 8. Februar 1985 sprach Er, der geistige Revolutionär, in einer öffentlichen Offenbarung die kirchlichen und weltlichen Obrigkeiten an, aber auch alle suchenden Menschen, und Er bereitete die Christusfreunde auf das Kommende vor.

Im Folgenden sind einige Auszüge aus dieser mächtigen Christusoffenbarung wiedergegeben:

Im Wort und in der Tat Bin Ich aufs Neue gekommen, um allen willigen und suchenden Seelen und Menschen Mein lebendiges Wort zu bringen, damit sich Seelen und Menschen wieder auf das Urprinzip, auf Meine Lehre, die ewigen Gesetze, besinnen, die Ich als Jesus von Nazareth lehrte und verwirklichte, die Bergpredigt.

Wer handelt wider die Bergpredigt und wer ist gegen sie? Doch nur diejenigen, die nach Macht und Ansehen streben. Es sind die kirchlichen und weltlichen Obrigkeiten, die an ihrer Seite nichts anderes dulden als ihre eigenen Prinzipien, ihre eigenen Lehren. ...

In dieser Zeitepoche ist es nicht viel anders wie zu allen Zeiten. Gerechte Männer und Frauen werden verfolgt, verhöhnt, verspottet und verleumdet. Ihnen wird Übles nachgesagt, Meine Lehre verworfen, als unchristlich, antichristlich und vieles mehr, bezeichnet. Diese Behauptungen und Verleumdungen ertönen wie zu allen Zeiten aus den Reihen der kirchlichen und weltlichen Vertreter und ihren Getreuen.

Beweist zuerst denen, die ihr verleumdet und von denen ihr behauptet, sie wären unchristlich, daß ihr, die kirchlichen und weltlichen Obrigkeiten, wahre Christen seid!

Beweist erst einmal, daß eure Lehre von Dogma und Form Meine Lehre ist, die Lehre des wahren, christlichen Lebens. Was ihr dem Geringsten Meiner Brüder antut, das habt ihr Mir getan!

Solange ihr nicht beweisen könnt, daß eure Lehre der ewigen Wahrheit entspricht, habt ihr nicht das Recht, eure Nächsten unchristlich zu nennen! Könnt ihr nicht beweisen, daß eure Lehre Meiner ewigen Wahrheit entspricht, dann schweigt! Ich, der Geist der Wahrheit, sage euch: Die Lehren, die ihr vertretet, sind wahrlich nicht Mein Wort. Ihr sprecht wohl von der Bibel, lehrt aus diesem Buch, doch das Fundament der Bibel, die Bergpredigt, verwirklicht ihr nicht!

Ohne Erbarmen und Verständnis für den Nächsten wirkt heute noch das Nattern- und Otterngezücht. Es glaubt wiederum, es könnte die Propheten und alle gerechten Männer und Frauen verfolgen, um den Geist auf diese Weise zum Schweigen zu bringen. ...

Ich Bin nicht zum Schweigen zu bringen. ... Wahrlich, Ich sage euch: Ich entzünde das Feuer der geistigen Revolution in jenen, die wahrlich guten Herzens sind.

Weshalb fürchtet ihr euch, die ihr die kirchlichen und weltlichen Vertreter genannt werdet?
Warum zieht ihr gegen all jene, die friedvollen Herzens sind, die nach der Bergpredigt leben wollen? Werden euch jene, die die Bergpredigt allmählich verwirklichen, zur Gefahr?
Verspürt ihr die Allmacht Meines Geistes, die siegen wird? Denn Ich Bin das Licht der Welt.

All jenen habt ihr den Kampf angesagt, die euch an Hand von Fakten den Spiegel der Kirchengeschichte, euer Tun, vor Augen gehalten haben. Eure lautstarken Argumente hießen, „das gehöre der Vergangenheit an". Doch ihr habt selbst bewiesen und beweist es tagtäglich aufs Neue, daß das Mittelalter noch lange nicht vorüber ist, daß es erneut aufersteht! In der Jetztzeit werden, wie im Mittelalter, nur mit anderen Methoden, die Propheten und alle Menschen guter Gesinnung von euch ebenfalls verleumdet und verspottet.

Weshalb fürchtet ihr euch, die ihr die kirchlichen und weltlichen Obrigkeiten genannt werdet, vor einer Handvoll Menschen, vor einer geringen Zahl, die die Bergpredigt verwirklichen möchte? Warum wohl? Weil ihr in euren Herzen doch verspürt, daß es der Geist der Wahrheit ist, der euch erneut auf den Plan ruft, euch ermahnt, die Bergpredigt zu verwirk-

lichen, die Ich als Nazarener lehrte und lebte und den Menschen der Zukunft ein Reich des Friedens, ein Reich der Liebe versprochen habe.
Wahrlich, wahrlich, Ich sage euch, wer die Bergpredigt nicht lebt, ja, wer gegen die Bergpredigt ist, der ist der Antichrist.

Und wer jene verfolgt, die ein lauteres Leben führen wollen, der tritt in die Fußspuren der Faschisten. ...
Die Zeit des Geistes ist gekommen.
Wenn ihr auch die gerechten Männer und Frauen weiterhin verleumdet und verfolgt durch eure Massenmedien und mit euren Worten, so ist eure Macht doch gebrochen.
Euer ganzes Sinnen und Trachten, eure dogmatischen Lehren, eure Paläste, eure reichen Kirchen sind auf Sand gebaut. Was auf Sand gebaut ist, wird zerrinnen.

So seid ihr immer wieder die gleichen, damals und heute, die die Propheten verfolgt, mißhandelt und getötet haben. Das Blut klebt heute noch an jenen, die in Meinem Namen Menschen mißhandelten, folterten und töteten, auch an jenen, die die Befehle dazu gaben.
Erkennet euch selbst und bittet um Vergebung. Versöhnt euch mit allen Menschen und Seelen, die auf eure Bitte um Vergebung warten. Zerschlagt eure

Krummstäbe und beugt eure Häupter, bettet sie in den Staub und bittet um Buße.
Diese Worte sind die Worte des prophetischen Geistes, des Christusgeistes.
Wer es fassen kann, der fasse es.

Diabolische Suggestionen

Über die Weihnachtstage hatten sich die Kirchenvertreter und ihre Handlanger noch weitgehend ruhig verhalten. Man muss ja den „Scheinfrieden" wahren. Doch Graf Magnis hatte sich inzwischen beeilt, neue „Munition" für den Feldzug bereitzustellen. Anfang Februar 1985 gab er eine neue Schrift heraus mit dem suggestiven Titel: „Ist das sogenannte ‚Heimholungswerk Jesu Christi' ein Heimholungswerk Satana Luzifers?" Er suggerierte jedoch nicht nur bereits in der Überschrift, das gesamte Heimholungswerk sei „satanisch", sondern bezeichnete die dort verbreiteten Lehren wörtlich als „dämonisch". *„Eine gefährliche Sekte"* – *„Eine dämonische Lehre"* – *„Lebensgefährliche Ernährungslehre"* – so und ähnlich lauteten die Überschriften mit ihren diabolischen Suggestionen. Man vernimmt hier förmlich den hasserfüllten Schrei des „Vaters von unten", der bereits Jesus, den Christus, als Dämon verleumdet hatte.

Auch hier wieder: Unwahrheiten und Diffamierungen, mit denen verhindert werden sollte, dass Menschen das Wort des Christus Gottes durch Seine Prophetin selbst hören und lesen und für sich frei entscheiden, ob sie es annehmen möchten oder nicht. Die Kirchengläubigen sollten nicht die Wahrheit erfahren:
Gott, der Ewige, ist der Freie Geist – Gott in uns –, der weder Steinhäuser noch Konfessionen noch Religionen, Dogmen oder Priester braucht, denn Er ist in uns, tief im Seelengrund. Er ist die Liebe, unser aller Vater, der alle Seine Kinder gleich liebt und kein einziges je in eine ewige Verdammnis schicken würde. Durch die Erlösertat des Jesus, des Christus, ist gewährleistet, dass keine Seele verloren geht – Christus wird einst jede Seele nach Hause führen, zurück zu Gott.
Das ist, in Kürze, die Botschaft aus dem Reich Gottes, die Graf Magnis als „dämonisch" bezeichnete!

Der Christus Gottes lehrt durch Seine Prophetin die Gottes- und Nächstenliebe und den Weg ins Vaterhaus; die Kirchen lehren nach wie vor die ewige Verdammnis – bezeichnen jedoch die Lehre des Christus Gottes als dämonisch!
Derartige Hetzparolen und Verdrehungen muss der Mensch, der Prophet, der die Wahrheit aus

dem Reich Gottes ausspricht, wie gesagt, erst einmal verkraften! Wie würde es Ihnen, werter Leser, ergehen, wenn Sie laufend in der Öffentlichkeit auf diese Weise mit Schmutz beworfen würden, nur weil Sie die Wahrheit sprechen?

Graf Magnis greift nicht von ungefähr in diesem Pamphlet erstmalig auch den Weg nach innen an, der im Universellen Leben in allen Einzelheiten gelehrt wird. Denn dies wollen die Widersacher Gottes unter allen Umständen verhindern. Magnis verbreitet in seiner Schrift unter anderem die Unwahrheit, „mittels intensiver suggestiver Meditationsindoktrination" würden Menschen diesen „verworrenen Lehren ... total hörig gemacht". Es gebe „Anweisung", die Meditationen „täglich mehrere Male stundenlang zu meditieren".
Wie ist es wirklich? Die Meditationen, die auf den Inneren Weg vorbereiten, dauern zwischen 20 und 40 Minuten und werden – nur von dem, der diesen Weg nach innen in aller Freiheit gehen möchte – täglich einmal gehört. Es ist bei der veräußerlichten, in Dogma und Ritual erstarrten Kirche nicht anders zu erwarten, als dass sie die Natur der Meditationen gar nicht versteht: Sie sind eine innigliche Hinwendung an Christus und eine Bejahung der göttlichen Kraft in der Seele und im physischen Körper – denn, wie Jesus von Nazareth lehrte: „Ihr

seid der Tempel des Heiligen Geistes, und der Geist Gottes wohnt in euch."

Die Wahrheit interessiert die Kirchenmänner jedoch nicht. Fast zehn Jahre später wird der Zürcher *Tagesspiegel*-Journalist Hugo Stamm die Verunglimpfungen des Grafen fast wörtlich wiederholen: „Für den Experten Franz Graf von Magnis ist das Universelle Leben eine gefährliche Sekte, denn suchende Menschen würden mit intensiver suggestiver Meditationsindoktrination von den verworrenen Lehren einer ‚Prophetin' abhängig gemacht."

> **Meinungslüge:**
> Eine Unwahrheit = Lüge, die von „Experten" so formuliert wird, dass sie juristisch von den Gerichten als „Meinung" eingestuft und erlaubt wird, weil ihr Wahrheitsgehalt nicht überprüft wird. Der gutgläubige Bürger kennt den Unterschied zwischen erlaubter Lüge im Meinungsgewand und Tatsache nicht. Er hält deshalb die Lüge für eine Tatsache, die das Gericht bestätigt hat.

Dies zeigt beispielhaft, wie langlebig solche Meinungslügen sein können, wenn sie mit den fast unbegrenzten Einflussmöglichkeiten der Kirche verbreitet werden.

Im Übrigen kann jeder das ewige Wort des Christus Gottes durch Seine Prophetin mit den kirchlichen Dogmen vergleichen – z.B. in dem Buch „Der Glaube der Kirche in den Urkunden der Lehrverkündigung" von Neuner/Roos – und selbst beurteilen, was „verworrene Lehren" sind.

Wie gesagt: Die Tatsachen sind für einen modernen Inquisitor ohnehin nicht maßgeblich. Ähnlich wie bei der angeblich „lebensgefährlichen Ernährungslehre" beruft er sich, wie sich erst später herausstellen wird, auch für den Weg nach innen auf ein Pseudo-Gutachten. Damit will er abermals einer nur notdürftig kaschierten Verleumdung den Anschein wissenschaftlicher Objektivität verleihen. Da dies ein weiterer Beweis für seine Vorgehensweise ist, sei dieser Vorgang hier kurz geschildert.

Das Spall-"Gutachten"

Fast zeitgleich mit dem dubiosen Gutachten zur Ernährungslehre ließ Magnis im Jahr 1985 also noch ein weiteres anfertigen. Er beauftragte den Würzburger Diplom-Psychologen Alfred Spall, ein Gutachten über die Wirkung der Meditationstexte des Universellen Lebens anzufertigen. Spall war ein hauptamtlicher Mitarbeiter der katholischen Würzburger Caritas, also alles andere als ein objektiver Gutachter. Er untersuchte nicht etwa auf wissenschaftliche Weise, wie die Meditationstexte auf tatsächliche Meditationsteilnehmer wirkten. Er stellte stattdessen nur abenteuerliche Spekulationen darüber an, wie diese Texte wohl wirken würden – natürlich ausschließlich negativ – und bezeichnete bereits deren Sprache als „pompös, emotional, aufreißerisch, hypertroph und damit schwer begreifbar". Er unterstellte dem Universellen Leben, man wolle durch die Meditationen „nicht den selbständig Denkenden und damit mündigen Menschen, sondern den Menschen, der sich der Ideologie kritiklos unterwirft".

Ein berufsmäßiger Katholik kann offenbar nur von seiner Religion auf andere schließen ... und die katholischen Lehrsätze sprechen für sich: *„Wer auch immer gerettet sein will, der muss vor allem den katholischen Glauben festhalten: Wer diesen nicht unversehrt und unverletzt bewahrt, der wird zweifellos auf ewig zugrunde gehen."* („Kompendium der Glaubensbekenntnisse und kirchlichen Lehrentscheidungen" von Heinrich Denzinger und Peter Hünermann, Nr. 75)

Als z.B. Papst Pius X. am 20. August 1914 verstorben war, hatte der Vatikan-Korrespondent des *Berliner Tageblatts* am gleichen Tag in einem Nachruf über den Pontifex geschrieben:
„Er beklagt die Freiheit für Andersdenkende und möchte sie auf die Kirche und ihre Lehren beschränkt wissen. (...) Die Glaubens- und Gewissensfreiheit war Pius X. ein Gräuel." 1954 wurde Pius X. „heilig" gesprochen.

Durch die Meditationen, so Spall weiter, würden Schuld- und Angstgefühle geweckt, es werde in autoritärer Weise „indoktriniert". Spall kommt zu dem Schluss: *„Man muß annehmen, dass zumindest einige der Teilnehmer durch eine solche Vorgehensweise ... erheblich psychisch geschädigt werden."* Er behauptet dann, frei aus der Luft gegriffen: *„Bei einer erheblichen Anzahl von Einzelfällen wurden bei Jugendlichen, welche eine Reihe von entsprechenden Sitzungen mitgemacht hatten, psychotische oder psychoseähnliche Zustandsbilder festgestellt."*

Auch dies ist offensichtlich die Unwahrheit. Denn Spall führt in seinem Gutachten für diese dreisten Behauptungen keinen einzigen empirischen Fall an! Anfang 1988 stellt sich dann durch Zufall heraus, dass er nach Vermittlung durch Graf Magnis lediglich ein einziges „Beratungsgespräch" mit einem psychisch labilen jungen Mann hatte, der etwa zwei- bis dreimal an Veranstaltungen junger Urchristen (z.B. einer Filmvorführung über Franz von Assisi) teilgenommen, jedoch dort keine Meditationsveranstaltungen besuchte hatte. Seine Mutter meldete sich bei einem Vortrag von Pfarrer Haack in Hettstadt zu Wort und versuchte, die psychischen Schwierigkeiten ihres Sohnes (die schon vor seinem sporadischen Kontakt zu den Urchristen bestanden hatten!) dem Universellen Leben in die Schuhe zu schieben. Der Stiefvater des jungen Mannes ist übrigens ein Theologe.

Dieses „Gutachten" ist schon vom Ansatz her, aber auch in seiner konkreten Formulierung völlig unwissenschaftlich, eine reine Propagandaschrift der Kirche zur Diskriminierung Andersdenkender. Dennoch wurde es in den folgenden Jahren immer wieder zitiert als angeblicher „Beweis" für die „Schädlichkeit" des Inneren Weges im Universellen Leben. Die Urchristen machten sich daher die Mühe, ihrerseits insgesamt vier Gegengutachten anfertigen zu lassen, die alle die wissenschaftliche Unhaltbarkeit von Spalls Auftragsarbeit nachwiesen. Der vergleichende Religionswissenschaftler Prof. Dr. Hubertus Mynarek etwa bescheinigte Spall unter anderem, dass dieser „keine Ahnung" davon habe, was unter „Meditation" eigentlich verstanden werde. Spall hatte diesen Begriff nämlich – offenbar im fernöstlichen Sinn – allein auf „gegenstandslose", stille Versenkung bezogen und daher Meditationen, also Betrachtungen, über einen Text, wie im Universellen Leben angeboten, von vorne herein als „aufdringlich" abgewertet. Dabei sind Wort- oder Bildmeditationen selbst innerhalb der Kirche nichts Unübliches. Aber alles, wirklich alles, und sei es noch so gut, wird von der Kirche bekämpft, wenn es nicht unter ihrer Machtherrschaft steht.

Prof. Mynarek unterzog auch die einzelnen Meditationstexte einer eingehenden Prüfung und kam, ganz anders als Spall, zu dem Schluss, dass hier das Positive im Menschen angesprochen und bejaht wird, wogegen in der kirchlichen Lehre meist die Betonung des Negativen, „Sündhaften", die Abwertung der Möglichkeiten des Individuums im Vordergrund stünden. Schuld- und Angstgefühle würden gerade durch *katholisch* geprägte Meditationen wie die Exerzitien des Ignatius von Loyola oder Texte des Opus Dei vermittelt; ebenso seien autoritäre oder indoktrinierende „Übungen" eine Domäne der katholischen Kirche; Spall wende sich also mit seinen polemischen Angriffen an die falsche Adresse.

Dennoch wurde das in seiner wissenschaftlichen Dürftigkeit und taktischen Durchsichtigkeit kaum zu überbietende Pseudo-"Gutachten" des Alfred Spall über Jahre hinweg immer wieder von Kirchenvertretern und willfährigen Journalisten ins Feld geführt.

Das Grundgesetz wird mit Füßen getreten

Zurück in das Würzburg des Jahres 1985: Kirchenvertreter und kirchenhörige Politiker von der „C"-Partei spielen sich nun gegenseitig die Bälle zu. Die Junge Union Würzburg findet die Vorstellung „unerträglich", dass die Stadt Gelände an eine Organisation verkaufen könnte, „die von ihrem Selbstverständnis her die Zerstörung der Familie zum Ziel" habe und eine „gefährliche Jugendsekte" sei. Die Stadt dürfe „keinen Quadratmeter Grund" verkaufen, so der örtliche JU-Vorsitzende und der JU-Landesgeschäftsführer (der in engem Kontakt zu Pfarrer Haack steht). Die Frauen-Union übt Kritik an den offiziellen Kirchenvertretern, weil diese sich „so in Zurückhaltung" übten.

Die Urchristen fordern daraufhin sowohl die Junge Union als auch die Frauenunion auf, zu beweisen, dass deren Ansinnen, nur demjenigen Grund und Boden zu verkaufen, der ihren Glaubensoberen genehm ist, dem Grundgesetz entspricht. Denn dort steht, dass von staatlicher Seite niemand wegen seines Glaubens bevorzugt oder benachteiligt werden darf. Was die angebliche Zerstörung von Familien angehe, so solle die Öffentlichkeit prüfen, wie viele Ehen unter den Mitgliedern der Jungen Union und deren Mutterpartei gestört sind und wie viele im Vergleich dazu bei den Urchristen. Die

Junge Union solle „uns den Jugendlichen zeigen, der unter 18 Jahren mit uns den Inneren Weg geht" – denn die vorbereitenden Meditationskurse für diesen Weg sind für Jugendliche unter 18 Jahren noch gar nicht zugänglich. Die Polit-Organisationen sollten außerdem beweisen, „dass ihre Politik, ihr Glaube und vor allem ihr Tun der Lehre Christi entspricht".

Ein „klärendes Wort", das keines ist

Die Urchristen erhalten keine Antwort. Stattdessen erscheint Mitte Februar ein sogenanntes „Klärendes Wort" der Würzburger Dekane Helmut Bauer (katholisch) und Martin Elze (lutherisch) gegen die Urchristen. Darin unterstellen sie dem Heimholungswerk Jesu Christi „massive wirtschaftliche Interessen". Das Heimholungswerk sei „nicht christlich". Nach „Überzeugung der Christenheit" habe die „Offenbarung Gottes in Jesus Christus ihren unüberbietbaren Höhepunkt und Abschluss gefunden".

Das heißt doch im Klartext: Die Großkirchen erteilen Gott ein Redeverbot. Er hat nach Ansicht der Kirchen nichts mehr zu sagen. Auf wessen Seite stehen sie dann? Wer ist der, der gegen Gott ist? Wer ist der, der nicht möchte, dass Er spricht?

Die Gottesvorstellung sei im Universellen Leben, so das „Klärende Wort" weiter, auf eine „persönliche Urkraft" beschränkt; „eine positive Einstellung zur Schöpfung ist nach der Lehre des Heimholungswerks nicht möglich". Genau das Gegenteil entspricht der Wahrheit: Durch Gabriele lehrt Gott, der Ewige, die Einheit allen Lebens – alles und alle gehören zur großen Familie Gottes. Urchristen betreiben deshalb Friedfertigen Landbau im Einklang mit der Natur, sie setzen sich für Natur und Tiere ein und verzichten aus Liebe zu ihren Mitgeschöpfen, den Tieren, auf Fleischnahrung. Die Kirchen hingegen sprechen den Tieren die unsterbliche Seele ab; sie geben sie zum Nutzen, zum Gebrauch und Verzehr durch den Menschen frei, mit der Folge, dass Tiere millionenfach gequält und grausam ermordet werden.

Was die Kirchen vom Reich Gottes, das Jesus einst verkündet hat, wirklich halten, das schreiben die beiden Dekane selbst schwarz auf weiß in ihr angeblich „klärendes Wort" hinein: „Das Reich Gottes ist nicht machbar."
Welches Reich welches Gottes haben sie dann all die Jahrhunderte aufgebaut? Und: Warum beten sie dann im Vaterunser „Dein Reich komme, Dein Wille geschehe", wenn sie nicht daran glauben? Das ist dann alles wohl nur Show …

Kurzum: Die Dekane bringen keine „Klärung", sondern Unterstellungen, Verdrehungen, falsche Zitate.

So erwecken sie z.B. durch die Verwendung von Anführungszeichen den Anschein, als ob die Urchristen in Bezug auf ihre Lehre selber von „Selbsterlösung" sprächen – in Wahrheit ist nach Überzeugung der Urchristen die Erlösung nur mit Hilfe des Christus Gottes möglich. Als die Dekane auf die offensichtlich falschen Zitate aufmerksam gemacht werden, ändern sie nicht etwa den falschen Inhalt, sondern lassen bei einer Neuauflage einfach die Anführungszeichen weg ...

Mit falschen Zitaten und Verdrehungen gegen Andersgläubige vorzugehen, ist eine uralte Praxis der Kirche. Jan Hus z.B. wurde vom Konzil in Konstanz als „Ketzer" verurteilt und auf dem Scheiterhaufen verbrannt, weil er angeblich bestimmte Zitate aus der Lehre des John Wycliff vertreten haben soll, was Hus aber bestritt ...

Die Urchristen reagieren wieder mit einer Zeitungsanzeige – Überschrift: „'Christen' entlarven sich". Darin heißt es:

„Wir wollen der Welt den Nachweis erbringen, dass ein Leben nach der Bergpredigt tatsächlich möglich ist. ... Bevor jedoch die Saat des Guten zu sprießen beginnen kann, stehen Vertreter der Institution

Kirche auf, um den Keimling zu zertreten. ... Was befürchten sie? ... Ihre Furcht zeigt letztlich an, dass sie in der Tiefe ihrer Seele ahnen, dass es tatsächlich Christus ist, der Sich jetzt wieder durch einen prophetischen Mund offenbart."

„Wenn", so die Urchristen weiter, *„die Offenbarung Gottes tatsächlich in Jesus von Nazareth ihren ‚Abschluss' gefunden hätte, so könnten Teile der Bibel, etwa die Geheime Offenbarung des Johannes oder die Paulusbriefe, niemals eine Offenbarung Gottes sein. Dann hätte auch Jesus nicht sagen können: ‚Ich sende zu euch Propheten ... von ihnen werdet ihr die einen töten und kreuzigen, die anderen in eueren Bethäusern geißeln und von Stadt zu Stadt verfolgen' (Mt 23) – denn dann hätte es nach Jesus von Nazareth keine Prophetie mehr geben dürfen."*

Und zu den Unterstellungen der Dekane:
„Wir wollen endlich die Beweise für diese ständigen Anschuldigungen! Was ist falsch daran, wenn unsere christlichen Betriebe auf der Grundlage der Bergpredigt aufgebaut und geführt werden? ... Wir sind ein Teil des Volkes und rufen die Bevölkerung auf, zur Frage Stellung zu nehmen, ob sie die Verleumdung derer bejaht, die Christus nachfolgen wollen. Wir rufen es laut in die Öffentlichkeit hinaus: Wo sind die Beweise für die falschen Anschuldigungen der kirchlichen Vertreter?"

Das Trommelfeuer setzt ein

Die Urchristen appellierten nicht von ungefähr an die Öffentlichkeit. Denn dort spielte sich die nächste, die entscheidende Phase des kirchlichen Großangriffs zur Vertreibung der „Ketzerei" ab. Bis dahin hatte die regionale Presse noch relativ objektiv über den erstaunlichen Vorgang berichtet, dass ein Grundstückskauf plötzlich zum Gegenstand eines Glaubenskampfes wurde. Doch nun zogen die Kirchen – die bis heute über erheblichen Einfluss auf die Medien verfügen – alle Register, und zwar bundesweit und über Monate hinweg: „Für eine Hausfrau wird Konzernchef Sektenjünger" (*Das Goldene Blatt*, 30.1.1985); „Die Sektenführerin, für die ein Millionär alles aufgab" (*Bild der Frau*, 18.3.1985); „Die falsche Prophetin" (*Quick*, 2.1.1986); „Fratzenhaftes aus Würzburg" (*Deutsche Tagespost*, 5.3.1985). Allein schon die Überschriften entlarven das journalistische Niveau.

Die katholische Tageszeitung *Deutsche Tagespost* mit Sitz in Würzburg bringt am 8.3.1985 eine ganze Seite über die Urchristen im Universellen Leben, Überschrift: „Die Sekte hat sie zu verklärten Masken gemacht." Für Chefredakteur Harald Vocke sind die Offenbarungen des Gottesgeistes nichts als „dämonische Inspirationen". Mittelalterlicher Hass auf alles Nicht-Katholische spricht aus jeder Zeile.

Wie fühlt sich ein Mensch, der – von Gott, dem Ewigen, dazu berufen – angetreten ist, dem Christus Gottes die Wege zu bereiten und Sein Kommen vorzubereiten, das doch alle Christen weltweit herbeibeten – und der nun von denen mit Schmutz und primitivster Häme beworfen wird, die den Namen des Jesus, des Christus, in Kirche und Politik missbrauchen, die jahrhundertelang Seine Lehre der Gottes- und Nächstenliebe mit Füßen getreten haben, und das bis in die heutige Zeit?

Und wie fühlen sich Menschen, die in ihren Berufen noch kurz zuvor als tüchtige und ehrbare Bürger angesehen wurden; die sich gerade anschicken, ein hohes Ideal, das Ideal der Bergpredigt, tatkräftig und friedlich in die Tat umzusetzen – und die nun plötzlich als „Verführte", als „Durchgeknallte", als eine Art Ekzem der Gesellschaft angeprangert werden, als Ausgegrenzte, vor denen man sich mit Entsetzen abwendet und vor denen man seine Kinder zu warnen hat?

Was Gabriele betrifft: Mit der Kraft des Allerhöchsten hat sie das und Weiteres ausgestanden, weil sie wusste: Das Wort kommt aus den Himmeln. Es ist Gott-Vater, der Ewige, der hier durch sie spricht; es ist Sein Sohn Christus, und es ist der Cherub der göttlichen Weisheit.

Doch die Tobsucht der kirchlichen Machtgewaltigen hatte gerade erst begonnen. Die *Bunte Illustrierte* (18.4.1985) bringt eine Reportage mit der Überschrift: „Sekten – mit Kontakten zum Jenseits ein Vermögen auf Erden – das blühende Geschäft einer Sekte und warum immer mehr darauf reinfallen". Über die Lehre des Universellen Lebens heißt es nur: „Und wer glaubt diesen Unfug?" Das *Bayerische Fernsehen* (4.4.1985) bringt einen Bericht, in dem Graf Magnis, Dekan Elze und Dekan Bauer ausführlich zu Wort kommen, Vertreter des Heimholungswerkes aber nur am Rande.

Der *Spiegel* (6.5.1985) veröffentlicht ausgerechnet in der heißen Phase der Stadtratsentscheidung einen hämischen Artikel: „Göttliche Kraft am Steißbein". Die Behauptungen des Ordinariats Würzburg über „meditative Indoktrination", „gesteigerten Messianismus" sowie „modernste Werbe- und Marketingstrategien", womit man in eine „emotionale Marktlücke" vorstoße, werden einfach wörtlich zitiert, ohne sie zu hinterfragen. Der Journalist macht sich seitenlang in arroganter *Spiegel*-Manier über eine Glaubensbewegung lustig, geht aber in keiner Weise darauf ein, wie diese Bewegung von der mächtigen Amtskirche und von staatlichen Stellen diskriminiert wird. Dennoch hat gerade dieser arrogante Artikel zahlreiche Menschen erstmalig auf das Universelle Leben aufmerksam gemacht, die es

genau wissen wollten: Wenn der Spiegel etwas auf so hämische Weise niedermacht, dann muss da ja wohl etwas Positives dran sein!
Kurz vor dem *Spiegel*-Artikel hatten die beiden Pfarrer des Stadtteils Heuchelhof, Ulf Claussen (lutherisch) und Erwin Kuhn (katholisch), ihren Kollegen Pfarrer Haack aus München in die Turnhalle der Heuchelhofschule geladen. Schon die Überschrift des katholischen *Volksblatts* (26.4.1985) gibt die Richtung vor: „Besorgnis: Einfluß auf Kinder durch HHW". Haack legt los: „Religion ist gleich einem Messer: Man kann damit zum Guten wie zum Bösen wirken. Khomeini ist dafür nur ein Beispiel!"

Das ist ein weiterer diabolischer Verleumdungstrick: Ein zunächst offenes Thema – in diesem Fall die Glaubensüberzeugungen der Urchristen im Universellen Leben – wird von vorne herein in einen äußerst negativen „Gefühlsrahmen" gestellt, in diesem Fall die Machtübernahme der moslemischen Fundamentalisten im Iran 1979, also wenige Jahre zuvor.

Derartige Gemeinschaften (wie das Universelle Leben), so Haack weiter, seien für ihn „Notgemeinschaften von Verantwortungsflüchtigen". Er befürchte „vor allem die Gefahr der Indoktrination von Kindern in den vorgesehenen Kindergärten und Schulen". (Als ob es nicht ungezählte kirchliche Schulen und Kindergärten gäbe. Und was Tausende von Kindern unter katholischer und evangelischer Obhut zu erleiden hatten, ist mittlerweile bekannt.) Die Kinder, so Haack weiter, könnten dort „geistig dressiert" werden. Wer vorgebe, nach der Bergpredigt leben zu können, der „überziehe sein Konto". (Womit der Pfarrer ziemlich genau die abfällige Position der Kirchen zur Bergpredigt des Jesus von Nazareth umschrieben hat.)

Die vorgeblich so liberale *Main-Post* schreibt in einem Kommentar, man mache sich auf dem Heuchelhof Gedanken, „ob die Integrationsfähigkeit des Stadtteils nicht überfordert wird, wenn eine – eigenen Lebensregeln unterworfene – Gemeinschaft von mehreren hundert Menschen ganz neue soziale, gesellschaftspolitische und wirtschaftliche Strukturen schafft". Solche „Gedanken" wären wohl auch formuliert worden, wenn man auf dem Heuchelhof ein Asylbewerber-Heim hätte errichten wollen. Doch der Unterschied ist: Dann hätte man diese Einstellung wenigstens bedauert und „betroffen" danach gefragt, woher diese Ausländerfeindlichkeit komme – denn die „Integrations*fähigkeit*" ist ja in Wirklichkeit die Integrations*willigkeit* der Mehrheit gegenüber der Minderheit. Bei „Sektierern" braucht man sich jedoch solche Mühe erst gar nicht zu machen – man spürt offenbar, durch Jahrhunderte programmiert, gar kein Gewissen mehr, wenn man Andersgläubige, die den Kirchenkonzernen den Rücken gekehrt haben, ausgrenzt.

Unterschriftenlisten im Dom

Damit die Vorreiterrolle der Kirchen bei dieser Ausgrenzung nicht gar zu offensichtlich wird, gründet man eine „Bürgerinitiative zur Verhinderung der Ansiedlung des sogenannten Heimholungswerkes auf dem Heuchelhof". Das Wörtchen „sogenannt" ist eine Übernahme aus den Schriften von Graf Magnis gegen das Heimholungswerk Jesu Christi – und auch sonst kommt die sogenannte Bürgerinitiative nicht ganz ohne die Hilfe ihrer Drahtzieher aus: Die Unterschriftslisten der „Verhinderer" werden unter anderem im Würzburger Dom ausgelegt; die Gottesdienstbesucher werden auf der Gottesdienstordnung noch einmal gesondert aufgefordert, ihre Unterschriften im Pfarramt (!) abzugeben.

Als die Urchristen Bischof Paul-Werner Scheele zu einer Podiumsdiskussion einladen, lässt er aber absagen. Dagegen hält es der lutherische Landes-

bischof Johannes Hanselmann aus München für geboten, seine Gläubigen zu Pfingsten im *Evangelischen Sonntagsblatt* (26.5.1985) unter der Überschrift „Laßt euch nicht verführen!" aufzufordern: *„Du aber bleibe bei dem, was du gelernt hast und dir anvertraut ist."* (2 Tim 3,14)
Die Priestermänner beider Konfessionen haben die Gläubigen über Jahrhunderte längst dazu verführt, die Bergpredigt des Jesus, des Christus, in vieler Hinsicht in ihr genaues Gegenteil zu verwandeln – und Generationen von Schülern haben diese Lektion im Religionsunterricht lernen müssen.

Die katholische Seite spannt derweil noch einen ehemaligen Würzburger Oberbürgermeister aus der Nachkriegszeit ein, Michael Meißner, der in einem Brief an den Stadtrat unverhohlen „an die Tradition Würzburgs als Bischofsstadt" erinnert, für welche „die Vergabe eines so großen Geländes an eine Sekte ... einen falschen und unpassenden Akzent" darstellen würde.
In der Tat: In der „Tradition Würzburgs als Bischofsstadt", das hat Meißner richtig erkannt, sind Religionsfreiheit und Toleranz nicht vorgesehen: Da wurden z.B. im 14. Jahrhundert sämtliche Juden der Stadt vertrieben oder ermordet, da vertrieb Fürstbischof Julius Echter im 16. Jahrhundert sämtliche Lutheraner aus dem gesamten Bistum, und

im 17. Jahrhundert verbrannten zwei seiner Neffen (!) als Fürstbischöfe von Würzburg und Bamberg so viele angebliche Angehörige der „Hexensekte" (so nannte man das damals) wie in keiner anderen deutschen Region.

Vom deutschen Grundgesetz, nach dem niemand wegen seines Glaubens benachteiligt werden darf, redet kaum einer dieser Politiker.

Die Stimmungsmache der Kirchen zeigt Wirkung. Auf einer Podiumsdiskussion des Bürgervereins Heuchelhof äußern Teilnehmer, die Pläne seien ein „Wolkenkuckucksheim", eine „Gefährdung von Arbeitsplätzen" (dabei würden im Gegenteil Arbeitsplätze geschaffen!). Eine Mutter hat Sorgen, dass Jugendliche „einer massiven Beeinflussung ausgesetzt werden". Da hilft es nichts, dass Oberbürgermeister Zeitler darauf hinweist, dass „wir in einer pluralistischen Gesellschaft leben, in der jeder, auch Minderheiten, das Recht haben, ihre persönliche Art zu leben, darzustellen".
Doch plötzlich hat auch Dr. Zeitler, der mit seiner Partei im Stadtrat über keine eigene Mehrheit verfügt, „wachsende Bedenken gegen HHW-Pläne". Dem Realpolitiker ist sicher nicht entgangen, dass sich inzwischen mehr und mehr politische Kräfte für eine Verhinderung der Ansiedlung aussprechen.

Der CSU-Ortsverband Heuchelhof fürchtet „um den guten Ruf" des Stadtteils, der SPD-Ortsverein hat „bei dem derzeitigen Planungsstand" ebenfalls „Bedenken, ... eine Grundstücksvergabe zu befürworten".

Die Bayern-Partei führt am 1.6.1985 eine „Volksbefragung" auf Würzburgs Straßen durch („Scherbengericht" nannten so etwas die Athener); der Bürgerverein Heuchelhof fürchtet eine „Ghettobildung" – ohne darüber nachzudenken, wer denn im Mittelalter die Ghettos für die Juden eingeführt hat: die jüdischen Mitbürger waren es sicher nicht!

Das Mittelalter lebt

Den Politikern ist das vermutlich nicht bewusst, doch ganz offensichtlich steckt vielen von ihnen – nicht nur in Würzburg – noch immer das Mittelalter in den „Knochen", also im Unterbewusstsein oder gar – wenn man von der Möglichkeit der Reinkarnation ausgeht – in den Seelenhüllen. Der Kirchengehorsam aus Angst sitzt offenbar tief.

Auf dem Konzil im römischen Lateran wurde im Jahr 1215 unter Papst Innozenz III. beschlossen, die weltlichen Herrscher sollten „ermahnt, veranlasst und notfalls ... gezwungen werden", die Häretiker aus ihren Gebieten zu „entfernen". Wenn ein

Landesherr es unterlässt, „sein Land von dieser abscheulichen Ketzerei zu säubern, soll er ... mit der Exkommunikation belegt werden". Macht der Fürst seine Unterlassung nicht innerhalb eines Jahres gut, so wird der Papst die Vasallen des Fürsten von ihrem Treueschwur lösen „und dessen Land den Katholiken zur Inbesitznahme" überlassen. (Näheres hierzu: J.R. Grigulević, „Ketzer – Hexen – Inquisitoren", S. 91f.)

Die Exkommunikation – und damit die Verurteilung als „Ketzer" – wurde 1215 aber auch allen „Gönnern, Verteidigern und Beschützern" der Ketzer angedroht. Und das war keine leere Drohung. Während des von Innozenz in Gang gesetzten Kreuzzugs etwa gegen die urchristliche Bewegung der Katharer in Südfrankreich (1209-1229) verloren die Grafen von Toulouse ihr gesamtes Land an den König von Frankreich – nur weil sie die „Ketzerei" nicht energisch genug bekämpft hatten.

Die Urchristen bitten im Jahr 1985 sogar den bayerischen Ministerpräsidenten Franz-Josef Strauß, ihnen, „bei der Wahrung unserer verfassungsmäßigen Rechte zu helfen". Sie sprechen von einer „breit angelegten Kampagne", die zum Ziel habe, dass Menschen „wegen ihres Glaubens benachteiligt werden". Doch der CSU-Politiker reagiert nicht.

Derweil setzen die Kirchen genau diese Kampagne unvermindert fort. Pfarrer Erwin Kuhn schreibt in seinem Pfarrbrief, er finde es „erschreckend", dass viele Heuchelhofbewohner noch nicht von der „neuen Sekte" gehört hätten (das hätte ein mittelalterlicher Inquisitor nicht besser ausdrücken können) und hetzt mit dem Bibelzitat: „Sie kommen zu euch wie harmlose Schafe, in Wirklichkeit aber sind sie reißende Wölfe."

Elze und Magnis halten sogar in den Dörfern rund um Würzburg Vorträge gegen die Urchristen. Der gebürtige Schlesier Graf Magnis spielt sich in einer von den Urchristen veranstalteten Diskussion zum Verteidiger des Frankenlandes auf und ruft: „In unserem geliebten Frankenland mögen wir keine Stänkerer." (Ein anwesender Würzburger Stadtrat sagt daraufhin beim Hinausgehen: „Wenn das der offizielle Vertreter der katholischen Kirche war, dann tut es mir leid um jede Mark, die ich gezahlt habe.")

„Wenn Sie bei mir auf Inquisition tippen, liegen Sie natürlich richtig."

Mitte Juni 1985, wenige Tage vor der entscheidenden Sitzung des Stadtrates hält Pfarrer Haack – wie schon im Jahr zuvor – die Jahrestagung seiner „Elterninitiative gegen seelische Abhängigkeit und religiösen Extremismus" in Würzburg ab. Er sei, so Haack, „betroffen darüber", dass Würzburg zu einem „Sekten-Rom" zu werden drohe. (Hier zitiert ihn das katholische *Volksblatt* aus naheliegenden Gründen falsch und schreibt: „Sekten-Home".) Das Universelle Leben sei eine „Prophetendiktatur"; Religionsfreiheit bedeute nicht, „dass eine Sekte machen könne, was sie wolle".

Es ist eine Ungeheuerlichkeit und eine boshafte Lüge, von „Prophetendiktatur" zu sprechen – zum einen, weil die Prophetin Gottes das Gesetz der Freiheit lehrt und danach lebt, also die Freiheit jedes Menschen achtet; zum anderen, weil man mit dieser Meinungslüge suchende Menschen daran zu hindern trachtete, das Wort des Christus Gottes und den Weg der Gottes- und Nächstenliebe für sich selbst in aller Freiheit zu prüfen und anzunehmen oder zu lassen.

Was „Pfarrer" Haack – als offizieller Vertreter seiner Kirche! – über Religionsfreiheit dachte, hatte er bereits 1970 in einem Tätigkeitsbericht an die bayerische Landeskirche deutlich zu Papier gebracht: *"Verstehen wir unseren Glauben richtig, dann haben wir kein Recht, den ‚Anderen' in ‚seinem Glauben zu lassen'."*

Und wie wenig er von Toleranz hielt, sagte er in einem Interview, das er der „Bayerischen Landeszentrale für politische Bildungsarbeit" gab: *„Ich glaube, dass wir da auf die Dauer diesem abendländisch-aufklärerischen Gebilde, das auch in ‚Nathan der Weise' von Lessing zu finden ist, nicht folgen können."* Oder, wie er es später in einem Buch ausdrückte: Die „alte, gutbürgerliche Nathan-der-Weise-Naivität" und die „Seid-nett-zueinander-Weltmeisterschaften" sollten vorbei sein.

Wes Geistes Kind Haack ist, macht auch ein Brief deutlich, den er selbst einmal an einen Vertreter einer von ihm verfolgten religiösen Minderheit schrieb: *„Wenn Sie bei mir auf Inquisition tippen, liegen Sie natürlich richtig."*

Und zu einem der Urchristen im Universellen Leben sagte er einmal: *„Im Mittelalter wären wir ganz anders mit euch umgesprungen."*

Der CSU-Bürgermeister, der die kirchliche Verleumdungslawine als erster losgetreten hatte, sprach vor der „Elterninitiative" Pfarrer Haacks bereits triumphierend von einer „glücklichen Entwicklung in

Würzburg": „Nach anfänglichen Sympathien wurde ein geordneter Rückzug eingeleitet". Zu Beginn seien die Dinge noch „recht oberflächlich" beurteilt worden – will sagen: noch nicht durch die kirchliche Inquisitionsbrille. Doch es habe inzwischen ein „großer Aufklärungsprozess stattgefunden".

Das ist die Spitze der Heuchelei: Ein politischer Handlanger der modernen Inquisition, die nur durch die mutige Arbeit der Aufklärungszeit daran gehindert wurde, auch heute noch Scheiterhaufen anzuzünden, spricht scheinheilig von „Aufklärung".

Der CSU-Bürgermeister bedankt sich ausdrücklich bei Haack für die „Unterlagen" (sprich: Diffamierungen und Unwahrheiten), ohne die ihm die „Sensibilisierung" (ein Lieblingswort aller Rufschädiger) des Bürgermeisters und des Stadtrates nicht gelungen wäre.

Wie recht doch der Philosoph Karl Jaspers hatte, als er in seinem Buch „Der philosophische Glaube" schrieb:
„*Der biblisch fundierte Absolutheitsanspruch der Kirchen steht ständig auf dem Sprung, die Scheiterhaufen für Ketzer zu entflammen.*" (9. Auflage, 1988, Seite 73)

Der Stadtrat lehnt ab

Wenige Tage später lehnt zunächst der Hauptausschuss, dann das Plenum des Würzburger Stadtrates in nicht-öffentlicher Sitzung den Grundstücksverkauf an die Urchristen ab. Dem Vernehmen nach war es zu einer Kampfabstimmung gekommen, in der die vorgeblich „christliche" Seite obsiegt hatte. Oberbürgermeister Zeitler fiel die Aufgabe zu, die Absage des Stadtrats gegenüber der Presse zu begründen – mit den scheinbar sachlichen Argumenten der Stadtrats-Mehrheit: Die Pläne seien zu vage gewesen, man habe teilweise Wohnungen statt Gewerbebetriebe bauen wollen (das hatte der zuständige Projektleiter längst zurückgenommen); schließlich sei die Stadt an einer „Gewerbeansiedlung" interessiert, „keinesfalls an einem religiösen Unternehmen".

Die Frage bleibt, ob solche Ausflüchte am Ende auch geäußert worden wären, wenn die Ansiedlungswilligen nicht durch ein monatelanges Kesseltreiben von Kirchenvertretern, kirchenhörigen Journalisten und Politikern gezielt zu Aussätzigen erklärt worden wären, die angeblich für Kinder und Jugendliche eine Gefahr darstellen.

Gar keine Frage ist es hingegen, ob es zu der ablehnenden Entscheidung gekommen wäre, wenn die gleichen Pläne von Menschen mit dem „richtigen Gebetbuch" eingereicht worden wären: neue Arbeitsplätze schaffen – ja bitte!

In einer Zeitungsanzeige legten die Urchristen dar, wie sie das Ergebnis sahen:
„Dem ewigen Geist gehört nicht nur eine kleine Parzelle wie auf dem Heuchelhof. Sein ist das Universum ... Wenn Christen Christen ablehnen, ihre Türen vor ihren Nächsten verschließen, dann werden diese den Staub von ihren Füßen schütteln. Wir Christen in der Nachfolge des Nazareners lassen uns von Christus zu weit größeren Taten führen. Wahre Christen öffnen uns Tür und Tor ..."
Urchristliche Betriebe und Einrichtungen würden entstehen, so teilten sie der Presse mit – wenn auch nicht an einem einzigen Ort.
Gabriele, die Prophetin und Botschafterin Gottes, hätte viel lieber andere Dinge getan, als sich mit volksaufwieglerischen Kirchenbeauftragten und deren journalistischem Anhang zu befassen. Nun sorgte sie durch ihr unerschütterliches Gottvertrauen dafür, dass die kleine Schar der Mitkämpfer angesichts der äußeren Übermacht nicht verzagte. Wer etwas Neues aufbauen will, der braucht einen langen Atem. Gabriele brachte dies bereits im

August 1985, also kurz nach dem „Finale" auf dem Heuchelhof, in einem Interview zum Ausdruck:
„Was wir für den Herrn tun in Seinem Werk, ist, eine Brücke zu bauen zur nächsten Zeitepoche, in dieser wieder andere Menschen, doch eventuell die gleichen Seelen im Erdenkleid, weiterbauen werden. Viele von uns bauen heute an der Brücke. Morgen, also in einer nächsten Zeitepoche, werden sie wieder in einem anderen Kleid dort weiter bauen, wo sie heute aufgehört haben. Das ist das Werk des Herrn."

Würzburger Nachlese

Wenn das Projekt in Würzburg-Heuchelhof auch, rein äußerlich betrachtet, gescheitert war – dessen pure Ankündigung hatte die Urchristen auch überregional bekannt gemacht. Andererseits hatten die Großkirchen sich auf das Universelle Leben „eingeschossen". Obwohl die Verdrehungen und falschen Zitate des „Klärenden Wortes" wiederholt richtig gestellt worden waren, wurden die Falschdarstellungen jahrelang weiter verbreitet und in kirchlichen Pfarrbriefen abgedruckt. Noch am 11.2.1993 verteilte ein lutherischer Militärgeistlicher sie bei einem Anti-"Sekten"-Vortrag in Güntersleben bei Würzburg.

Im April 1988 hatten die beiden Dekane ein zweites „Klärendes Wort" nachgeschoben, in dem wieder neue Verdrehungen enthalten waren. Wieder wurde behauptet, im Universellen Leben werde gelehrt, man könne "sich selbst erlösen"; es wurde den Urchristen unterstellt, nach ihrer Lehre sollten „die Gesetze dieser Welt, also auch die des Staates, ... nicht weiterentwickelt, sondern von Grund auf verändert werden" – obwohl Urchristen immer wieder betonen, dass man das Grundgesetz für eine sehr gute Verfassung halte und dem Kaiser geben solle, was des Kaisers ist. Aus ihren Entstellungen der urchristlichen Lehre ziehen die Dekane dann wieder das Fazit, das Universelle Leben zeige sich „als eine gefährliche Bewegung", die es sich „selbst zuzuschreiben" habe, wenn sie „von Katholiken und Protestanten mit Sorge und wachsendem Unmut beobachtet wird". (Der „gerechte Volkszorn" der aufgewiegelten Masse wurde von Ehrabschneidern zu allen Zeiten gern den Opfern in die Schuhe geschoben ...)

Besonders der lutherische Dekan Prof. Martin Elze erwies sich auch in der Folgezeit als ein Meister der spitzfindigen Verdrehung der Wahrheit. So behauptete er in zahlreichen Vorträgen bis weit in die 90er Jahre hinein in verschiedenen Orten des Bundesgebietes, das Wort „Christus" sei aus dem Universellen Leben verschwunden – obwohl der Christusschlüssel mit der Unterzeile „Christus, der Schlüssel zum Tor des Lebens" bis heute weithin das Erkennungszeichen der Urchristen ist. Auch stellte er, wie erwähnt, die Behauptung auf, in das Universelle Leben seien immer bestimmte Lehrinhalte erst durch bestimmte Menschen oder „Modeströmungen" hineingebracht worden – etwa die Wiederverkörperungslehre durch Prof. Walter Hofmann, die Bergpredigt durch die Bücher von Franz Alt, der Vater-Mutter-Gott durch die feministische Theologie, die vegetarische Ernährung erst, als die Urchristen Bauernhöfe besaßen usw. Einige Urchristen machten sich die Mühe, Elze im Detail nachzuweisen, dass all diese Dinge schon von Anbeginn an (1978-1980) in der Lehre des Heimholungswerkes enthalten waren. Daraufhin ließ der Kirchenmann einige dieser Behauptungen weg – doch nur dann, wenn er wusste, dass im Saal Urchristen anwesend waren. Waren keine anwesend, brachte er die alten Lügen wieder aufs Tapet.

Das ist die Gewissenlosigkeit nicht nur der „modernen" Inquisitoren: Das achte Gebot Gottes durch Mose – „Du sollst kein falsches Zeugnis geben wider deinen Nächsten" – treten sie mit Füßen, so oft sie können. Doch diese hinterhältigen Angriffe richteten sich wiederum letztlich gegen Gabriele, die Prophetin und Trägerin der göttlichen Weisheit, die unter unsäglichen Opfern die gesamte Lehre der Himmel auf die Erde brachte – und dies alles tragen und durchstehen musste.

Während Dekan Elze 1992 in den Ruhestand ging, wurde sein katholischer Kollege Helmut Bauer befördert – zum Weihbischof von Würzburg. Der Unternehmer wiederum, der die Siedlung mit Wohnungen und Handwerksbetrieben errichten wollte, verließ die Urchristen einige Jahre später wieder – mit seinen Millionen. Dass Millionäre kamen und wieder gingen, geschah im Laufe der Jahre noch einige Male. Denn bei den Urchristen gilt der Grundsatz: „Geist vor Geld". Wer als Gleicher unter Gleichen mitarbeiten und auch mit entscheiden will, ist willkommen. Wer jedoch aus seinen Mitteln Vorrechte abzuleiten versucht, der wird sich wieder abstoßen. Oder, wie es Jesus von Nazareth ausdrückte: *„Eher geht ein Kamel durch ein Nadelöhr, als ein Reicher in das Reich Gottes."*

6. Die Vertreibung der Christusfreunde aus Hettstadt (1985-1996)

Was geschieht, wenn Wasser aufgehalten wird, etwa durch einen Felsbrocken, der in ein Bachbett fällt? Es fließt außen herum, sucht sich einen anderen Weg. Bereits im Juli 1985, also wenige Tage nach der Verhinderung der Ansiedlung von Christusfreunden in Würzburg, kam ein Kontakt zustande zwischen einem dem Universellen Leben nahestehenden Architekten und einem seiner Würzburger Kollegen. Dieser bot ihm eine ganze Reihe von Grundstücken in einem Gewerbegebiet ganz in der Nähe von Würzburg an – in dem Dorf Hettstadt mit ca. 2000 Einwohnern. Der Unternehmer, der das Projekt einer „Gemeinde der Bergpredigt" in die Öffentlichkeit getragen hatte, war wenige Tage zuvor erneut an die Presse getreten und hatte betont, dass die Christusfreunde auf dieses Vorhaben keineswegs verzichten würden; auch wenn es „zunächst nicht an einem einzigen Ort entstehen kann".

Die Verlagerung der Planungen ins Umland war also offen angekündigt worden. Und der CSU-Ortsbürgermeister Waldemar Zorn, ein Schulfreund (!) des vermittelnden Würzburger Architekten, empfing die potentiellen Grundstückskäufer zunächst auch mit offenen Armen.

Bis dann, im November 1985, einer „seiner" Gemeinderäte auf die Idee kam, den das Projekt leitenden Architekten nach seiner Glaubenseinstellung zu fragen – eine Frage, die nach der deutschen Verfassung gar nicht zulässig ist. Denn aus seinem Glauben darf einem Bürger, der es mit dem Staat im weitesten Sinne zu tun hat, weder ein Vorteil noch ein Nachteil entstehen (Artikel 3, Absatz 3 GG). Welches Gebetbuch ein Architekt hat, der für seine Auftraggeber die Erschließung eines Baugebiets aushandelt, hat demnach auf Seiten der zuständigen Gemeinde niemanden zu interessieren. Doch der Architekt erkannte offenbar, dass eine Verweigerung der Antwort die Neugierde der Anwesenden umso mehr angefacht hätte – und er beantwortete die Frage: „Stehen Sie dem Heimholungswerk nahe?" wahrheitsgemäß mit „Ja".

Von da an war alles anders. Die bereits zugesagte Erschließung des Baugebiets wurde plötzlich auf unbestimmte Zeit verschoben.
Bürgermeister Zorn, dem es zuvor noch ein besonderes Anliegen zu sein schien, dass die Hettstädter Bürger ihre Grundstücke in dem betreffenden Gebiet an die zuzugswilligen Neubürger verkauften, verschwand zunächst für mehrere Tage von der Bildfläche – angeblich hatte er einen „Schwächeanfall" erlitten. Als er wieder auftauchte, hatte er

er eine erstaunliche Kehrtwende vollzogen. Er warnte nun öffentlich vor dem Verkauf an die „Sektierer" und verschob die bereits zugesagte Erschließung des Baugebiets kurzerhand auf unbestimmte Zeit. Von deren Glaubenszugehörigkeit, so gab er an, habe er nichts gewusst – offensichtlich eine reine Schutzbehauptung, um seine Karriere zu retten. Der vermittelnde Architekt war, wie gesagt, sein Schulfreund – und der Name des Architekten der Christusfreunde war jedem Zeitungsleser vertraut.

Der ehrgeizige Dorfbürgermeister Zorn hatte seine Karriere kurz zuvor offenbar noch dadurch zu fördern versucht, dass er seine Gemeinde auf eine möglichst hohe Einwohnerzahl brachte, egal wie und mit wem. Das überdimensionierte Baugebiet, das er ausgewiesen hatte, wartete noch dringend auf Käufer. Vieles deutet darauf hin, dass Waldemar Zorn die lang herbeigesehnten Grundstücksverkäufe und die dazugehörige Erschließung rasch unter Dach und Fach bringen wollte, ehe der Gemeinderat davon Wind bekam. Als dieser Plan nicht aufging, musste er blitzschnell den Kurs ändern – und mit den kirchlichen Wölfen heulen, um seine Karriere fortsetzen zu können.
Denn mit der Kirche wollte er es sich auf keinen Fall verderben. Mit dem Dasein eines Dorfbürgermeisters sah sich Waldemar Zorn, Kolpingbruder

(und späterer Kolping-Diözesanvorsitzender) und Cousin eines katholischen Pfarrers, nämlich keineswegs ausgelastet – und tatsächlich wurde er 1996 zum Landrat des Landkreises Würzburg gemacht. War dies der „Lohn" für sein Agieren im Sinne der Kirche?

Drei Jahre zuvor, 1993, war es ihm nämlich – nach acht Jahren verfassungsfeindlicher Hinhaltetaktik – endgültig gelungen, die Nachfolger des Nazareners aus „seinem" Dorf zu vertreiben. Diese hatten zwar durch zwei Gerichtsinstanzen beachtliche Erfolge gegen das nach ihrer Auffassung verfassungswidrige Verhalten der Gemeinde erzielt. Doch das Bundesverwaltungsgericht in Berlin zauberte schließlich einen angeblichen Formfehler aus dem Hut, der zuvor noch niemandem aufgefallen war – und alles hätte wieder von vorne beginnen müssen. Ein Ende des jahrelangen Rechtswegs war noch immer nicht abzusehen. Der Rechtsstaat drohte, zum „Rechtswegestaat" zu verkommen – und die brachliegenden Grundstücke wurden schließlich an die Gemeinde verkauft, die umgehend die Erschließung durchführte und ein katholisches Sozialwerk (!) mit der Bebauung beauftragte.

Als der todkranke Waldemar Zorn Ende 2008, wie Jahre zuvor schon Graf Magnis, den päpstlichen Silvesterorden erhielt, wurde diese Vertreibungstat vom Würzburger Bischof Friedhelm Hofmann als sein ureigenstes „Verdienst" besonders hervorgehoben. Die Pressestelle des Ordinariats schrieb darüber: *„Der Bischof würdigte die Auseinandersetzungen, die der Landrat in seiner Zeit als Bürgermeister mit dem Universellen Leben geführt hat. ‚Auch als Landrat haben Sie Ihre katholischen Wurzeln nicht verhehlt, sondern deutlich gemacht, dass Ihr politisches Handeln sich an der katholischen Soziallehre orientiert.'"*

Ist das die praktizierte katholische Soziallehre – Hetze und Hasspredigten bis hin zur Vertreibung Andersgläubiger, Rechtsbruch und Rufmord?

„Alles ausmerzen!"

Im Sinne der Kirche ist es auf jeden Fall, „Ketzer" zu schädigen, wo immer möglich. Die Dogmen der Vatikankirche schreiben das vor, und so wird es auch seit Jahrhunderten praktiziert. In der Dogmensammlung „Der Glaube der Kirche" von Neuer und Roos lautet der bis heute gültige Lehrsatz Nummer 382: *„Die Kirche hat ... die Pflicht, ... beständig mit größtem Eifer über das Heil der Seelen zu wachen. Deshalb muss sie mit peinlicher Sorgfalt alles entfernen und ausmerzen, was gegen den Glauben ist"* – sprich: gegen den katholischen Glauben.

Und dabei müssen alle Katholiken mithelfen, insbesondere diejenigen, die als „Laien" (Nicht-Priester) ein politisches Amt ausüben. Im Katechismus der Vatikankirche heißt es unter Nummer 899 ausdrücklich:

„Die Initiative der christlichen Laien ist besonders notwendig, wenn es darum geht, Mittel und Wege zu finden, um die gesellschaftlichen, politischen und wirtschaftlichen Gegebenheiten mit den Forderungen des christlichen Glaubens und Lebens zu durchdringen." Wobei das Wort „christlich" hier ein Etikettenschwindel ist.

Doch es geht noch weiter: Im Katechismus der katholischen Kirche steht unter Nr. 2242:
„Der Bürger hat die Gewissenspflicht, die Vorschriften der staatlichen Autoritäten nicht zu befolgen, wenn diese Anordnungen den Forderungen der sittlichen Ordnung ... oder den Weisungen des Evangeliums widersprechen."

Gemeint ist das Evangelium, wie es der Papst auslegt. Die Kirchengesetze und Dogmen **verlangen** also geradezu, dass die gewählten Politiker **die Verfassung missachten oder brechen**, wenn der Papst es von ihnen verlangt. Waldemar Zorn war demnach nach gültiger katholischer Lehre geradezu verpflichtet, das Grundgesetz zu missachten, wenn es die Kirche von ihm verlangte.

Papst Silvester und der vermutlich größte Betrug der Weltgeschichte

Deshalb erhielt Waldemar Zorn auch – wie vor ihm schon Graf Magnis – den päpstlichen Silvesterorden.

Weshalb heißt diese vatikanische Auszeichnung so und nicht anders? Papst Silvester, ein Zeitgenosse Kaiser Konstantins zu Beginn des 4. Jahrhunderts, war eine historisch eher unbedeutende Figur, der jedoch fast ein halbes Jahrtausend später auf dem Schachbrett päpstlicher Machtpolitik noch eine große Rolle zugedacht war. Denn Ende des 8. Jahrhunderts tauchte unversehens ein Dokument auf, höchstwahrscheinlich in der päpstlichen Kanzlei gefälscht, in dem zu lesen stand, Kaiser Konstantin habe Papst Silvester halb Europa zum Geschenk gemacht und diesen als über dem Kaiser stehend anerkannt.

Diese „Konstantinische Schenkung" gilt bis heute als der vermutlich größte Betrugsfall der Menschheitsgeschichte, als eine der dreistesten Fälschungen, die je auf einem Stück Papier zu lesen waren – bedeutete sie doch den eigentlichen Beginn der weltlichen Macht der Päpste im sogenannten „Kirchenstaat", der sich für ein Jahrtausend wie ein Riegel mitten über die italienische Halbinsel schob.

Wer also den Silvesterorden bekommt, so könnte man folgern, der hat wirkungsvoll dazu beigetragen, dass die Kirche über möglichst viel weltliche Macht verfügt und den Staat zwingt, ihr zu Willen zu sein – wenn es sein muss, auch mit Lug und Trug. „Auszeichnungswürdig" ist wohl auch, dass eine Gemeinde sich weigert, Menschen Fuß fassen zu lassen, die der Kirche nicht genehm sind.

Zum mittlerweile dritten Mal hintereinander war also ein Projekt der Christusfreunde durch Intrige und Verleumdungskampagnen der Kirchen abrupt gestoppt worden: Dettelbach – Heuchelhof – Hettstadt. Die Ereignisse in dem unterfränkischen Dorf Hettstadt enthüllen geradezu beispielhaft, wie stark Kirche und Staat noch verfilzt sind. Deshalb sollen sie hier näher beleuchtet werden.

Schikanen ohne Ende

Bis zu seiner plötzlichen Kehrtwende hatte Waldemar Zorn Grundstücksbesitzer aus dem Dorf noch persönlich motiviert, an den Architekten der Christusfreunde zu verkaufen. Nun lud er teilweise dieselben Bürger aufs Rathaus, um ihnen von einem Verkauf abzuraten. In einem Schreiben rechtfertigte er diesen Verstoß gegen die im Grundgesetz verankerte

Religionsfreiheit (die er sogar erwähnte) mit dem Satz: „Wir warnen vor dem Verkauf ausschließlich aus gesellschafts- und sozialpolitischen Gründen."
So also ist das Verfassungsverständnis vieler Politiker, wenn es um nicht-kirchliche Glaubensrichtungen geht: Das Grundgesetz ist dazu da, dass man es bei Bedarf kurz erwähnt – um im nächsten Atemzug umso heftiger dagegen zu verstoßen.

Gegenüber der *Main-Post* (26.11.1985) erklärte Zorn, er sei „nicht bereit, dem Heimholungswerk eine mögliche Heimstatt zu bieten". Für dieses Vorgehen habe er „das rechtliche Plazet des Innenministeriums" in München. Gerade diese letzte Anmerkung lässt tief blicken, hinein in den – in Bayern besonders stark ausgeprägten – Filz zwischen Staat und Kirche.

Ähnlich wie im Fall Dettelbach war auch in Hettstadt eine Lage entstanden, die fast allen Beteiligten nur schadet: Die Grundstückskäufer haben ihr Geld ausgegeben in dem guten Glauben, dass eine Erschließung baldmöglichst erfolgt. Die Grundstückseigentümer, die noch nicht verkauft haben, können ihre Grundstücke nicht mehr landwirtschaftlich nützen, weil die Umlegung bereits erfolgt ist, die Trassen der neuen Straßen schon geschoben wurden. Die Gemeinde, die aufgrund ihrer Verschuldung dringend Neubürger bräuchte, blockiert sich selbst. Nutzen bringt die Situation nur den Kirchen, die niemanden dulden wollen, den sie als religiöse Konkurrenz betrachten.

Ganz konnte die Ansiedlung der „Ketzer" aber nicht verhindert werden: Einige von Urchristen erworbene Grundstücke waren bereits erschlossen, und so konnten etwa zwei Dutzend Häuser gebaut werden. Man erkennt sie zum Teil daran, dass sie abgerundete Bauformen aufweisen, die der Natur nachempfunden sind. Wie bei vielen anderen Projekten stellte Gabriele auch hier wieder ihre schöpferische Ader unter Beweis, als sie nämlich den Architekten seinerzeit empfahl, doch dieses oder jenes einmal auszuprobieren. So entstanden Häuser ohne Ecken und Kanten, elegant geschwungen, mit leicht gebogenem oder auch mit kleeblattförmigem Grundriss.

Doch der fränkische Dorfbürgermeister Zorn (CSU) machte hier einmal mehr die ganze Kleinlichkeit und Missgunst offenkundig, zu der er fähig war. Man soll es nicht für möglich halten, doch die Gemeinde erließ eigens eine „Gestaltungssatzung", wonach solche Bauformen im gesamten Ortsgebiet ab sofort verboten waren. Die stilvollen Bauentwürfe der Christusfreunde wurden als „Iglus" und „Negerkrale" verhöhnt. Bis ein Gericht die Satzung nach zweieinhalb Jahren wieder kassierte – und die Gemeinde sich durch einen unabhängigen Gutachter belehren lassen musste, dass runde Bauformen eine „belebende Bereicherung" und in der Nähe der Barockstadt Würzburg durchaus vertretbar seien. Zudem weise das Ortsbild durch umfangreiche Kriegszerstörungen ohnehin keinen einheitlichen Baustil auf.

Jedes normale Bürgerrecht, jede Selbstverständlichkeit musste in Hettstadt auf dem Klageweg erfochten werden: So etwa die Genehmigung für einen Informationsstand im Dorf, mit dem die Urchristen der Bevölkerung ihre Sicht der Dinge erläutern wollten. Der Rechtsweg für eine solche Genehmigung dauerte zwei Jahre. Oder die Möglichkeit, im Gemeindeblatt Hettstadt, wie jeder andere Ortsverein, zu einer Versammlung der „Siedlergemeinschaft im Universellen Leben" einzuladen – diese Klage nahm vier Jahre in Anspruch!

Einen Randstreifen des noch unerschlossenen Baugebietes trennte die Gemeinde ab, erschloss ihn und errichtete dort ein neues Feuerwehrhaus. Anschließend stellte man dort ein riesiges Kruzifix mit einem fast lebensgroßen Korpus auf – genau gegenüber den bereits errichteten Häusern von

Urchristen. Man wusste nämlich, dass Nachfolger des Jesus von Nazareth zwar das schlichte Kreuz als christliches Symbol schätzen, nicht aber die Darstellung des Körpers des leidenden und sterbenden Jesus, die auch im Urchristentum unbekannt war.

Im Pfarrheim ist „der Teufel los"

All diese über Jahre hinweg fortgesetzten großen und kleinen Nadelstiche und Schikanen gegen eine Glaubensminderheit bedurften natürlich irgendeiner Rechtfertigung. Und die lieferten von Anfang an die kirchlichen Rufschädiger. Bereits die erste Schutzbehauptung Bürgermeister Zorns, man warne vor dem Universellen Leben ja nur „aus gesellschafts- und sozialpolitischen Gründen", stammt aus dem Munitionskasten von Graf Magnis.

Der katholische Sektenbeauftragte wird auch rasch nach Hettstadt eingeladen und hält im katholischen Pfarrheim einen Vortrag gegen die Urchristen.

> **Gestern - Inquisitor: Verfolgung bis zum Mord**
> **Heute - Sektenbeauftragter/Sektenexperte: Verfolgung bis zum Rufmord**

Die *Main-Post* (14.12.1985) bescheinigt dem Grafen „eine oftmals polemische Art" und schreibt, im Pfarrheim sei „zeitweise ... regelrecht der Teufel los" gewesen. Der Kirchenvertreter Magnis und der Politiker Zorn sind sich darin einig, den Christusfreunden eine „Aushöhlung des Sozialstaats" zu unterstellen: Sie entlohnten angeblich ihre Mitarbeiter unter Tarif (was schlicht unwahr ist) und träten damit in einen „ungleichen Konkurrenzkampf" mit „normalen Handwerksbetrieben".

Einmal abgesehen davon, dass nicht einzusehen ist, weshalb ein Handwerksbetrieb nicht „normal" sein soll, nur weil ein Teil seiner Belegschaft weder katholisch noch lutherisch ist – der wahre Hintergrund einer solch verqueren „Argumentation" ist die Notwendigkeit, bei der Bekämpfung der „Ketzer" von einer theologischen auf eine politische Ebene der Polemik überzuwechseln. Denn eine Gemeinde darf, wie gesagt, nach der Verfassung die Bürger nicht aus religiösen Gründen benachteiligen – also arbeiten die kirchlichen und staatlichen Verhinderer eben mit Falschaussagen. Die Wahrheit interessiert die Verleumder nicht: Natürlich erhalten die Angestellten von Betrieben, die die Nachfolger des Jesus von Nazareth gründen, Tariflöhne oder mehr, dazu noch erhebliche Kinderzuschläge sowie Essensgutscheine.

Magnis fasst seine irreführenden und falschen Behauptungen in einer weiteren Schrift zusammen. Er spricht im Zusammenhang mit dem Universellen Leben von einer „erschreckend großen Finanzmacht", mit der eine Gruppe „eiskalter Wirtschaftskarrieristen" einen „Wirtschaftsbereich" aufbaue, „der immer stärkere Ausmaße annimmt". Im selben Atemzug malt er ein düsteres Szenario an die Wand: dass nämlich „im Falle eines Sektenzerfalls, der durchaus denkbar ist ..., einer Gemeinde schwerste Soziallasten entstehen" könnten.

Was soll denn nun stimmen? Bauen hier gewiefte Technokraten ein riesiges Wirtschaftsimperium auf – oder stehen ein paar gefährliche Dilettanten kurz vor dem Zusammenbruch? Offenbar konnte sich der Graf an dieser Stelle zwischen zwei Feindbildern – oder besser gesagt: Feindbild-Karikaturen – nicht entscheiden. Doch der moderne Inquisitor weiß: Wer sich von solchen Suggestionen beeindrucken, wer sich davon in eine diffuse Angststimmung versetzen lässt, dem fallen derartige Widersprüche gar nicht auf.

Und er merkt auch nicht, wie verlogen es ist, wenn derjenige, der einen angeblich drohenden „Zerfall" an die Wand malt, gleichzeitig alles unternimmt, um einen solchen „Zerfall" durch seinen Vernichtungskampf gegen unbescholtene Bürger auch tatsächlich herbeizuführen.

Wer kommt schon auf die Idee, solches Gerede von einer angeblichen „Finanzmacht" einmal auf den Urheber zurückzulenken: Welche Religionsgemeinschaften in Deutschland stellen denn tatsächlich eine „erschreckend große Finanzmacht" dar, mit Milliardenvermögen und Milliardenumsätzen – und noch dazu mit Milliardensubventionen durch den Staat? Ausgerechnet die milliardenschweren Kirchen regen sich über ein paar mittelständische Betriebe mit einigen hundert Angestellten auf. Alles wird aufgefahren, um nur ja Stimmung gegen die Urchristen zu machen. Sonst könnte der einfache Bürger ja fragen: Was kann denn überhaupt jemand dagegen haben, wenn unbescholtene Bürger Betriebe gründen – noch dazu, wenn sie dort die Prinzipien der Bergpredigt anwenden?

Ähnlich absurd ist es, wenn Graf Magnis in seinem Pamphlet fordert, hier sei „der Gesetzgeber gefordert, … der Errichtung solch totalitärer, polit-wirtschaftlicher Theokratien den Boden zu nehmen." Die einzige „Theokratie", die letzte noch verbliebene absolutistische Monarchie Europas, befindet sich doch im Vatikan!

Magnis stellt in seinem Pamphlet auch die These auf, die später hundertfach von kirchlichen Verleumdern und von Politikern verschiedenster Parteien wiederholt wird: „Die Gruppe verfolgt eigentlich politisch-wirtschaftliche Ziele." Das hatte übrigens auch der nationalsozialistische Stürmer (12.9.1940) über die Juden behauptet: „Die Juden sind nämlich gar keine Glaubensgemeinschaft, sondern ein Bund zur Vertretung wirtschaftlicher und politischer Interessen." Und Adolf Hitler hatte in „Mein Kampf" geschrieben: „Die Juden sind keine Religionsgemeinschaft."

Die Stoßrichtung der Pamphlete des Grafen ist klar: Der Öffentlichkeit, und vor allem den Politikern, soll suggeriert werden, dass es hier nicht um eine Glaubensfrage oder einen Glaubenskampf, sondern um eine „Gefahr" für den Staat gehe.

Das war übrigens bereits vor 2000 Jahren Teil der „Doppelstrategie" der damaligen Schriftgelehrten gegen Jesus von Nazareth: Unter den Juden wurde der Nazarener als „von Dämonen besessen" verteufelt; gegenüber der römisch dominierten Öffentlichkeit jedoch verleumdete man Ihn als „Aufrührer" und Gefahr für den römischen Staat.

Der Feldzug des Waldemar Zorn

In eine ähnliche Kerbe schlägt auch Bürgermeister Waldemar Zorn (1938-2008), der sich ohnehin die Mehrzahl seiner „Argumente" von Graf Magnis abgeschaut hat. Er beschuldigt die Nachfolger des Jesus von Nazareth, sie würden sich „abschotten", sie wollten ein „Dorf im Dorf", ja sogar einen „Staat im Staate" gründen.

Ein „Staat im Staate" – was Zorn hier den Urchristen unterstellt, das trifft genau auf die Großkirchen in Deutschland zu: Sie bestimmen in selbstherrlicher Weise, was „ihre eigenen Angelegenheiten" seien, in die sich der Staat nicht einzumischen habe und für die staatliche Gesetze, etwa im Arbeits- und Tarifrecht, keine oder nur eingeschränkte Gültigkeit besitzen. Das führt dann z.B. dazu, dass bei Sexualverbrechen von Priestern an Kindern und Jugendlichen die staatlichen Strafverfolgungsbehörden meist außen vor bleiben. (Näheres bei Carsten Frerk, „Kirchenrepublik Deutschland")

Dadurch werde, so Zorn weiter, zumindest was das Dorf betrifft, eine „über Jahrhunderte hinweg gewachsene Gemeinschaft eines fränkischen Dorfes total zerstört", ja: die „Sekte" – dieses Unwort dürfte der Bürgermeister, nähme er die Verfassung ernst, eigentlich gar nicht gebrauchen – stelle „eine absolute Gefahr, sogar eine tödliche Gefahr für dieses Dorf Hettstadt" dar. Denn man wolle „eine eigene Gemeinde ... errichten". Das ist Aufwiegelung pur. Zorn weiß als nicht ganz unintelligenter Mensch natürlich, dass zwischen einer politischen und einer religiösen „Gemeinde" – und nur um Letzteres kann es in diesem Fall gehen – ein erheblicher Unterschied besteht. Doch er erweckt bei seinen Zuhörern und Lesern den Eindruck, als sei dies ein und dasselbe.

Es sieht fast so aus, als wolle Zorn durch seine maßlose und aggressive Rhetorik um jeden Preis vergessen machen, dass er die Neusiedler mit nichtkirchlichem Hintergrund zu Anfang gar nicht so ungern aufgenommen hätte. Der Eifer, mit dem er gegen die Neubürger wütet, sogar ausgedehnte Vortragsreisen bis nach Niederbayern gegen sie unternimmt, trägt beinahe so etwas wie mittelalterliche Züge. Denn wer zu Zeiten der Inquisition als Territorialherr auch nur in den leisesten Verdacht geraten war, die „Ketzer" in irgendeiner Weise zu schonen, der musste, wie gesagt, umgehend durch besonderen Verfolgungseifer das

> **Zur Erinnerung - Sekte:** Von der jeweils herrschenden Religionskaste verwendetes Schmähwort für alle, gegen die sich ihre Inquisition richtet.

Gegenteil unter Beweis stellen – sonst geriet er selbst in Gefahr, sein Land und sein Amt zu verlieren. Die Kirche will, im Mittelalter ebenso wie in unseren Tagen, um jeden Preis verhindern, dass Katholiken oder Lutheraner mit „Ketzern" über längere Zeit friedlich zusammenleben. Warum? Weil jene dann meist feststellen, dass die angeblich so „bösen" und „irregeleiteten" glaubensmäßigen „Außenseiter" ganz passable Mitbürger sind. Hettstadt macht da keine Ausnahme.

Alltägliche Harmonie zwischen „Gläubigen" und „Ketzern" – das darf nicht sein, denn das würde ja die These widerlegen, dass dieser „fremde" Glaube nur „Bösartiges" und „Schädliches" hervorbringen könne – und deshalb geradewegs in die Hölle führe. Von daher ist es vermutlich kein Zufall, dass Zorn auf der Suche nach „griffigen" Verunglimpfungen ausgerechnet an der „Harmonie" Anstoß nimmt. Er behauptet, die modernen Nachfolger des Nazareners seien einem „Zwang zur permanenten Harmonie" ausgesetzt, der „einfach unmenschlich" sei. „Wenn es außer Harmonie im Grund genommen

> Zur Erinnerung:
> Der lutherische Pfarrer Haack schrieb: Wenn Sie bei mir auf Inquisition tippen, liegen Sie natürlich richtig.

nichts mehr geben darf ... dann ist Harmonie ja fast etwas Tödliches." (*TV Touring*, 19.7.89)
Anknüpfungspunkt für die absurde Unterstellung Zorns, es bestünde bei den Urchristen so etwas wie ein „Zwang zur Harmonie", ist vermutlich die Überschrift der urchristlichen Betriebsordnung: „Harmonie ist das Leben des Betriebes". Man müsste sich die Mühe machen, sie durchzulesen: Die urchristliche Betriebsordnung basiert auf der Bergpredigt des Jesus von Nazareth; von einem „Zwang" ist auch dort nirgends die Rede. – Aber so ist das: Die Wahrheitsverdreher haben keine blasse Ahnung von der Wirklichkeit, wollen offenbar auch gar nichts darüber erfahren, sondern erfinden einfach etwas, das sie dann mit dem Brustton der Überzeugung hinausposaunen.

Heute, viele Jahre später kann man sagen: Die Drohkulisse, die Kirchenvertreter wie Magnis oder Politiker wie Zorn rhetorisch aufgebaut und mit düsteren Farben bemalt haben, hat sich nicht eingestellt, weder in Hettstadt noch in irgendeiner anderen Gemeinde, in der Nachfolger des Jesus von Nazareth leben – im Gegenteil: Sie kommen mit der Bevölkerung bestens zurecht und die Dorfbewohner mit ihnen. Doch für einige Monate und Jahre verfehlt das Gift der Verhetzung und Aufwiegelung meist seine bösartige Wirkung nicht.

Der Meister der Schmutzkampagne

Besondere Begabung im skrupellosen Erfinden immer neuer Unwahrheiten und Verdrehungen, jener Kern-Disziplin des Inquisitorengeschäfts, stellte immer wieder Friedrich-Wilhelm Haack unter Beweis. Pfarrer Haack war es vermutlich auch, der als erster die Mär vom bereits erwähnten angeblichen „Harmonie-Zwang" der Christusfreunde in die Welt setzte. Bei einem Vortrag in Marktheidenfeld im Mai 1987 sprach er gar von einem „Terror der Harmonie". So werden unbescholtene Bürger in die Nähe des Terrorismus gerückt, ohne dass es dafür auch nur die geringsten Anhaltspunkte gäbe.

In demselben Vortrag behauptete Haack außerdem, die Ankündigung des Friedensreiches durch das Universelle Leben stehe so nicht in der Bibel; nur der Teufel spreche dort von einem irdischen Reich Jesu. Die grandiose Vision des Gottespropheten Jesaja hat er offenbar gar nicht zur Kenntnis genommen. Oder er lehnt sie ebenso ab, wie der Gott der Unterwelt es tut.

Das übersteigerte Selbstbewusstsein und das eifernde Sendungsbewusstsein des „Pfarrers" führen immer wieder zu Situationen, die auch einer gewissen Peinlichkeit nicht entbehren. Als die Urchristen am 8. Oktober 1986 einen Schweigemarsch durch

Würzburg veranstalten, um gegen ihre Diskriminierung durch Kirche und Staat zu protestieren, taucht plötzlich Haack auf, springt in seinem Ledermantel vor und neben dem Zug hin und her, fuchtelt mit seiner Kamera, fotografiert die friedlich demonstrierenden Urchristen aus allen möglichen Blickwinkeln. Er beschimpft einzelne Urchristen, die zum (behördlich vorgeschriebenen) Ordnungsdienst eingesetzt sind, als „Rüpelzwerge", „Geheimpolizei", „Gedankenpolizei", den gesamten Demonstrationszug als „Naziherde", „lauter Verrückte, bis in die Zehennägel". Es erbost ihn sichtlich, dass Menschen des 20. Jahrhunderts von ihrem Recht auf freie Meinungsäußerung Gebrauch machen dürfen. *„Ich mach' euch fertig"*, giftet der Pfarrer, und, wie schon erwähnt: *„Im Mittelalter wären wir ganz anders mit euch umgesprungen!"*

Tatsächlich: Im Jahr 1446 wurden 127 Anhänger der Hussiten dazu verurteilt, in einer „Bußprozession" durch Würzburg zu ziehen, ehe sie in einer feierlichen Zeremonie ihrem Glauben abschwören mussten.

Einen Christusfreund, der ihn mit ruhigen Worten in die Schranken zu weisen versucht, schreit Haack an: „Du gehst am Rande einer Ohrfeige spazieren! Ich werfe dich gleich in den Brunnen da!"

Bei der Schlusskundgebung vor der Würzburger Residenz versucht er, mit seiner Kamera in einen Kreis einzudringen, den die friedlichen Demonstranten gebildet haben. Als er daran gehindert wird, wendet er sich an einen Polizisten: „Bitte helfen Sie mir, die wollen mir etwas antun." Doch die Staatsmacht pariert dieses Mal nicht in seinem Sinne – die Polizei ist mit dem friedlichen und disziplinierten Verlauf der Veranstaltung zufrieden. Ein Polizist weist den Störenfried zurecht: „Ist ja auch kein Wunder. Lassen Sie doch zuerst diese Leute in Ruhe – oder kommen Sie mit! Wenn Sie sich weiterhin so undiszipliniert benehmen und die Gruppe stören, die hier friedlich versammelt ist, müssen wir Sie mitnehmen." Daraufhin lässt Haack noch einmal seine Wut an den Umstehenden aus: „Das werden Sie noch bereuen! Damit tun Sie Ihrem Verein keinen Gefallen! Wartet nur, jetzt habe ich genügend Stoff für weitere Publikationen. Ihr habt bald nichts mehr zu lachen."

Offenbar war sein gesammeltes Material doch nicht so ergiebig. Denn nach „Stoff für weitere Publikationen" stöbert der umtriebige Pfarrer wenig später doch wahrhaftig in den Mülltonnen der von Urchristen geführten Handwerksfirma „Wir sind für Sie da" in Würzburg. Er wird daraufhin gebeten, dies zu unterlassen.

Volksverhetzung im Pfarrsaal

Auch Haack wurde rasch in den unheiligen Kampf um die „Hettstädter Heimaterde" mit eingeschaltet. Er wird von Kommunalpolitikern des Hettstadter Gemeinderats eingeladen, am 4. Januar 1988 in dem von Bierdunst und Zigarettenrauch vernebelten katholischen Pfarrsaal zu sprechen. Die Urchristen beteiligen sich nicht an der Veranstaltung – es stehen lediglich einige vor der Halle, die sich als Vertreter des Universellen Lebens zu erkennen geben, um für Fragen zur Verfügung zu stehen.
Haack geht sofort in die Vollen. Er spricht von „massiven Versuchen", das „gewachsene Dorf zu erobern". Er behauptet, eine „zunehmende Radikalisierung und Aggressivität der Christusfreunde" feststellen zu können. Die Prophetin sei „vollkommen unberechenbar mit ihren Hauruckentscheidungen" – „ein Problem, über das Psychiater kompetenter reden sollten". Die Anhänger seien „zu keiner rationalen Abwägung der Dinge mehr fähig und deshalb unkalkulierbar". Das Universelle Leben sei „von seiner Struktur antidemokratisch und diktatorisch". Ein normales und tolerantes Zusammenleben mit der Dorfgemeinschaft wäre „von der Glaubensideologie der Christusfreunde her schon gar nicht möglich, weil diese blinden Gehorsam auf ihre Fahnen geschrieben" hätten.

Aufwertung und Schmeicheleien für die Zuhörer, gleichzeitig Abwertung und beißender Spott für die Gegner – ein simples und bewährtes Rezept aller Demagogen.

Haack bezeichnet die Urchristen als eine „besondere Spezies von Menschen", die eher „Anteilnahme" verdienten, ein „seelsorgeintensives Potential" darstellten, erst einmal „seelisch gesunden" müssten. Es seien Menschen mit „eher geringen moralischen Qualitäten", bei denen es „vor Aggression nur so wabert", bei denen man einen „Höchstpegel an Aggressivität und Beschimpfung anderer" erlebe, die sich „bissig, aggressiv und böswillig" äußern", die „das Maul sehr weit aufreißen", die „peinliche und ekelerregende Unterstellungen verbreiten", die „andere ständig vors Schienbein treten". Und solche Leute wollten „in den Ort einbrechen"!

Es gehört schon einige Besonnenheit und Souveränität dazu, in einer derart aufgeheizten Atmosphäre noch gedanklich zu registrieren, dass dieser gestikulierende und geifernde Pfarrer sich eigentlich ständig nur selbst beschreibt. Zu äußern wagt es keiner.

Nun verhöhnt der Pfarrer die Lehre der Urchristen. Die „neueste Straftat dieser Gruppe" sei es, dass sie „frisch, fromm, fröhlich, frei" den Begriff eines

„Tausendjährigen Reiches" verwende. Dieser Begriff sei „bei uns belastet", der könne „nur ungut sein", denn: „Niemandem fällt bei diesem Begriff ‚Tausendjähriges Reich' religiöses Gedankengut ein."
Rechnet der lutherische Theologe damit, dass die Dorfbevölkerung, überwiegend katholischen Glaubens, die Bibel nicht so gut kennt wie er? Dass niemand z.B. in der Geheimen Offenbarung des Johannes im 20. Kapitel, kurz vor der Beschreibung des „Neuen Jerusalem", der „Stadt auf dem Berge", einmal die Verse gelesen hat, in denen die „tausend Jahre" genannt werden:

Dann sah ich einen Engel vom Himmel herabsteigen; auf seiner Hand trug er einen Schlüssel zum Abgrund und eine schwere Kette. Er überwältigte den Drachen, die alte Schlange – das ist der Teufel oder der Satan –, und er fesselte ihn für tausend Jahre.

Vielleicht ist ja auch gerade diese Bibelstelle eine, die Theologen besonders gern verdrängen, weil sie irgendwie so unangenehm ist – vor allem natürlich in den Ohren der Institution, die selbst am Abgrund steht.

Der „innere Stacheldraht" wird ausgerollt

In dieser Rede zieht Haack wirklich alle Register; er poltert, spottet, schmeichelt, ängstigt, stößt düstere Vorhersagen aus – eine rhetorische „Meisterleistung" negativer Art.
Ein großer Teil der Rede, die Haack hält, besteht aus unverblümten Schmähungen jener Menschen, die in einem unterfränkischen Dorf Grundstücke gekauft haben und sich nun ansiedeln möchten. Er verhält sich damit ähnlich wie ein Militärpropagandist, der Soldaten auf einen Krieg vorbereiten will: Dieser versucht in der Regel, die Gegner zunächst als minderwertig, als „Untermenschen" oder dergleichen hinzustellen, um nach Möglichkeit das normale zwischenmenschliche Verhalten zu verdrängen und zu unterbinden.

Haacks Sätze werden am Ende seines Redeschwalls immer kürzer; stakkatoartig hämmert er seinen Zuhörern ein, was sie zu denken und zu tun haben: Man dürfe sich nicht „blind dem unterwerfen, was auf uns zukommt". Deshalb „müssen wir unser Möglichstes tun, um hier Schranken zu setzen". „Sie können der Sache einen entscheidenden Gute-Nacht-Stoß geben." Oder aber: „Tun Sie nichts, dann haben Sie nichts getan! Dann ist eines Tages der Himmel verhängt."

Es mutet seltsam an, wie hier am Ende des 20. Jahrhunderts ein moderner Inquisitor in einem Dorf, in dem sich Menschen urchristlichen Glaubens ansiedeln wollen, ein mittelalterliches Sprachbild verwendet: Es ist, als ob er ein Interdikt androht. Wenn im Mittelalter eine Stadt im Bann war, weil sie z.B. Ketzern Unterschlupf gewährt hatte, dann war der „Himmel verhängt": Es durften keine Messen, keine Beerdigungen, keine Taufen vorgenommen werden …

Aber es könnte ja noch immer einer im Pfarrsaal sitzen, der bei sich denkt: Wo bleibt da die vielgerühmte Nächstenliebe?

Ein erfahrener Inquisitor weiß, was die Leute denken. Deshalb fährt Haack fort: *„Sie müssen keine Achtung vor denen haben … Es gibt kein Gebot zur Liebe und Freundschaft und zum Hegen und Pflegen dessen, der mir ans Schienbein treten will. … Man muss mit ihnen nichts zu tun haben."*

Jesus von Nazareth lehrte etwas ganz anderes. Wohlgemerkt: Das alles und noch mehr sagt ein Pfarrer, der dann womöglich am Sonntag im Gottesdienst in der Predigt von Jesus von Nazareth und dem Gebot der Nächsten- oder gar Feindesliebe spricht!

Hier werden gezielt Aggressionsschwellen bei den Zuhörern heruntergesetzt oder ganz abgebaut, und man kann sich lebhaft vorstellen, wie vor einigen hundert Jahren die Zuhörer solcher Hetzreden dazu gebracht werden konnten, mit Genugtuung einer anschließenden Hinrichtung beizuwohnen.

Eine Zutat fehlt noch in der Giftsuppe, die der hektisch gestikulierende Volksaufwiegler da in dem Pfarrsaal inmitten von Zigarettenrauch und Bierdunst zusammenbraut: die Angst. Doch er hat sie keineswegs vergessen: Haack malt die Zukunft des „gewachsenen Dorfes" in düstern Farben, falls „nichts getan" würde. Denn „die" versuchen, das Dorf „ zu erobern", das „ganze politische Geschick von Hettstadt" zu bestimmen. Es seien Menschen, die sich „einnisten", die immer „mehr wollen", bis man „den ganzen Ort unterwirft". „Was wir verteidigen, das ist Heimat ... ist unser Dorf ... unser Hettstadt. Und wir sind doch die Verfolgten. Sie kommen hierher und wollen uns unsere Heimat stehlen und wollen uns unsere Heimat zunichte machen!"

Wer hielte es für möglich, dass ein lutherischer Pfarrer sich die „Blut-und-Boden-Mythologie" derartig zu eigen macht? Man fühlt sich an die „Deutschen Christen" erinnert, die in den 30er Jahren begeistert für die „nationale Idee" eintraten ...

Ob all dieser Bedrohungen, so Haack weiter, komme den Hettstädtern – und nun folgt ein besonders diabolischer Schachzug – eine ganz besondere Rolle zu: Das kleine Dorf nahe Würzburg „leidet jetzt stellvertretend für viele Gemeinden in der Bundesrepublik".

Haack wiederholt das noch zweimal, damit es auch alle kapieren – und man muss sich das vorstellen: Nicht diejenigen leiden angeblich unter der Situation, denen man den bereits zugesagten Zuzug verwehrt, die man daran hindert, ihr Bürgerrecht auf freie Wahl des Wohnorts auszuüben, denn irgendwo müssen sie ja wohnen – nein: Es leiden – so suggeriert Haack – diejenigen, und zwar in ganz besonders „wertvoller" Weise, denen zugemutet werden soll, in Zukunft mit „solchen Leuten" Tür an Tür zu leben.

Haack sagt mit düsterer Miene voraus, ein „innerer Stacheldraht" werde durch den Ort gehen – doch wer in diesem Moment einen solchen Stacheldrahtzaun im Dorf ausrollt, mit jedem Satz mehr, das ist der Pfarrer selbst mit seinen Stachelworten und Stachelsätzen. Man muss bedenken, dass zu dieser Zeit die innerdeutsche Grenze noch steht. Ein geschickter Inquisitor spricht alle unbewussten Bilder und Assoziationen an, mit denen er Angst und Abscheu hervorrufen kann.

Der Inquisitor hatte gesprochen – nun war, wie im Mittelalter, die Ortsprominenz gefordert, Stellung zu beziehen. Haack forderte auch tatsächlich die anwesenden Kommunalpolitiker auf, Hettstadt „beizustehen". Der Landtagsabgeordnete Christian Will (CSU) erklärt daraufhin, dass „die Politiker beider Fraktionen nicht mit den Händen in den Hosentaschen dastehen werden". Wenige Tage später wird er im Kreisvorstand der CSU sagen: „Wer unsere Sitten und Gesellschaftsordnung unterlaufen oder gar zerstören will, der darf nicht damit rechnen, dass wir solch einem Treiben tatenlos zusehen werden."

„Aufhängen sollte man euch!"

Wie sehr Friedrich-Wilhelm Haack die Dorfbewohner tatsächlich aufgestachelt hat, wie sehr es ihm gelungen ist, tiefsitzende primitive Reflexe ans Licht zu befördern, das zeigt sich unmittelbar nach Ende der Veranstaltung. Vor der Halle stehen schweigend einige Menschen, die sich durch Ansteckplaketten als „Christusfreunde" ausweisen. Sie haben sich bewusst nicht an der „Diskussion" in der Halle beteiligt, sondern wollen sich unaufdringlich als Gesprächspartner anbieten für diejenigen, die sich noch einen klaren Kopf bewahrt haben. Doch solche scheint es im Moment nicht zu geben. Stattdessen werden die friedlich dastehenden Christusfreunde zur Zielscheibe der aufgeputschten Wut der Besuchermenge, die an ihnen vorbeiströmt: „Knallt sie doch nieder!" „An die Wand sollte man sie stellen – alle wie sie nacheinander dastehen!" „Euch sollte man gleich aufhängen!" „Brennen müsstet ihr!" Eine ältere Frau spuckt verächtlich aus, und ein Mann schreit: „Heil Hitler!"

Der vierte Januar 1988 in Hettstadt – er wirft ein gespenstisches Schlaglicht auf die dünne Eisdecke, auf der sich unsere Demokratie bewegt. Nur dass in diesem Fall kein Volksverhetzer von rechts- oder linksaußen die Masse aufgestachelt hat, sondern ein Volksaufwiegler im Pfarrertalar.
Noch Tage nach dem 4. Januar 1988 hält die gezielt erweckte „Volkswut" an. „Verschwindet, ihr Heimholerpack!", „Heimholer raus aus Hettstadt!" – das sind die noch eher druckreifen Varianten der Ausrufe, die auf den Straßen zu hören sind. „Die sollen doch verrecken! Ich könnte ihnen ein Messer reinrennen!", schreit eine Frau. Und ein zehnjähriger Bub wird in der Hettstädter Schule als „Scheiß Heimholer" beschimpft, getreten und bedroht: „Wir machen Kleinholz aus euch!" In den Tagen nach dem Vortrag verschwinden von den Baustellen der Häuser der Neusiedler Werkzeuge, Folienfenster

werden herausgeschlagen oder Backsteinstapel umgeworfen.

Und noch im Sommer 2009 schreit ein betrunkener Jugendlicher mitten in der Nacht vor einem Haus, das von Nachfolgern des Nazareners bewohnt wird: *„Heil Hitler! Aufhängen sollte man euch alle!"*

Der Bürgermeister hetzt weiter

Als die Urchristen auf einer Pressekonferenz auf die wachsende Gewaltbereitschaft im Ort hinweisen, werfen Bürgermeister Zorn und vier Gemeinderäte umgekehrt den Urchristen vor, „Volksverhetzung" zu betreiben. Lokalpolitiker und Kirchenvertreter bestreiten rundweg die Vorfälle vor dem Pfarrheim nach Haacks volksverhetzender Tirade. Doch die Vorkommnisse sind nicht nur durch eidesstattliche Erklärungen von Urchristen und polizeiliche Aussageprotokolle belegt, sondern auch durch eine Journalistin der Lokalzeitung.

Was sich an diesem Winterabend hier abspielte, nicht nur im Saal, sondern vor allem auch danach vor dem Gebäude und in den Tagen danach im Dorf, hätte eigentlich jeden aufrechten Demokraten nachdenklich stimmen müssen: Wie ist so etwas möglich, so ein Rückfall in ein dumpfes, unaufgeklärtes Mittelalter?

Doch Bürgermeister Zorn und seine Gesellen bedauerten die giftigen Rauchschwaden der „Volkswut" nicht, die hier aufgestiegen waren – sie hatten die Flammen ja selbst mit angefacht.

Waldemar Zorn fühlt sich durch Haacks Vortrag im Gegenteil sogar bestätigt, er bekommt Oberwasser, schreibt noch im Januar Briefe an den Präsidenten des Bayerischen Landtags, Franz Heubl, und an den bayerischen Ministerpräsidenten Franz Josef Strauß, in denen er um „Mithilfe zur Rettung unserer Gemeinde" bittet. Er fordert den Staat auf, die Verfassungstreue der Urchristen zu überprüfen, denn: „Keine Sekte hat sich bisher so klar zur Veränderung der gesellschaftlichen Ordnung ausgesprochen." Man strebe „die Gründung eines eigenen Staates" an.

So haben schon die Pharisäer und Schriftgelehrten Jesus von Nazareth bei der staatlichen Obrigkeit angeschwärzt: Er wolle den Kaiser stürzen und sich zum König ausrufen lassen. Dass der Nazarener sagte: „Mein Reich ist nicht von dieser Welt", blieb damals unberücksichtigt – so wie heute außen vor bleibt, dass die Urchristen immer wieder betonen: Das Friedensreich ist kein äußerer Staat, sondern ein Zusammenschluss von Menschen, die das innere Reich erschließen und in Frieden mit ihren Mitmenschen und mit der Natur leben.

Der Dorfbürgermeister versucht nun, die im Ort lebenden Nachfolger des Jesus von Nazareth unter allerlei Vorwänden bei den Behörden zu denunzieren: Er äußert die Vermutung, dass die Christusbetriebe nicht nur gegründet wurden, „um die eigenen Anhänger dort zu beschäftigen", sondern „um finanzielle Mittel in erheblichem Umfang zu erwirtschaften". Außerdem behauptet er, Menschen würden nicht tarifgerecht entlohnt, sondern „zur Gewinnoptimierung ausgenutzt". Mit „großer Wahrscheinlichkeit", so Zorn weiter, gebe es in diesen Betrieben ausländische Arbeitnehmer, die „keine Arbeitserlaubnis haben", also handle es sich „möglicherweise um illegale Beschäftigungen".

An all diesen Anschuldigungen ist nichts dran, gar nichts – weshalb die Behörden auch nichts Strafbares entdecken können. Doch Zorn legt nach: Als Vertreter der Urchristen der Gemeinde Hettstadt vorwerfen, sie schade sich durch die Blockade selbst, weil ihr Steuereinnahmen entgingen, verkündet er am 20.1.90 öffentlich, kein Christusbetrieb habe „bis zum heutigen Tag" auch nur „eine einzige Mark Gewerbesteuer" bezahlt.

Abgesehen davon, dass er damit das Steuergeheimnis verletzte – durch die Blockadetaktik seiner Gemeinde hatte er doch selbst dafür gesorgt, dass es kaum solche Betriebe im Dorf gab. Ein Handwerksbetrieb mit dem Namen „Wir sind für Sie da" war gerade erst im Aufbau und daher noch nicht in der Gewinnzone, bei zwei anderen kleinen Betrieben war es ähnlich – alle entrichteten aber die ansonsten anfallenden Steuern in korrekter Weise.

Zorn beließ es aber nicht dabei. Er wurde im Bayerischen Finanzministerium vorstellig und log, dass sich die Balken bogen: Es gebe in seiner Gemeinde „22 Betriebe des Heimholungswerkes mit bis zu 50 Beschäftigten", von denen „keiner Gewerbesteuer zahle". Als Bürgermeister hatte er Einblick in die Unterlagen und wusste daher, dass dies nicht den Tatsachen entsprach. Die Behörde ordnete daraufhin eine außerordentliche Betriebsprüfung an – und zwar nicht nur in Hettstadt, sondern im ganzen Umkreis von Würzburg, einschließlich des Vereines Universelles Leben.
Auch wenn die Beamten wieder nichts fanden – der intrigante Kolping-Funktionär Zorn hatte damit juristische Auseinandersetzungen über die Gemeinnützigkeit des Universellen Lebens losgetreten, die sich über viele Jahre hinziehen sollten. Dass wir heute überhaupt etwas von diesen Machenschaften wissen, verdanken wir der Gesprächsnotiz eines Beamten aus dem Finanzministerium, die bei späterer Akteneinsicht im Rahmen eines dieser Prozesse zu Tage trat.

Das Universelle Leben verzichtete zwar später von sich aus auf die Gemeinnützigkeit, weil die Nachfolger des Jesus von Nazareth von einem Staat, der seine eigenen Bürger auf Betreiben der Amtskirchen derart diskriminiert, keinerlei Vergünstigungen erhalten wollten. Doch der Staat verlangte unter konstruierten Vorwänden dennoch erhebliche Nachzahlungen. Offenbar war dies ein Versuch, den verhassten „Ketzern" auf dem finanziellen Weg den von den Kirchen erwünschten Garaus zu machen. Wie wir später sehen werden (Kapitel 11), konnten die Urchristen diesen Angriff mit vereinten Kräften und unter erheblichen Anstrengungen schließlich abwehren.

Ein Bürgermeister sollte sich an die Verfassung halten

Bürgermeister Zorn zog währenddessen weiter durch die Lande, hielt Vorträge und trat im Fernsehen auf und diffamierte die Urchristen im Universellen Leben.
Dass ein Bürgermeister, der ja als Amtsperson der weltanschaulichen Neutralität verpflichtet ist, so über eine Minderheit herziehen darf, konnten die Urchristen einfach nicht glauben. Deshalb reichten sie am 12.7.1993 eine Klage und gleichzeitig ei-

nen Antrag auf einstweilige Anordnung gegen die ehrverletzenden Äußerungen des Bürgermeisters ein. Bereits am 11.8.1993 untersagte das Verwaltungsgericht Würzburg Zorn vorläufig die Behauptungen, das Universelle Leben sei keine Glaubensgemeinschaft, sondern ein „Wirtschaftskonzern mit weit verzweigten Geschäften und knallharten Managern", eine „wirtschaftliche Organisation mit religiösem Deckmantel", hinter der „eine kleine Riege von Geschäftemachern" stünde, die „mit allen Wassern gewaschen" sei; es handle sich um eine „Sekte", die ein „sektenartiges Dorf" gründen wolle und daher eine „Gefahr" für das Dorf darstelle – und deren Angehörige zum Teil versuchten, eine „Angstpsychose innerhalb der Sekte" zu erzeugen.

Zur Begründung erläuterte das Gericht, ein Bürgermeister dürfe sich nicht an einer „weltanschaulichen Auseinandersetzung beteiligen" und dürfe religiöse Überzeugungen „nicht verbieten, bekämpfen und auch nicht ablehnen oder abwerten". Dies gebiete die Verpflichtung des Staates zu weltanschaulicher Neutralität und Toleranz. Dem Bürgermeister sei es nicht gelungen, irgendwelche Umstände glaubhaft zu machen, „beispielsweise grundrechtswidrige Praktiken, Freiheitsbeeinträchtigungen oder Aufforderungen zu grundrechtswidrigen Handlungen", die einen derartigen Eingriff in das Grundrecht der weltanschaulichen Gleichbehandlung rechtfertigen könnten. Auch das Wort „Sekte" sei für einen Vertreter des Staates eine unzulässige Abwertung.

Zorn hält sich jedoch nicht an die Auflagen des Gerichts. Dreimal beschimpft er das Universelle Leben nochmals in ähnlicher Weise, sagt beispielsweise dem *Spiegel* (14.3.1994), das Universelle Leben sei für Hettstadt „tödlich" – und dreimal wird gegen ihn gerichtlich ein Ordnungsgeld (5.000, 7.500, 10.000 DM) verhängt – das aber nicht er, sondern die Gemeindekasse zahlt. Beschwerden gegen diese Ordnungsgelder bis hin zum Verwaltungsgerichtshof in München werden abgewiesen, auch in der Hauptsache bleibt das Würzburger Verwaltungsgericht bei seiner Entscheidung (8.2.1995).

Dies war zweifelsohne ein Erfolg für den Rechtsstaat. Allerdings betrifft diese Entscheidung nur Amtspersonen in Ausübung ihrer Amtstätigkeit. Das *Main-Echo* (19.8.1993) brachte es auf den Punkt: „Als Bürgermeister muß sich Zorn künftig eine genau aufgelistete Reihe von Aussagen verkneifen, als Vorsitzender der Kolpingsfamilie, als CSU-Parteipolitiker und als Privatmann darf er jedoch weiterhin die Vorwürfe wiederholen, die er ... gemacht hatte." Wer also katholisch oder lutherisch ist, darf ohne Skrupel weiter das achte Gebot missachten, so wie es die Kirche schon im Mittelalter verkündete: „Treu und Glauben braucht einem Ketzer nicht gehalten zu werden, und der Betrug, gegen ihn geübt, wird geheiligt." Besonders „geheiligt" wird die Verleumdung dann, wenn sie ein Pfarrer im Talar ausspricht – denn dann wird sie von der Justiz aufgrund einer sehr kirchenfreundlich ausgelegten „freien Meinungsäußerung" gedeckt.

Aber auch gegenüber Amtspersonen, die sich zu Glaubenswächtern aufspielen, ist die religiöse Neutralität nicht ohne Weiteres juristisch so durchsetzbar wie im Falle Hettstadt. Im August „befürchtet" der Wertheimer Oberbürgermeister Stefan Gläser (CDU), Anhänger des Universellen Lebens wollten im Wertheimer Ortsteil Höhefeld einen zweiten Bauernhof erwerben; dadurch bestehe die „Gefahr" einer „Unterwanderung" und einer „Dominierung des Ortsgeschehens", weil auch gescheite Leute „nicht gefeit" seien, der Organisation „zu verfallen". Eine an den Haaren herbeigezogene Stimmungsmache – schon mit zwei Bauernhöfen soll es möglich sein, einen ganzen Ort zu dominieren?! Die Urchristen sehen hier einen Parallelfall zu Hettstadt, auf das sich Gläser auch noch selbst beruft – doch das Verwaltungsgericht Stuttgart lehnt es ab, dem Oberbürgermeister diese diskriminierenden Äußerungen zu untersagen: Die Äußerungen seien

„nicht gesichert" und es bestehe „keine Wiederholungsgefahr" – eine merkwürdige Aussage, wenn man bedenkt, dass Gläser es abgelehnt hatte, eine Unterlassungserklärung zu unterschreiben, und dass er öffentlich erklärt hatte, er wolle sich „nicht beirren" lassen und man wolle ihn „einschüchtern". (Der Täter macht sich immer gern zum Opfer.)

Im Gerichtsverfahren, das trotz eines Eilantrags vier Monate auf sich warten ließ, bestritt der Oberbürgermeister jedoch, die beanstandeten Aussagen „so gemacht" zu haben.
Nur deshalb kam er davon – doch die Presse druckte brav eine Pressemitteilung der Stadt Wertheim ab, wonach das Gericht den Antrag auf Unterlassung „rundweg abgelehnt" habe. Der Oberbürgermeister bekomme „keinen Maulkorb", so die *Tauber-Zeitung* (29.1.1994). Weil das Gericht immerhin die Hoffnung geäußert hatte, die Stadt Wertheim werde „künftig ... eine Herabsetzung der religiösen Überzeugungen der Anhänger des ‚Universellen Lebens' ... vermeiden", sahen die Urchristen den Zweck ihrer Beanstandung erfüllt und verzichteten auf eine langwierige Hauptsache-Klage. Doch der evangelisch-lutherische Oberbürgermeister, der nach eigener Aussage „auch in der Kirche in einem Wahlamt engagiert" ist, diskriminierte die Urchristen unbeirrt weiter.

Am 10. Oktober 1994 beklagte er in einem Brief an die Sozialministerin von Baden-Württemberg, Helga Solinger, die „systematische Durchwucherung" der Region „mittels eines undurchsichtigen, vielfach verzweigten Firmen- und Geschäftsapparats". Dass eine Sozialstation der Urchristen „weit vorgedrungen" sei und mit anderen Sozialstationen „konkurriert", war ihm ein Dorn im Auge. Weiterhin suggerierte er, das Universelle Leben habe über eine von Urchristen geführte EDV-Firma „Zugang zu tausenden Patientendateien" – und unterstellte damit der Firma Geheimnisverrat!

Die fanatische Hysterie, mit der Bürgermeister Zorn in Hettstadt auf die Ansiedlung von Urchristen reagierte, wirkte also offenbar auf manche Kollegen ansteckend. Dass den diskriminierenden Äußerungen einer Amtsperson zumindest in Hettstadt ein gerichtlicher Riegel vorgeschoben wurde, brachte den Urchristen in der Öffentlichkeit nur sehr begrenzten Gewinn. Dafür sorgte schon der *Main-Post*-Journalist Tilman Toepfer, der am 14.8.1993 im Regionalteil des Blattes verlauten ließ: „Einstweilige Anordnung verbietet Kritik – Ein Maulkorb für die Vertreter Hettstadts". In einem Kommentar erhob Toepfer den Anspruch, die Meinungen Zorns seien das, „was kritisch denkende Menschen glauben" – zutreffender wäre wohl: zu glauben haben. Nachdem Zorn das erste Mal wegen nicht nachlassender Verleumdungen zu einem Ordnungsgeld verurteilt worden war, bemerkte Toepfer, Zorn dürfe ja *als Privatmann* weiterhin alles sagen – doch das wären „Kindereien": „Von Bürgermeistern und Kommunalpolitikern erwarten die Bürger doch, dass sie ihre Standpunkte haben und auch vertreten. ‚Neutrale' Politiker gibt es mehr als genug: null Profil, Fähnchen nach dem Wind und immer schön auf die Paragraphen geschaut." So gelingt es einem Bürgermeister und einem Journalisten, eine Missachtung der Grundrechte des deutschen Grundgesetzes nicht nur als Kavaliersdelikt herunterzuspielen, sondern auch noch als besonders „charakterstark" hinzustellen.

Eine „Bürgerinitiative" wird gegründet

Zorns ständige Tiraden gegen die urchristlichen Siedler dienten aber wohl eher dem Nachweis seiner eigenen „Rechtgläubigkeit" und seiner Karriereförderung. Die Rolle des „Einpeitschers" gegen die neuen Mitbürger hatte ihm längst eine „Bürgerinitiative gegen die Vorhaben des Heimholungswerks-Universelles Leben in Hettstadt" abgenommen. Im März 1988, kurz nach Pfarrer Haacks verleumderischem Höhepunkt im Pfarrheim, trat sie

das erste Mal öffentlich in Erscheinung. Vermutlich hat Haack als erfahrener „Initiativen"-Gründer den entscheidenden Tipp dazu gegeben. Ausgerechnet ein Rheinländer, der Ingenieur Hans-Walter Jungen, fühlte sich dazu berufen, den fränkischen Heimatort vor der „Zerstörung" durch eine „extreme Gruppierung" zu retten. Die als Verein eingetragene Initiative, zu der als Gründungsmitglieder Frau und Sohn des Bürgermeisters gehörten, bezweckte laut Satzung „ ... das Verhindern des massiven Ansiedelns von Organisationen und Personen, die dem ‚Heimholungswerk-Universelles Leben' angehören bzw. nahestehen, in Hettstadt". Auf Veranlassung des Amtsgerichts Würzburg wurde vor diese Formulierung noch eingeschoben: „ ... gewaltlos und im Rahmen der von den Gesetzen zugelassenen Mittel."
Trotz dieser Ergänzung ist ein solcher Vereinszweck, der auf die Diskriminierung von Menschen einer bestimmten Glaubensgemeinschaft abzielt, verfassungswidrig. Das Landratsamt Würzburg, auf diesen Umstand aufmerksam gemacht und aufgefordert, dem Verein die Rechtsfähigkeit zu entziehen, reagierte jedoch nicht.

Zunächst besteht die „Arbeit" der Bürgerinitiative darin, die jeweils neuesten polemischen Artikel der Tagespresse (z.B. einen Bericht über den Vortrag

Pfarrer Haacks, natürlich ohne Begleiterscheinungen wie „Hängt-sie-auf"-Rufe) zu kopieren, in Form von „Informationsblättern" zu verteilen und an den dörflichen Anschlagtafeln anzuheften. Als auch die Urchristen beginnen, dort Artikel anzubringen, beschließt der Gemeinderat, dass alle Anschläge ab sofort im Rathaus angemeldet werden müssen ...

Im April 1989 verteilt die Bürgerinitiative das Ergebnisprotokoll einer Tagung des Diözesanrats der Katholiken im Bistum Würzburg, hauptsächlich eine Anhäufung von Zitaten aus den Schriften von Graf Magnis. Die Katholiken fordern, das Universelle Leben nicht als „Glaubens- und Religionsgemeinschaft", sondern als „Wirtschaftsgruppe" zu bezeichnen. „Wovor wir uns hüten sollten", das sind nach ihrer Ansicht: „Gleichgültigkeit – Naivität – Verdrängung - ... übertriebene Liberalität – Rückzug auf den Standpunkt religiöser Toleranz."
Wie man sieht: Toleranz ist aus katholischer Sicht eher eine Untugend. Denn das Nicht-Katholische soll ja „ausgemerzt" werden ...

Es folgt ein unverblümter Aufruf zum Verkaufsboykott: „Verantwortungsbewußte Überlegung, bevor man beim HHW/UL kauft, bzw. an das HHW/UL verkauft: Soll ich der Wirtschaftsgruppe Mittel an die Macht geben, die zum Schaden unserer Gemeinschaft eingesetzt werden könnten?"

Dieser Verkaufsboykott samt völlig haltloser Unterstellungen erinnert an düstere Zeiten. Doch wie sieht es bei den Großkirchen aus? Wie werden die Steuergelder und Subventionen, die sie in Millionenhöhe vom Gemeinwohl kassieren, eingesetzt – immer zum Wohle „unserer Gemeinschaft"?

Hans-Walter Jungen unterlässt es jedenfalls nicht, in Ausübung seiner katholischen Mission abstruse Unwahrheiten zu verbreiten – so etwa am 16.1.1989, als er, gemeinsam mit dem Bürgermeistersohn Matthias Zorn, in Erlenbach bei Marktheidenfeld einen Vortrag über das Universelle Leben hält. Er wiederholt die falsche Magnis-Behauptung, Urchristen hätten täglich „vier bis fünf Stunden Meditationspflicht". Dann versteigt sich Jungen sogar zu der Lüge, nachts würden auf dem von Urchristen geführten Bauernhof in Ruppertzaint in großen Lastwagen Tomaten aus dem Ausland, z.B. aus Holland, angeliefert und dann „für gutes Geld" als hofeigene Tomaten auf dem Markt verkauft. Die Firma *Gut zum Leben* geht sofort gerichtlich gegen diese Rufschädigung vor mit einer eidesstattlichen Versicherung, dass niemals Tomaten aus konventionellem Anbau angeliefert worden seien. Im Gerichtsverfahren wird dann jedoch die Hauptsache für erledigt erklärt, weil Jungen bestreitet, diese Äußerung überhaupt so gemacht zu haben –

obwohl er in einer ersten Schutzschrift selbst zugegeben hatte, von Lastwagen mit Tomaten aus Italien oder Holland gesprochen zu haben.

Das war nicht der letzte Fall, in dem Jungen die Wahrheit bzw. Unwahrheit auch vor Gericht so drehte und wendete, wie es ihm gerade zupass kam. 1993 hatte der *Stern* ihn mit den Worten zitiert: „Die sind so gefährlich, weil sie Schwerkranke vom Gang zum Arzt abhalten. Manche Kranke werden in den Wahnsinn getrieben." Weil dies eine böswillige Verleumdung ist, wurde der Stern dazu verurteilt, dies zu widerrufen und nicht mehr zu wiederholen. Jungen aber bestritt, diese Aussage gemacht zu haben. Wenige Monate später aber erklärte er in der Berufungsverhandlung gegen den *Stern* (bei der er persönlich gar nicht belangt wurde), man hätte vielleicht doch den Eindruck bekommen können, er habe so etwas gesagt. Jungen zum ersten oder Jungen zum zweiten – einer von beiden muss vor Gericht gelogen haben. Eine Strafanzeige wegen eidlicher Falschaussage wurde jedoch von der Staatsanwaltschaft Würzburg eingestellt – er habe sich vielleicht nicht sofort an all diese Dinge (die erst wenige Monate zurücklagen!) erinnern können.
Auch als Jungen wiederholt in Presse und Fernsehen im Zusammenhang mit dem Universellen

Leben behauptet, er habe von dort „Morddrohungen" erhalten, wird er deshalb noch lange nicht zur Rechenschaft gezogen. Nach dreijährigem (!) Rechtsstreit stellt das Landgericht Würzburg zwar fest, dass die Richtigkeit der Behauptungen nicht bewiesen worden sei. Doch es verurteilt Jungen nicht – weil der Verein Universelles Leben nicht identisch sei mit den „Anhängern des Universellen Lebens", die Jungen als Urheber genannt habe. Es sollte nicht das letzte Mal bleiben, dass ein Gericht, offenbar in Ermangelung eines anderen „Fluchtweges", mit solchen Haarspaltereien dem Universellen Leben jeglichen Rechtsschutz vor Verleumdungen verweigert.

Die Hettstädter „Dolchstoßlegende" und ihre Vermarktung

Auf diese Weise haben Magnis, Haack, Zorn und Jungen in kurzer Zeit eine Art „Dolchstoßlegende" aufgebaut, die von den Medien bereitwillig übernommen wird. Schon in den Zeitungs-Überschriften kommt zum Ausdruck, wessen Partei die Gazetten ergreifen: „Streit mit Sektenfanatikern findet kein Ende" (*Saale-Zeitung*, 11.8.1988), „Hettstadt gegen Sektenplanung" (*Münchner Merkur*, 24.5.1988), „Von Käufern überrollt – Sektenmitglieder reißen sich um Bauland" (*Nürnberger Nachrichten,* 25.5.1988), „Hettstädter wehren sich gegen Sekte" (*Saale-Zeitung,* 13.5.1987), „Heimholer-Sekte verhält sich radikal" (*Main-Echo,* 18.8.1988), „Ein Dorf kämpft gegen das Universelle Leben" (*taz,* 1.4.89).

Auch das *Bayerische Fernsehen* schürt das Feuer in regelmäßigen Abständen, so z.B. am 2.2.1989 in der Sendung „Stationen": „Hettstadt bei Würzburg: Aufregung und Ärger regieren das 2.500-Seelen-Dorf, seitdem hier am sogenannten Christusstaat gebaut wird. So jedenfalls will es die Glaubensgemeinschaft Universelles Leben." Gebaut wird in Wirklichkeit an zwei Dutzend Häusern, und die Gemeinschaft der Urchristen hat immer betont, dass das „Neue Jerusalem" ganz allmählich in den Herzen friedfertiger Menschen entsteht. Die Sicht der Betroffenen interessierte die Medien jedoch überhaupt nicht.

„Dies ist das Neue Jerusalem, eine Siedlung bei Hettstadt in der Nähe von Würzburg", verkündet der Fernsehjournalist Holger Lösch im Bayerischen Fernsehen am 26.9.1990. *„Für Bewohner, so heißt es, könne hier wie in einer Arche der Weltuntergang erlebt werden. Bauherr dieser Ortschaft ist das sogenannte Heimholungswerk Jesu Christi."*
Wie das denn? Die Glaubensgemeinschaft besitzt dort kein einziges Grundstück ...

Zu Wort kommen in solchen Sendungen hauptsächlich Zorn, Jungen, Magnis, der in die Kamera spricht: „Ich würde sagen, es ist eine entsetzliche Pervertierung der Religion ..."
Wer die verdammende Dogmenlehre und die Blutspur der Kirchen über die Jahrhunderte betrachtet und diese mit dem Leben des Jesus von Nazareth vergleicht, erkennt sehr bald, wer Seine Lehre des Friedens und der Gottes- und Nächstenliebe pervertiert hat.

Über die Grenzen Bayerns hinaus bekannt wird der Fall Hettstadt aber erst Ende 1992. Pfarrer Wolfgang Behnk (siehe auch Kapitel 8) hat zu diesem Zeitpunkt den 1991 verstorbenen Friedrich Haack als Sektenbeauftragter der lutherischen Kirche in Bayern abgelöst – und den kirchlichen Einfluss auf die Medien als neues Arbeitsfeld entdeckt. Am 6.12.1992 lässt er sich in die ZDF-Frauensendung *Mona Lisa* einladen – und die Moderatorin bringt in einem Filmbeitrag schon mal den erwünschten Zungenschlag hinein: „Das Neue Jerusalem sollte in der Gemeinde Hettstadt entstehen. Mit enormen Geldmitteln kaufte das Universelle Leben hier Grund." Wieder der gleiche Unfug, den ein Sender vom anderen übernimmt.
Manche können es noch primitiver: „Wie eine Krake macht sich dort die Sekte Universelles Leben

breit": *SAT 1,* 10.3.1993. Oder Detlev Cosmann in der Sendung *„ZAK"* vom *Westdeutschen Rundfunk* (25.4.1993): „Und dann Neu-Jerusalem, die Problemzone. Ein Dutzend Sektenhäuser, mehr bislang nicht. Dabei hätten es mindestens 86 werden sollen. ... Und 1.500 bis 2.000 Sektenmitglieder hätten so nach Hettstadt ziehen sollen, um dann dort die Mehrheitsverhältnisse im Gemeinderat zu kippen." Kamil Taylan und Ulrike Bremer vom *Hessischen Rundfunk* in der Fernsehsendung „Teuflisch abgezockt" (22.6.1993): *„Die Sekte Universelles Leben erobert das Land. Sie baut sich ihr eigenes: Das Neue Jerusalem ... Am Anfang waren die neuen Bürger in Hettstadt willkommen, doch sie sonderten sich ab ..."*

Es lohnt sich, diesen letzten Satz noch einmal näher zu betrachten. Hier wird, nach dem Prinzip der „Stillen Post", schon eine völlig neue Geschichte erfunden: Jetzt sind also die Zugereisten selber schuld, sie hätten ja angeblich die Chance gehabt. Das klingt natürlich besser als: Der Gemeinderat hat die Erschließung gestoppt und für die Ausgrenzung der neuen Bürger gesorgt, noch ehe das erste Haus gebaut wurde.

Ein TV-Journalist von *„Plus-Minus"* (*ARD,* 28.9.1993) erzählt dem Fernsehpublikum: „Das gelobte Land liegt hier ... In der 2.800-Seelen-Gemeinde will die

Sekte Universelles Leben ihr Neues Jerusalem bauen. ... 300 Urchristen haben sich hier schon eingenistet." Was auch schon dreifach übertrieben ist – aber wer erwartet von einem Wirtschaftsmagazin schon exakte Zahlen?

Auch als die Urchristen dann ihre Grundstücke längst an die Gemeinde verkauft haben (Ende 1993), baut der *Hessische Rundfunk* die Story immer noch weiter aus: „Im Würzburger Raum sind ihre Jünger dabei, ganze Dörfer aufzukaufen und zu unterwandern" („Unterwegs in Hessen", 1.2.1994). Was im eigenen Haus sogleich eifrige Nachahmer findet: „Dass dahinter ein wahrer Sektenkonzern mit Hochsicherheitsfarm, Naturkliniken und Gewerbezentrum steckt, ist den meisten Verbrauchern wohl nicht bekannt, genau so wenig, dass die Sekte bereits ganze Dörfer in der Nähe von Würzburg kontrolliert: *„Trend",* 2.3.1994.

Rufen wir uns noch einmal ins Gedächtnis, wem dieses jahrelange Bombardement an öffentlicher Verleumdung und Verhöhnung durch die kombinierte Macht von Kirche, Staat und Medien gilt: Es sind ganz normale, friedvolle Menschen, deren einziges „Vergehen" es ist, dass sie sich von den etablierten Kirchen distanzieren und lieber Gott, dem Freien Geist, nachfolgen wollen, der allen interessierten Menschen allumfassend die Lehre der Gottes- und Nächstenliebe durch die Prophetin und Botschafterin Gottes, Gabriele, offenbart. Und es gilt der Prophetin selbst, die Sein Wort, die ewige Wahrheit, auf die Erde bringt.

Auch in Hettstadt selbst zeigen die Verleumdungen immer wieder Auswirkungen: Ein Stromkasten wird mit der Parole „UL raus!" besprüht, ein junger Kirschbaum vor einem der Urchristen-Häuser wird abgebrochen (nachdem am Tag zuvor ein Leserbrief eines der Bewohner dieses Hauses in der Zeitung zu lesen war), nachts wird sturmgeläutet oder eine halb leere Bierflasche (nach einem Feuerwehrfest) gegen eine Haustür geschleudert.

Lügen haben kurze Beine

Dennoch war ein Nachlassen des Medieninteresses an Hettstadt schon mangels neuer „Sensationen" nicht zu vermeiden. Wer dies in seinem krankhaften Ehrgeiz nur schwer verkraftete, war Hans-Walter Jungen, der sich in der Rolle des bundesweiten „Retters" vor angeblichen urchristlichen Weltherrschaftsplänen ausgesprochen gefallen hatte, der so gerne Fernsehteams zu den Häusern und Einrichtungen der Urchristen geführt und Passanten auch schon mal ein „Trinkgeld" für den neusten Klatsch angeboten hatte. Wer sollte ihm jetzt noch zuhören, ihm Aufmerksamkeit widmen?

Gemeinsam mit dem evangelischen Mesner vom Verein „Bürger beobachten Sekten" (siehe auch Kapitel 7) lud er für den 1. Februar 1996 zu einer Diskussionsveranstaltung auf die Würzburger Marienburg mit dem Thema: „Politiker, stoppt das Universelle Leben!" Hauptredner war der lutherische „Sektenexperte" Wolfgang Behnk. Jungen beschimpfte die urchristlichen Betriebe als „krankhaftes Firmenimperium" und forderte die anwesenden Politiker auf, die Frage zu beantworten: „Wie gedenken die Politiker uns gegen das Universelle Leben zu schützen?"

Es stand jedoch keiner auf, der sich auf solch plumpe Nötigung hin als Kraftprotz in diesem „Haut-den-Sekten-Lukas"-Spiel betätigen wollte. Die anwesenden Bürgermeister wussten ja, was Waldemar Zorn von Gerichts wegen an grundgesetzlicher Neutralität auferlegt worden war – eine Bremse, die zumindest an diesem Abend offenbar wirkte. Was wiederum zeigt, dass, trotz zahlreicher haarsträubender Urteile in anderen Fällen, der Gang vor Gericht für eine Minderheit bisweilen die einzige Möglichkeit ist, sich zu schützen. Eine Journalistin der *Main-Post* (3.2.1996) scherte sich jedoch um solche Zusammenhänge nicht und

schrieb, unter namentlicher Aufzählung der anwesenden Mandatsträger: „Politikverdrossene Bürger werden nicht geboren. Sie entwickeln sich. ... Politiker reden zwar viel, geben aber selten Antworten ... Am Donnerstagabend ... haben sie nicht einmal das Wort ergriffen ... Und trotzdem gibt es noch ein paar mutige Bürger, die dies alles riskieren ... Diese Menschen haben ein Recht darauf, von den Volksvertretern ernst genommen zu werden."
Die Angehörigen einer religiösen Minderheit haben also, so könnte man aus dieser populistischen Tirade schließen, kein Recht, von Volksvertretern, Journalisten, Gerichten ernst genommen zu werden, sondern nur ihre Gegner. Und so sieht ja die Berichterstattung insbesondere der *Main-Post* über dieses Thema auch aus ...

Nachdem die Politiker (zumindest an diesem Abend) nicht mitspielen wollten, gab ein örtlicher Lutheraner für die anwesenden „Sekten"-Bekämpfer einen Einblick in seine faschistoide Denkwelt: Er forderte von „der Politik": „Auflösung der UL-eigenen Kindergärten, Schließung der UL-Schule, Verbot der Mitgliederwerbung, Hilfe für die Sektenaussteiger, ... Überwachung der Sekte durch den Verfassungsschutz und Einsetzung eines Bundessektenbeauftragten im Innenministerium." Niemand, schon gar nicht den anwesenden Journalisten und Politikern, schien es aufzufallen, dass der fanatische Lutheraner mit solchen Forderungen eher sich selbst und seine Kumpane als Objekt der Beobachtung verfassungsfeindlicher Umtriebe anbot ...

Der Karriereplanung von Bürgermeister Zorn brachte die fleißige Hetze gegen die Urchristen jedenfalls erhebliche „Pluspunkte". Er wurde, nachdem er die urchristlichen Grundstücksbesitzer erfolgreich aus Hettstadt vertrieben hatte und die selbst verschuldete Blockade der Gemeindeentwicklung dadurch ein Ende fand, 1996 zum Würzburger Landrat gemacht – und 2008, wie bereits erwähnt, mit dem Papstorden belobigt.

Eine Brücke in die Zukunft

Für Gabriele, die die Menschen einzig zu Gott, dem Freien Geist – zu Gott in uns – führen wollte und will, die den Weg des Friedens und der Liebe zu einem erfüllten Leben in Gott offenbart, die auf die großen Fragen der Menschheit Antworten aus dem Reich Gottes bringt, und die den Menschen ein Leben im Geiste Gottes nahebringt, war es eine sehr, sehr schwere Zeit. Im März 1988 sagte sie dazu in einem Interview, dass ihr dies alles im Vorhinein angekündigt worden war:

„Der Herr sprach auch von einer modernen Christenverfolgung, bei der nicht mehr mit Speeren, Schwertern und Lanzen ausgezogen wird, um Andersgläubige niederzumachen, sondern diesmal mit Feder und Papier. Gott sprach also von den Massenmedien, die in vielen Fällen den Obrigkeiten des Staates und der Kirche hörig sind, in denen ungeprüft abgedruckt wird, was diese an Unwahrheiten aussagen. Der Ewige fragte mich vor dreizehn Jahren, ob ich dieses und vieles mehr ... für Ihn erdulden möchte. Ich habe das Kreuz angenommen, es mit Ihm zu tragen – und trage es jetzt schon dreizehn Jahre. Ich trage Verleumdung, Hohn und Spott, Verachtung und Niedertracht. ...

Zu den Sektenbeauftragten und ihren Auftraggebern, den Institutionen der katholischen und evangelischen Kirche, die ihre verleumderischen Darlegungen über mich ausgegossen haben und ausgießen, die Unwahrheiten bewusst verbreiten – denn oftmals wurden die Unrichtigkeiten schon klargestellt –, kann ich nur sagen:
Erst wenn sie aus ihrem Herzen und aus ihrem unsterblichen Sein Gott, unseren Herrn, in Christus, wirken lassen und Gott durch sie in wenigen Jahren das aufgebaut hat, was Er durch Seine Getreuen und mich vermochte, dann erst nehme ich, was sie in die Welt posaunen, ernst.

Bis sie diese Beweise antreten, werde ich weiterhin das Kreuz der Verleumdung tragen und auch weiterhin mit vielen Getreuen bemüht sein, dass die Welt vom Geiste des Herrn durchdrungen und erhellt wird.

Zu Gott, unserem Vater, und unserem Erlöser werde ich, wie bisher, für meine Feinde beten und bitten: „Vater vergib ihnen, denn sie wissen nicht, was sie tun. Sie glauben, gegen einen Menschen vorzugehen, und gehen gegen Dich vor. Erbarme Dich auch ihrer, insbesondere dann, wenn sie in das Reich der Seelen kommen und für sie alles offenbar ist, was sie getan und verursacht haben."

7. Kirchliche Angriffe gegen eine Naturklinik (1986-1997)

Im Herbst 1986 erwarben einige Urchristen im Marktheidenfelder Ortsteil Michelrieth das „Sanatorium Südspessart" und bauten es zu einer Naturklinik um, die mit ihrer fachkundigen Verbindung von Naturheilkunde und Schulmedizin bis heute Heilungsuchende aus aller Welt anzieht. Es werden auch Gespräche zur Lebensberatung angeboten. Ein wichtiges Ziel der Therapien ist es, die Selbstheilungskräfte des Körpers zu aktivieren.

Der Verkauf erfolgte von Privat, so dass die zuständige Gemeinde Marktheidenfeld nicht gefragt werden musste – und sogar die Kirchenoberen, die ihre Ohren doch sonst überall haben, wurden diesmal völlig überrascht. Sobald sie jedoch erfuhren, dass Menschen, die dem Universellen Leben nahestanden, das Sanatorium erworben hatten, setzten sie alle Hebel in Bewegung, um die Dorfbewohner auch dort gegen die „Ketzer" aufzuwiegeln.

Noch am selben Tag, man schrieb den 27. September 1986, als in der Lokalzeitung ein Artikel über den (bereits erfolgten) Verkauf des Sanatoriums zu lesen war, erhielt der Verkäufer, ein angesehener Arzt, einen bitterbösen Anruf vom evangelischen

Ortspfarrer Wolfgang Bayer. Denn Michelrieth und einige seiner Nachbardörfer bilden im katholischen Unterfranken eine traditionell lutherische Enklave, deren Hauptkirche just in Michelrieth selbst steht, einem Ortsteil von Marktheidenfeld. Und weil der 27.9. ein Samstag war, nützte der Pfarrer gleich den Gottesdienst am Sonntagmorgen, um von der Kanzel herab die Dorfbevölkerung aufzuwiegeln: Er mache sich „große Sorge, weil sich das Heimholungswerk hier eingekauft" habe.

Man stelle sich das vor: Noch ehe sich die Bewohner des kleinen Spessartdorfes ein eigenes Urteil bilden können, werden sie schon von der kirchlichen Obrigkeit von der Kanzel herab gegen die Neubürger aufgehetzt. Das Klima wird von dem Herrn im Talar, der sich christlich nennt, höchstpersönlich vom ersten Moment an vergiftet.

Die Ärzte der neuen Klinik beantworteten diesen unfreundlichen Empfang auf ihre Weise: Sie luden den lutherischen Pfarrer und seinen katholischen Kollegen aus Marktheidenfeld sowie die gesamte Ortsbevölkerung noch für denselben Sonntag-Nachmittag zu einem Informationsgespräch ein. Wer nicht erschien, waren die beiden Pfarrer. Der katholische ließ ausrichten: „Wir werden Sie bekämpfen; das ist unsere Pflicht." Damit zeigte er, dass er seinen Katechismus gut beherrscht. Denn, wie bereits erwähnt, steht in der offiziellen katholischen Dogmensammlung (Neuner/Roos, Nr. 382) zu lesen:

„Die Kirche ... muss mit peinlicher Sorgfalt alles entfernen und ausmerzen, was gegen den Glauben ist oder dem Seelenheil irgendwie schaden könnte."

Die Pfarrer folgen der Einladung nicht; es kommen jedoch einige Bürger, die auf die neue Situation nicht sofort mit Vorurteilen reagieren. Damit auch der letzte begreift, was er zu denken hat, liegt wenige Tage später den im Dorf ausgetragenen Tageszeitungen das „Klärende Wort" der Würzburger Dekane bei, ein Pamphlet voller Verdrehungen und Verleumdungen (siehe Kapitel 5). Der Clou dabei: Die Werbeabteilungen der Zeitungen wissen davon nichts! Wie kam also diese Verleumdungsbeilage in die Tageszeitung? Offenbar ließen die Pfarrer ihre Beziehungen zu den Austrägerinnen spielen ...
Doch das sind nicht die einzigen Beziehungen, über die man als schwarzgekleideter Hochwürden verfügt. Drei Herren aus dem Landratsamt tauchen urplötzlich in der Klinik auf und wollen den Umbau des Gebäudes stoppen – obwohl, wie sich bald herausstellte, alle Unterlagen und Genehmigungen vorliegen. Eine Nachfrage ergibt, dass die Kirche entsprechenden Druck ausgeübt hatte ...

Groß-Aufgebot an „Sektenexperten"

Der Umbau des Sanatoriums in eine Naturklinik war jedoch nicht mehr zu verhindern. Dann vergiften wir wenigstens das Ortsklima weiter, mögen die Kirchenoberen sich da gedacht haben – und zwar nicht nur in Michelrieth, sondern in der gesamten Stadt Marktheidenfeld. Ende Mai 1987 wurden Pfarrer Haack aus München und Graf Magnis aus Würzburg in das katholische Pfarrheim St. Laurentius in Marktheidenfeld eingeladen.

Im Gefolge brachten sie noch zwei weitere „Sektenexperten" mit: Pfarrer Haberer aus Nürnberg und Pfarrer Gandow aus Berlin. Inzwischen gibt es nämlich längst, seit Pfarrer Haack 1969 den Anfang gemacht hatte, in

> Gestern - Inquisitor: Verfolgung bis zum Mord
>
> Heute - Sektenbeauftragter/Sektenexperte: Verfolgung bis zum Rufmord

allen deutschen (katholischen) Diözesen und (lutherischen) Landeskirchen entsprechende hauptamtliche Stellen.

Eingelassen wurden nur Besucher mit schriftlicher Einladung – denn an einer Diskussion mit Urchristen war man nicht nur nicht interessiert, man wollte sie von vorne herein ausschließen. Dennoch gelang es drei Christusfreunden, in den Saal zu gelangen und wenigstens einige Verleumdungen richtigzustellen.

Wer bei der Veranstaltung fehlte, war der Marktheidenfelder Oberbürgermeister Dr. Leonhard Scherg (CSU); er wurde von den Veranstaltern in Abwesenheit beschimpft, weil er, im Gegensatz zu Hettstadts Oberhaupt Waldemar Zorn, nicht erschienen war.

Das war schon im Mittelalter so: Wenn der Inquisitor ins Dorf kam, musste nicht nur das Kirchenvolk vollzählig in der Dorfkirche erscheinen, es hatten auch alle Honoratioren anwesend zu sein. Der Inquisitor verbreitete zunächst Lügen und Verleumdungen über die verschiedenen religiösen Abweichler, ehe er das Volk zum Denunzieren aufforderte. Die zahllosen Vorträge, mit denen die „Sektenbeauftragten" der Kirchen in heutiger Zeit landauf, landab über die „Sekten" desinformieren, gleichen ihren mittelalterlichen Vorbildern bis in die Details.

Doch diese unselige „Tradition" scheint der Kirche alles andere als peinlich zu sein. So erklärte Kardinal Joseph Ratzinger kurz vor seiner Wahl zum Papst im März 2005 im ARD-Magazin *Kontraste*: *„Aber man muss doch sagen, dass Inquisition der Fortschritt war ..."*

Und der lutherische „Sektenpfarrer" Haack schrieb, wie erwähnt: *„Wenn Sie bei mir auf Inquisition tippen, liegen Sie natürlich richtig."*

Zurück nach Marktheidenfeld. Die *Main-Post* (1.6.1987) berichtete mit erkennbarer Sympathie detailliert auch über die Ausfälligkeiten („die größte Sauerei") einiger Besucher gegen den abwesenden Bürgermeister und bemängelte, dass „viel zu oft" Fragen direkt an die Vertreter der Urchristen gerichtet worden seien – wohl weil Information aus erster Hand die vorgegebene, einseitig kirchlich gefärbte Berichterstattung stören könnte.

Pfarrer Haack suggerierte an diesem Abend, man müsse dieser „Spiritistensekte" in ihrem „Umsetzungswillen ... Grenzen setzen" – wobei er sehr geschickt die Hemmschwelle für die Diskriminierung einer religiösen Minderheit heruntersetzte: Glaube und Religion seien ja immer „relativ"; man könne sie auch „missbrauchen" – und wenn eine „Maßnahme" gegen die Neuankömmlinge „nicht rechtens ist, dann wird ein Gericht das schon feststellen." Das heißt im Klartext: Das achte Gebot „Du sollst kein falsches Zeugnis geben wider deinen Nächsten" ist Kirchenvertretern wie Haack egal, ebenso der Geist der Verfassung und der Minderheitenschutz der Demokratie – vom Gebot der Nächstenliebe ganz zu schweigen. Solange ein Gericht ihnen nicht Einhalt gebietet (und das werden die Richter sich angesichts der Macht der Kirche gut überlegen), ist aus ihrer Sicht alles erlaubt.

Am liebsten wäre es ihm, so äußert Haack freimütig, wenn es „irgendwo noch eine Landfläche gibt, wo man Land nehmen und seine Tempel bauen und seine Sachen machen kann und vom Rest der Welt nicht gehindert ist."

Ein lutherischer Pfarrer bedient hier ungeniert uralte fremdenfeindliche und faschistische Klischees. Wer im Publikum weiß schon, dass wenige Jahrzehnte zuvor, nämlich in den 30er Jahren, die Nationalsozialisten laut darüber nachdachten, ob man die jüdischen Mitbürger nicht alle nach Madagaskar abschieben könne.

Es ist dieselbe Spottrede, in der Haack – wie bereits erwähnt – vom „Terror der Harmonie" spricht und den Aufbau eines Friedensreiches auf dieser Erde dem Teufel zuschreibt – obwohl in den Kirchenbibeln vielfach vom Friedensreich die Rede ist. Der lutherische Pfarrer hat überhaupt keine Mühe, seine eigene Bibel zu verleugnen, wenn es der Ketzerverfolgung dient: „Von Prophetinnen und Propheten ist im Neuen Testament nicht die Rede." Eine dreiste Unwahrheit – aber es passt dem modernen

Inquisitor, der gerade eine auf dem Prophetischen Wort Gottes aufgebaute Glaubensbewegung verhöhnen will, eben nicht ins Konzept, dass Paulus im 1. Korintherbrief (12,28) erwähnt, Gott habe in den Urgemeinden Propheten eingesetzt. Dass Jesus, der Friedefürst, den „Tröster" angekündigt hat, der uns „in alle Wahrheit führen wird" (Joh 16) – wie anders als durch das Prophetische Wort könnte das geschehen? Oder dass Petrus in seinem zweiten Brief (1, 19) schreibt: *Wir haben desto fester das Prophetische Wort. Und ihr tut wohl, dass ihr darauf achtet als auf ein Licht, das da scheint an einem dunklen Ort, bis der Tag anbreche und der Morgenstern aufgehe in euren Herzen.*

Katholische Gruselgeschichten

Pfarrer Haacks katholischer Inquisitionskollege Graf Magnis machte ebenfalls weiter Stimmung gegen die Urchristen.
Der Hobby-Großwildjäger verteufelte insbesondere die vegetarische und – so wörtlich – „lebensgefährliche" Ernährungslehre des Universellen Lebens und legte als „Beweis" ein „Gutachten" eines Ernährungswissenschaftlers vor, das der Leser bereits kennt. (siehe Kapitel 3) Die Nachfolger des Jesus von Nazareth im Saal erfuhren hier jedoch

das erste Mal etwas von diesem diabolischen Schachzug.

Doch damit nicht genug: Graf Magnis behauptete auch noch, es seien, so die Zeitung *Main-Echo* vom 1.6.1987, „schon einige Menschen an diesem Ernährungskonzept verstorben". Eine faustdicke Lüge! Die Nachfolger des Jesus von Nazareth riefen daraufhin sofort die Justiz an, um dem katholischen Verfolgungsexperten die Verbreitung seiner Lügenmeinungen untersagen zu lassen – was ihnen in einer einstweiligen Verfügung auch zunächst gelang. Doch im Hauptsacheverfahren fand der moderne Inquisitor am Landgericht Würzburg einen offenbar kirchentreuen Richter, der ihm half, den Kopf im letzten Moment aus der Schlinge zu ziehen: Er solle einfach zu Protokoll geben, dass er einen direkten Zusammenhang zwischen zwei Todesfällen und den Aussagen des Universellen Lebens zur Ernährung des Menschen gar nicht habe herstellen wollen und dies auch in Zukunft nicht tun werde. Gesagt, getan – und der Gerichtsprozess wurde flugs für erledigt erklärt.

Dass die Justiz in jenen Jahren, von Ausnahmen abgesehen, den kirchlichen Inquisitoren immer wieder „Amtshilfe" am Rande der Legalität leistete, hängt nicht nur mit dem Religionsunterricht

zusammen, den katholische und protestantische Richter durchlaufen haben. Von staatlichen Richterakademien wurden auch immer wieder sogenannte „Sektenbeauftragte" der Kirchen zu Tagungen eingeladen, die dort dann hemmungslos über die religiöse „Konkurrenz" herziehen durften.
Was die angeblichen „Todesfälle" durch die Ernährungslehre der Urchristen angeht, so müssen wir nochmals zurückblenden, und zwar in das Jahr 1984.
Und wir finden hier zugleich ein Beispiel dafür, mit welcher Skrupellosigkeit Kirchenvertreter wie Graf Magnis die Massenmedien manipulierten, um immer neue Lügengeschichten auszubrüten und zu verbreiten.

Erfundene „Sensationen"

Am 5. September 1984 erscheint in mehreren deutschen Tageszeitungen ein Bericht der Würzburger dpa-Korrespondentin Maria Speck, in dem unter anderem zu lesen steht, das „Sekten-Info Essen" habe nach dem Tod eines 42-jährigen „Sektenanhängers" Strafanzeige gegen das Heimholungswerk Jesu Christi wegen fahrlässiger Tötung erstattet. „Offensichtlich sei der Christusheiler an der vom Heimholungswerk propagierten Ernährungslehre gestorben, nach der immer weniger gegessen und getrunken werden sollte, um wie ein ‚göttliches Geistwesen' zu leben." Eine glatte Lüge.

Bereits im August 1984 haben westdeutsche Zeitungen ähnliche Meldungen verbreitet, so die *Bildzeitung* Essen (10.8.1984): „Nur Früchte, Körner, Wasser – hungerte sich Sektenheiler zu Tode?" Hier wird eine „Verwandte aus Bochum" zitiert, die gesagt haben soll: „Vlado ist an Unterernährung, Eiweiß- und Fettmangel gestorben." Heidemarie Cammans vom „Sekten-Info" fügt hinzu: „Ein erschütterndes Beispiel, wohin die Zugehörigkeit zu Sekten führen kann. Wir schalten die Staatsanwaltschaft ... ein." Die *Westdeutsche Allgemeine* schrieb (10.8.1984): „Sekten-Info: Heiler verhungert", die *Ruhr-Nachrichten*: „Sektenmitglied starb an Unterernährung", der *Bonner Express* gar: „Wunderheiler hungerte sich für Sekte zu Tode – ‚Heimholungswerk hat ihn umgebracht'" (11.8.1984).
Man muss an dieser Stelle, gerade im Hinblick auf die letzte ungeheuerliche Unterstellung, wissen, dass die Urchristen zu diesem Zeitpunkt noch kaum Erfahrung mit den Pressegesetzen hatten. Doch selbst wenn sie gerichtlich gegen diese ungeheuerliche Lüge vorgegangen wären – der Verleumdungs-Paukenschlag war bereits in den Köpfen angekommen.

Was war wirklich geschehen? Der aus Jugoslawien stammende Vladimir („Vlado") P., der in Korbach in Mittelhessen zusammen mit seiner Frau einen Imbissstand führte und beim Heimholungswerk Jesu Christi als Gebetsheiler mitwirkte, starb am 4.8.1984 an einer ausgedehnten Tuberkulose vor allem im Darm- und Bauchfellbereich. Bis 31.7.1984 war er wie gewohnt seiner Arbeit nachgegangen und hatte sich wohl gefühlt. Dann wurde er krank, hielt es aber zunächst für eine Erkältung. Als er ins Krankenhaus kam, war es bereits zu spät. Die Tuberkulose war, wie die in Marburg durchgeführte Obduktion ergab, eingekapselt gewesen – man hätte sie anderenfalls auch zuvor bei den Routineuntersuchungen, die ein Imbissstand-Betreiber regelmäßig durchführen muss, gefunden.

Und wie stand es um seine Ernährung? Nach einer eidesstattlichen Versicherung seiner Frau ernährte sich Vlado bis kurz vor seinem Tod völlig normal und natürlich, mit ausreichender Menge an Nahrungsmitteln. Er war bereits fünf Jahre, bevor er das Heimholungswerk kennengelernt hatte, Vegetarier geworden. Bei der „Verwandten", die das Heimholungswerk öffentlich für seinen Tod verantwortlich zu machen versucht, handelt es sich um eine Mitarbeiterin des „Sekten-Infos" Essen! Diese angeblich „unabhängige" Einrichtung wird von der

Katholikin Heidemarie Cammans geleitet und erhält erhebliche öffentliche Zuschüsse aus Steuergeldern. Diese Mitarbeiterin ist zwar tatsächlich entfernt mit Vlado verwandt – sie ist die Ehefrau eines Cousins von Vlados Frau. Sie hat jedoch nach Aussage von Frau P. diesen niemals in der gemeinsamen Wohnung besucht und ihn etwa acht Monate vor seinem Tod zum letzten Mal gesehen – für ungefähr zehn Minuten! Bei dieser Gelegenheit habe die Frau versucht, ihn „wie hysterisch" zu überzeugen, dass er einem „Irrglauben" folge ... Obwohl sie seither überhaupt keinen Kontakt zu ihm gehabt hatte, behauptete sie gegenüber der Presse, Vlado habe in den letzten Monaten seines Lebens nur noch von „Wasser und Körnern" gelebt – was nicht stimmte und was auch seine Ehefrau dementierte.

Es ist unglaublich, aber wahr: Um eine Sensationsstory gegen eine religiöse Minderheit in die Boulevard-Presse zu lancieren, opfert die Mitarbeiterin eines mit Steuergeldern unterstützten Rufschädigungsbüros sogar den Ruf der eigenen Verwandten! Man stelle sich die Skrupellosigkeit vor, mit der hier einer Frau, die soeben ihren Mann verloren hat, auch noch ein Rufmord zugefügt wird.

Das Zitier-Karussell kommt in Schwung

Das Sekten-Info Essen erstattete sogar Strafanzeige bei der Staatsanwaltschaft Kassel gegen das Heimholungswerk und gab dabei an, Vlado P. sei „laut ärztlicher Aussage an Unterernährung, Eiweißmangel und Fettentzug bedingt durch die vom Heimholungswerk verkündete Ernährungslehre ... verstorben".
Diese schwerwiegende Behauptung ist völlig aus der Luft gegriffen – jeder Arzt weiß, dass Tuberkulose nicht durch eine bestimmte Ernährung verursacht wird, sondern eine Infektionskrankheit ist.
In den Vermerken des Krankenhauses Korbach ist denn auch davon keine Rede, es wird lediglich von einem „extrem untergewichtigen Zustand" Vlados gesprochen, wie er mit Schwindsucht im Endstadium nun einmal einhergeht. Die auf Grundlage einer dreisten Unwahrheit erstattete Strafanzeige verlief folgerichtig im Sande.

Doch die Verleumdungen machten die Runde. Die ersten Zeitungsmeldungen gingen auf eine Pressekonferenz des „Sekten-Info" zurück, auf der Cammans ihre angebliche „Zeugin" vorstellte. Diese wiederum stand in Kontakt zu Graf Magnis – und stützte sich auf „Sekten-Info" und Magnis. Graf Magnis berief sich seinerseits später immer wieder auf die dpa-Meldung, die er offenbar selbst mit kreiert hatte – denn die Idee mit dem angeblichen „Hungertod" trägt unverkennbar seine Handschrift. **Auf diese Weise entsteht ein regelrechtes „Zitier-Karussell", das mit Hilfe leichtgläubiger Journalisten über Wochen und Monate in Schwung gehalten werden kann.**

Auch als im Sommer 1985 eine 55-jährige obdachlose und abgemagerte Frau in Südbayern in einer Scheune tot aufgefunden wurde, versuchte die kirchlich gesteuerte Boulevardpresse diesen Todesfall dem Heimholungswerk Jesu Christi in die Schuhe zu schieben – nur weil die Frau lange vor ihrem Tod einige öffentliche Veranstaltungen der Urchristen besucht hatte. Die Frau war bis zu ihrem Tod evangelisch geblieben – doch das interessierte die Sensationspresse nicht.

Auch diese erfundene Sensation wollte Magnis nun für seine Hetzkampagne gegen die Naturklinik nützen.

Skrupellose Rufschädigungen in einem fort! Wie ergeht es dabei den Menschen, die für eine friedvolle Welt eintreten, für den Frieden zwischen Mensch, Natur und Tieren, und die dann fast pausenlos als „gefährliche" Außenseiter beschimpft werden? Wie geht es insbesondere Gabriele, die die Weisheit der Himmel auf diese Erde bringt, das Wissen um die

Heilung der Seele und die Selbstheilungskräfte im Menschen, wenn fast täglich solche und ähnliche Lügen auf sie herniederprasseln? Die Seele weiß um ihren göttlichen Auftrag und erfüllt ihn Tag für Tag – doch der Mensch muss all dies verarbeiten und verkraften.

Gefährlich ist die Weisheitslehre aus den Himmeln tatsächlich – und zwar für die Macht- und Herrschaftsansprüche der Talarträger von heute. Und die verteidigte auch der Großwild- und Ketzerjäger Magnis mit Zähnen und Klauen, mit Gift und Galle und mit dem gesamten Arsenal an Gemeinheiten und Boshaftigkeiten, das die vatikanische Institution in all den Jahrhunderten angehäuft und praktiziert hat.

Als er jedoch später selber krank wurde, suchte derselbe Graf Magnis, der über Jahre hinweg bei jeder Gelegenheit das Universelle Leben und die von Urchristen gegründeten Betriebe verteufelt hatte, als bedauernswerter alter Mann darum an, von einer urchristlichen Sozialstation betreut zu werden. Entschuldigt hat er sich für seine üblen Verleumdungen jedoch bis zu seinem Tod (2004) nicht. Die Urchristen verwiesen ihn auf katholische Einrichtungen. Weshalb er nicht von sich aus diesen Weg wählte, bleibt sein Geheimnis. Wusste er, wen er all die Jahre über bekämpft hatte?

Aus diesem Arsenal an Boshaftigkeiten bedienten sich jedoch auch andere. Gerade das Thema Gesundheit ist unter kirchlichen Verleumdern sehr beliebt, weil es den Menschen buchstäblich unter die Haut geht.

„In den Selbstmord getrieben ..."

Am 29.4.1992 etwa erscheint im *Stern* ein reißerischer Artikel mit der Überschrift: „Satanische Sekten – sie predigen Heil und führen ins Verderben – Wunderheiler und falsche Propheten haben in Deutschland Zulauf wie nie zuvor". Hier wird unter anderem die Geschichte von Michaela S. geschildert, die sich selbst mit Benzin übergoss und verbrannte. Sie sei, behaupten die Journalisten Daniela Horvath und Joachim Rienhardt, „in die Fänge einer der gefährlichsten – so die Meinung namhafter Experten – deutschen Sekten geraten: des Universellen Lebens. In deren Klinik ‚Haus der Gesundheit' in Michelrieth bei Würzburg hatte sie sich mehrfach behandeln lassen."
Hans-Walter Jungen aus Hettstadt bei Würzburg behauptet laut *Stern*: „Die sind so gefährlich, weil sie Schwerkranke vom Gang zum Arzt abhalten. Manche Kranke werden direkt in den Wahnsinn getrieben", und der *Stern* ergänzt: „ ... wie Michaela S., die sich

selbst verbrannte ... Die Anhänger solcher Scharlatane kommen in Strömen und nicht nur zum Universellen Leben." Unter einem Bild von Michaela steht als Unterschrift: „In den Selbstmord getrieben: Michaela S."

Was war wirklich geschehen? Die junge Frau war im Jahr 1988 tatsächlich zur Behandlung in der Naturklinik gewesen, hatte sich aber mit der Lehre des Universellen Lebens gar nicht beschäftigt. Man hatte in der Klinik zunächst versucht, ihr aus ihren Schwierigkeiten herauszuhelfen, die offenbar vorher noch niemandem aufgefallen waren, sie aber dann, weil offenbar massive psychische Probleme vorlagen, an einen Facharzt für Nervenkrankheiten überwiesen. Dieser hatte sie jedoch als nicht suizidgefährdet entlassen. Kurz darauf erfolgte dann der Suizid, wobei die Angehörigen Michaelas an diesem Tag nichts ahnten und einen positiven Eindruck von ihr hatten. In den daraufhin durchgeführten Ermittlungen wurde bei den behandelnden Ärzten der Naturklinik keinerlei Schuld festgestellt. Rienhardt stützte sich bei seinen Verleumdungen jedoch auf die persönliche Interpretation der Ereignisse, die ein Bekannter der Verstorbenen, offenbar auf der Suche nach einem Sündenbock, an kirchliche Stellen weitergeleitet hatte, die diese Version dann prompt an die Presse weitergaben.

Die Geschichte ist tatsächlich ein Skandal – nämlich was die Art und Weise angeht, wie Journalisten das Drama um eine kranke junge Frau in skrupelloser Weise dazu missbrauchen, es einer Glaubensminderheit in die Schuhe zu schieben.
Die Urchristen setzten sich diesmal zur Wehr – und bekamen recht, wenn auch erst nach neun Monaten. Am 11.1.1993 untersagte das Oberlandesgericht Bamberg in zweiter Instanz dem *Stern* die Behauptungen, Michaela S. sei in den Selbstmord getrieben worden und: Kranke würden in den Wahnsinn getrieben. Außerdem darf der *Stern* nicht mehr unter der Überschrift „Satanische Sekten" über das Universelle Leben berichten.

Trotz dieses Erfolges und einer im *Stern* abgedruckten Gegendarstellung (2.7.1992) – die Auswirkungen eines solchen Artikels sind verheerend. Solche Veröffentlichungen dienen der modernen Inquisition bei der Ausgrenzung von Andersgläubigen – mit großem Erfolg.
Was sogenannte Experten sagen, wird einfach geglaubt, was daraufhin in der Zeitung steht, wird für bare Münze genommen, und schon hat man in den Köpfen der Bevölkerung ein Feindbild aufgebaut, und das hat Konsequenzen in allen Lebensbereichen. Etliche Zeitungen und Zeitungsverlage verweigerten seit diesem Artikel dem Universellen

Leben den Abdruck von Anzeigen. In einer Telefonzelle in Kredenbach, einem Nachbarort von Michelrieth, hing wenige Tage nach Erscheinen des Artikels eine vergrößerte Kopie davon mit der Aufschrift: „Wie lange lasst ihr euch das gefallen?"

Das Gerichtsurteil von Bamberg hat vermutlich dazu geführt, dass kirchliche Rufschädiger ihre Unwahrheiten seitdem geschickter verpacken und sich meist gar nicht mehr auf konkrete „Fälle" beziehen.

Unter den Mitgliedern jeder religiösen Gemeinschaft, wie in der Gesellschaft insgesamt, gibt es Selbstmorde, Kriminalität und menschliches Versagen. In Deutschland sterben jährlich ca. 12 000 Menschen durch Selbstmord, die Mehrheit von ihnen sind Katholiken und Protestanten. Gerade das katholische Würzburg gilt statistisch gesehen als eine „Hochburg der Selbstmörder" – mit bis zu 29 Prozent höheren Suizidraten als im Bundesdurchschnitt. (*Main-Post*, 3.7.1999) Wissenschaftler führen das auf das „konservative, stark katholisch geprägte Milieu" zurück, das „Absteigern das Leben schwer, manchmal unmöglich macht". Täglich missbrauchen Katholiken und Protestanten Kinder, bringen Familienmitglieder um – doch in keiner Zeitung steht zu lesen: „Katholik verursachte Familiendrama" oder: „Protestant in den Tod getrieben" oder: „Mitglied der vatikanischen Groß-Sekte begeht Selbstmord". Bei Glaubensminderheiten jedoch wird sofort ein Zusammenhang konstruiert – oder, wie in diesem Fall, an den Haaren herbeigezogen.

Verfassungsfeindliche Parolen

Zurück zur Naturklinik in Michelrieth. Dort gründete der Mesner der lutherischen Dorfkirche eigens eine „Bürgerinitiative" gegen die Nachfolger des Nazareners, die jedoch die meiste Zeit über außer ihm selbst kaum Mitglieder umfasste. Dies genügte aber, um die Gemüter im Dorf zeitweise gehörig in Wallung zu bringen – allerdings mit Forderungen, die ein sehr merkwürdiges Demokratieverständnis erkennen lassen.

Ende 1992 sammelte der Mesner Unterschriften unter dem Motto: „Kein neues Baugebiet in Michelrieth – ... keine weiteren Grundstücksgeschäfte auf kommunaler Basis mit dem Universellen Leben – ... keinen ‚universellen' Ortssprecher oder Stadtrat."
Dem eifrigen Lutheraner (und auch den Unterschreibern) scheint gar nicht bewusst gewesen zu sein, dass diese Forderungen allesamt verfassungswidrig sind. Denn eine Gemeinde darf einen Grund-

stückskäufer nun mal nicht nach seinem Glauben fragen – und sie darf auch nicht Kandidaten für öffentliche Ämter (um die sich übrigens bis heute in Marktheidenfeld kein Anhänger des Universellen Lebens je beworben hat) wegen ihres Glaubens von einer Wahl ausschließen.
Der lutherische Mesner legte auch Pläne vor, auf denen alle Häuser, die von „denen da" bewohnt wurden, gesondert markiert waren. Menschen wie ihm fehlt offenbar jegliches Unrechtsbewusstsein dafür, in wessen Fußstapfen sie mit solchen „schwarzen Listen" treten.

In einem Flugblatt erinnerten die Urchristen daran, dass 60 Jahre zuvor an deutschen Ortseingängen Tafeln aufgestellt wurden mit der Aufschrift: „In folgenden Häusern leben Juden". Und dass in den 20er Jahren nazistische Gruppen dazu aufriefen, Juden den Erwerb von Grundstücken zu verbieten, ihnen die bürgerlichen Rechte abzuerkennen – was dann später in den „Nürnberger Gesetzen" auch tatsächlich geschah.

Immerhin: Die Ortspolitiker ließen sich diesmal nicht in die Hysterie der Ketzerjäger mit hineinziehen. Der Marktheidenfelder Bürgermeister Dr. Leonhard Scherg (CSU) bescheinigte dem Lutheraner, dass seine Forderungen dem Grundgesetz widersprechen. Dr. Scherg blieb auch in der Folgezeit ein Lieblings-Buhmann fanatischer Kirchenvertreter, da er „zu lasch" gegen „die Sekte" vorgehe und z.B. auch nicht verhindert habe, dass einige Nachfolger des Jesus von Nazareth 1992 im Marktheidenfelder Ortsteil Altfeld ein Gewerbezentrum eröffnen konnten. Dabei hatte sich Scherg, der nichts mit dem Universellen Leben zu tun hat, lediglich an die Verfassung gehalten. Als der lutherische „Sektenexperte" Wolfgang Behnk, von dem gleich noch die Rede sein wird (Kapitel 8), 1997 Scherg öffentlich vorwarf, er habe die Ansiedlung von Betrieben von Sympathisanten des Universellen Lebens nicht verhindert, stellte dieser klar, dass auch hier die Grundstücke von Privatleuten verkauft wurden und die Stadt keine Einspruchsmöglichkeit gehabt habe.

Auch Verstorbene werden noch verfolgt

Es ist zutiefst erschütternd, dass Menschen in der heutigen Zeit und in einem freiheitlich-demokratischen Rechtsstaat unter derartigen Rufmordkampagnen zu leiden haben – nur weil sie nicht katholisch oder evangelisch sind. Die Verfolgungsmanie gegen die Nachfolger des Jesus von Nazareth geht sogar so weit, dass man nicht mal die verstorbenen

Urchristen im „lutheranischen" Territorium duldet. Noch 1986, unmittelbar nachdem der Erwerb der Klinik durch Urchristen bekannt geworden war, änderten Pfarrer Bayer und sein Kirchenvorstand die Friedhofssatzung des von der evangelischen Kirche betriebenen Michelriether Friedhofs und legten fest, dass dort ab sofort „nur evangelische und katholische Begräbnisse zulässig" sein sollten. Als erste bekam dies im August 1988 die Familie der 46-jährig an Krebs verstorbenen Michelriether Bürgerin Irmtraud M., einer ehemaligen Protestantin, zu spüren: Mit der Beerdigung musste sie ins benachbarte Altfeld ausweichen, wo sich der nächstgelegene kommunale Friedhof befindet. Für den konfessionellen „Gottesacker" in Michelrieth gelten ab sofort wieder die mittelalterlichen Ketzergesetze, wonach „Überreste von Häretikern" dort nichts zu suchen haben!

Auch die Ende 1991 68-jährig verstorbene Urchristin Aloisia S. durfte nicht in Michelrieth beerdigt werden. In einer Pressemeldung machten die Urchristen darauf aufmerksam, dass logischerweise auch Jesus von Nazareth keine Chance hätte, in Michelrieth beerdigt zu werden – denn Er war schließlich weder evangelisch noch katholisch!
Und das wäre auch, nebenbei bemerkt, nur konsequent.

Dostojewskij lässt in seiner Erzählung vom „Großinquisitor" diesen zu Christus sagen: *„Vielleicht willst Du es aus meinem Munde hören, so vernimm es denn: Wir sind nicht mit Dir, sondern mit ihm [mit dem Gegenspieler Gottes], das ist unser Geheimnis."* Und am Ende weist er den zurückgekehrten Messias aus der Stadt: *„Gehe hinaus und kehre nicht wieder."*

Moderne Inquisition braucht moderne Technik

Inzwischen war in Michelrieth der lutherische Pfarrer verstorben. Sein junger Nachfolger war in den Augen einiger der lutherischen Kirchenoberen offenbar zu schwach gegen die „Ketzer" vorgegangen. Deshalb sorgte der benachbarte Lohrer Dekan Michael Wehrwein dafür, dass das 500-Seelen-Dorf Michelrieth – ein völlig ungewöhnlicher Vorgang – zeitweilig einen zweiten Pfarrer erhielt: Michael Fragner, der sich vor allem um die Auseinandersetzung mit der „Sekte" kümmern sollte. Und so beklagte sich Neu-Inquisitor Fragner gleich in einer Reihe von Fernsehauftritten in theatralischer Weise darüber, dass das Dorf von der „Sekte" fast vollkommen aufgekauft worden sei. (Davon kann keine Rede sein.) Daraufhin stürzten sich kirchenhörige Journalisten nur zu gern auf das kleine Dorf und stellten ihre Kameras mit Vorliebe direkt vor dem Klinikeingang auf, so dass weder Angestellte noch Patienten ungefilmt ein- und ausgehen konnten.

Was sich kirchliche Instanzen – auch gegenüber dem Staat – herausnehmen, ja, leider noch herausnehmen können, ist unglaublich: Fragner richtete für seine Attacken eigens eine Internetseite ein, für die er, statt den Namen der Kirchengemeinde zu verwenden, den Namen des Dorfes hernahm, sprich: missbrauchte – eine offensichtliche Anmaßung, denn auf die Ortsnamen haben nach der Rechtsprechung die politischen Gemeinden immer den ersten Zugriff. Fragner nutzte diese Webseite nun als Kampfplattform gegen das Universelle Leben, auf der er alle nur greifbare Giftmunition gegen diese Aussteiger aus den Kirchen ansammelte.

Schon die mittelalterliche Inquisition hatte ihre Basis immer in einer möglichst umfangreichen „Datensammlung" von Denunziationen, Spitzelberichten und Verhörprotokollen, die in Abschriften überallhin weitergegeben wurden, und zwar europaweit, ja sogar bis in die amerikanischen Kolonien – so dass man als „Ketzer" den Maschen dieses Netzwerks auch durch Flucht kaum entkommen konnte. Es ist nur folgerichtig, dass die moderne Inquisition unserer Tage diese „Arbeit" mit den Mitteln der Computertechnologie fortsetzt.

Als Pfarrer Fragner die Pfarrgemeinde Michelrieth nach nur drei Jahren wieder verließ, um eine Pfarrstelle im Landkreis Würzburg anzutreten, stellte er seine Tätigkeit als Kompilator und Briefträger von Verunglimpfungen keineswegs ein, sondern führte sie – noch immer unter dem Dorfnamen! – vom neuen Wohnort aus weiter.

Das Universelle Leben forderte daraufhin die Stadt Marktheidenfeld auf, die Internet-Adresse, die ja wie eine offizielle Gemeinde-Adresse aussah, von der lutherischen Kirche gerichtlich zurückzufordern. Der Stadtrat lehnte dies jedoch in einer hauchdünnen Kampfabstimmung im Februar 2005 ab. Die knappe Mehrheit wollte offenbar keinen Ärger mit der Kirche, auch wenn sich diese offensichtlich ins Unrecht gesetzt hatte. Und die daraufhin von einigen ortsansässigen Bürgern angerufenen Gerichte befanden zwar, dass die Stadt die Seite zurückfordern könnte – dass sie aber nicht per Gericht dazu gezwungen werden dürfe. So blieben die Rechte einer Minderheit auf Schutz vor Diskriminierung einmal mehr auf der Strecke.

> Inquisition:
> **Verfolgung und Ausmerzung aller, die sich der herrschenden Religionskaste nicht unterwerfen, durch Lüge, Verleumdung, Diskriminierung, Folter, Mord.**

Die Auswirkungen der Verhetzung

Ein Ziel hatten die fanatisierten Bekämpfer der Urchristen, im Verbund mit den kirchlichen Rufschädigern, auch im Raum Michelrieth zumindest zeitweise erreicht: die Aufhetzung eines Teils der Bevölkerung. Dies lässt sich an einzelnen Reaktionen deutlich ablesen.

In den Jahren 1987 bis 1989 wurde etwa die Naturklinik mehrfach Zielscheibe von Telefonterror. Die Anrufe erfolgten meist nachts; teilweise kannte der Anrufer die Durchwahlnummern und gelangte in die Zimmer von völlig ahnungslosen Patienten. „Man sollte euch alle umbringen", sagte er, „ihr solltet alle verschwinden", „man sollte euch alle vergasen" usw.
Kinder im Nachbardorf Marienbrunn erhielten von ihren Eltern ein Verbot, mit Kindern von Urchristen zu spielen. Kinder von Urchristen wurden auf dem Schulweg als „Sektenschweine" beschimpft, zu Boden gestoßen und getreten.
Anfang 1993 wurde ein Steinkreuz aus Bundsandstein, das Urchristen in Kredenbach auf dem Gelände eines urchristlichen Bauernhofes aufgestellt hatten, mit einer Axt umgehauen; ein an gleicher Stelle zur Mahnung aufgestelltes Holzkreuz wurde ebenfalls beschädigt.

In der Nacht zum 5.9.1994 wurden auf den Feldern desselben Hofes 60 Ballen Stroh angezündet – in dieser Nacht war in Esselbach, gegenüber der urchristlichen Schule, ein feuchtfröhliches CSU-Schoppenfest veranstaltet worden.

Dies und Weiteres waren offensichtliche Folgen der kirchlichen Hetzkampagnen gegen Mitbürger, deren einziges „Vergehen" es war, das falsche Gebetbuch zu haben ...

Politiker vor dem Karren der kirchlichen Ehrabschneider

Auch Politiker beteiligten sich an der Hetzkampagne gegen die Naturklinik. Anfang Dezember 1996 wird auf einer Veranstaltung der SPD in Wertheim-Höhefeld eine ehemalige Klinik-Patientin präsentiert.
Sie berichtet von „Erlebnissen", die sie fünf Jahre zuvor bei einem Aufenthalt in der Klinik hatte: Während einer Behandlung sei es ihr „schummrig" geworden, sie habe sich „beobachtet" gefühlt (was ja für eine Klinik in Bezug auf das Wohl der Patienten durchaus wünschenswert ist), man habe sie unmerklich „vereinnahmen" wollen. Seltsam nur, dass die Frau noch längere Zeit nach ihrem Aufenthalt

nur positiv über die Klinik gesprochen hatte. Ein „Ausstiegsberater" habe ihr „geholfen", sich von der „Sekte" zu lösen – wobei sie nie in irgendeiner Weise bei den Urchristen aktiv war, kaum einer sie überhaupt kannte oder Umgang mit ihr pflegte! Man kann sich gut vorstellen, wie ein innerlich labiler Mensch zunächst euphorisch auf Neues reagiert, aber auch sehr leicht wieder vom Gegenteil „überzeugt" werden kann. Und man kann sich nur wundern, wie eine demokratische Partei und die Medien so unkonkrete und nebulöse Vorwürfe zu einer Art „Aussteigerbericht" hochstilisieren können. Federführend ist hier die baden-württembergische SPD-Landtagsabgeordnete Carla Bregenzer, die sich als „sektenpolitische Sprecherin der SPD-Landtagsfraktion" bezeichnen lässt und sich offenbar mit diesem Thema profilieren will.

Kirchliche „Experten" wie der bayerische Sektenbeauftragte „Pfarrer" Behnk haben zu diesem Zeitpunkt einen Teil ihrer Diffamierungsarbeit bereits an ihnen willfährige Politiker übergeben. Behnk hatte Ende 1994 in Kreuzwertheim den Eindruck vermittelt, im Universellen Leben ziehe man einer ärztlichen Behandlung das Anhören von Cassetten vor. Wen wundert es, dass auch staatliche Stellen derlei Verleumdungen in ihre Berichte aufnehmen – so etwa die Landesregierung von Schleswig-

Holstein in einen „Bericht über Aktivitäten von Sekten" (1995), in dem über das Universelle Leben behauptet wird: „Neue geoffenbarte Heilmethoden treten an die Stelle der Schulmedizin." Oder in Berlin, wo 1997 spekuliert wird: „Für den gläubigen Anhänger besteht potentiell die Gefahr, dass er sich im Krankheitsfall zu spät oder gar nicht in fachärztliche Behandlung begibt, um sich nicht dem Verdacht mangelnder Glaubensfestigkeit auszusetzen."

Mit derlei falschen Behauptungen will man sowohl die von Urchristen geführten medizinischen Einrichtungen als auch die – völlig unabhängig davon angebotene – urchristliche Heilung durch Gebet und Glauben diskreditieren. Urchristen mögen noch so oft wiederholen, dass sie in ihrer Klinik auch schulmedizinische Methoden anwenden; dass sie bei jeder Glaubensheilung ausdrücklich darauf hinweisen: „Der Besuch dieser Veranstaltung schließt den Besuch beim Arzt oder Heilpraktiker keineswegs aus" – die falschen Behauptungen werden dessen ungeachtet bewusst wiederholt.
Die Haltlosigkeit dieser Verleumdungen stellte 1999 auch das Verwaltungsgericht Würzburg fest: *„Nachfragen des Gerichtes bei der Regierung von Unterfranken, Sachgebiet Humanmedizin, bezüglich der von der Glaubensgemeinschaft Universelles*

Leben unterhaltenen Naturheilklinik ergaben keine Erkenntnisse, die eine Gefährdung von Patienten erkennen ließen. Nach Auskunft der Regierung von Unterfranken seien auch keine Einzelfälle bekannt, in denen es durch verspätete oder verzögerte Konsultation eines Arztes zu Gefährdungen Einzelner an Leib und Leben gekommen sei. ... Rein naturheilkundliche Therapien werden nur in 10 bis 15% der Fälle angewandt. Dieser Umstand belegt, dass sich die Anhänger des Universellen Lebens auch schulmedizinisch anerkannter Heilmethoden bedienen. Die theoretisch bestehende Möglichkeit, dass ein gläubiger Anhänger des Universellen Lebens in der Praxis tatsächlich auf ärztliche Hilfe verzichten und deshalb sich in Lebensgefahr bringen könne, muss deshalb als Spekulation betrachtet werden."

Die größte Gefährdung, so könnte man noch hinzufügen, der ein Anhänger des Universellen Lebens ausgesetzt ist, ist der kirchlich verbreitete Rufmord über ihn und seinen Glauben, sind die Diffamierungen, die rücksichtslos verbreitet wurden, ohne daran zu denken, welchen Schaden man damit unbescholtenen Bürgern zufügt.

8. Der moderne Inquisitor
Wolfgang Behnk (1991-99)

Als Pfarrer Haack Ende 1990 im Alter von nur 55 Jahren stirbt, würdigt der Würzburger Bischof Scheele seine „Verdienste":
Für die Katholiken des Bistums sei sein Tod ein „schmerzlicher Verlust". In „seltener Klarheit habe er die heraufkommenden extremen Weltanschauungen als Herausforderung für alle Kirchen des apostolischen Glaubensbekenntnisses erkannt", gibt das katholische *Volksblatt* (15.3.1991) die bischöfliche Lobrede wieder. Und im *Evangelischen Sonntagsblatt* (31.3.1991) wird der „Experte" ebenfalls breit gewürdigt: „Zahllose jugendliche sowie erwachsene Frauen und Männer verdanken der fundierten Aufklärungsarbeit Pfarrer Haacks, dass sie nicht Gruppierungen zum Opfer gefallen sind, die ihre religiösen Sehnsüchte eigennützig und zum Schaden der Person ausnutzen."
Was darüber wohl z.B. die ungezählten Männer und Frauen dachten, die als Kinder oder Jugendliche von Priestern und Pfarrern missbraucht worden waren?

Einem protestantischen Mitbürger, der Kritik an dem Sektenbeauftragten übte, hatte der lutherische Landesbischof von Bayern Johannes Hanselmann schon lange vorher durch seinen Oberkirchenrat mitteilen lassen, der Landeskirchenrat sei Haack „sehr dankbar für seinen Dienst". Und durch einen Kirchenrat ließ Hanselmann später auch den Nachfolger Haacks und dessen „engagierten Dienst" würdigen – denn dieser sollte sich in der Tat alle Mühe geben, das Verunglimpfungsniveau seines Vorgängers zu erreichen und sogar noch zu übertreffen.

Nachfolger Haacks wurde Wolfgang Behnk, 42, evangelisch-lutherischer Pfarrer in Gerbrunn, einer Würzburger Vorortgemeinde. Somit kannte er die Aktivitäten des Universellen Lebens bereits. Als er im Juni 1991 zum Nachfolger von Haack ernannt wird, ahnt allerdings noch kaum jemand, wie ehrgeizig er danach trachten wird, seinen Vorgänger in der Intensität der skrupellosen Verfolgungsarbeit noch in den Schatten zu stellen. Im Gegenteil: Der eher kühle Norddeutsche gibt sich zunächst betont locker und kommunikativ, taucht ohne Vorankündigung im Haus des Universellen Lebens auf, angeblich um „Kontakt zu knüpfen", und teilt anschließend der *Main-Post* mit, er wolle nicht so wie sein Vorgänger agieren, der vielen „zu polemisch" gewesen sei, der oft „mit Fakten geizte" – nein: „argumentativ und dialogisch" werde sein Stil sein, er wolle „offen das Gespräch mit den Gruppen und

Bewegungen suchen", denn er sei „kein Inquisitor", er praktiziere „Toleranz", wolle nicht „Zustimmung aggressiv einfordern oder mit Heilsentzug drohen", sondern nur „Hilfen zur Urteilsbildung geben, Fakten zeigen, aber das Urteil muß jeder selber treffen". Die evangelische Kirche wolle „durch ihren Glauben überzeugen und durch Taten, die daraus folgen, nicht durch institutionelle oder staatliche Macht".

Ob Behnk es tatsächlich ehrlich meinte, oder ob alles von vornherein nur eine salonfähige Lüge war, sei dahingestellt. Jedenfalls begab er sich erst einmal zur intensiven Einarbeitung in sein neues „Fachgebiet" für mehrere Monate in das umfangreiche Archiv seines kurz zuvor verstorbenen Vorgängers. Nachdem auch die Wissenschaft lehrt, dass keine Energie verloren geht, kann sich jeder lebhaft vorstellen, dass dessen „Geist" dort noch mehr oder weniger leibhaftig präsent gewesen sein könnte. Außerdem konnte sich Behnk den „Sachzwängen" und Erwartungen seiner Landeskirche wohl kaum entziehen.
Mit Samthandschuhen oder gar mit der Wahrheit kann ein moderner Inquisitor seine schmutzige Arbeit ebensowenig verrichten wie seine Kollegen im Mittelalter. Aber genau dafür war er schließlich ausgewählt worden.

Und so kam es, dass Wolfgang Behnk bereits mit seinen ersten öffentlichen Auftritten nach seiner offiziellen Amtseinführung im Dezember 1991 seine eigenen Ankündigungen bezüglich einer „Stiländerung" gründlich Lügen strafte. Er dachte sich immer wieder besonders pointierte, ja bösartige Formulierungen aus, die er seinen Zuhörern, seien es Journalisten oder Kirchenbesucher, regelrecht einhämmerte.

Wer hat Angst vor der selbstlosen Liebe?

Im Dezember 1991 etwa lanciert Behnk einen Artikel in den *Münchner Merkur* (16.12.1991) unter der Überschrift „Guru machte reiche Beute".
Das Universelle Leben, so Behnk, sei eine „Sekte", die versuche, „Jugendliche in ihre Netze zu treiben". Er warne deshalb davor, „sich von der Herzlichkeit der Sektenmitglieder beeindrucken zu lassen: Diese Freundlichkeit ist eine knallharte Investition, die mit Zins und Zinseszins zurückgefordert wird."
„Ich sehe jemand, der freundlich ist, der kann doch so schlecht nicht sein" – spontane Wahrnehmungen und gefühlsmäßige Urteilsfähigkeit waren Inquisitoren zu allen Zeiten suspekt – und sie sind es auch heute. Denn sie könnten ja dazu führen, dass man „Ketzern" oder „Hexen" unbefangen begegnet

– und am Ende noch Mitgefühl empfindet, wenn sie in die Fänge der Inquisition geraten.

Früher hätte der Inquisitor gesagt: Wenn dir jemand besonders freundlich vorkommt, so nimm dich in Acht: Es könnte ja eine Hexe oder ein Hexer sein, die dich verzaubern wollen. Heute sagte der moderne Inquisitor: Die wollen ja nur dein Geld.

Außerdem hat Behnk offenbar nichts Konkretes gefunden, was man den Urchristen vorwerfen könnte – keine Gesetzesverstöße oder dergleichen –, also greift er zu solch ominösen Drohungen. Und er verwendet, wie viele seiner Vorgänger, einprägsame Feindbilder: „Sekten" seien „wie ein Fliegenpilz: Von außen betrachtet sind sie schön, aber beißt man hinein, erkennt man das Gift."

„Der Giftpilz": So hieß ein „Stürmerbuch", 1938 vom nationalsozialistischen Hetzblatt *Der Stürmer* herausgegeben, in dem „deutscher Jugend ein Wissen von jüdischen Dingen" beigebracht werden sollte. Wenn man auch die Verfolgung der Juden im Dritten Reich nicht mit der heutigen Verfolgung religiöser Minderheiten vergleichen kann, so sind die Analogien in der Rufschädigungs-Argumentation doch immer wieder verblüffend.

Behnk verbindet nämlich die Hetzparolen von Haack und Magnis zu einem neuen Feindbild des

Universellen Lebens, das er, losgelöst von der Realität, immer weiter ausbaut und mit ungehemmter Polemik in den folgenden Wochen und Monaten in die Medien bringt: Das Universelle Leben sei eine „finanzstarke Kunst-Religion", eine mit „bewundernswerter juristischer Raffinesse aufgebaute totalitäre Organisation", die von einer Frau (hier folgen Beschimpfungen von einer solchen Niveaulosigkeit, dass wir sie hier nicht wiederholen) geführt werde, „die mit ihren Offenbarungen ... ein gnadenloses System der Selbsterlösung aufgebaut" habe, „das hilfesuchende Menschen in Abhängigkeit führe".

Alle, die Gabriele kennen, sind entsetzt – wie ein Pfarrer, der sich christlich nennt, die Wahrheit dermaßen auf den Kopf stellen kann und keine Hemmungen hat, Gabriele, eine selbstlose, integre, einfühlsame Frau in aller Öffentlichkeit so zu diffamieren.
Und wie reagiert Gabriele? Sie antwortet, indem sie in einer Veröffentlichung der Urchristen Folgendes schreibt:
Wer urteilt, der hat sich schon verurteilt; er wurde zu seinem eigenen Richter. Zwischen Herrn Behnk ... und mir gab es noch kein einziges Mal eine Begegnung von Angesicht zu Angesicht. Wir haben auch noch nie ein Wort miteinander gewechselt. Seine Aussage ... berührt mich nicht.

Mit solchen und ähnlichen verleumderischen Reden hat schon sein Vorgänger, „Pfarrer" Haack, argumentiert und versucht, mich zu provozieren. Das ist ihm nicht gelungen. Und das wird auch Herrn Behnk nicht gelingen, denn ich weiß, wer Herrn Haack und Herrn Behnk gesandt hat, und ich weiß, wohin Herr Haack ging und Herr Behnk gehen wird.
Bei Herrn Behnk erkennt man deutlich den Inspirator. Seine Argumente und Verleumdungen gleichen ganz denen von „Pfarrer" Haack, dessen Manuskripte und Aufzeichnungen er lange Zeit studiert hat. ... Man hat versucht, mich mit allen Farben der katholischen und evangelischen Kirche zu besudeln, vorwiegend mit der Farbsubstanz der beiden Institutionen: schwarz. Ich habe mich nicht verteidigt – und werde mich nicht verteidigen –, noch habe – und werde – ich mich provozieren lassen, einerlei, was über das Werk des Ewigen ausgegossen wird. Mit der Kraft der selbstlosen Liebe habe ich „Pfarrer" Haack ... überwunden. Mit der Kraft der selbstlosen Liebe werde ich auch Herrn Behnk überwinden.

Liebe Leserin, lieber Leser, wenn Sie möchten, halten Sie einen kurzen Moment inne. Was verstehen Sie unter „selbstloser Liebe"? Vielleicht denken Sie dabei an die Liebe, von der auch in den Kirchenbibeln die Rede ist: Die Liebe ist geduldig und freundlich, sie trägt alles, hofft alles, duldet alles, sie eifert nicht ...

Und wie reagierte Wolfgang Behnk? Statt einmal über sich und seine Rufmordattacken nachzudenken, griff er Gabrieles Worte auf und versuchte, ihr daraus wiederum einen Strick zu drehen, indem er unterstellte, „mit selbstloser Liebe überwinden" könne in diesem Fall nur bedeuten: „dem Tode zuführen". – Wie kam er nur auf einen solchen Gedanken? Weil Pfarrer Haack, den Gabriele bei diesem Satz mit einbezogen hatte, bereits verstorben war. Der Pfarrer hatte also offenbar Angst vor der selbstlosen Liebe – vielleicht, weil er sie nicht kennt? Oder ging es ihm nur darum, in alter Inquisitoren-Manier alles, was dem Mund einer „Ketzerin" oder eines „Ketzers" entströmt, sofort wieder gegen diese zu verwenden? Sei es, wie es sei: Rundfunkstationen wie der Bayerische Rundfunk oder Antenne Bayern griffen die seltsame „Logik" des Pfarrers bereitwillig auf und bezeichneten die Aussagen Gabrieles als „Todesorakel" oder gar „Todesfluch".

Wir werden gleich sehen, wer damals in Wirklichkeit ein „Todesorakel" von sich gegeben hat ...

Die Kirche beschreibt sich selbst

Wie bei den bisher aufgetretenen modernen Inquisitoren strotzen auch Behnks Anschuldigungen gegen die Urchristen von Projektionen: „Gnadenlos" – wie steht es mit der Gedankenwelt von Behnk selbst? Und wie sieht es mit der Einstellung seines Kirchengründers Martin Luther gegenüber seinen Mitmenschen aus, z.B. den Bauern, Juden, den sogenannten Hexen? Der Gründer der angeblich „christlichen" Lutherkirche gab „gnadenlos" ganze Hasstiraden gegen Andersdenkende von sich, z.B.: „Steche, schlage, würge hie, wer da kann!" gegen die Bauern, oder: „Die Juden sind ein solch verzweifeltes, durchböstes, durchgiftetes Ding, dass sie 1400 Jahre unsere Plage, Pestilenz und alles Unglück gewesen sind und noch sind."

„Finanzstark" – das ist die Lutherkirche ohne Zweifel; eine „Kunst-Religion" ebenfalls, wenn man bedenkt, wie weit sie sich vom ursprünglichen Christentum entfernt und wie viel heidnisches Gedankengut sie aufgenommen hat, angefangen beim „Sühneopfer", das in Gestalt des Jesus von Nazareth einem angeblich „grausamen Gott" dargebracht werden musste.
Und die „juristische Raffinesse" – diese wendet Behnk selber an, indem er seine geballte Ladung

von Schmähungen, Verunglimpfungen und Unwahrheiten so raffiniert formuliert, dass sie bei den meist katholischen oder lutherischen Richtern als „Meinungsäußerungen" gerade noch so durchgehen.
Wer sich durch Kritik bloßgestellt fühlt, sich aber partout nicht ändern will, der bekämpft im Nächsten genau das, was er selber noch ist – das ist seine Projektion. *Wer* führt denn seit Jahrhunderten „hilfesuchende Menschen in die Abhängigkeit"? *Wer* treibt denn „Jugendliche in seine Netze", indem er bereits Säuglinge der Taufe unterzieht – und sie damit in ein System hineinzwängt, aus dem sie nur unter Androhung der „ewigen Verdammnis" wieder herauskommen?

Doch wie viele Menschen sind in der Lage, diese Zusammenhänge auf Anhieb zu durchschauen? Wie viele lassen sich noch immer durch die „Tradition" einlullen und durch gravitätisches Gehabe, durch Rituale, Zeremonien und Gewänder und durch die salonfähigen Lügen angeblicher „Experten" beeindrucken? Wie viele sind noch immer davon überzeugt, ein Pfarrer könne nicht lügen, nicht absichtlich und böswillig seinen Nächsten herabsetzen?

Der Leser hat nun, wenn er möchte, einen Schlüssel in der Hand, mit dem er den weiteren Schwall von Anwürfen und Lügenmeinungen, der hier nur ansatzweise wiedergegeben wird, richtig einzuordnen vermag. Wobei es sich bei den zitierten Verunglimpfungen immer nur um die Spitze eines Eisberges handelt – eines Eisbergs, der noch immer, auch nach Jahren, durch den Ozean der öffentlichen Meinung driftet und auf den noch immer ungezählte Medienvertreter und Politiker auflaufen.

Die Verdrehungen und Lügen, die Behnk und seinesgleichen über Jahre hinweg über alle verfügbaren Kanäle verbreitet haben, geistern weiterhin durchs Internet und erreichen über kirchliche und staatliche Filmverleihstellen noch den letzten Schüler im Religionsunterricht.
So pflanzt die Hetze sich unterirdisch fort, auch wenn sie in der unmittelbaren Tagespresse nur noch sporadisch auftaucht. Wie viele Jahrzehnte wird es dauern, bis die Köpfe davon wieder frei und in der Lage sind, sich ein eigenes, ungefärbtes Bild zu machen?

„Todesorakel" – eine neue Dimension der Rufschädigung

Zurück zu Wolfgang Behnk und seinem Feldzug gegen die Nachfolger des Jesus von Nazareth. Die Suggestionen, Spekulationen, Meinungslügen und Projektionen gingen weiter.
Er behauptete z.B., im Universellen Leben sei „jegliche Kritikfähigkeit ausgeschlossen und keine Gewissensbildung mehr möglich". Vielleicht rechnete er damit, dass nur die wenigsten Menschen überhaupt wissen, dass der Religionsgründer seiner eigenen Kirche, Luther also, dem Menschen nicht nur die Kritikfähigkeit, sondern schlechthin den freien Willen absprach – und damit auch die Möglichkeit, der Stimme seines Gewissens zu folgen. Denn laut Luther sei der Mensch, wie bereits erwähnt, von Gott entweder zum Bösen oder zum Guten vorherbestimmt. Genau über diese zentrale Lehre Luthers hat Behnk übrigens seine Doktorarbeit geschrieben, er kannte sie also genau.

Behnk nützte weiterhin jede Gelegenheit, die Nachfolger des Jesus von Nazareth sinngemäß als gefährliche, unberechenbare, „durchgeknallte" Außenseiter darzustellen. Als am 19. April 1993 in Waco (USA) bei der Erstürmung der Ranch der „Davidianer" durch die Polizei 81 Menschen ums

Leben kamen, hatte er keine Hemmungen, die tragischen Vorkommnisse, die sich in den USA abgespielt hatten, für seine Kampagne gegen das Universelle Leben auszuschlachten. Er ließ über den Evangelischen Pressedienst die folgende Meldung verbreiten:

„Ein Massenselbstmord wie der von Anhängern der Davidianer-Sekte im texanischen Waco ist nach Ansicht des Münchner Sektenbeauftragten Pfarrer Wolfgang Behnk auch in Deutschland möglich. ‚Diese Gefahr besteht, sobald sich Menschen in den Einflußbereich einer geschlossenen Ideologie begeben, in der jegliche Kritikfähigkeit ausgeschlossen ist und keine Gewissensbildung mehr möglich ist' ....
Wenn die Ideologie der Sekte von apokalyptischen Endzeiterwartungen durchdrungen sei und eine psychische Abhängigkeit zu einer Führergestalt bestehe, sei die Möglichkeit eines Massensuizids gegeben, sobald sich der Sektenführer in einer ausweglosen Situation sehe ...
‚Wenn Selbstmord als letzte Konsequenz gefordert wird, dann folgen alle wie die Lemminge kritiklos seinem Kommando.' Behnk warnte in diesem Zusammenhang vor der Gruppe ‚Universelles Leben', die in der Nähe von Würzburg einen ‚Christusstaat Neues Jerusalem' errichten will."

Dabei kannte Wolfgang Behnk die urchristlichen Schriften – er hatte sie ausführlich studiert und wusste also ganz genau, dass ein Selbstmord für einen Menschen, der die Lehre des Christus Gottes durch Gabriele angenommen hat, nicht in Frage kommt.

Die Urchristen und jeder, der sie und die urchristliche Lehre kennt, waren fassungslos: Was treibt einen Menschen, der sich „Christ" nennt, ja sogar „Pfarrer" und „Seelsorger", dazu, dermaßen gegen seine Mitmenschen vorzugehen? – Die Antwort ergibt sich aus der Geschichte: Die Priesterkaste war seit jeher der Feind der Gottespropheten.

Hetze zur besten Sendezeit ...

Die Massenmedien waren an der Wahrheit nicht interessiert – sie reagierten sofort, griffen die „Sensationsmeldung", die keine war, begierig auf und schickten Scharen von sensationshungrigen Journalisten in die Umgebung von Würzburg, um das „Waco in Unterfranken" in Augenschein zu nehmen. Ein Filmteam mietete sogar einen Hubschrauber, um einen von Nachfolgern des Nazareners bewohnten Bauernhof zu filmen. Den entscheidenden Hinweis dafür hatten sie nach eigener Aussage von Pfarrer Behnk erhalten.

Ein moderner Inquisitor erfindet nicht nur Verleumdungen – er sorgt auch dafür, dass sie groß verbreitet werden. Es gelang Behnk tatsächlich, in neue Rufschädigungsdimensionen vorzustoßen, die selbst sein Vorgänger noch nicht erreicht hatte. Das Todesorakel, das er Gabriele unterstellen wollte, hatte er selbst in die Welt gesetzt – und damit schaffte er es schlagartig in die Fernsehkanäle, und zwar bundesweit.

Was dabei herauskam, konnte man z.B. in *„ZAK"* (*WDR*, 25.4.1993) ansehen. Da redete der Moderator vom „jämmerlichen Sterben" in Waco, und zwar im gleichen Atemzug mit dem Universellen Leben. Ganz ähnlich ging man bei *Pro 7* vor (*„Die Reporter"*, 9.5.1993), wo sogar die Morde der Bande von Charles Manson (1969) und der Massentod der „Volkstempler" von Guyana (1978) gezeigt wurden, ehe man die urchristlichen Einrichtungen ins Bild brachte – und am Ende des Streifens Pfarrer Behnk im Bild erschien.

Ein Hetz-Artikel in der örtlichen Tagespresse ist schlimm genug – eine bundesweit im Abendprogramm ausgestrahlte Fernsehsendung – und dies waren nur zwei Beispiele von mehreren – mit sensationellen, hektischen Bildfolgen und düsterer Musikuntermalung wirkt noch weit stärker auf das

Unterbewusstsein. Der rasch dazu gesprochene Text kann – im Gegensatz zur Zeitung – kaum reflektiert werden; zurück bleiben oft nur Versatzstücke von Assoziationen und Vorurteilen.

Man muss sich das vorstellen: Rechtschaffene Bürger, die sich nie haben etwas zuschulden kommen lassen, werden durch suggestive Bilder auf eine Stufe mit Massenmördern, mit Verbrechern und Massenselbstmördern gestellt.

... *und ihre Auswirkungen*

Wie erging es den Menschen, friedlichen Mitbürgern, die in diesem Bauernhof über Tage hinweg förmlich belagert wurden von Fernsehjournalisten mit Kamerateams aus dem gesamten Bundesgebiet, die sensationslüstern das „Waco in Unterfranken" filmen wollten – das es gar nicht gab?

Wie fühlen sich Menschen in einem Haus, in einem Betrieb, wenn sie plötzlich gefragt werden: Stimmt es, dass bei euch der nächste Massenselbstmord droht?

Wie ergeht es Menschen, wenn plötzlich ein Hubschrauber im Tiefflug über das Anwesen donnert?

Wie ergeht es den auf dem Hof lebenden Tieren – Pferden, Rindern, Hühnern, Katzen, Hunden –, die völlig verängstigt und verschreckt sind, die panisch die Flucht ergreifen wollen?

Wie ergeht es Menschen, die sich nicht mehr frei und unbekümmert bewegen können, weil sie ständig damit rechnen müssen, dass die nächste Attacke kommt? Wie ergeht es Müttern, die sich nicht mehr trauen, mit ihren Kindern die Wohnungen zu verlassen, ohne befürchten zu müssen, von Journalisten und Kamerateams – natürlich in Begleitung von Sektenbeauftragten – verfolgt oder bedrängt zu werden? Selbst nachts waren sie in ihren Fahrzeugen nicht mehr davor sicher, gestoppt zu werden und sofort dem grellen Licht der Scheinwerfer ausgesetzt zu sein.

Die Hetze zur besten Sendezeit, die über Monate und Jahre weitergeht, blieb auch auf viele Zuschauer nicht ohne Wirkung, die ihre durch solche Sendungen geschürten Ängste und Aggressionen dann an den Nachfolgern des Jesus von Nazareth auslassen wollten.
Nach einer solchen Sendung ruft noch am selben Abend ein Mann in den Räumen eines Versammlungsortes der Urchristen in Nürnberg an, wo gerade eine Veranstaltung läuft, und schreit in den Hörer: „Verschwindet, ihr Schweinepack!" Am Tag darauf empört sich ein Passant, dem in München ein Flugblatt des Universellen Lebens angeboten wird: „Ich habe die Sendung gesehen und ich hoffe, ihr brennt jetzt bald!" Unflätigste Beschimpfungen

sind auf Anrufbeantwortern von Urchristen zu hören, auf Telefaxen zu lesen, Urchristen werden in aller Öffentlichkeit als „Seuche" beschimpft (Ingolstadt), als „Faschisten" (Berlin), „schlimmer als Hitler" (Darmstadt), als „Verbrecherbande" (Marktheidenfeld), sie seien „ähnlich wie die Davidianer in Texas", sie gehörten „verboten", „vergast" (Frankfurt) oder „in die Strafanstalt gesperrt", „erschossen" (Würzburg), es gibt eine Bombendrohung im Haus des Universellen Lebens in Würzburg (28.12.1993). In Tübingen kommt eine Frau mit einem Artikel, in dem Behnk zitiert wird, zum Marktmeister und fordert, der „UL-Stand" müsse „entsprechend gekennzeichnet" werden. In Unterfranken werden Dorfbewohner von Nachbarn beschimpft, weil sie „bei denen" einkaufen.

Mindestens ebenso bezeichnend für die Wirkung der Filme sind die Äußerungen weniger rabiater Zeitgenossen: z.B. Kunden in Christusbetrieben, die „gar nicht glauben" können, dass „dieser nette Laden" auch dazu gehöre. Andere verstehen die Sendungen als Aufforderung zur Selbstjustiz: In Darmstadt wird ein Schaukasten des Universellen Lebens herausgerissen und weggeschleppt, in Singen ein Schaukasten beschmiert, in Arnstein bei Würzburg werden vor Häusern von Urchristen Autoreifen durchstochen, in Michelrieth Antennen abgeknickt, auf dem Hof der urchristlichen Schule werden Lampen eingeworfen.

Schwerer wiegen jedoch die unausgesprochenen Gedanken, die in den Köpfen festgesetzten Vorurteile, die über Jahre hinweg ihre Wirkung behalten können. Um diese zu verstärken, werden einige der Hetz-Sendungen bis heute über kirchliche und staatliche Medienstellen verbreitet, in Schulen beim Religionsunterricht gezeigt oder (wie in Würzburg) Pädagogikstudenten empfohlen.

Die Täter sehen sich als „Verfolgte"

Als die Urchristen sich durch solche Fernsehsendungen nicht einschüchtern lassen und teilweise in Flugblättern darauf Bezug nehmen und die Kirchenhörigkeit der Rundfunkanstalten anprangern, stellen sich einige der Journalisten prompt als „Verfolgte" hin: In ihrer Wohngegend, einem kleinen Dorf, so beschweren sie sich mit larmoyanter Stimme, seien Flugblätter verteilt worden, in denen sie als „Volksverhetzer" bezeichnet wurden. Da sind heutige Inquisitoren und deren Handlanger äußerst empfindlich. Dass sie durch solche Aktionen (und nur deshalb werden sie gemacht) ein wenig davon ahnen könnten, was sie anderen antun, kommt ihnen dabei nicht in den Sinn.

Dabei ist die Lügenhaftigkeit solcher kirchlichen Hetzparolen längst erwiesen. Rund um den Bauernhof, der damals als Wohnsitz von potentiellen Selbstmördern diffamiert wurde, ist in den Jahren danach eine blühende Oase des Lebens entstanden. Urchristen haben ein Landwirtschaftskonzept aus dem Gottesgeist in die Tat umgesetzt – den Friedfertigen Landbau, in Achtung vor der Natur, ohne Mist und Gülle und ohne jegliche Chemie. Kilometerweit ziehen sich Hecken durch eine zuvor völlig kahle, tote Agrarlandschaft. Wälder, Feldgehölze, Feuchtbiotope und Steinbiotope bieten Lebensraum für Hunderte von Tierarten, darunter viele vom Aussterben bedrohte Vögel, Schmetterlinge oder Fledermäuse. Hier herrscht Frieden zwischen Mensch, Natur und Tieren. Es ist ein einzigartiges Naturschutzgebiet entstanden, ein Land des Friedens, dessen Konzept weltweite Beachtung und Nachahmung findet, unter anderem in Afrika.

Doch dass seine Diffamierungen mit der Realität nicht das Geringste zu tun hatten und haben, das wird ein berufsmäßiger Rufschädiger nicht zugeben – zumal er mit seinen Sensationsmeldungen in den Medien groß herauskommt. Es wird ihm auch kaum des Nachdenkens wert sein, was er seinen Mitmenschen damit antut – nicht nur denen, die er an den Pranger stellt, sondern auch denen, die er dadurch davon abhält, sich selbst ein eigenes Urteil zu bilden. Umso empfindlicher reagiert Wolfgang Behnk, wenn es um seine eigene Person geht. Als Urchristen im Sommer 1996 in seinem Wohnumfeld Flugblätter verteilen und seine Nachbarn auffordern, ihm einmal wegen seiner Rufmord-Tätigkeit ins Gewissen zu reden, setzt er alle Medienhebel in Bewegung, um sich gegen die „Verleumdungskampagne" zu wehren. Über den eigentlichen Hintergrund, die evangelische Schlammschlacht gegen eine Minderheit, schweigt der Evangelische Pressedienst wohlweislich.

Hetze auf allen Fernsehkanälen

Auf jeden Fall nützen die höchst einflussreichen Inquisitoren alle Kanäle – den Urchristen bleibt hingegen als Gegenöffentlichkeit meist nur das Verteilen von Flugblättern.
Behnk und seine Rufmord-Kollegen sind von den *ARD-Tagesthemen* (z.B. 2.7.1996) bis zum *SAT 1-Frühstücksfernsehen* (z.B. 12.10.1994) überall zu sehen – und nur selten versäumen sie, auf das Universelle Leben als „besonders gefährliche Sekte" hinzuweisen. In fast allen Talkshows von Hans Meiser (12.4.1994, 4.3.1996) über Ulrich Meyer (11.10.1994) und Fliege (14.12.1994) bis hin zu

Bärbel Schäfer (20.2.1997) und Arabella Kiesbauer (10.9.1998) wird den Urchristen übel mitgespielt. Und gleich, ob Sonnentempler sterben (1994), die AUM-Sekte einen Anschlag in der Tokioter U-Bahn unternimmt (1995) oder 50 „Heaven's Gate"-Anhänger in Kalifornien Selbstmord begehen (1997) – immer ist Behnk zur Stelle, um bei diesen Gelegenheiten über einen möglichen Massenselbstmord der Urchristen zu orakeln. Um sich juristisch abzusichern, bringt er vorneweg einen scheinbar abwiegelnden Satz: „Ich will nicht behaupten, dass ein Massenselbstmord unter den Wittek-Gläubigen wie jetzt in den USA bevorsteht", sagt er z.B. dem *Stern* (10.4.1997). Aber dann sagt er's doch: „Aber die UL-Führung treibt möglicherweise auf einen Punkt zu, der nicht mehr kontrollierbar ist ..."

Boulevardblätter wie die *Nürnberger Abendzeitung* (12.4.1997) bringen so etwas bereitwillig in ihre Schlagzeilen: „Massen-Selbstmord? Fränkische Sekte außer Kontrolle". Auch der *Stern* übernimmt nur allzu gerne das Feindbild des „Pfarrers", der so virtuos mit dem Feuer der Emotionen des Publikums spielt, und daraus folgert, das Universelle Leben sei „Deutschlands gefährlichste Sekte". Was Behnk dann prompt wieder aufgreift und weiter verbreitet: „ ... laut *Stern* die gefährlichste Sekte Deutschlands!"

So kommt wieder eine klassische „Zitier-Spirale" in Gang, die unter Gerüchtemachern aller Art sehr beliebt ist. Doch keiner beherrscht sie so gut wie moderne Inquisitoren: Ich setze etwas in die Welt und berufe mich hinterher ganz „unschuldig" auf die Medien, die meine Hetze dankenswerterweise übernommen haben.

Im erwähnten *Stern*-Artikel vom 10.4.1997 behauptet Behnk unter anderem über das Universelle Leben: „Die spielen in gefährlicher Weise mit dem Feuer, weil sie Endzeitängste schüren und geschickt Feindbilder aufbauen. Es ist so, als ob man mit einer angezündeten Lunte in einem Sprengstoffschuppen nach dem Rechten sehen würde." Dabei ist es Behnk selber, der fleißig Ängste schürt und Feindbilder aufbaut.

Es genügt, im Zusammenhang mit dem Universellen Leben ständig von einer „Sekte", von „Gefahr" und „Gefährlichkeit" zu sprechen – damit stehen die Urchristen ständig am Pranger. Heute Rufmord – und morgen?

> Zur Erinnerung Inquisition:
> Verfolgung und Ausmerzung aller, die sich der herrschenden Religionskaste nicht unterwerfen, durch Lüge, Verleumdung, Diskriminierung, Folter, Mord.

Gabriele wurde immer wieder zur Haupt-Zielscheibe der gehässigen Angriffe gemacht. Durch die ständigen Hetztiraden der lutherischen Sektenbeauftragten Friedrich-Wilhelm Haack und Wolfgang Behnk aufgestachelt, versuchten zahlreiche sensationslüsterne Fernsehjournalisten, ihr aufzulauern, selbst vor ihrem Privathaus. Und das oft tagelang, so dass es Gabriele kaum möglich war, unbehelligt das Haus zu verlassen. Da den Journalisten von der Straße aus der Einblick in den Wohnraum nicht möglich war, fuhren sie z.B. mit ihren Übertragungswagen in eine kleine Seitenstraße und schwenkten mit einem Teleskoparm die Kamera über den ganzen Garten, um auch in die Wohnräume zu filmen. Gabriele floh in den Kellergang, um sich vor dieser dreisten Belästigung zu schützen.

Es ist zu allen Zeiten eine spezielle Spezies von Menschen, die an der Seilschaft priesterlicher Arroganz haften, sowohl gegen die Propheten im Alten Bund, wie auch in der Jetztzeit. Wie „ehrlich" öffentlich-rechtliche Fernsehanstalten dann „berichten", zeigt ein weiteres Beispiel:

Weil den Journalisten das Wohnhaus von Gabriele zu bescheiden war, wurde kurzerhand ein großes und repräsentatives Haus in der gleichen Straße gefilmt – und dann in einer Sendung als das „Haus der Prophetin" dargestellt. „Unverschämt", würde da jeder Normalbürger sagen – doch die vom Staat geschützten und von den Bürgern bezahlten Rundfunk- und Fernsehanstalten konnten es sich anscheinend leisten, einen Menschen zu diffamieren und in aller Öffentlichkeit zu brandmarken.

Rufschädigung mit Zitatenmontage

Um herauszufinden, welche seiner Meinungslügen gut ankamen und welche weniger, reiste der Verfolgungsexperte Behnk immer wieder in die Dörfer seiner Wahlheimat Bayern und ließ sich landauf, landab von lutherischen Pfarrgemeinden einladen. Schon im Mittelalter war es stets ein großes Ereignis, wenn der Inquisitor in die Stadt oder in das Dorf kam. In unseren Tagen finden seine modernen Nachfolger meist ebenfalls gut gefüllte Gemeindesäle und erwartungsfrohe Gesichter vor.

Behnk bewaffnete sich bei seinen Auftritten meist mit einer Fülle von Folien, auf die er einzelne Sätze aus Schriften des Universellen Lebens kopiert hatte, um sie dann mithilfe eines Lichtprojektors an die Wand zu werfen. Damit wollte er den Zuhörern suggerieren: „Seht her, alles ist belegt und echt!" Die unmittelbar davor oder danach stehenden

Sätze, die oft den Sinnzusammenhang erst deutlich machen und das Verständnis ermöglichen, waren allerdings weggelassen worden.
Nur zwei Beispiele seien hier aufgeführt, die zeigen, wie skrupellos und heimtückisch der Inquisitor dabei vorging:

Gedankenstille: In dem Buch „Ursache und Entstehung aller Krankheiten", das Gabriele durch göttliche Offenbarung von Jesus, dem Christus, empfing, ist gegen Ende eine „morgendliche Ausrichtung" abgedruckt, mit der sich z.B. ein kranker Mensch auf den Tag einstimmen kann. Nun neigen kranke Menschen wohl eher als gesunde dazu, in Grübeleien oder Pessimismus zu verfallen und sich mit negativen Gedanken zu quälen und damit wertvolle Lebensenergie zu vergeuden. Am Ende des meditativen Textes erhalten sie deshalb in diesem Zusammenhang den Rat: *„Rede wenig und denke noch weniger! Sprich nur, wenn es wesentlich ist! Empfinde edel und gut. Veredle dich!"*

Behnk reißt nur einen einzigen Satz heraus („Rede wenig und denke noch weniger"), verschweigt aber den gesamten Zusammenhang, etwa dass Urchristen in vielen Büchern und Schriften immer wieder zum Nachdenken über ihr Leben und über ihren Anteil an den Geschehnissen des Alltags angeregt werden – und er stellt es nun so dar, dass man im Universellen Leben generell vom Denken abgehalten werde.

Wieder eine böswillige Projektion, denn es sind die Kirchen selber, die Menschen vom Nachdenken abhalten wollen, insbesondere über die Widersprüche zwischen der Lehre des Jesus von Nazareth und dem, was die Kirchen daraus gemacht haben. In der Lutherkirche etwa verschweigt man ihnen tunlichst Martin Luthers grausames Gottesbild eines angeblich strafenden und willkürlichen Gottes, der manche Seiner Kinder in eine ewige Verdammnis vorherbestimmt haben soll. Luther hetzte auch in höchst gehässiger Weise gegen Erasmus von Rotterdam, weil dieser die Vernunft des Menschen hochschätzte.

Ähnliches finden wir auch in der Vatikankirche: Im April 2013 betete Papst Franziskus laut *Radio Vatikan* vom 20.4.2013 bei einer Frühmesse im Vatikanischen Gästehaus Santa Marta:
„Herr, befreie uns von der Versuchung des gesunden Menschenverstands!"
Und in einem seiner Bücher schrieb er:
„Das Schlimmste, was einem Menschen passieren kann, ist, dass er sich von den Irrlichtern der Vernunft führen lässt." (zit. nach *Welt am Sonntag*, 14.4.2013)

Distanzierung: Während des Golfkrieges 1991 brachten die Urchristen einige Extrablätter heraus, in denen sie zu Frieden und Gewaltverzicht aufriefen und darauf hinwiesen, dass Jesus von Nazareth Pazifist war. Sie distanzierten sich von allen Regierungen und Machthabern, die sich zwar christlich nennen, aber Bomben auf ihre Mitmenschen werfen lassen. Behnk greift nun, bewusst irreführend, den Satz „Wir distanzieren uns" heraus, ohne den Hintergrund des Krieges zu erwähnen und folgert daraus, die Urchristen lehnten andersgläubige Mitmenschen und insbesondere staatliche Einrichtungen aus Prinzip rundweg ab.

Die zahlreichen Kollegen Behnks, die „Sektenbeauftragten" der mehr als 20 anderen deutschen Landeskirchen und Bistümer (dazu noch die staatlichen und halbstaatlichen „Experten") – sie alle übernahmen und übernehmen gern die lügenhaften Falschdarstellungen ihres Kollegen aus München.

Das Jagdfieber lässt einen „Ketzerjäger" so rasch nicht wieder los; es kann zur Sucht werden. So tauchte Behnk eines Abends in der Dämmerung, die Kamera griffbereit, unangemeldet mit einem Begleiter vor dem Bauernhof bei Würzburg auf, der wenige Jahre zuvor durch Behnks Wühlarbeit zum

„Waco in Unterfranken" gestempelt worden war – und gab vor, Gabriele „besuchen" zu wollen. Oder er erschien als Pfarrer in Gabrieles Herkunftsort im bayerischen Schwaben, um sich bei deren nächsten Verwandten nach den verstorbenen Eltern Gabrieles zu „erkundigen" – offenbar in der Absicht, in deren Vergangenheit aufs Geratewohl irgendeinen „dunklen Fleck" auszuspähen, der sich eventuell für weitere Diffamierungen ausschlachten ließe.

Dies hat, wie erwähnt, zur Folge, dass Gabriele ihre nächsten Verwandten und das Grab ihrer Eltern nicht mehr besuchen kann. Ihre Angehörigen wünschen das nicht, weil sie endlich Ruhe haben wollen vor den ständigen Anfeindungen und vor Gesprächen seitens ungebetener „Gäste".

So wurde nicht nur verhöhnt und durch den Schmutz gezogen, was Gabriele an geistigen Schätzen auf diese Erde brachte – es wurde ihr nach und nach auch jeglicher private Bezugspunkt auf dieser Erde vergällt. Wie hat sie das alles durchgestanden? Man kann es nur wiederholen: Sie konnte es nur aushalten, weil sie mit der Kraft des Allerhöchsten in Verbindung stand und steht – und weil sie wusste und weiß: Das Wort, das durch sie gegeben wird, kommt aus den Himmeln. Wer könnte solche Verleumdungen und Quälereien durchstehen, wenn er nicht wüsste und zutiefst überzeugt wäre: Es ist Gott, der Ewige, der spricht; es sind Sein Sohn Christus und der Cherub der göttlichen Weisheit.

Doch die Prophetin und Botschafterin Gottes war, zusätzlich zu ihrer Aufgabe, das ewige Wort Gottes, des Freien Geistes – Gott in uns – , in allen Facetten auf diese Erde zu bringen, immer wieder dazu gezwungen, sich mit dem Schmutz kirchlicher Aggressoren, mit ihren üblen Meinungslügen und hinterhältigen Angriffen zu befassen. In den 90er Jahren erreichten die kirchlichen Angriffe einen Höhepunkt. Behnk, inspiriert von seinem Vorgänger Haack, agitierte mit der geballten Medienmacht der Lutherkirche und der Vatikankirche im Rücken – und das alles gegen eine kleine Gruppe von Menschen friedvoller Gesinnung. Das Universelle Leben stand zeitweise mit dem Rücken zur Wand.

Überall auf der Welt wird aufgerüstet, Kriege werden angezettelt, bei denen Millionen von Menschen ermordet werden, Menschen leben im größten Elend, unzählige sterben an Hunger, der Planet Erde wird gnadenlos ausgeplündert, das brutale Schlachten unserer Mitgeschöpfe, der Tiere, nimmt ungeheuerliche Ausmaße an. In diese Zeit hinein bringt Gott, der Ewige, durch Seine Prophetin und

Botschafterin, erneut die Botschaft der Liebe, des Friedens, der Freiheit, der Einheit allen Lebens. Menschen, die sich von der Lehre der Gottes- und Nächstenliebe aus dem Reich Gottes angesprochen fühlen, tun sich zusammen, um im Alltag Schritt für Schritt nach der Friedenslehre zu leben. Und was geschieht? Die großen Kirchenkonzerne, die sich fälschlicherweise das Etikett „christlich" angeheftet haben, fallen über sie her und setzen sie einer jahrzehntelangen, gnadenlosen Hetzkampagne aus.

Paulus:
„Was der Mensch sät, wird er ernten"

In dieser Situation, als der moderne Inquisitor eine Unwahrheit nach der anderen gegen das Wort des Freien Geistes und gegen die Urchristen in die Welt setzte, griff Gabriele selbst zur Feder und schrieb im Februar 1996 einen längeren Brief an Pfarrer Behnk. Ihre damaligen Aussagen hätten nicht nur für den lutherischen Theologen Wolfgang Behnk sehr aufschlussreich sein können – hätte er sie nur in sein Herz fallen lassen. Sie enthüllen auch die Hintergründe des Kampfes der kirchlichen Ehrabschneider gegen das wieder erstarkte Urchristentum, die bis heute den Kampf der Priesterkaste gegen den Freien Geist prägen.

Und der Leser erfährt ganz nebenbei einige Details über die konkreten Auswirkungen der Hetzkampagnen auf einfachere Gemüter. Gabriele schrieb unter anderem:

Werter Herr Behnk,

die Darlegungen in diesem meinem offenen Brief sind nicht als Abrechnung mit Ihnen gedacht – das steht mir nicht zu –, sondern einzig als Aufklärung und Klarstellung. Die Abrechnung erfolgt durch das Gesetz von Saat und Ernte, von dem Paulus sprach: ... „Täuscht euch nicht: Gott lässt keinen Spott mit sich treiben; was der Mensch sät, wird er ernten."

Als Pfarrer sollten Sie sich auch an die sinngemäßen Worte Jesu halten ... : „Was ihr den Geringsten Meiner Brüder antut, das tut ihr Mir an." ...
Möchten Sie verhöhnt, diskriminiert und verspottet werden? Möchten Sie, dass man über Sie und Ihre Familie Lügen verbreitet? ...
Möchten Sie und Landesbischof Herr von Loewenich, dass Ihre Kinder und Enkelkinder als „Sektenschweine" angepöbelt werden?...

Viele Jahre habe ich das Verhalten und die Vortragsinhalte der Sektenbeauftragten und ihrer Helfershelfer studiert und kam zu der Überzeugung, dass viele Sektenbeauftragte gewissenlos wurden, das heißt, sie wurden ihr Gewissen los. ...

Wer sein Gewissen los ist, der hat auch kein Gefühl für seinen Nächsten. Er geht bedenkenlos auf seinen Nächsten los, ohne zu fragen, ob das, was er sagt, der Wahrheit entspricht oder nicht. Wer sein Gewissen los ist, der hat auch kein Schamgefühl und verlangt, dass seine Verleumdungen als Meinungsäußerungen zugelassen werden. ...

Es ist der größte Schwachsinn, im Hinblick auf 700 bis 800 in Gemeinschaft lebende Urchristen zu behaupten, sie würden den Staat unterwandern und ein Wirtschaftsimperium bilden. 700 bis 800 Menschen können weder einen Staat unterwandern noch ein Wirtschaftsimperium sein. Wer solches glaubt, dem ist nicht mehr zu helfen. ... Den Staat kann keine Gemeinschaft mehr unterwandern. Er ist schon unterwandert, von der katholischen und evangelischen Kirche. ...

Herr Behnk, Sie sollten sich schämen, Ihre Mitmenschen so zu täuschen und sie aufs Glatteis zu führen ... Von Ihnen Aufgehetzte heben dann z.B. Pflastersteine auf und werfen damit Fensterscheiben der Urchristen ein. Letztlich sind es nicht die von Ihnen Aufgehetzten, sondern Sie, der Hetzer ... sind es, der die Steine durch die Aufgehetzten wirft. ...
Von Ihnen Aufgewiegelte waren es vermutlich auch, die auf den Feldern der Urchristen das Heu, die Nahrung der Tiere, anzündeten. ... Zeichen der Urchristen,

Kreuze ohne Corpus, wurden von den Aufgewiegelten geschändet und zerstört. ... Die Morddrohungen gegen Urchristen, die durch Sie und Ihren Auftraggeber verursacht wurden, sind Ihr Werk – durch die Aufgewiegelten. Einige der von Ihnen Aufgewiegelten rufen Kindern aus urchristlichen Familien nach: „Ihr Sektenschweine!" ... Die Aufzählung ließe sich lange fortsetzen. ...

Wäre ich eine selbsternannte Prophetin, so hätte ich schon längst aufgegeben. Denn wer lässt sich schon gerne und freudig mit dem Schmutz der Institutionen Kirche, Ihren Helfershelfern und der von Ihnen fehlgeleiteten Presse bewerfen? In meinem Leben hätte ich anderes vorgehabt. Doch meine vorgegebenen Lebensinhalte wurden vom Geist der Prophetie, von Gott, dem Absoluten, durchkreuzt. Er holte mich aus meinen Lebensinhalten – mit denen ich sehr zufrieden war – heraus und stellte mich in das Amt, das mir als Mensch nur Entbehrung, Entsagung und auch Leid durch die Lügen der Sektenbeauftragten brachte. ...

Auch wenn Sie sich noch so sehr vor der selbstlosen Liebe ängstigen, wünsche ich Ihnen von Herzen die selbstlose Liebe. Denn was nicht ist, kann ja noch werden.

Im Geiste Gottes
Ihre Schwester Gabriele Wittek

Behnk antwortete darauf ebenfalls mit einem offenen Brief, wobei er keine Mühe hatte, sogleich eine Tageszeitung zu finden, die diesen auszugsweise abdruckte: den *Münchner Merkur* (13.2.1996). Behnk forderte Gabriele auf: „Kehren Sie um, Gabriele Wittek!" Und weiter: „Ganz offensichtlich wollen Sie Kritik dadurch mundtot machen, dass Sie den Kritikern alles erdenklich Böse bis hin zu Mordabsichten unterstellen." Es zeuge „von schlimmer Demagogie", wenn Gabriele ihn „als Mordanstifter denunziere".

Mordabsichten? Mordanstifter? Die Passage aus Gabrieles Brief, auf die Behnk hier offensichtlich Bezug nimmt, ist oben mit abgedruckt. Der Leser kann sie gerne noch einmal nachlesen – und wird feststellen, dass Gabriele dies Behnk gar nicht zugesprochen hat, sondern: dass er durch seine Aufwiegelungsarbeit verursache, dass *andere* Morddrohungen aussprechen. Und ein Anstifter zu Morddrohungen ist immer noch etwas anderes als ein „Mordanstifter". Aber an einer wahrheitsgetreuen Darstellung ist es dem modernen Inquisitor gar nicht gelegen.

Ähnlich steht es um zwei weitere Behauptungen Behnks, die er in diesem Antwortbrief wiederholt und die bis heute immer wieder die Runde machen: „ ... in fast 100 von der Gemeinschaft gegen ihn angestrengten Prozessen sei immer wieder entschieden worden, dass seine Kritik sachlich belegt sei", und: Sein Vorwurf, „das UL sei totalitär", sei ihm „per Gericht bestätigt" worden.

Schon wieder die Unwahrheit gesagt – es waren keine „fast 100 Prozesse" – Behnk hat hier einfach Dutzende von gleichlautenden Strafanzeigen, die einmal gegen ihn erstattet wurden, als jeweils einzelne „Prozesse" gezählt, was juristisch Nonsens ist. Und die nächste Falschaussage: Die Gerichte haben eben gerade *nicht* inhaltlich „bestätigt", was Behnk alles über die Nachfolger des Jesus von Nazareth zu verbreiten pflegt – sie haben vielmehr lediglich festgestellt, dass solche Äußerungen im Rahmen der Meinungsfreiheit gerade noch zulässig sind.

*„Haben sie Mich verfolgt,
so werden sie auch euch verfolgen"*

Doch ein moderner Inquisitor kann anscheinend nicht anders: Sobald er den Mund aufmacht, erliegt er dem Zwang, etwas zu verdrehen oder irreführend darzustellen. Bereits Jesus von Nazareth war offenbar mit diesem Phänomen konfrontiert. Es sei hier an das erinnert, was Er zu den Schriftgelehrten Seiner Zeit sagte:

Wenn Gott euer Vater wäre, würdet ihr Mich lieben ... Warum versteht ihr nicht, was Ich sage? Weil ihr nicht imstande seid, Mein Wort zu hören. Ihr habt den Teufel zum Vater, und ihr wollt das tun, wonach es euren Vater verlangt. ...
Er steht nicht in der Wahrheit, denn es ist keine Wahrheit in ihm. Wenn er lügt, sagt er das, was aus ihm selbst kommt; denn er ist ein Lügner und ist der Vater der Lüge. Mir aber glaubt ihr nicht, weil Ich die Wahrheit sage. Wer von euch kann Mir eine Sünde nachweisen? (Joh 8, 42 ff.)

Die Methode Behnks, mit Lügenmeinungen, die ihm Gerichte als gerade noch zulässig bestätigt hatten, hausieren zu gehen und den Eindruck zu erwecken, als seien es bestätigte Tatsachen, griff Gabriele nochmals auf, als sie Behnk antwortete:

Mein Leben gehört dem Geist Gottes, den ich verehre. Und Sie? Wie es scheint, sind Sie, Herr Behnk, ein Mensch, ein Pfarrer, der Gerichtsurteile verehrt, um daraus Verheerendes zu machen. ... Herr Behnk, wir sollten die Korrespondenz einstellen. Sie stützen sich auf „Meinungsäußerungen", die Sie für Zwecke der Verleumdung aufbereiten. Ich stütze mich auf Gott, auf die Zehn Gebote und die Bergpredigt. Warten wir ab. Eine andere Welt lässt entweder Ihre Stütze zusammenfallen oder die meine.

Behnk hatte sich in seinem Antwortbrief unter anderem darüber ereifert, dass im ersten offenen Brief seine Wohnadresse angegeben war. Auch dies ließ Gabriele nicht unbeantwortet:

Sie führen an, dass in dem Offenen Brief an Sie Ihre Wohnung angegeben ist. Eventuell können Sie so ein wenig von dem ermessen, was wir Urchristen jahrelang zu erdulden haben. Alles, was ich angeführt habe, ist nur ein Abglanz dessen, was wir jahrelang durch sogenannte Sektenbeauftragte, ihre Auftraggeber und ihre Helfershelfer durchzustehen hatten und haben.
Wie schon gesagt: Wenn man nur ein wenig an Ihre Familie antippt, dann schreien Sie auf. Doch was würden Sie sagen, wenn jahrelang immer wieder vor Ihrem Haus die aufgehetzte Presse mit Kamera erscheinen würde, um Ihr Wohnhaus zu fotografieren? ...
Ihre Gesellen haben einen Plan erstellt, auf dem die Wohnhäuser von Urchristen gekennzeichnet sind. Und dieser Plan kursiert in der Umgebung von Würzburg und wurde sogar schon im Fernsehen gezeigt. Und Sie schreien auf, wenn Ihre Adresse genannt wird. Was würden Sie sagen, wenn Ihre Kinder in den Bussen zur Schule von aufgehetzten Kindern angepöbelt und, wie es schon vorkam, auch verprügelt würden?

In unseren weiteren Publikationen unseres Offenen Briefes nehmen wir Ihre Adresse heraus. Wir wollten Ihnen damit nur zeigen, wie weh es tut, wenn man, so wie wir immer wieder, öffentlich mit Namen, mit Haus, mit Adresse an den Pranger gestellt wird.

Nachdem Pfarrer Behnk auch jetzt noch nicht bereit war, über seine Vorgehensweise gegen Andersgläubige nachzudenken, schrieb Gabriele im April 1996 den unmittelbaren Vorgesetzten Behnks, den Oberkirchenrat Dr. Hartmut Böttcher, an, um ihn zu fragen, weshalb er es zulässt, dass durch Vertreter seiner Kirche regelrechte Menschenjagden veranstaltet werden. Als dieser nicht reagierte, schrieb sie ihm nochmals und schilderte wenigstens ansatzweise, wie es ihr persönlich zwanzig Jahre lang aufgrund der Hetzkampagnen der Kirche ergangen war und welche Auswirkungen dies auf ihre Familie gehabt hatte – dass z.B. nicht nur ihr Mann unter Druck gesetzt wurde, sondern dass auch ein weiteres Mitglied ihrer Familie seinen Arbeitsplatz in einer kirchlich orientierten Einrichtung verlor.

Gabriele schrieb:
Nahezu 20 Jahre wird der Schmutz der evangelischen und katholischen Kirche von kirchlichen Ketzerjägern im Gewand von „Sektenbeauftragten" aufbereitet und auf mich geworfen. Nichts, aber auch

gar nichts entspricht der Wahrheit. All ihre neurotischen Verdächtigungen sind geschickt verpackte Meinungsäußerungen, die sie dem ungeschulten Ohr als Wahrheit präsentieren. Keine ihrer schmutzigen Verdächtigungen ist bewiesen. Sie können mir auch nichts beweisen, denn ich habe nichts Unrechtes getan. Ich gab und gebe die Botschaft Gottes an meine Mitmenschen weiter, so, wie es viele Instrumente Gottes, die der Ewige Seine Propheten nannte, taten. Auch hier gelten die sinngemäßen Worte des Jesus von Nazareth: Haben sie Mich verfolgt, so werden sie auch euch verfolgen. ... Reinigt meinen Nachnamen von dem Schmutz der beiden Institutionen Kirche ...

Wenn irgendeiner dieser Briefe – auch der Landesbischof sowie die Synodalen der bayerischen Lutherkirche wurden angeschrieben – einem der Kirchenvertreter wider Erwarten doch ins Gewissen gefallen sein sollte, so hütete er sich jedenfalls, dies zuzugeben. Nach außen hin deckten sämtliche Landesbischöfe – ob sie nun Johannes Hanselmann, Hermann von Loewenich oder Johannes Friedrich hießen – das Vorgehen ihrer Beauftragten und bezeichneten deren Machenschaften sogar als „Seelsorge". Behnk wurde als Zeichen besonderer Wertschätzung von Seiten seiner Vorgesetzten gar zum Kirchenrat befördert. Doch nach all der Mühe, die sich Gabriele mit den ihr nachstellenden Theologen machte, wird zumindest dereinst niemand sagen können, er habe von nichts gewusst.

Damit der schwarze Sender schwarz bleibt: Urchristen anschwärzen

Der moderne Inquisitor Behnk trat derweil mit seinem umfangreichen Arsenal an Verdrehungen und Falschaussagen weiter in Aktion und schwärzte bei den Medien, bei Behörden, bei Politikern die Urchristen und ihre Einrichtungen an. Ein diensteifriger Sektenbeauftragter kümmert sich dabei auch um die Details – die „Ketzerei" muss auch in scheinbaren Kleinigkeiten bekämpft und beseitigt werden. Als etwa die Firma *Gut zum Leben* im Sommer 1996 beim *Bayerischen Rundfunk* Werbung für ihre Produkte ausstrahlen ließ, rief Behnk umgehend beim Sender an, um die weitere Ausstrahlung der Werbespots mit der Behauptung zu unterbinden, bei der Firma handele es sich um eine „Sekte", die neben dem Brotverkauf die Kunden auffordere, zu Veranstaltungen des Universellen Lebens zu kommen. Der staatliche Rundfunksender stornierte daraufhin für eine Woche die Ausstrahlung, bis er davon überzeugt werden konnte, dass er einer Lüge aufgesessen war: An den Markständen der

Firma wird niemand missioniert. Was Behnk natürlich wusste – die Stadt München hatte es auf eine Anfrage der CSU hin für einen Marktstand eindeutig so festgestellt.

Doch Behnk gab sich noch lange nicht zufrieden: Er schrieb einen Brief an den Intendanten der Rundfunkanstalt, der prompt eine erneute Einstellung der Werbung zur Folge hatte. Kernstück der falschen Anschuldigungen in diesem Brief ist eine Zitatenmontage aus dem Brief eines Urchristen an Pfarrer Behnk: Der Urchrist hatte Behnk gefragt, wie er reagieren würde, wenn man z.B. über seine Frau öffentlich sagen würde, sie würde von ihrem Mann „skrupellos und eiskalt ausgenutzt. Sie ist nicht zur eigenen Meinung fähig und damit äußerst selbstmordgefährdet". Denn genau dies verbreitet Behnk immer wieder über die Urchristen. Behnk ließ jedoch den einleitenden Satz („Würden Sie ruhig und gelassen bleiben, wenn ich folgendes in der Presse veröffentlichen würde") einfach weg und tat so, als hätte der Urchrist ihn und seine Frau tatsächlich so beschimpft.

Das ist kaltblütige Rufschädigung: noch die Entlarvung der eigenen Schuld als Ausgangspunkt für die nächste Lüge zu nehmen. Behnk selber bezeichnet übrigens indirekt sein eigenes Verhalten in seinem Brief an den Intendanten als „kriminell" – indem er denjenigen, der solche „Familienhetze", wie sie ihm vorgeblich widerfahren sei, gegen seine Mitmenschen verbreitet, als „kriminell" bezeichnet.

Erst mit Hilfe der Gerichte war es schließlich nach Ablauf eines Jahres (!) möglich, die Rundfunkanstalt dazu zu bringen, den abgeschlossenen Vertrag einzuhalten. Doch Behnk brachte jetzt seinerseits den Sender dazu, am Tag der erneuten Ausstrahlung der Produktwerbung eine Meldung auszustrahlen, mit der die Werbung konterkariert wurde: *„Der Bayerische Rundfunk muss gegen seinen Willen einen Werbespot einer totalitären Sekte ausstrahlen. BR-Sprecher Tief sagte, der Sender sei durch ein Urteil des Oberlandesgerichtes München verurteilt worden, die Spots des Werbeträgers Gut zum Leben auszustrahlen. Dahinter stehe die Sekte Universelles Leben, die nach Einschätzung des evangelischen Sektenbeauftragten hilfesuchende Menschen abhängig machen und ihnen die Freiheit zu Kritik und Gewissensbildung nehmen will."*

Es ist wie im Mittelalter: Wer die Anweisungen eines Inquisitors nicht befolgt, muss sich dafür rechtfertigen – weil er sonst unweigerlich selbst in die Schusslinie gerät. Dass ein solch geschäftsschädigendes Verhalten ins 20. Jahrhundert und in das heutige Vertragsrecht nicht hineinpasst und daher nicht wiederholt werden darf, musste wiederum durch einen Gerichtsbeschluss festgestellt werden.

Gelernt hat der Bayerische Rundfunk daraus nichts. Wie bedenkenlos ein öffentlich-rechtlicher Fernsehsender alle Grundsätze eines fairen Journalismus über Bord wirft, wenn die Kirchen es so wollen, stellte z.B. ein Umwelt-Journalist in der Sendung „Unkraut" (13.1.2003) unter Beweis. Unter dem Thema „Umwelt und Magie" wurden „Orte der Kraft" bei katholischen Klöstern gerühmt; sogar das fernöstliche „Feng Shui" wurde als „chinesisch-bayerische Harmonie gelobt – über das Universelle Leben jedoch zogen dann der Moderator und der „Sektenpfarrer" Behnk mit einer Aneinanderreihung von pauschalen Verdammungsurteilen ohne jeglichen Tatsachengehalt her („extrem gefährlich" – „machtbesessen" usw.). Dass die Betroffenen vorher nicht gehört wurden, versteht sich beim *Bayerischen Fernsehen* fast schon von selbst.

Ein „Pfarrer" als Arbeitsplatzvernichter

Wenn es der religiösen „Konkurrenz" schadet, schreckt ein Sektenbeauftragter wie Behnk auch nicht vor der Vernichtung von Arbeitsplätzen zurück.
Im Mai 1997 gelingt es ihm, in der Fachzeitschrift *Medical Tribune* einen Artikel über die von Urchristen betriebene EDV-Firma *EDV für Sie* unterzubringen. Diese kleine Firma betreute unter anderem 400 Arztpraxen in Unterfranken – im Auftrag des Hannoveraner Software-Unternehmens Medi-Star. Unter der vielsagenden Überschrift „Können Psychosekten in der Praxis-EDV spionieren?" streute nun *Medical Tribune*, unter ausdrücklicher Zitierung Behnks, den Verdacht aus, die EDV-Fachleute könnten Daten aus den Arztpraxen zu Missionierungszwecken missbrauchen – wofür es keinerlei Anhaltspunkte gab!

Nun begann das übliche Medien-Täuschungsspiel: Die Verdächtigung, die er selbst in die Welt gesetzt hatte, griff Behnk alsbald als scheinbare Nachricht von „unabhängiger", dritter Seite wieder auf und

---

Gestern - Inquisitor: Verfolgung bis zum Mord
Heute - Sektenbeauftragter/Sektenexperte: Verfolgung bis zum Rufmord

verbreitete die Anwürfe des Medical Tribune als Pressemeldung der evangelischen Landeskirche in Bayern, nicht ohne scheinheilig hinzuzufügen:

„Der Bayerische Sektenbeauftragte der Evangelischen Kirche, Wolfgang Behnk, begrüßte die Aufklärungsarbeit von Medical Tribune. Behnk betonte, dass die Vorgänge nicht nur die Medizinerschaft, sondern gerade auch die Patienten betreffe. Immerhin ... handle es sich beim UL um ‚Deutschlands gefährlichste Sekte' (Stern), die aufgrund gerichtlicher Entscheidungen als eine ‚totalitäre' Organisation bezeichnet werden darf, durch die Hilfesuchende in geistige, psychische und materielle Abhängigkeit gebracht würden. ... Der von Medical Tribune vorgetragenen Sorge wegen möglicher ‚EDV-Spionage' durch eine Psychosekte müsse ... durch geeignete Schutzmaßnahmen Rechnung getragen werden."

In einem Interview mit *Antenne Bayern* (25.5.1997) wurde der „Pfarrer" noch deutlicher und erklärte, was er unter dem schön klingenden Wort „Schutzmaßnahmen" versteht: „ ... und da sollte sich die Ärzteschaft überlegen, ob sie solche Organisationen an die intimen Patienten- und Abrechnungsdaten heranlassen will."

Bezüglich der Ärzte hatte Behnk sich zwar verrechnet – sie vertrauten mit überwältigender Mehrheit ihren langjährigen Betreuern und hätten deren

Dienste gerne noch länger in Anspruch genommen. Doch die durch Behnks Wühlarbeit losgetretene Presselawine überrollte die Software-Firma in Hannover, die aufgrund des kirchlich erzeugten öffentlichen Drucks schweren Herzens den Vertrag mit *EDV für Sie* kündigte. Zehn Mitarbeiter standen auf der Straße.

Der Versuch der EDV-Firma, von der Zeitschrift *Medical Tribune* und der lutherischen Kirche für diesen Skandal wenigstens Schadensersatz zu bekommen, scheiterte an offenbar hochgradig kirchenfreundlichen Richtern. Die Gerichte stuften die Verbreitung solcher Gerüchte kurzerhand als „Meinungsäußerung" ein. Könnte es sein, dass manche Richter unwillkürlich Angst bekommen (Wovor eigentlich? Etwa vor der „ewigen Hölle"?), wenn sie gegen die Kirche entscheiden müssten?

Auch so kann man sein täglich Brot „verdienen" ...

Die Vernichtung von „ketzerischen" Arbeitsplätzen gehört vermutlich zu den „besonderen Momenten" im Arbeitsalltag eines modernen Inquisitors. Wie die tägliche „Arbeit" sonst aussieht, kann man anhand des folgenden Vorfalls erahnen, für den sich ein Zeuge verbürgt:

In einer südwestdeutschen Großstadt ist in der Stadthalle ein Vortrag über „Ganzheitsmedizin" angekündigt, den Ärzte der Naturklinik Michelrieth halten werden.
Am Tag vor dem Vortragsabend klingelt bei dem für die Vergabe der Stadthalle zuständigen Beamten das Telefon. Es meldet sich ein Herr Behnk. Er wolle die Stadt „warnen": Hinter dem Vortrag stünde eine „gefährliche Vereinigung", das Universelle Leben. Auch die Bayerische Staatsregierung habe ihm das im Wesentlichen bestätigt.

Behnk hat in diesem Fall jedoch Pech: Der Beamte hatte über seine Sekretärin zufällig eine Veröffentlichung der Urchristen in die Hand bekommen, in welcher der fragliche Bericht der Bayerischen Staatsregierung – der keineswegs Behnks Verleumdungen bestätigte – wörtlich abgedruckt war. (vgl. Kap. 10, S. 283) Mehr als diese Lüge störte den Beamten jedoch das unangenehm fanatische und erregte Auftreten des Kirchenvertreters. Er schilderte hinterher, wie sehr ihn dieses unfaire Vorgehen betroffen gemacht habe.
Als der Beamte dem Kirchenvertreter nicht zu Willen war, versucht Behnk, ihn einzuschüchtern. Er verlangt nun den Vorgesetzten, die Oberbürgermeisterin, zu sprechen. Doch die Stadt ließ sich nicht beirren – der Vortrag fand statt.

Wenn man die Vielzahl von Fällen betrachtet, in denen den Urchristen – meist ohne Angabe von Gründen – Säle verweigert oder wieder abgesagt wurden (siehe auch Kapitel 12), so kann man nur erahnen, in wie vielen Fällen ein solches Vorgehen mehr Erfolg hatte.

In einem anderen Fall rastete Behnk gegenüber einem ihm unbotmäßigen Stadtoberhaupt sogar in aller Öffentlichkeit aus. Bei einem Vortrag in der Auferstehungskirche von Lohr am Main beschwerte sich Behnk im Juli 1997 öffentlich über den Marktheidenfelder Bürgermeister, weil dieser eine Ansiedlung von Betrieben der Urchristen im Ortsteil Altfeld nicht verhindert habe. Als der Bürgermeister klarstellt, dass die Grundstücke von privat verkauft wurden und die Stadt nach geltendem Recht keine Einspruchsmöglichkeit hatte, tritt Behnk in einem Leserbrief noch einmal nach. Um die angebliche Unfähigkeit des Politikers zur Umsetzung kirchlicher Wünsche plakativ darzustellen, rühmt er die „informative" und „sachgerechte" Verhinderung der Ansiedlung der Urchristen auf dem Würzburger Heuchelhof – Sektenbeauftragte lieben solche Kampagnen! Der Bürgermeister kündigte daraufhin eine Dienstaufsichtsbeschwerde gegen Behnk bei der lutherischen Kirche an, die allerdings erwartungsgemäß im Sande verlief.

Landwirte als „Verfassungsfeinde" diffamiert

Enger auf der Kirchenlinie lagen die Landwirtschaftsämter Aschaffenburg/Karlstadt und Würzburg, als sie im März 1998 die Anträge zweier urchristlicher Bauernhöfe auf Fördermittel im Rahmen des Bayerischen Kulturlandschaftsprogramms ablehnten – indem sie sich auf die „wehrhafte Demokratie" beriefen und darauf, dass „Pfarrer" Behnk sich laut Gerichtsbeschlüssen im Rahmen der Meinungsfreiheit ungestraft über die angebliche psychische, materielle und geistige Abhängigkeit der Urchristen verbreiten dürfe. Tilman Toepfer von der *Main-Post* (8.5.1998) drückte es so aus: „Die Landwirtschaftsämter argumentieren jetzt, die totalitäre Struktur des UL verbiete eine Förderung. ... Der Gleichheitsgrundsatz gehe nicht so weit, dass der Staat seine Feinde auch noch finanzieren müsse." Im *Focus* (26/98) stand zu lesen: „Bayerische Behörden zweifeln an der Verfassungstreue des Universellen Lebens ... Der Grundsatz der wehrhaften Demokratie gebiete es nicht, ‚den Staat seinen Feinden auszuliefern.'"

Wieso „totalitäre Struktur des UL"? Wieso Zweifel „an der Verfassungstreue des Universellen Lebens"? Wieso „den Staat seinen Feinden auszuliefern"? Wo kommt das her? Mit der Wahrheit hat all das nichts zu tun. Dürfen in einem Rechtsstaat Kirche, Staat und Medien ohne Weiteres rufschädigende Unterstellungen frei erfinden und zum Schaden von rechtstreuen Mitmenschen verbreiten?

Ausgerechnet die Landwirte, die – bundesweit einmalig – nicht nur alle Vorgaben des kontrolliert-ökologischen Landbaus erfüllen, sondern darüber hinaus Hecken anlegen und Dreifelder-Wirtschaft betreiben, in der jedes Feld alle drei Jahre brach liegen darf, um sich zu erholen – ausgerechnet diese Landwirte sollten jetzt vom Staat kein Geld mehr erhalten. Ist das nicht absurd?

Ja, es ist absurd. Aber der Filz macht's möglich. So können also ökologische Landwirte, die sich nichts haben zu Schulden kommen lassen, über Nacht zu „Staatsfeinden" werden – nur weil sich ein lutherischer Pfarrer seine Meinungslügen von den Gerichten zuvor als „zulässige Meinungsäußerungen" hat absegnen lassen. Und weil der demokratische Staat alles andere als „wehrhaft", sondern ganz im Gegenteil zu feige ist, den verfassungsfeindlichen Ausgrenzungsforderungen der Großkirchen energisch die Stirn zu bieten.

Wo es hingegen um kirchliche Vereinigungen geht, ist dasselbe Ministerium überaus großzügig. Jahrelang gewährte das Landwirtschaftsministerium einem Verein namens „Katholische Dorfhelferinnen" Subventionen in Millionenhöhe, obwohl es an einem „Verwendungsnachweis" fehlte, wie der Bayerische Rechnungshof kritisierte. Insgesamt kamen in dem erst 1999 aufgedeckten Skandal über 20 Millionen Mark an erschwindelten Zuschüssen und hinterzogenen Steuern zusammen.

Doch nicht immer erliegen staatliche Organe dem Druck der Amtskirchen. Das Würzburger Verwaltungsgericht hob am 14.4.1999 die Ablehnungsbescheide der Landwirtschaftsämter auf, indem es auf Tatsachen hinwies, die den Behörden längst bekannt sein mussten:
Dass das Universelle Leben nachweislich „kein Beobachtungsobjekt des Verfassungsschutzes" ist. Dass es „keine Anzeichen dafür gebe, dass innerorganisatorische Grundsätze aus dem Bereich des Gemeinschaftslebens auf den staatlichen Bereich übertragen werden sollen." Dass „den bayerischen Behörden derzeit keine tatsächlichen Anhaltspunkte für politisch motivierte Bestrebungen gegen die freiheitlich-demokratische Grundordnung durch das Universelle Leben vorliegen".

Diese Gerichtsentscheidungen kamen in den Medien allerdings nicht groß heraus – es macht mehr her, wenn ein „Pfarrer" von der Medien-Kanzel sein Verdammungsurteil abgibt.

Polizei schützt Rufschädiger

Zahlreiche „Kollegen" Behnks verwendeten seine vorgefertigten Zitaten-Collagen, so z.B. der Würzburger Sektenbeauftragte Alfred Singer, um damit über die Urchristen in öffentlichen oder handverlesenen Veranstaltungen herzuziehen. Andere Kollegen griffen die Verunglimpfungen bereitwillig auf und fügten ihnen neue hinzu – so ein Pastor aus Norddeutschland, der sich 1993 auf dem Evangelischen Kirchentag in München bei einem Vortrag Behnks wie auf Bestellung zu Wort meldete und behauptete, er kenne jemand, der sein gesamtes Erbe in das Heimholungswerk habe einbringen müssen und der jetzt keinen Kontakt mehr zu seinen Kindern haben dürfe. Etwas Derartiges gab und gibt es nicht bei den Urchristen. Dennoch antwortete Behnk, er erhalte „immer wieder" ähnliche Erfahrungsberichte. Als anwesende Urchristen den „Fragesteller" dazu aufforderten, Namen zu nennen und Beweise für diese Anschuldigung zu erbringen, wurde dies vom Publikum mit Gelächter quittiert. Als die Urchristen daraufhin die Polizei riefen, um wenigstens die Personalien des Anschwärzers feststellen zu lassen, wurde dies von anwesenden Kirchenvertretern in theatralischer Weise als „Einschüchterungsversuch" und „Einschränkung der freien Meinungsäußerung" bezeichnet – und der

Evangelische Pressedienst verbreitete mit gespielter Empörung die Meldung, dass die Polizei „auf den Wink einer Sekte" reagiert habe. (Solche „Winke" darf in unserem Staat eben nur einer geben: die Kirche!) Die Polizei kam zwar und nahm die Personalien des Rufschädigers auf – doch die Urchristen erhielten sie nicht. Angeblich waren sie wenige Tage später bereits „unauffindbar". Die Kirche kann also beruhigt sein: Die Polizei spurt noch! Als der Name des Pastors zwei Jahre später durch Zufall bekannt wurde, war es für eine Klärung des Vorfalls längst zu spät.

Als Wolfgang Behnk Anfang 2014 in den Ruhestand verabschiedet wurde, wurde er im lutherischen Kirchenblatt noch einmal ausdrücklich belobigt. Er sei „der Mann, der alle Register zog."

Dem kann man nur zustimmen: Er zog in der Tat alle Register, um unschuldige Menschen zu verfolgen, zu diffamieren, um Journalisten und Medienvertreter gegen sie aufzuhetzen, mit der Folge, dass Menschen dadurch ihre Existenzgrundlage verloren.

9. Eine urchristliche Schule? Das darf nicht sein! (1986-2011)

Den Urchristen, Nachfolgern des Jesus von Nazareth, ist daran gelegen, die Erziehung der Kinder im Sinne des Freien Geistes – Gott in uns – auf der Grundlage der Zehn Gebote Gottes und der Bergpredigt des Jesus von Nazareth durchzuführen – ohne Gebundenheit an eine Konfession, ohne dogmatische Zwänge, ohne hierarchisches Priestertum, ohne Rituale und Zeremonien. Mitte der achtziger Jahre begannen sie deshalb, entsprechende private Erziehungseinrichtungen aufzubauen, zuerst eine Kinderkrippe und einen Kindergarten. Weiter war auch eine private Weltanschauungsschule geplant. In Deutschland gibt es zahlreiche Privatschulen, die gegründet werden, um Kindern alternative pädagogische Konzepte zu bieten – also durchaus nichts Ungewöhnliches.

Von Anfang an wurde jedoch klar, dass solche Einrichtungen der Kirche ein Dorn im Auge waren. Denn die Erziehung und Unterweisung von Kindern und Jugendlichen betrachten die Großkirchen von alters her als ihre ureigenste Domäne.
Bei einem Kindergarten hatten die Behörden kaum eine Möglichkeit, eine Genehmigung zu verweigern, denn hier sind die rechtlichen Anforderungen

in Bezug auf Fachpersonal usw. nicht allzu schwer zu erfüllen. Von kirchlicher Seite wurde jedoch sofort eine Kampagne vom Zaun gebrochen, als die Urchristen in Würzburg einen ersten Kindergarten eröffneten: Der Würzburger Vertreter des Evangelischen Pressedienstes veröffentlichte einen fast ganzseitigen Artikel im katholischen *Fränkischen Volksblatt* (1.2.1986), in dem er ausführlich über „personelle Verflechtungen" zwischen dem Verein „Kindergartenland e.V." und den Urchristen berichtete.
Man möchte fragen: Ja – und? Seit wann muss jeder Mensch entweder katholisch oder evangelisch sein? Doch im katholischen Würzburg reichte das aus, um Stimmung gegen Andersdenkende zu machen: Sieh her, was die „Ketzer" sich noch alles herausnehmen!

Der Würzburger Sozialreferent nimmt tatsächlich Anstoß daran, dass man ihn vor Erteilung der vorläufigen Betriebsgenehmigung über diese Verbindung (was auch immer er damit suggerieren will) im Unklaren gelassen habe – obwohl die Stadt das „Gebetbuch" der Betreiber eines Kindergartens ebenso wenig etwas angeht wie dasjenige der Eltern und Kinder – und obwohl dies an den rechtlichen Voraussetzungen zur Erteilung der Genehmigung nicht das Geringste geändert hätte!

Die Regierung von Unterfranken beanstandet laut *Volksblatt* sodann, dass der Kindergarten „inmitten vielbefahrener Bundesstraßen in einem Gewerbegebiet" liege. Dass das betreffende Gebäude – ein einstöckiges Haus – in einem geschützten, begrünten Hof liegt, von den umgebenden Straßen durch mehrstöckige Gebäude abgeschirmt, verschweigt der epd-Journalist nicht nur: Er bringt auch noch ein völlig irreführendes Foto, auf dem er nicht den Kindergarten, sondern einen angrenzenden Parkplatz samt einem Müllbehälter mit leeren Flaschen zeigt. Und am Ende des Artikels fordert er die Leser unverblümt zum Boykott des Kindergartens auf – denn diese könnten ja sonst angesichts der in diesem Stadtteil fehlenden Kindergartenplätze auf die Idee kommen, dort ihre Kinder hinzuschicken: „Sollte der behördenintern so umstrittene Kindergartenland-Kindergarten am Europastern offiziell seinen Betrieb aufnehmen, müssten sich interessierte Grombühler Eltern hier wohl einige Fragen stellen." Welche Fragen denn? Ob sie von der Kirche Repressalien befürchten müssen, wenn sie ihre Kinder in eine von der katholischen Zeitung offiziell als „ketzerisch" gebrandmarkte Einrichtung geben?

Schul-Antrag auf der langen Bank

Die Entscheidung blieb ihnen in diesem Fall erspart. Die urchristlichen Eltern fanden sehr bald andere Standorte für ihre Kindergärten außerhalb der Stadt. Und noch im selben Jahr (am 24.10.1986) stellten sie bei den zuständigen Behörden den Antrag, eine private Weltanschauungs-Schule einrichten zu dürfen. Diese Möglichkeit ist sowohl im Grundgesetz als auch in der Bayerischen Verfassung ausdrücklich vorgesehen. Doch die Regierung von Unterfranken lehnte, und zwar auf Anweisung der übergeordneten Behörde, des Bayerischen Kultusministeriums, diesen ersten Antrag im Sommer 1988 rundweg ab.

Die Urchristen machten von ihrem Recht auf Akteneinsicht Gebrauch – und stellten mit Erstaunen fest, dass die Regierung von Unterfranken sich bei ihrer „Urteilsfindung" zum großen Teil auf ein „Informations"-Dossier des Bischöflichen Ordinariats Würzburg gestützt hatte! Als offizielle Begründung wurde allerdings nur angegeben, dass die organisatorische „Verfestigung" des Universellen Lebens für das Betreiben einer Schule nicht ausreichend sei.
Diese Ablehnung ist ein Skandal – vor allem, wenn man von zwei Vorgängen Kenntnis hat, die beide

gleichzeitig am 5. September 1988 stattfanden: Am selben Tag, als das Kultusministerium in München der Regierung von Unterfranken die Weisung erteilt, den Schul-Antrag der Urchristen abzulehnen, genehmigt die Regierung von Oberbayern, ebenso auf Anordnung von „oben", einen anderen Antrag zur Errichtung einer Privatschule: einer kirchlichen. Antragsteller ist die „Integrierte Gemeinde" in Walchensee. Hier ist der Ablauf genau umgekehrt wie im Fall der Urchristen: Das Kultusministerium hebt sogar einen Ablehnungsbescheid der Regierung von Oberbayern auf. Bischof Stimpfle aus Augsburg hatte sich persönlich für diesen Antrag eingesetzt – so wie sich, im umgekehrten Fall, der Würzburger Bischof Scheele gegen den urchristlichen Antrag eingesetzt hatte.

Da weiß man also, wer in Bayern für politische Entscheidungen, vor allem auf dem Gebiet der Erziehung, wirklich „zuständig" ist: die katholischen Bischöfe! Eine katholische Schule wird sofort genehmigt – eine urchristliche Schule jedoch wird mit fadenscheiniger Begründung und auf Druck eines Bischofs abgelehnt.

Doch die urchristlichen Eltern lassen sich nicht einschüchtern. Einige von ihnen fahren mit ihren Kindern nach München und finden Kultusminister Hans Zehetmair in seinem Amtsgebäude. Dieser reagiert jedoch beleidigt und verlässt den Raum. Die Urchristen machen wieder einmal die Erfahrung, was es bedeutet, eine kirchlich beeinflusste Öffentlichkeit gegen sich zu haben: Normalerweise werden derartige Aktionen mit Kindern von der Presse positiv aufgegriffen. Doch die *Bild-Zeitung* (6.9.1988) macht aus dem Vorgang die Schlagzeile: „Sekten-Kinder besetzten Ministerbüro – von ihren radikalen Eltern zu Polit-Aktion missbraucht." Der „Sekten-Spezialist" Pfarrer Haack wird zitiert: „Es ist gut, dass das Ministerium den Schulbetrieb nicht erlaubt hat."

Den Urchristen bleibt einmal mehr nur der Klageweg. Doch der kostet Zeit und Geld. Denn als Voraussetzung für die Bewilligung der Schule müssen bestimmte Auflagen im Voraus erfüllt sein: Die Lehrkräfte müssen bereitstehen, sie müssen bezahlt werden, können aber erst tätig werden, wenn der Schulbetrieb tatsächlich aufgenommen wird. Das mit einem Bankkredit mühsam erworbene Schulgebäude steht bis zur Genehmigung leer, muss aber unterhalten werden.

Zwei weitere Jahre müssen die Vertreter des Schulvereins „Ich helfe dir" unter diesen schwierigen Umständen auf die erste Verhandlung warten. Und siehe da: Am 16. August 1990 entscheidet das

Verwaltungsgericht Würzburg, dass die Regierung von Unterfranken verpflichtet wird, den Urchristen die Genehmigung zum Betrieb einer privaten Grund- und Hauptschule zu erteilen! Für eine Ermessensentscheidung der Behörden sei „bei der gegebenen Verfassungslage kein Raum". Der Staat sei nicht nur zu religiös-weltanschaulicher Neutralität verpflichtet, es sei ihm auch verwehrt, eine „inhaltliche Qualitätsprüfung von Religions- und Weltanschauungsinhalten vorzunehmen, bestimmte Bekenntnisse zu privilegieren oder den Glauben oder Unglauben seiner Bürger zu bewerten". Das Grundrecht auf Gleichbehandlung (Art. 4 Grundgesetz) schütze „nicht nur die großen christlichen Kirchen, sondern auch alle anderen religiösen und weltanschaulichen Gemeinschaften und Gruppierungen".

Die Urchristen hatten in diesem Verfahren ein Gutachten des Religionswissenschaftlers Prof. Hubertus Mynarek vorgelegt zu der Frage, ob das Universelle Leben eine Weltanschauung im Sinne der Verfassung sei. Nach Aussage Prof. Mynareks kann daran kein Zweifel bestehen: Im Universellen Leben seien „alle Strukturelemente, die zu einer Weltanschauung gehören, konsequent und logisch aus dem obersten Seins-Prinzip abgeleitet". Mynarek bestätigte in seinem Gutachten auch, dass das

Universelle Leben eine christliche Weltanschauungsgemeinschaft ist.

Das Ergebnis des Gerichtsprozesses ist eine Blamage für einen Staat, der den Grundsatz der Gleichbehandlung aller Bürger vor aller Augen missachtet hatte. Wer nun jedoch angenommen hatte, dass dieser Staat eine offenbar längst überfällige Korrektur seiner Haltung gegenüber einer Glaubensminderheit vornehmen würde, sah sich getäuscht: Kultusminister Zehetmair fuhr wenige Tage nach dem Würzburger Urteil in Urlaub und ließ verlautbaren, man müsse vor einer Genehmigung zunächst die schriftliche Urteilsbegründung abwarten.

Das neue Schuljahr beginnt in Bayern im September – und die räumlichen Voraussetzungen für einen provisorischen Schulbeginn waren vorhanden! Sogar die *Main-Post* (21.8.90) schüttelte über eine solche Gleichgültigkeit gegenüber den Rechten unbescholtener Bürger den Kopf: „Der Kampf dieser Menschen gegen die Windmühlen von Staat und Kirche ist noch nicht ausgestanden. ... Den Grund dafür versteht eigentlich keiner mehr." Auch die Aufforderung der Nachfolger des Jesus von Nazareth an Ministerpräsident Max Streibl (CSU), ein „Machtwort" zugunsten einer Minderheit zu sprechen, verhallt ungehört. Als Minister Zehetmair kurz vor Schulbeginn an einer Tagung in Würzburg teilnimmt, stehen urchristliche Eltern und Kinder vor dem Hotel Rebstock, um mit ihm zu sprechen und ihre Entschlossenheit für eine eigene Schule zu bekräftigen. Doch Zehetmair entweicht durch den Hinterausgang.

Hinhaltetaktik und Schikanen bis zuletzt

Das Bayerische Kultusministerium erteilt keine Schulgenehmigung, sondern geht in die Berufung – eine reine Hinhaltetaktik, denn neue Argumente hatten die Behörden nicht vorzubringen. Dies bestätigte sich ein knappes Jahr später, am 24. Juli 1991: Der Verwaltungsgerichtshof in München bestätigt das Ersturteil. Eine wesentliche Rolle spielen in der Berufungsverhandlung die Glaubensinhalte des Universellen Lebens, die in den Büchern des Inneren Weges und in dem umfassenden Offenbarungswerk „Alpha und Omega – Das ist Mein Wort" niedergelegt sind. Auf der Grundlage eines ausführlichen Berichtes über den Glauben, das Denken und Leben der Urchristen kommt das Gericht zu dem Schluss, dass der Einwand einer „mangelnden Verfestigung" – ein reiner Vorwand der kirchlich beeinflussten Behörden – nicht stichhaltig ist, dass daher die Voraussetzungen zum Betreiben einer Schule erfüllt sind.

Doch die Urchristen sind inzwischen mit dem Filz zwischen Kirche und Staat und deren Verhinderungsstrategien vertraut. Noch im Gerichtssaal beantragen sie, das Gericht solle die Genehmigung mittels einer einstweiligen Anordnung erteilen, um einer weiteren Verzögerungstaktik den Riegel vorzuschieben.

Das erweist sich tatsächlich als notwendig. Das neue Schuljahr beginnt am 12. September, ohne dass eine Genehmigung vorliegt. Die Regierung von Unterfranken lässt verlauten, sie warte noch auf eine Stellungnahme aus dem Kultusministerium. Die schriftliche Urteilsbegründung sei dort noch nicht eingetroffen.

Die Kinder, die sich schon auf ihre neue Schule gefreut haben, müssen also noch einmal den Gang in die Regelschulen antreten. Doch einige der Eltern lassen ihre Kinder zu Hause, weil die ihnen rechtmäßig zustehende Genehmigung doch jeden Tag eintreffen müsste. Als die Behörden nun mit Bußgeldern drohen, kommen die Kinder zwar in die Schule, verweigern aber zum Teil die Mitarbeit im Unterricht: Sie wollen in die Christusschule. Statt sich für die Schikanen seiner Behörde zu entschuldigen, beklagt sich ein Abteilungsleiter der Regierung von Unterfranken über „massiven Psychoterror", dem seine Behörde ausgesetzt sei – und das nur, weil Eltern mit legalen Mitteln für ihre verfassungsmäßigen Rechte eintreten.

Erst am 23. September 1991 hat das Warten ein Ende: Der Bayerische Verwaltungsgerichtshof erlässt eine einstweilige Anordnung, wonach der Betrieb der Schule unverzüglich aufgenommen werden kann.
Fast genau fünf Jahre haben die Urchristen für etwas kämpfen müssen, was kirchlichen Antragstellern in den Schoß zu fallen pflegt: eine eigene Schule. Sie heißt: Privatschule *„Lern mit mir"* im Universellen Leben. Es ist die erste und bis dahin einzige private Weltanschauungsschule in Deutschland – denn andere private Schulträger begründen ihre Anträge meist mit eher pädagogischen Gründen.

Offenbar hatten die unter dem Druck der Kirchenoberen stehenden Behörden nicht damit gerechnet, dass die dem Universellen Leben nahestehenden Eltern die jahrelange finanzielle Durststrecke, von der Nervenbelastung ganz zu schweigen, durchstehen würden.
Das Presse-Echo lässt jedoch bereits erahnen, wie sehr dieser Durchbruch die Großkirchen in Rage bringt. Von „Kaderschmiede für die Glaubensgemeinschaft" ist da die Rede; im *Rheinischen*

Merkur (30.8.1991) macht Werner Thiede, Theologe und Mitarbeiter der „Evangelischen Zentralstelle für Weltanschauungsfragen", Stimmung gegen die neue Schule, noch ehe sie den ersten Tag in Betrieb war: Die Lehre des Universellen Lebens sei „gefährlich" für Kinder, Geschichten von Elfen und Wichteln seien „fragwürdige Weltbildelemente" – hat da der Staat, so Thiede, nicht „einen Schutzauftrag auch für noch unmündige Schulkinder?".

Von einem Schutzauftrag des Staates für das verfassungsmäßig verbriefte Recht der Eltern, über die Erziehung ihrer Kinder im Rahmen der Gesetze selbst zu entscheiden, spricht Thiede nicht. Das müssen die Eltern sich schon selbst gegen den Filz von Staat und Kirche vor den Gerichten erkämpfen.

Eine Schule mit familiärer Atmosphäre

Der Kampf sollte noch weitergehen. Zunächst aber wird der Schulbetrieb in Esselbach (Landkreis Main-Spessart) in einer ehemaligen Kleiderfabrik aufgenommen, die von Eltern und Freunden der Schule in liebevoller Kleinarbeit renoviert wurde und die den Kindern eine Atmosphäre bietet, in der sie sich wohlfühlen können. Noten gibt es erst in den höheren Klassen. Die Lehrer lassen sich mit „Du" anreden, legen viel Wert auf gezielte Einzelförderung und soziales Lernen: Ältere Schüler helfen jüngeren, jeder übernimmt reihum kleinere Aufgaben wie Aufräumen, Putzen, Abspülen.

Großer Wert wird auch auf den guten Kontakt zu den Eltern gelegt, die immer gut informiert sind und das Schulleben, vor allem die gemeinsamen Feste, aktiv mitgestalten und mittragen. Von Anfang an wird in der Schule, die allen Kindern der Umgebung offen steht, eine Ganztagsbetreuung angeboten mit gemeinsamem (vegetarischen) Mittagessen, mit Sprach-Wahlfächern, Arbeitsgemeinschaften und Freizeitangeboten; später kommt eine eigene Musikschule hinzu – all dies zu einer Zeit, in der der Ausbau der Ganztagsbetreuung unter Kultuspolitikern, Lehrern und Eltern noch keineswegs in aller Munde war. Besonderer Wert wird auf frühe berufliche Orientierungsmöglichkeiten gelegt: regelmäßige Praktika in Betrieben nach Wahl der Schüler, wo sie sich spielerisch mit den Aufgaben des Berufslebens vertraut machen können.

Die Schüler werden nach den in Bayern üblichen Lehrplänen unterrichtet; dies wird von den Behörden regelmäßig überprüft, ohne dass je irgendwelche Beanstandungen festgestellt worden wären, im Gegenteil:

Die bayerischen Kultusbehörden loben nach ungewöhnlich häufigen und auch unangemeldeten Besuchen immer wieder die „Zwanglosigkeit", die „Sprachgewandtheit" und „Reife" der Schüler.
Seit die Schule offiziell genehmigt wurde, normalisierte sich trotz der Anlaufschwierigkeiten das Verhältnis zwischen Behörden und Schulleitung rasch: Die zuständige Schulbehörde nahm dann schließlich die Privatschule sogar vor unsachgemäßen Angriffen von Seiten der Kirche und ihrer Helfershelfer in Schutz.

Behnk bläst zur Treibjagd auf die Schule der Urchristen

Dies muss auch „Pfarrer" Behnk erfahren, als er zur Treibjagd auf die Schule bläst. Gleich nach seiner Amtseinführung Ende 1991 hat er behauptet, das Universelle Leben sei eine „Sekte", die versuche, „Jugendliche in ihre Netze zu treiben."
Wohlgemerkt: Das behauptet der Vertreter einer Institution, die Kinder bereits als Säuglinge tauft und damit mit Haut und Haaren vereinnahmt – und zwar auf ewig, gemäß ihrer Lehre.
Ende 1994 suggeriert Behnk dann seinen Zuhörern in Kreuzwertheim laut Zeitungsbericht, „die Schule des Universellen Lebens sei grundgesetzwidrig, weil

hier der Art. 2 des Grundgesetzes missachtet werde, der die freie Entfaltung der Persönlichkeit garantiere. Er wollte dies mit den Zielen des Universellen Lebens belegen, zu denen" – wie er behauptet – „der ‚Abbau alles Individuellen, aller familiären und persönlichen Bindungen, letztlich des Menschseins' gehöre. Es sei besonders problematisch, Kinder ‚einem Entpersönlichungs- und Entsozialisierungssystem auszusetzen'." (*Main-Echo*, 17.12.1994)

Nur zur Erinnerung: Martin Luther, der Gründer seiner Kirche, sprach dem Menschen jeglichen freien Willen ab. Der Mensch wird so zur Marionette eines angeblich willkürlichen und grausamen Gottes degradiert. Mehr „Entpersönlichung" und weniger „freie Entfaltung der Persönlichkeit" ist schlichtweg nicht denkbar.

Bereits im August 1994, als der Schulverein die Erweiterung der Grundschule auf die neunklassige Grund- und Hauptschule ankündigte, hatte Behnk geschäumt: „Das ist keine kindergerechte Erziehung, sondern ideologische Indoktrination." Das gibt Behnk einfach in gewohnter Rufmordmanier von sich – ohne jeglichen Anhaltspunkt.
Doch gerade einem besonders eifrigen modernen Inquisitor kann es passieren, dass er im Übereifer auch einmal über die eigenen Füße stolpert. Behnk

hatte im April 1994 offenbar die guten Kontakte seines Vorgängers Haack zu bayerischen CSU-Politikern wieder aufgewärmt und drei CSU-Landtagsabgeordnete mit seinen Verleumdungen versorgt. Christian Will (Würzburg), Karl Freller (Schwabach) und Markus Sackmann (Roding) reichten bei der Bayerischen Staatsregierung eine umfangreiche Anfrage ein, betreffend „Verbreitung des Sektenwesens in Bayern; hier: Heimholungswerk – Universelles Leben". Eine der gestellten Fragen betraf auch die Schule: Mit welcher Legitimation sie errichtet sei und ob staatliche Kontrolle möglich sei?

Einmal abgesehen davon, dass bereits der gesamte Fragenkatalog ein im Grunde verfassungswidriger Ausforschungsantrag gegen unbescholtene Bürger ist: Die gestellten Fragen erlauben zudem einen Einblick in die offenkundige intellektuelle Beschränktheit kirchenhöriger Volksvertreter. Vom Gerichtsverfahren, das den Staat zwang, die Schule zu genehmigen, hatte jeder aufmerksame Zeitungsleser Kenntnis. Und dass auch eine Privatschule staatlicher Aufsicht unterliegt, gehört zum Grundwissen jedes Kulturpolitikers.
Dementsprechend kurz angebunden war die Antwort der Regierung auf die zweite Frage, die, wie alle Antworten, Ende Februar 1995 veröffentlicht wurde:

„Als genehmigte private Volksschule unterliegt auch diese Weltanschauungsschule der staatlichen Schulaufsicht, die sehr sorgsam darüber wacht, dass der Unterricht den gesetzlichen Vorgaben entsprechend erteilt wird. Auffälligkeiten haben sich bisher nicht ergeben."

Solche nüchternen, entlastenden Antworten ziehen sich wie ein roter Faden durch den gesamten 16-seitigen Bericht, an dessen Formulierung sechs bayerische Ministerien beteiligt waren. **Es gibt nach Auskunft der Regierung weder einen Anlass, das Universelle Leben durch den Verfassungsschutz zu beobachten noch „Erkenntnisse über rechtsextreme Veröffentlichungen bzw. Aktivitäten … Es bestehen derzeit keine Erkenntnisse darüber, dass aus der religiösen Grundeinstellung des ‚Universellen Lebens' heraus eine Bestrebung gegen die freiheitliche demokratische Grundordnung, insbesondere gegen die Menschenrechte, verfolgt würde."** Genau das hatte Behnk aber in Bezug auf die Schule behauptet! **Es gebe auch „keine Anhaltspunkte, … dass das Universelle Leben die innerorganisatorischen Grundsätze aus dem Bereich des Gemeinschaftslebens heraus auf den staatlichen Bereich übertragen will".** Auch Erkenntnisse über „Repressalien gegen Aussteiger" liegen nicht vor.

„Der Staat ist nicht der Büttel der Sektenbeauftragten"

Der Bericht der Bayerischen Staatsregierung über das Universelle Leben erweist sich als Bumerang für den lutherischen Sektenpfarrer – und als Rehabilitierung der Urchristen.

Dem modernen Inquisitor bleibt jedoch noch die Presse. Wenige Tage nach der Veröffentlichung des Berichts der Staatsregierung berichtet die Katholische Nachrichtenagentur:

„Der Sektenbeauftragte ... Wolfgang Behnk hat erneut vor der Gruppierung ‚Universelles Leben' gewarnt und ihr ‚grundgesetzwidrige, demokratiefeindliche Ideologie und Praxis' vorgeworfen. Energisch wandte sich Behnk gegen die Darstellung des bayerischen Kultusministeriums, wonach es keine Anhaltspunkte dafür gebe, dass das UL die Demokratie gefährde und gegen Menschenrechte verstoße. ... Behnk legte Zehetmair insgesamt 20 ‚Dokumente' vor, die nach seiner Ansicht ‚sehr wohl massive sachliche Anhaltspunkte' für eine Gefährdung der Demokratie durch das ‚Universelle Leben' geben."

Diese „Dokumente" waren allerdings nur die hinlänglich bekannten Diffamierungen und Verdrehungen, die Behnk bei solchen Gelegenheiten immer aus der untersten Schublade zu ziehen pflegt.

Minister Zehetmair betonte demgegenüber, der Staat sei an die weltanschauliche Neutralität gebunden – und deshalb sei der Staat auch nicht „der Büttel der Sektenbeauftragten". Wie sehr muss der moderne Inquisitor Behnk einen konservativen Minister wohl bedrängt und genervt haben, ehe er einen solchen Ausspruch tut?

Doch bei der Verfolgung Andersgläubiger hat die Kirche einen langen Atem. Werner Thiede äußert jetzt im Materialdienst der EZW (8/95) die „Hoffnung", dass „nunmehr das bayerische Kultusministerium die Schule des UL einer erneuten Überprüfung unterziehen wird, die sich am Kriterium der Verfassungsgemäßheit orientiert."

Die bayerischen Schulbehörden reagieren auf diesen Druck, der sicher nicht nur von dieser kirchlichen Stelle ausgeht, indem sie ohne Vorankündigung eine zusätzliche, besonders ausführliche Visitation der Schule durchführen. Das Ergebnis ist jedoch wiederum positiv – insbesondere wird, wie bereits erwähnt, die „Zwanglosigkeit", die „Sprachgewandtheit" und die „Reife" der Schüler hervorgehoben.
Das hindert Behnk aber nicht, Anfang 1996 erneut die Schließung der urchristlichen Schule zu fordern, weil die Gerichte ihm die Meinungsäußerung er-

laubt hätten, dass diese Schule „grundgesetzwidrig" sei. Dass in einem Rechtsstaat die Behörden nicht aufgrund der bloßen Meinung eines Pfarrers einen solchen Schritt tun können – damit vermag ein moderner Inquisitor mit seiner beschränkten und im Grunde menschenfeindlichen Denkstruktur offenbar kaum zurechtzukommen.

Der Unterschied ist vor allem: Die Behördenvertreter waren mehrfach vor Ort und verschafften sich einen persönlichen Eindruck von der Praxis. Der moderne Inquisitor hingegen hat die Schule nie betreten. Er verurteilt sie rein theoretisch und mit intellektueller Borniertheit aufgrund kirchlicher Lehrsätze, die alles davon Abweichende mit „ewiger Verdammnis" belegen. Hinter hochtrabenden pseudosoziologischen Schlagworten verbirgt er somit einen kompletten Mangel an Faktenkenntnis. Er verunglimpft sozusagen ins Blaue hinein, indem er die Lehre des Universellen Lebens nach Gutdünken verdreht und dieses von ihm selbst gezeichnete Zerrbild dann auf die Schule überträgt – und dadurch sowohl die Schule als auch die Eltern, Kinder und Lehrer dem Rufmord preisgibt. Und seine ständigen Attacken zeigen Wirkung.

Politiker werden aufgehetzt

Als Ministerpräsident Edmund Stoiber (CSU) im Februar 1996 nach Lohr kommt, sitzen zwei Inquisitions-Handlanger in der ersten Reihe und fragen ihn, ob er „gegen das Universelle Leben endlich so energisch vorgehen wolle wie gegen die ‚Scientology Church' oder ob ‚bayerische Sekten Privilegien genießen'". Stoiber „bedauerte", so ein Zeitungsbericht (*Main-Echo*, 8.2.1996), dass man bezüglich der Schule vor Gericht unterlegen sei, obwohl man „alles versucht" habe, um die Gründung dieser Schule zu verhindern. „Der Kampf müsse aber weitergeführt werden, er betrachte die Urteile nicht als ‚Tatsachen für alle Zeiten'". Stoiber wolle „mit allen zur Verfügung stehenden Mitteln gegen die private Volksschule der Sekte ‚Universelles Leben' vorgehen."

Das muss man sich einmal vorstellen: Da bedauert ein Ministerpräsident, der sich an das deutsche Grundgesetz und dessen Neutralitätspflicht des Staates zu halten hat, und der eben darauf seinen Amtseid geleistet hat, dass der Freistaat Bayern sich leider, leider an Recht und Gesetz halten musste – obwohl der Filz von Sektenbeauftragten und Politikern alles versucht hatte, um die Gründung dieser Schule zu verhindern! Damit stellte sich ein

bayerischer Ministerpräsident über die Rechtsprechung, über die Verfassung. Vor wem hat er sich damit rechtfertigen wollen?
Ermutigt durch solche Stimmen macht Behnk einen erneuten Vorstoß zur Schließung der Schule, diesmal beim bayerischen Innenministerium, weil er beim Kultusminister offensichtlich auf Granit beißt. Zehetmair hatte zuvor die Einladung zu einem persönlichen Besuch in der Schule dankend abgelehnt: *„Die Ergebnisse der Unterrichtsbesuche sind dem Staatsministerium bekannt und werden hier nicht bezweifelt. Das Ministerium ... weiß die Ausübung bei der zuständigen Regierung von Unterfranken in den besten Händen."*

Behnk erreicht, dass der zuständige Abteilungsleiter der Regierung von Unterfranken persönlich in die Schule kommt. Doch das Ergebnis ist wiederum nicht nach Behnks Geschmack: **„Das Gebäude und die sonstigen sachlichen Voraussetzungen ... sind sehr positiv zu bewerten. ... Die pädagogisch durchwegs sehr ansprechend gestalteten Klassenzimmer sind durch eine wohnliche Atmosphäre gekennzeichnet. ... Die Schüler machen in allen Jahrgangsstufen einen fröhlichen, freundlichen und disziplinierten Eindruck. Die Information durch die Schulleitung erfolgte bereitwillig und ohne Vorbehalte"**, so der Regierungsbericht.

Minister Zehetmair wird nun von seiner eigenen Partei angegriffen. Vorneweg der CSU-Politiker Markus Sackmann, der zutreffend über sich kundtut: „Dass diese Vereinigung mit staatlichen Zuschüssen eine Volksschule betreiben kann, übersteigt das Rechtsverständnis des Rodinger CSU-Abgeordneten Markus Sackmann." Weil dieses „Rechtsverständnis" offenbar stark katholische Schlagseite hat. „Das Ministerium traut sich nicht an die Sache ran", tönt Sackmann; Minister Zehetmair scheue „offenbar die offensive Auseinandersetzung mit dubiosen religiösen Bewegungen". Sackmann bringt einen Antrag auf erneute Überprüfung der Schule in den Kulturausschuss des Landtags ein. Die SPD spricht treffend von einem „Misstrauensantrag" der CSU gegen die Regierung von Unterfranken. Freller (CSU) wirft der SPD vor, sie „schweige" zum Thema „Sekten".

So ist das bei der Inquisition: Wer nicht mit auf die „Ketzer" einschlägt, der macht sich selbst verdächtig.

Sekte: Von der jeweils herrschenden Religionskaste verwendetes Schmähwort für alle, gegen die sich ihre Inquisition richtet.

Die Schule „*Lern mit mir!*" lädt daraufhin sämtliche Abgeordneten des bayerischen Landtags in die Schule ein – doch keiner kommt. Die Kultusbeamten hingegen rücken wieder an, untersuchen die wohl bestuntersuchte Schule Bayerns ein weiteres Mal, lassen sich auch die Schulhefte zeigen und stellen fest: **„In den Vorbereitungsunterlagen, den Schülerheften und im Unterricht konnten keine Hinweise darauf gefunden werden, dass verfassungsrechtlich bedenkliche Inhalte vermittelt werden."**

Spätestens jetzt müsste einem unbefangenen Betrachter klar geworden sein, dass sich Behnk mit seinen Warnungen vor angeblichen Gefahren der urchristlichen Schule auf einer rein ideologisch-theoretischen Ebene bewegt (und dabei die Tatsachen auch noch verdreht), während praktische Untersuchungen vor Ort jedes Mal das Gegenteil erbringen. Doch kirchlich indoktrinierte Politiker sind nicht an Erkenntnissen oder Tatsachen interessiert, sondern wollen sich mit der „Sekten"-Hatz bei ihrem überwiegend katholischen Wahlvolk profilieren. Im Auftrag dieser Politiker fertigt Behnk ein „Gutachten über die Verfassungswidrigkeit der Grund- und Hauptschule der Organisation ‚Universelles Leben'" an, das im Juni 1997 bei einem öffentlichen Hearing der CSU-Fraktion vorgestellt

wird und anschließend innerhalb der Staatsregierung kursiert – und zwar, ohne dass die Urchristen Einblick in dieses Kirchenpapier erhalten!
Bei diesem CSU-Hearing darf auch der lutherische Sektenbeauftragte Kurt-Helmuth Eimuth aus Frankfurt seine abstrusen Thesen über die angebliche „Gefährdung von Kindern in Sekten", insbesondere angeblich im Universellen Leben, dem Publikum vorstellen. Auch er hat im Gegensatz zu den Kultusbeamten nie eine Erziehungseinrichtung der Urchristen von innen gesehen, geschweige denn mit einem der Kinder gesprochen. Behnk fordert erneut, etwa im November 1997, die Schließung der Schule: Dass Kontrollen der staatlichen Schulaufsicht bislang keine Beanstandungen ergeben hätten, beweise gar nichts.

Gestern - Inquisitor: Verfolgung bis zum Mord
Heute - Sektenbeauftragter/Sektenexperte:
Verfolgung bis zum Rufmord

*Strauß-Tochter hetzt
gegen urchristliche Schule*

Das Ressort von Kultusminister Zehetmair, der sich nicht ohne weiteres in ein solches Schema pressen lässt, wird 1998 bei der nächsten Kabinettsreform geteilt; der Bereich der Schulen wird ihm genommen, es bleibt ihm das Amt eines Kultur- und Wissenschafts-Ministers. Zuständig für die Schulen und neue Kultusministerin wird nun Monika Hohlmeier, Tochter des verstorbenen CSU-Ministerpräsidenten Franz-Josef Strauß, die sogleich ganz andere Töne anschlägt: Sie stehe der Schule der Urchristen „sehr negativ" gegenüber und arbeite in dieser Frage mit den „Sektenbeauftragten" eng zusammen.

Bereits am 28.10.1996 hatte Hohlmeier, damals noch Staatssekretärin bei Zehetmair, bei der Frauenunion in Herzogenaurauch über das Universelle Leben („so wird es beschrieben", sagte sie – von wem wohl?) behauptet, es schotte sich „systematisch nach außen ab" und verfolge „in ziemlich aggressiver Weise ökonomische und auch politische Interessen". Die Schule der Urchristen, so fügte sie an, „ist uns ein Dorn im Auge".
Offenbar schenkt die Ministerin dem Kirchenfunktionär Behnk mehr Glauben als ihren eigenen Beamten, die – im Gegensatz zu jenem – die Schule

seit Jahren genau kennen. Auf mehrfache Einladungen, die Schule selbst kennenzulernen, reagierte die Ministerin jedoch nicht. Ihren Amtseid, der sie zu weltanschaulicher Neutralität verpflichten würde, scheint die Katholikin jedes Mal zu „vergessen", wenn es um Andersgläubige geht.

Zur selben Zeit wird bekannt, dass in Auerbach (Oberpfalz) Nonnen in einer katholischen Schule eigenhändig sexualkundliche Seiten aus einem Biologiebuch herausgerissen haben. Sie stehen offenbar dem katholischen „Engelwerk" nahe und machen den Kindern Angst vor dem Teufel. Im Kindergarten wird den Kindern mit dem baldigen Tod gedroht, wenn sie nicht brav sind; wer beim Essen spricht, wird in die Abstellkammer gesperrt. Hier wird das Kultusministerium erst aktiv, als Eltern protestieren. Einige der Nonnen werden nicht weiter beschäftigt, die Kindergartenleiterin wird abgesetzt. Eine urchristliche Einrichtung wäre schon beim allerkleinsten Vorfall dieser Art wohl sofort geschlossen worden, von der sich daraus ergebenden Medienkampagne ganz zu schweigen. Doch hier, wo einmal tatsächliche (und nicht nur eingebildete) Missstände vorliegen, ist von Behnk nichts zu hören. Warum wohl?

Zeige dich nie mit „Ketzern"!

Die ständigen Hetzparolen von Talarträgern und Politikern bleiben derweil nicht ohne Wirkung. Wie geht es einer Mutter, wenn ihr Kind von der Schule weinend nach Hause kommt und fragt: „Mama, was ist ein Sektenschwein"? Mit diesen und ähnlichen Worten wurden einige Kinder beschimpft, vor allem am Anfang, nachdem die Schule neu begonnen hatte – an der Bushaltestelle zum Beispiel. Und wie geht es Kindern, wenn sie im Dorf ausgegrenzt werden, weil einige Eltern ihren Kindern verbieten, mit den „Sektenkindern" zu spielen?

Ein Kind glaubt in der Regel, was man ihm sagt. Wenn man einem Kind sagt: „Du bist ein Sektenschwein", dann haben die meisten Kinder die Tendenz, zu überlegen: „Was ist an mir falsch, dass man mir solche Dinge sagt?" Doch es kann auch anders laufen: Kinder, die in einer Atmosphäre des Respekts, der Achtung und des Wohlwollens aufgewachsen sind, die auch eine gute Beziehung zu ihren Eltern haben, können auch gestärkt daraus hervorgehen und die Frage mitnehmen: „Was sind das für Menschen, die solches tun und die solches sagen?"

Das ist die große Chance einer Erziehungseinrichtung, die Kinder und Jugendliche eben nicht indoktriniert oder abrichtet, sondern deren Ziel es ist, dem jungen Menschen zu helfen, selbständig denken zu lernen und die in ihm liegenden positiven Fähigkeiten zu entfalten.

Offenbar wird sie genau deshalb so erbittert von Kirchenvertretern bekämpft – und auch von Politikern, die kirchliche Lügenpropaganda übernehmen.

So weigerte sich der damalige bayerische Umweltminister Markus Söder (CSU) im Jahr 2011 plötzlich, der Privatschule *„Lern mit mir"* die Auszeichnung einer „Umweltschule in Europa" persönlich zu überreichen, wie dies normalerweise bei allen Preisträgern dieser Auszeichnung üblich ist.

Die Schule bekam zwar die Urkunde zugestellt, wurde aber zur offiziellen Preisverleihung nicht mehr eingeladen, wie es in den Vorjahren (die Schule wurde zuvor dreimal in Folge ausgezeichnet) üblich war. Auf telefonische Nachfrage wurde erklärt, dies liege daran, dass es die Schule der Urchristen ist – deswegen werde sie vom Bayerischen Umweltminister nicht eingeladen.

Nicht erwähnt wurde am Telefon, was in der Presse zu lesen stand: Dass Minister Söder – ein Protestant! – kurz zuvor nach Rom zu einer Privataudienz bei Papst Josef Ratzinger gereist war und von diesem als Geschenk einen schwarzen Rosenkranz überreicht bekommen hatte ...

Diese Diskriminierung der urchristlichen Schule aus Glaubensgründen wiederholte sich auch in den Folgejahren mit den nachfolgenden Ministern und Ministerinnen – denn die Schule *„Lern mit mir!"* gehört Jahr für Jahr zu den Preisträgern. Und wiederum sind die Kinder die Hauptleidtragenden. Sie sind Jahr für Jahr mit Begeisterung und Freude dabei. Doch der bayerische Umweltminister, der sich eigentlich freuen sollte über den tollen Einsatz, will die Kinder dort nicht sehen. Er sollte sich schämen!

Auf diese Weise erhalten die Kinder und Jugendlichen schon in frühem Alter eine bittere Lehrstunde über die Verfassungswirklichkeit in einem Land, in dem noch immer in vielen Fällen der Reiter Kirche das Ross Staat in seine Richtung lenkt. Doch sie lernen auch sehr früh, sich nicht von äußerer Anerkennung durch kirchliche und staatliche „Autoritäten" abhängig zu machen: Wir haben uns für die Natur und für die Tiere eingesetzt. Wenn der Herr Minister das anerkennen will, dann kann er das, aber wenn er es nicht anerkennen will, dann ist es seine Sache.
Und genau diese innere Freiheit ist es, weshalb die Talarträger diese Schule so bekämpfen ... Das Konzept dieser Schule ist inzwischen so erfolgreich, dass es als „Sophia-Schulen" auch in Afrika zahlreiche Nachahmer gefunden hat.

10. „Endzeitapostel" oder: Gott hat rechtzeitig gewarnt (1985-2000)

„Und Gott sprach ..." So steht es immer wieder in der Überlieferung, von Abraham an, durch alle Zeiten hindurch. Der Ewige, All-Eine, Gott, der die Liebe ist, sprach und spricht nicht durch Priestermänner. Er gibt Sein ewiges Wort, das Wort der Wahrheit aus dem Reich Gottes, einzig durch Seine Propheten, durch erleuchtete Männer und Frauen, die zu allen Zeiten Seine Botschaft der Liebe, des Friedens und der Einheit verkündeten und den Weg in unsere ewige Heimat aufzeigten. Er ist der redende Gott, der Seine Menschenkinder nicht allein lässt, der Seine Boten, Wortträger zu uns sendet, um die ewige Wahrheit zu bringen in den Worten der jeweiligen Zeit.

Heute offenbart sich das Reich Gottes seit über 40 Jahren durch die große Lehrprophetin und Botschafterin Gottes, Gabriele, und schenkt uns Menschen die Fülle der göttlichen Weisheit für alle Lebensbereiche. Und Er, der Ewige, klärt auch auf, Er mahnt und warnt. Aus Liebe zu Seinen Menschenkindern hat Er in unzähligen Offenbarungen durch Gabriele die Zusammenhänge aufgezeigt und schon seit den 1970er Jahren immer wieder Warnungen ausgesprochen, sinngemäß: Wenn die Menschheit weiterhin so mit der Natur und mit den Tieren umgeht, werden nach dem Gesetz von Ursache und Wirkung unvermeidlich schwere Zeiten und Umwälzungen auf die Menschheit zukommen.

Die Frage ist: Warum hat der Großteil der Menschheit nichts davon erfahren? Und was hätte an Umwälzungen, Katastrophen und Leid alles verhindert oder abgemildert werden können, wenn Menschen das Wort des ewigen Schöpfers vor 40 Jahren gehört und ernst genommen hätten? Damals wäre noch vieles möglich gewesen, damals hätte man das Ruder noch herumreißen können.
Viele Jahre später wurden solche Warnungen auch immer häufiger von Wissenschaftlern ausgesprochen, und heute bestreitet kaum noch jemand, dass der Planet Erde vor einer Klimakatastrophe steht, die der Mensch selbst verursacht hat.

Die mahnenden Worte aus dem Reich Gottes wurden nicht gehört und nicht angenommen, weil engstirnige selbstgefällige Vertreter der Amtskirchen Seine Wortträgerin, die Prophetin Gottes, verleumdeten, sie mit den Methoden der modernen Inquisition verfolgten und Sein Wort der Wahrheit mit Hohn und Spott überzogen und bekämpften.

Die helfende Hand Gottes, die Er uns mit Seinen Warnungen und Mahnungen schenkte, wurde ausgeschlagen, Sein Wort lächerlich gemacht und obendrein verdreht und missbraucht, um die Prophetin Gottes und die Nachfolger des Jesus von Nazareth erneut zu diffamieren.
Und warum? Weil das ewige Wort des Freien Geistes, der in jedem beseelten Menschen lebt, die Amtskirchen mit ihren Dogmen und Riten, mit ihrem Reichtum, ihrer Macht und dem Einfluss in Politik und Gesellschaft, mit ihren Priestermännern als angebliche Vermittler zwischen Gott und den Menschen ein für allemal entlarvt – und schlechthin überflüssig macht.

Die gefälschten Nachrichten der Priestermänner

In den Jahren vor der Jahrtausendwende war unter Ketzerjägern vor allem die Herabwürdigung der Nachfolger des Jesus von Nazareth als „Endzeitapostel" oder „Endzeitjünger" besonders beliebt.
Bereits 1985 behauptete der Würzburger Caritas-Angestellte und Diplom-Psychologe Alfred Spall in dem erwähnten „Gutachten" über die im Universellen Leben angebotenen Meditationskurse (Kapitel 3), dort werde jungen Menschen gezielt Angst ein-

gejagt, um ihnen dann eine „totale Entscheidung für das Heimholungswerk" abzuverlangen: „Dann werden düstere Prophezeiungen gegeben (,die Welt brennt, es gibt Kriege, Zwistigkeiten … ein Ende ist nicht abzusehen'; ,… schwere Zeit wird für die Welt kommen …')".

Das ist schlicht Unsinn – die „Katastrophen" werden in den Meditationstexten, die Spall offenbar vorlagen, gar nicht erwähnt. Und wie soll man zu einer „Entscheidung" für eine Glaubensgemeinschaft gedrängt werden, wenn man dort nicht einmal Mitglied werden kann?

Jahrzehnte später wird man in der Öffentlichkeit über den Begriff der „fake news", der gefälschten Nachrichten, diskutieren, die von Demagogen und Populisten in Umlauf gesetzt werden, um die Menschen in Verwirrung zu setzen. Doch das ist nichts Neues – es ist ein uraltes Phänomen. Die Priestermänner und ihre Helfershelfer beherrschen dies seit Jahrtausenden.

Indem nun die Talarträger schon vor Jahrzehnten die Warner als „Endzeitjünger" verspotteten, lenkten sie davon ab, dass sie es selber sind, die einen Großteil der Schuld an dem tragen, was auf die Menschheit zukommt, weil sie die Menschen nicht die Liebe zur Schöpfung lehrten. Gott, der Ewige, hat durch Seine Prophetin Gabriele rechtzeitig gewarnt – doch die Talarträger haben durch ihre Verleumdungen verhindert, dass diese Warnungen ungezählte Menschen erreichen konnten.

Eine Entschuldigung für das Trommelfeuer von Häme und Verächtlichmachung, dem sie aufgrund ihrer leider nur allzu berechtigten Hinweise auf die drohende Überlastung des Planeten Erde und die drohenden Klimakatastrophen über Jahre hinweg ausgesetzt waren, haben weder Gabriele, die Prophetin Gottes, noch die Nachfolger des Jesus von Nazareth je erhalten. Statt dessen tun die Amtskirchen heute, da der Klimawandel und seine verheerenden Folgen nicht mehr zu leugnen sind, plötzlich so, als wären sie schon immer Naturschützer gewesen.

Die Kirchen und das „Geschäft mit der Angst"

Im Jahr 1988 greifen die Würzburger Dekane beider Großkirchen das Thema „Endzeit" auf (siehe auch Kapitel 5). „Wir Christen", behaupten sie, „leben schon immer in der Endzeit. ... Dass die Endzeit erst heute beginne, widerspricht der Heiligen Schrift. ... Das Geschäft mit der Angst, das schon öfters in der Kirchengeschichte mit apokalyptischen Zeitangaben" – die es im Universellen Leben ausdrücklich gar nicht gibt! – „gemacht wurde, lehnen wir Christen ab."

Das „Geschäft mit der Angst" ist wiederum eine Projektion der Kirchen: Sie sind es, die seit fast zweitausend Jahren massive Ängste erzeugen, und zwar vor einer angeblichen „ewigen Verdammnis", die mit Gott, der die ewige Liebe ist, nicht das Geringste zu tun hat. Mit dieser Angst werden bis heute unzählige gutgläubige Menschen weltweit eingeschüchtert – und abkassiert.

Nach wie vor ist die „ewige Verdammnis" fester Bestandteil der Lehre beider Großkirchen. Noch heute hat z.B. das katholische Dogma Gültigkeit, dass „»niemand außerhalb der katholischen Kirche, weder Heide« noch Jude noch Ungläubiger oder ein von der Einheit Getrennter – des ewigen Lebens teilhaftig wird, vielmehr dem ewigen Feuer verfällt, das dem Teufel und seinen Engeln bereitet ist, wenn er sich nicht vor dem Tod ihr (der Kirche) anschließt." (Dogmensammlung Neuner/Roos, Randnummer 381)

Ein diabolischer Schachzug

Auch Graf Magnis sieht die „Ketzer" schon in der Hölle schmoren. Mit seinen Verleumdungen schürt er bereits vorab das Feuer. Im März 1988 unterschiebt er dem Universellen Leben in einer seiner Schriften die Ankündigung eines „Weltholocausts, bei dem alle nicht dem ‚Christusstaat' ... angehörenden Unternehmungen, Einrichtungen und Menschen vernichtet werden."

Magnis weiß genau, dass im Universellen Leben etwas ganz anderes gelehrt wird: Das Überleben der Umbruchszeit hat nichts mit der Zugehörigkeit zu irgendeiner Gruppe oder gar einem Betrieb zu tun. Jemand, der das Universelle Leben gar nicht oder nur von ferne kennt, kann Gott sehr nahe sein und im rechten Moment das Richtige tun. Umgekehrt kann ein Anhänger der Urchristen genauso von Katastrophen betroffen sein wie andere Menschen auch – zumal dann, wenn er die Lehre nur gehört, aber in seinem täglichen Leben kaum umgesetzt hat. Nicht umsonst heißt es in der Bibel (Mt 24,40): *„Dann wird von zwei Männern, die auf dem Feld arbeiten, einer hinweggenommen und einer zurückgelassen."*

Die Behauptung der kirchlichen Inquisitoren, dass nach der Lehre des Universellen Lebens nur dessen

Anhänger gerettet würden, ist falsch und nichts anderes als ein diabolischer Schachzug. Warnungen des Gottesgeistes, die an alle Menschen ergehen, werden so gezielt verfälscht und unglaubwürdig gemacht. Was ein drängendes Problem der gesamten Menschheit ist, wird als „psychisches Problem" einiger weniger „Endzeitapostel" hingestellt, die sich wichtig machen wollen.

Eine lügenhafte Verdrehung ist auch die weitere Behauptung in Magnis' Schrift, im Universellen Leben werde der „totale Untergang des Planeten" gelehrt. Auch das ist falsch – die Erde reinigt sich von den zerstörerischen Auswüchsen der menschlichen Zivilisation, von den Gegensätzlichkeiten dieser Welt – die „Welt" in diesem Sinne wird also vergehen, jedoch nicht die Erde.

Die sogenannten „Endzeitjünger"

Die kirchlichen „Sektenexperten" schießen sich nun auf das neue Thema ein. Als Pfarrer Haack im Jahr 1988 das Jahrestreffen seiner „Elterninitiative" wie schon seit Jahren in Würzburg abhält, heißt es dann in der Presse: „Weltuntergangswahn und Psychoterror gehören nach Pfarrer Haack immer mehr zum Instrumentarium von Sekten. Bei Jugendlichen

... sind die Motive ... vorwiegend Neugier und Langeweile, aber auch Defizite in der Orientierung, die Flucht aus der realen in eine Scheinwelt sowie Zukunftsangst und Unsicherheit."

Man muss das zweimal lesen, um die Absurdität und Perfidie dieser Aussage zu erfassen. Die Institution, die als jahrhundertelange Beherrscherin des Abendlandes die Orientierungslosigkeit und Unsicherheit vieler Menschen selbst zu verantworten hat, verschließt die Augen vor den drohenden Gefahren – und wirft dann auch noch denjenigen, die auf diese Gefahren hinweisen wollen, „Flucht in eine Scheinwelt" vor. Das Gesetz der Projektion gilt auch hier.

In einer göttlichen Offenbarung beleuchtete Christus, der Mitregent der Himmel, durch das Prophetische Wort im Jahr 1991 dieses Verhalten der Kirchen:

„Vor vielen Jahren mahnte Ich aufs Neue durch Mein Instrument. Gerade jene, die in den christlichen Religionen waren und sind und sich als Christen bezeichnen, klagen die an, die von der sogenannten Endzeit sprachen: Es wären sogenannte Endzeitjünger, die das Volk aufwiegeln wollen, um eine äußere Machtstruktur aufzubauen durch Angst und dergleichen.

Wer war ihnen hörig? Der wird heute mit ihnen sein. Meine Kinder in aller Welt: Es gibt kein Zurück mehr! Die Fluten stehen auf. Die Feuersbrünste werden immer größer. Hungersnöte, Katastrophen, Kriege und dergleichen wechseln sich schon ab."

Inquisition auf allen Kanälen

Dem lutherischen Pfarrer Wolfgang Behnk, dem Nachfolger Pfarrer Haacks, gelang es, das Thema „Endzeitjünger" auch ins Fernsehen zu bringen – denn seine wichtigste strategische Neuerung war die Einbeziehung möglichst vieler TV-Sender in seinen Rufschädigungsfeldzug. Schon am 6.12.1992 widmete sich die Frauensendung „Mona Lisa" (*ZDF*) dem Thema: „Zwischen Religion und Ekstase". Die Moderatorin zog über das Universelle Leben her, natürlich mit der obligatorischen „Nur-sie"-Unwahrheit:

„Sie glauben an die Wiedergeburt und an das kurz bevorstehende Ende der Welt. Nur sie, die Auserwählten, werden das Chaos im Neuen Jerusalem überleben." Es sei wiederholt: Von den Urchristen als „Auserwählten" war nie die Rede.

Es wurde schnell klar, dass das Sich-lustig-Machen über die „Endzeit" weiterhin eine große Rolle im kirchlichen Diffamierungsrepertoire spielen sollte.

Schließlich geriet allmählich das Jahr 2000 in Sichtweite. Behnk selbst sprach es aus:
„Viele Menschen seien besonders an der ‚magischen Schwelle' eines neuen Jahrtausends anfällig für deren Heilsversprechungen." (*Augsburger Allgemeine*, 7.2.1992) Oder:
„Bis zur Jahrtausendwende rechnet Behnk mit einem weiteren Anwachsen neuer Heilslehren." (*Ev. Sonntagsblatt Bayern*, 21.2.1993)

Der „Endzeitapostel" Martin Luther

Es ist allerdings eine große Heuchelei, dass mit Behnk ausgerechnet ein Vertreter der Lutherkirche anderen vorwirft, Angst vor einem drohenden „Weltuntergang" zu schüren. Es war nämlich Martin Luther, der – im Gegensatz zu den Urchristen im Universellen Leben – genaue Datumsangaben für das nahende Ende auszurechnen versuchte – und zwar gleich dreimal! Für die Jahre 1532, 1538 und 1541 kündigte er jeweils den „Weltuntergang" an. Wieder mal projizieren die Talarträger ihre eigenen Fehler auf andere.
Damit negative Assoziationen ihre Wirkung behalten, müssen sie von Zeit zu Zeit aufgefrischt werden. Sobald etwas Schreckliches passiert – etwa das Massensterben von Davidianern in Waco (1993),

der Tod der „Sonnentempler" in der Schweiz (1994), die Giftanschläge in der U-Bahn Tokios (1995) oder der Selbstmord von „Heaven's Gate" in Kalifornien (1997), nutzt Behnk dies sogleich aus, um über einen angeblich drohenden „Massenselbstmord" bei den Urchristen zu orakeln (siehe auch Kapitel 8).

Für jeden Menschen, der auch nur annähernd einen Sinn für Ethik und Anstand hat, ist es völlig unbegreiflich, wie ein Pfarrer, der sich christlich nennt, ständig in aller Öffentlichkeit derartige Meinungslügen von sich geben kann. Dieses Verhalten ist wohl nur nachvollziehbar, wenn man weiß, dass hinter den Talarträgern die Kräfte des Baal-Systems stehen.

Verleumdungen bringen Quote ...

Behnk taucht jetzt immer häufiger selbst im Fernsehen auf, und er mischt dabei bevorzugt unterschiedliche religiöse Gruppierungen durcheinander, schmückt seine Schilderungen angeblicher Tatsachen immer weiter aus. So erklärt er z.B. am 12.10.1994 im Morgenmagazin von *SAT 1*:
„Also, die Zeugen Jehovas sind ebenfalls wie das Universelle Leben eine apokalyptische Endzeitgruppe, die mit sehr viel Schrecken das Ende ausmalt, von dem nur sie verschont werden ..."

Wer die Medienlandschaft kennt, der weiß, dass „neue" Themen meist nicht vom Himmel fallen. Man schaut sich die Themen, die „Quote" bringen könnten, beim Nachbarsender ab. Behnk und andere berufsmäßige moderne Inquisitoren müssen ab einem gewissen Zeitpunkt gar nicht mehr überall ihre Beziehungen spielen lassen – das Thema wird zum Selbstläufer.

Und wer glaubt, dass die Sender dabei jeweils neu recherchieren, der irrt. Gerade für die öffentlich-rechtlichen Sender, die von allen Bürgern finanziert werden, spielen in diesem Zusammenhang ethische Maßstäbe oder die eigenen Rundfunkgesetze so gut wie gar keine Rolle. Darin steht nämlich, dass Minderheiten nicht diskriminiert werden dürfen.

Doch Talarträger sitzen in allen Redaktionen und Rundfunkräten. Und sie sorgen dafür, dass der Amtskirche missliebige religiöse Minderheiten nicht unter den Minderheitenschutz fallen, und dass sie nach Belieben verunglimpft werden dürfen.

Werden Ausländer oder Behinderte ausgegrenzt, so wird wenigstens noch protestiert. Bei nichtkirchlichen Glaubensgemeinschaften jedoch hören so gut wie alle Sender und Redaktionen auf kirchliches Kommando und diskriminieren hemmungslos mit.

Am 2.2.1996 taucht das Thema „Universelles Leben" sogar im „Heute-Journal" (*ZDF*) auf: „Auf diesen Hügeln über Würzburg will die Sektengemeinschaft Universelles Leben die bevorstehende Apokalypse überleben ..."

... bis ins letzte Wohnzimmer

Es sei hier nochmals darauf hingewiesen, dass allein das jahrhundertealte kirchliche Schimpfwort „Sekte" eine schwere Diskriminierung darstellt. Der Zuschauer „weiß" sofort – und das ist beabsichtigt –, wie er das Ganze einzuordnen hat, durch welche Brille er es zu betrachten hat; der weitere Wortlaut eines Beitrags dient dann nur noch zur Untermalung und „Bestätigung" des Vorurteils. Außerdem lenkt die anhaltende „Sekten-Verteufelung" davon ab, dass die Großkirchen selber im wahrsten Sinne des Wortes die größten Sekten sind, weil sie sich von der ursprünglichen Lehre der Gottes- und Nächstenliebe des Jesus von Nazareth abgetrennt haben.

Sendungen gegen das Universelle Leben (oft vermischt mit anderen Glaubensgemeinschaften) werden in Deutschland nun in immer kürzeren Abständen ausgestrahlt.

Gott, der ewige Schöpfer, mahnte und warnte ernsthaft vor dem Kommenden. Sein Wort wurde ins Lächerliche gezogen. Hier eine kleine Auswahl der diffamierenden Äußerungen:

- *Pro 7* – „Die Reporter" (19.3.1996): „Stürme, Springfluten, Erdbeben. Für religiöse Fanatiker sicher die Vorboten der Apokalypse. Zur Jahrtausendwende boomen weltweit die Endzeitvisionen ..."

- *Focus-TV* – „Die Posaune Gottes. Über die Geschäfte der Sekte Universelles Leben und die Machtlosigkeit der Behörden" (24.5.1998): „Offenbarungen künden vom nahen Weltuntergang. Das exklusive Angebot an die Jünger: Das Universelle Leben stellt Rettungsboote aus der Apokalypse."

- *Pro 7* – „Arabella" (10.9.1998): „Das Universelle Leben – so ... heißt diese Religionsgemeinschaft, die ... wahrscheinlich auch mit so Weltuntergangsszenarien, mit Tod und Verderben und Sünde arbeitet, was ich schon paar Mal jetzt auch gehört habe, zum Beispiel bei den Mormonen. Liege ich da jetzt richtig?" (Originalton Arabella Kiesbauer beim Befragen eines „Aussteigers")

- *ORF* – Report Spezial (3.8.1999): „Die Gegend um Würzburg ist bevorzugtes Siedlungsgebiet des Universellen Lebens ... die Gegend hier soll in den Augen der Anhänger als einzige den prophezeiten Weltuntergang einigermaßen unbeschadet überstehen."

Die Moderatorin betont, die Apokalypse der Bibel sei – das „müssen Theologen derzeit besonders oft betonen" – „nicht als Prophezeiung zu verstehen". Dann lässt sie den lutherischen „Sektenexperten" Michael Fragner zu Wort kommen, der auf einer eigenen Internet-Seite, für die er den kommunalen Namen eines Ortsteils von Marktheidenfeld missbraucht, alle erreichbaren Verleumdungen gegen das Universelle Leben zusammenträgt.

Selber Denken ist Glückssache

Das Fernsehen stellt im Kriegszug der „modernen" Inquisition die großen Geschütze, mit denen die Gehirne „bombardiert" werden. Aber auch das geschriebene Wort erfüllt, sozusagen als „Bodentruppe", eine wichtige Aufgabe. Ein ganzes Heer von Journalisten, die den amtskirchlichen Religions-

unterricht offenbar „erfolgreich" durchlaufen haben, übernimmt mit geradezu euphorischer Begeisterung die kirchlichen Diffamierungsmuster gegen religiöse Minderheiten.
Damit kann man angesichts des ominösen „Jahrtausendendes" Leser fesseln, Grusel- und Sensationseffekte erzielen – und sich profilieren. Eigenes Nachdenken und Prüfen, Gespräche mit den Betroffenen, rechtsstaatliche und verfassungsmäßige Grundsätze – alles nebensächlich. So denken und handeln viele, weil ihnen die Sensationsgier wichtiger ist, als sich einmal selbst mit dem auseinanderzusetzen, was Gott, der Ewige, durch Seine Prophetin wirklich spricht.

Auch hier einige wenige Beispiele:

- Holger Reile (u.a. *Südkurier*, 5.1.1995): „'Gottes Prophetin' schürt bei ihren Anhängern die Angst vor Katastrophen: die ‚Endzeit' stehe bevor, Erdbeben, Seuchen, Vulkanausbrüche und am Schluß die Sintflut. Die Überlebenden – nach Ansicht der ‚Posaune Gottes' natürlich die UL-Mitglieder – gründen dann das ... Friedensreich."

- *Main-Echo* (26.5.1995): „Andere Sekten machen Schlagzeilen mit Katastrophen-Szenarien: ... die Gemeinschaft Universelles Leben ..."

- *Wiener Basta* (Juni 1995): „Die Erlösung von allem Übel wird durch Naturkatastrophen erhofft. Danach dürfen sich die Anhänger der ‚wahren Weltreligion' auf ein … Friedensreich freuen."

- *Fränkische Landeszeitung Ansbach* (11.11.1995): „So bezeichnete der Sektenbeauftragte der Evangelisch-Lutherischen Kirche in Bayern, Pfarrer Wolfgang Behnk, das ‚Universelle Leben' als eine ‚extrem apokalyptische Weltanschauungsgemeinschaft.'"

- *Frankfurter Allgemeine Zeitung* (7.1.1996): „Weltuntergangsideen prägen nach Ansicht Kedens auch die angeblichen Offenbarungen von Gabriele …" (Pastor Joachim Keden ist der Sektenbeauftragte der rheinischen Lutherkirche.)

- Uwe Birnstein (*Das Sonntagsblatt*, 2.2.1996): „Unweigerlich treten mir Bilder der Davidianer-Farm in Waco vor Augen, in der sich Sektenguru David Koresh mit seinen Anhängern verschanzt – und umgebracht hat." (Der lutherische Theologe Birnstein besucht mit dem Inquisitionshelfer Hans-Walter Jungen das Gelände um das urchristliche Gut „Terra Nova".)

- *Solothurner Zeitung* (25.9.1996): „Sektenberater Toni Wirz vom ‚Schweizerischen Beobachter' weist auf die Ausschließlichkeit des ‚Universellen Lebens' hin: die Glaubensgemeinschaft beziehe sich darauf, die einzigen Auserwählten zu sein, die vor dem großen Weltgericht bestehen können. Ein untrügliches Sektenmerkmal."

- *Abendzeitung Nürnberg* (12.4.1997): „Endzeitvisionen gehören zum Standard-Repertoire des selbsternannten ‚Sprachrohr Gottes' ... Mal warnt sie vor einer Giftwolke, einem Atomkrieg oder einer Sintflut. Und immer wieder wird das Jahr 2000 als Zeitpunkt der großen Katastrophe genannt."

(Der Leser weiß inzwischen, dass dies eine glatte Lüge ist – die Leser der Abendzeitung wussten es nicht.)

- *Kirche + Leben,* Münster (2.6.1997): „Die Mitglieder des ‚Universellen Lebens' selbst rechnen sich zu den Überlebenden eines durch Katastrophen herbeigeführten Weltendes."

- Holger Lösch (*Zeit-Punkte*, 4/97): „Auch das Universelle Leben schreckt seine Anhänger mit Endzeitdrohungen und verspricht gleichzeitig ‚Rettungsboote'."

- *Frankfurter Neue Presse* (28.10.1997): Sie (Gabriele) „prophezeit ihren Anhängern die ‚Endzeit', vor der sie sich aber als Mitglieder der Sekte schützen können – vor allem, wenn sie ihr ganzes Kapital mit in die Vereinigung bringen." (Eine neue Lügenmeinungs-Variante – und eine neue Projektion: der römisch-katholische Ablasshandel lässt grüßen! Die neue Diffamierung macht sofort die Runde:)

- *Offenbach-Post* (6.11.1997): „Mit ihren Endzeit-Beschwörungen bringe die Sekte ihre Mitglieder dazu, ihren gesamten Besitz an diese abzugeben."

Die Kirchen, das wird an diesen wenigen Beispielen deutlich, verfügen ganz offensichtlich über einen immensen Einfluss auf die Massenmedien – auch wenn dies in diesen Medien selbst nur höchst selten zum Thema gemacht wird.
So erschien etwa am 29. Dezember 1997 im Wochenmagazin *Focus* ein Artikel mit der Überschrift „Millionen für Missionen". Darin stand zu lesen:
„*Noch nie übten die Kirchen soviel Einfluss auf die Medien aus wie heute. ... Für ihren Medieneifer*" geben „*die Kirchenfürsten ... fast soviel Geld aus wie für den Erhalt ihrer Gotteshäuser und Gemeindeeinrichtungen*".
Focus nannte einen Betrag von 300 Millionen Mark jährlich.

Die Kirchen verfügen in Deutschland über eigene Journalistenschulen, Rundfunksender, Presseagenturen, Verlage, Druckereien, Zeitungen, Zeitschriften und TV-Produktionsfirmen.
Und die *taz* schrieb am 17. Januar 2015 über den Einfluss der Kirchen in den Medien: *„Die katholische und auch die evangelische Kirche genießen hierzulande einmalige Privilegien ... Keine andere gesellschaftliche Lobby wird noch derart bevorzugt."*

Wie ergeht es Menschen, wenn über ihren Glauben wöchentlich, ja täglich Artikel erscheinen und Sendungen ausgestrahlt werden, die allesamt diffamierend sind und die Tatsachen verdrehen bzw. in der Öffentlichkeit dreiste Lügen auftischen? An eine Lokalzeitung kann man noch einen Leserbrief schreiben oder ein Flugblatt verteilen – aber was macht man gegen eine TV-Sendung, die landesweit zur besten Sendezeit über die Bildschirme flimmert? Das Fernsehen war damals das dominante Medium, das jeder nützte, auf das er sich verließ; Internet und dergleichen steckten noch in den Kinderschuhen.

Und wie erging es Gabriele, der Prophetin und Botschafterin Gottes, unter diesem Sperrfeuer an Lügen und Verleumdungen? Durch sie hatte Gott, der Allweise, die Menschheit rechtzeitig gewarnt.

Doch nun wurden diese Warnungen verdeckt von einer Kaskade von Spott und Verwünschungen. Und das Unheil auf dem Planeten nimmt fast ungebremst seinen Lauf. Die verheerenden Folgen daraus gehen zu einem großen Teil auf das Schuldkonto der Amtskirchen. Denn: Hätten die Kirchen mit ihrer Medienmacht das Wort des Christus Gottes in der Öffentlichkeit nicht lächerlich gemacht und damit verhindert, dass die Warnungen des Gottesgeistes ernst genommen werden, dann hätte vieles noch verhindert oder abgemildert werden können.

Der Sündenbock ist längst gefunden

Damit der Eifer der Journalisten im Abschreiben und Weiterspinnen seiner Lügengeschichten nicht erlahme, meldet sich zwischendurch wieder Pfarrer Behnk zu Wort, diesmal in der *Süddeutschen Zeitung* (4.2.1998):
„Wolfgang Behnk hat mit Blick auf die herannahende Jahrtausendwende vor der Zunahme von selbstzerstörerischen Aktionen in Sekten und Psychogruppen gewarnt. Das Beschwören und ‚Herbeifürchten' von ‚Endzeiten' berge viel aggressives Potential in sich, sagte Behnk. Besonders Gruppen wie die Zeugen Jehovas und das Universelle Leben, die Weltuntergangsszenarien voraussagten, seien gefährdet."

Auch das sollte man zweimal lesen. Zum einen wird hier nochmals die Behauptung verstärkt: Nicht die sich am Horizont abzeichnenden Krisen sind das Problem – sondern diejenigen, die darauf hinweisen. Zum anderen wird zwischen den Zeilen so etwas wie eine klassische Sündenbock-Theorie vorbereitet: Wenn es dann doch kommt – dann wissen wir schon, wer daran schuld ist: natürlich nicht die Kirchen, die den Menschen seit Jahrhunderten Sand in die Augen streuen, die den Menschen mit ihrer naturverachtenden Interpretation der Worte „Macht euch die Erde untertan!" einen Freibrief zur Ausbeutung der Natur ausgestellt haben, sondern diejenigen, die die Katastrophen „herbeigefürchtet" haben! In abergläubischen Zeiten (und die scheinen noch nicht vorbei zu sein) hat man schließlich auch in stürmischer See auf dem Schiff den „Schuldigen" gesucht, um ihn über Bord zu werfen.

Und was das „aggressive Potential" angeht, das der moderne Inquisitor Behnk anderen unterstellt: Er selbst sät im Auftrag seiner Landesbischöfe Johannes Hanselmann (bis 1994), Hermann von Loewenich (1994-98) und Johannes Friedrich (ab 1998) laufend Zwietracht im Lande, erzeugt und schürt Vorurteile und grenzt Menschen aus.

„Im Bann der Apokalypse"

Je näher das Jahr 2000 rückt, desto mehr steigern sich die Verdächtigungen und Unterstellungen:

- Hugo Stamm (*Tages-Anzeiger Zürich*, 13.10.1998): „Sektenspezialisten warnen, dass die einseitige Konzentration auf apokalyptische Entwicklungen und die Endzeitverzögerungen zu Todessehnsüchten führen könnten."

- Auch Behnks Kollege Bernhard Wolf aus Nürnberg schürt das gleiche Feuer: „Begierig greifen vor der kommenden Jahrtausendwende obskure Sekten wie das ‚Universelle Leben' ... und manche andere solcher [sic!] Vorhersagen auf und wollen damit Endzeitstimmung und Ängste schüren – im Namen Jesu."

In Wahrheit sind es die Kirchen, die ständig Ängste und Aggressionen gegen Andersdenkende schüren. Die Artikel der Presse fallen jedenfalls wunschgemäß aus:

- *Kieler Nachrichten* (29.12.1998): „Endzeitfanatiker fiebern dem Jahr 2000 entgegen ... Zu den bekanntesten Endzeit-Sekten in Deutschland zählt die Würzburger Gruppe ‚Universelles Leben', deren Angehörige sich ... auf ein Leben nach der Apokalypse vorbereiten."

- *Frankfurter Neue Presse* (30.12.1998): „Endzeit-Propheten haben Konjunktur ... die Jahrtausendwende gibt den Weltuntergangs-Propheten in der westlichen Welt weiter Auftrieb, und im Laufe des Jahres 1999 wird man sich noch auf einiges gefaßt machen müssen. ... (Das Universelle Leben) gründet kleine oder größere Wirtschaftsbetriebe ..., um die Mitglieder überlebensfähig zu machen und für die erwarteten Katastrophen der Übergangszeit zu rüsten."

Auch hier klingt wieder durch: Das Problem ist nicht die Lage der Welt – das Problem erzeugen diejenigen, die darüber reden. Und Hinweise und Warnungen, die für alle hätten gelten sollen, werden schlicht zu einem egoistischen „Überlebenstraining" einer „Sekte" umgedeutet. Die Rechnung der kirchlichen Verleumder geht auf.

- *Bild am Sonntag* (17.1.1999): „Kommt es zum großen Knall? Die gefährlichen Vorhersagen der Todessekten zur Jahrtausendwende." Auch hier wird das Universelle Leben mit „eingebaut".

- Laut *Abendzeitung Nürnberg* (20.4.1999) bereiten Kliniken für den 31.12.1999 sogar „Notfallpläne" vor – „denn so mancher Guru könnte

seine Anhänger zum Gruppen-Selbstmord aufrufen."
Sogleich ist wieder Pfarrer Wolf zur Stelle (der den Artikel womöglich selbst lanciert hat) und erwähnt das Universelle Leben als eine der Gruppen, „die hier eine Rolle spielen." Die Bildunterschrift unter seinem Konterfei lautet: „Will die Angst vor der Apokalypse nehmen: Pfarrer Bernhard Wolf."

Die gefährlichen „Ketzer" haben also die braven Bürger ohne jeden Grund erschreckt. Die Kirche tröstet sie wieder. Und die Mutter Erde muss derweil weiter hinsiechen.

Und dann?
Außer Verleumdungen nichts gewesen!

Als dann das Jahr 2000 tatsächlich anbrach, blieb der von den kirchlichen „Experten" so eifrig vorhergesagte „große Knall" in der religiösen Szene vollständig aus. Kein Massenselbstmord weit und breit, keine enttäuschten Weltuntergangsjünger, die alles verkauft hatten und nun notgedrungen weiterleben mussten – nichts von alledem.
Aber das focht die „Experten" wenig an. Wenn andere Glaubensgemeinschaften etwas vorhersagen,

das nicht eintritt, werden sie gnadenlos lächerlich gemacht und verhöhnt. Wenn sich jedoch die medial zelebrierten „dunklen Vorahnungen" der Talarträger nicht erfüllen, dann gehen sie schlicht zur Tagesordnung über, vertrauen auf das kurze Gedächtnis der Menschen – und erfinden weitere Methoden der modernen Inquisition, um gegen ihre andersgläubigen Mitmenschen vorzugehen.

11. Staat und Justiz unter der Fuchtel der Kirche

Kirchliche Inquisitoren machten sich, wie wir gesehen haben, immer wieder ihren massiven Einfluss auf die Massenmedien zunutze, um die Urchristen im Universellen Leben zu verleumden und in den Augen der Öffentlichkeit lächerlich zu machen.

Doch spätestens nachdem die Nachfolger des Jesus von Nazareth begonnen hatten, Betriebe und Sozialeinrichtungen im Sinne der Bergpredigt aufzubauen, weiteten die Kirchenvertreter ihre destruktiven Machenschaften erheblich aus: Sie übten sodann auch Druck auf Politiker, Behörden und Gerichte aus, um den Urchristen soviel wie möglich zu schaden und bei der Ausübung ihrer verfassungsgemäß verbrieften Rechte als Staatsbürger nach Kräften zu behindern.

Die Priester und Talarträger haben darin jahrtausendelange Übung. Nur einige Beispiele:

- Es waren die Priester, die bereits die Herrscher der Israeliten gegen die Gottespropheten aufhetzten, um diese einzusperren, zu vertreiben oder zu ermorden. Überliefert ist z.B. in der

Bibel der Kirchen die bittere Klage des Gottespropheten Hosea: *„Die Rotte der Priester liegt auf der Lauer wie eine Bande von Räubern."* Der Gottesprophet Jeremia wurde auf Betreiben der Priester zum Volksverräter erklärt und zum Verhungern in eine Schlammgrube geworfen, aus der er nur mit knapper Not entkam. Doch später wurde er gesteinigt – nur einer von vielen.

- Es war die Priesterkaste der damaligen Zeit, die Jesus von Nazareth, den größten Gottespropheten aller Zeiten, bei der römischen Besatzungsmacht anschwärzte. Sie verleumdeten Ihn, den Friedefürsten, als angeblichen Aufrührer mit politischen Motiven und führten so Seine grausame Ermordung herbei.

- Es waren die Priester, die im Jahr 331 Kaiser Konstantin dazu brachten, die Zusammenkünfte aller von der römischen Kirche abweichenden „häretischen" Bewegungen wie Markioniten oder Montanisten, die sich am Urchristentum orientierten, zu verbieten, ihre Gründstücke zu beschlagnahmen und ihre Versammlungshäuser zu zerstören.

- Es waren die Priester, die erreichten, dass Kaiser Theodosius 380 die bis dahin noch teilweise praktizierte Glaubensfreiheit im römischen

Reich mit einem Federstrich abschaffte und den Katholizismus zur einzigen noch erlaubten Religion machte. Bereits damals wurden staatliche Inquisitoren (Untersuchungsrichter) und Denunzianten (Geheimagenten) eingesetzt, um die „Häresie" zu bekämpfen. Einen anderen Glauben zu haben, galt als „Majestätsverbrechen" und wurde mit dem Tod bestraft.

- Es waren die Priester, die im 6. Jahrhundert den oströmischen Kaiser Justinian gegen die arianischen, also „häretischen" Vandalen und Ostgoten hetzten, deren Völker radikal ausgerottet wurden.

- Im Jahr 1215 war es ein Papst – Innozenz III. –, der alle Herrscher des Abendlandes unter Androhung der Exkommunikation dazu verpflichtete, die katharische „Ketzerei" in ihrem Land zu bekämpfen.

- Papst Honorius III. presste Kaiser Friedrich II. (1194-1250) grausame Gesetze gegen die „Ketzer" ab, die unter anderem eine Art Sippenhaft (keine öffentlichen Ämter) bis in die zweite Generation beinhalteten.

- Der Dominikanermönch Alonso de Hojeda nötigte 1477 mit moralischem Druck die spanische

Königin Isabella zur Einrichtung der schrecklichen Spanischen Inquisition.

- Der ehemalige Augustinermönch Martin Luther forderte die Landesherren dazu auf, die Täufer zu verfolgen und umzubringen. Pfarrer beider Konfessionen trieben von der Kanzel herab Landesherren zur Verfolgung der „Hexen" an.

- Und als 1933 die Nationalsozialisten in Deutschland begannen, die Zeugen Jehovas zu verfolgen (die den Kriegsdienst ablehnten), begrüßten das katholische wie lutherische Kirchenfürsten gleichermaßen. Lutherische Pfarrer wurden von ihrer Kirchenleitung sogar zur Denunziation der religiösen Minderheit bei den staatlichen Behörden aufgefordert.

- Nach dem Zweiten Weltkrieg stellten sich beide Kirchen, trotz ihrer offensichtlichen Verwicklung in den Faschismus, als „Widerstandskämpfer" dar. Sie nahmen ihren Kampf gegen alles Nicht-Kirchliche wieder auf und erreichten, dass in fast allen deutschen Bundesländern neben den kirchlichen Sektenbeauftragten" auch staatliche „Sektenbeobachter" eingesetzt wurden.

Soweit nur einige wenige Beispiele, Schlaglichter in einer nicht abreißenden düsteren historischen Kette der Verfolgung Andersgläubiger auf der Grundlage des Systems Baal, des Widersachers des Freien Geistes – und das immer unter Missbrauch des Namens Gottes, des Ewigen, und Seines Sohnes, Christus. (Ausführlich wird dies dargestllt in dem Buch „Das Kettenopfer".)

Weshalb sollte es heute anders sein? Auch hierzu nur einige Beispiele. Wir haben bereits gesehen, wie Kirchenvertreter erreichten,

- dass der Kaufvertrag für das Kreiskrankenhaus Dettelbach von den Behörden widerrufen wurde;

- dass die Urchristen vom Würzburger Stadtrat keine Möglichkeit erhielten, im Stadtteil Heuchelhof Gewerbebetriebe zu errichten;

- dass die Gemeinde Hettstadt (Landkreis Würzburg) urchristlichen Grundstückskäufern die bereits zugesagte Erschließung eines Baugebiets verweigerte;

- dass urchristliche Eltern jahrelang vor Gericht um die Genehmigung einer Privatschule kämpfen mussten;

- dass ein Landwirtschaftsamt urchristlichen Landwirten die staatlich zugesicherten Zuschüsse verweigerte;

- dass der *Bayerische Rundfunk*, eine Körperschaft öffentlichen Rechts, dem Betrieb *Lebe Gesund!* auf den Wink eines „Sektenbeauftragten" hin die Ausstrahlung eines Werbespots verweigerte.

Als der bayerische Kultusminister Hans Zehetmair im Jahr 1995 verärgert ausrief: „Der Staat ist nicht der Büttel der Sektenbeauftragten" (Kapitel 9) – da bestätigte er genau diesen kirchlichen Druck, der auf ihn und auf viele andere ausgeübt wurde und wird. Dieser Ausspruch, der leider eine Ausnahme blieb, bestätigt die Regel: In vielen Fällen, von wenigen Ausnahmen abgesehen, lassen sich Staat und Politiker nur allzu bereitwillig vor den Karren der kirchlichen Inquisition unserer Tage spannen.

Bundesregierung:
Der öffentliche Pranger

Viele Bürger halten die Aussagen staatlicher Stellen dann auch noch für besonders glaubwürdig – und dies umso mehr, je höher diese Stelle angesiedelt ist.

Umso bedenklicher ist es, wenn diese Macht von amtlichen Regierungsstellen dazu missbraucht wird, Glaubensgemeinschaften ganz im Sinne der Kirchen, z.B. in öffentlichen „Warnungen", regelrecht an den Pranger zu stellen.

So behauptete **Cornelia Yzer** (CDU), Staatssekretärin im Bundesfamilienministerium, am 3. August 1993, der Bundesregierung lägen bezüglich des Universellen Lebens „Erkenntnisse" vor, „die auf mögliche Gefährdungen für die Persönlichkeitsentwicklung und die sozialen Bezüge junger Menschen hindeuten."

Dies war die Antwort auf eine parlamentarische Anfrage der SPD-Abgeordneten (und späteren Bundesgesundheitsministerin) **Ursula Schmidt** aus Aachen, die sich offenbar mit dem „Sekten"-Thema profilieren wollte. Worin diese „Erkenntnisse" der Regierung genau bestanden und woher sie kamen, konnte oder wollte Frau Yzer nicht preisgeben, auch nicht vor Gericht, wo die Urchristen auf Unterlassung dieser Verleumdung klagten.

Das Verwaltungsgericht Köln (29.3.1995) konnte sich zu einer Untersagung allerdings nicht durchringen – nicht etwa, weil die Richter von der Wahrheit dieser Behauptung ausgingen, sondern weil sie annahmen, dass die Staatsekretärin die Äußerung, die im übrigen „nicht besonders ehrverletzend" sei, ohnehin nicht wiederholen würde.

Yzer hatte bei ihrer Antwort unter anderem „die Erstellung zielgruppenorientierten Informationsmaterials" angekündigt, was in normalem Deutsch soviel besagt wie: einen staatlichen „Sektenreport". Den kündigt denn auch wenig später die Familienministerin **Angela Merkel** (CDU), lutherische Pfarrerstochter und spätere Bundeskanzlerin, persönlich an. „Okkulte Praktiken haben bei der Jugend Hochkonjunktur", teilt sie der Öffentlichkeit mit. „Negative Folgen einer Mitgliedschaft können sein: Abbruch von Schul- und Berufsausbildung, radikale Persönlichkeitsveränderungen, Realitätsentfremdung, Konflikte mit Eltern, Partnern, Freunden und Kindern."

Die *Bild-Zeitung* (13.9.1993) gibt dem Ganzen noch die Schlagzeile: „Neue Gurus gefährden unsere Kinder." Kein kirchlicher „Experte" hätte diesen Rundumschlag, bei dem auch das „Heimholungswerk Jesu Christi" genannt wurde, krasser formulieren können als die auf die Gleichbehandlung aller Bürger vereidigte Ministerin.

Was die spätere Kanzlerin allerdings übersah: Die vollmundige Ankündigung („174 Seiten") mit Aufzählung aller potenziell „gefährlichen" Gruppen hatte einen taktischen Nachteil. Die derart verketzerten Glaubensgemeinschaften ließen sich nämlich nicht bereitwillig von der selbsternannten staatlichen Inquisitorin öffentlich an den Pranger stellen. Durch eine Indiskretion gelangte der geplante Text in die Hände der angegriffenen Gruppen – und löste eine Welle von Gerichtsklagen aus.

Die gegen das Universelle Leben gerichteten Seiten erwiesen sich zum einen als veraltet (daher auch die Überschrift „Heimholungswerk"), beruhten sie doch weitgehend auf einem Text, den der Jugendsenat von Berlin bereits 1988 herausgegeben hatte. Zum anderen wimmelte es darin nur so von Falschaussagen über die urchristliche Lehre. Zum Beispiel: Angeblich sollten die Seelen, die bis zum Ende der Zeiten (wenn die materielle Erde vergeht) nicht zu Gott zurückgefunden haben, „vernichtet" werden – dabei gibt es die Vorstellung einer ewigen Verdammnis bei den Urchristen gerade *nicht*, sondern es wird gelehrt, dass alle Seelen früher oder später den Weg zurück zu Gott finden. Oder: Negative Gedanken sollen angeblich „unterdrückt" werden – in Wahrheit wird das Gegenteil gelehrt: Negative Gedanken sollen auf keinen Fall unterdrückt werden, sondern erkannt, analysiert und aufgearbeitet. Am Ende des Textes sind – ohne jede Quellenangabe! – Passagen aus einem kirchlichen Lexikon über „Sekten" eingefügt, in denen unter anderem von „Heilmethoden" die Rede ist, „die unterschiedslos an die Stelle der Schulmedizin gerückt werden". Eine glatte Lüge, wenn man weiß, dass etwa in der urchristlichen Naturklinik bei einem Großteil der Behandlungen auch schulmedizinische Verfahren und Medikamente eingesetzt werden.

Die Gefahr der „Realitätsentfremdung", die **Angela Merkel** nicht-kirchlichen Glaubensrichtungen pauschal unterstellte, hatte offensichtlich vor allem ihr eigenes Ministerium befallen.

Die Urchristen klagten gegen eine Aufnahme in den „Report" – nicht zuletzt, weil sie, demokratischen Gepflogenheiten gemäß, vorher zumindest zu den Behauptungen angehört werden müssten. Das Verwaltungsgericht Köln (20.12.1993) gab ihnen in einem Eilverfahren zunächst tatsächlich recht. Doch das Oberverwaltungsgericht Münster verweigerte ihnen im August 1995 den Rechtsschutz und verwies sie auf ein Hauptsacheverfahren, das viele Jahre gedauert hätte – allein das „Eilverfahren" war schon zwei Jahre lang verschleppt worden! Die Richter im katholischen Münster hielten sogar die Behauptung von der angeblichen

Verdrängung der Schulmedizin durch urchristliche Heilmethoden für nicht ganz abwegig – und ignorierten damit schlichtweg Gegenbeweise und eidesstattliche Versicherungen von Ärzten der Naturklinik, die das Gegenteil belegten. Mehr Gehör schenkten die Richter den Behauptungen kirchlicher „Sektenbeauftragter", die das Ministerium zu seiner Verteidigung zuhauf vorlegte.

Ministerialbeamte schreckten bei der „Datensammlung" auch nicht vor regelrechter Spionage zurück, die im demokratischen Staat eigentlich den Verfassungsschutzbehörden vorbehalten ist: Sie fragten bei der Würzburger Kriminalpolizei nach „Erkenntnissen" über urchristliche Ärzte nach. Die Kripo gab – ein klarer Verstoß gegen das Datenschutzgesetz – bereitwillig Auskunft; es kam allerdings – wie nicht anders zu erwarten – ohnehin nichts Verwertbares dabei heraus.

Dennoch konnte Merkels Nachfolgerin (ab 1994) **Claudia Nolte** (CDU) den Report wegen anderer Verfahren noch immer nicht herausbringen – und verzichtete schließlich zugunsten einer auf kirchliches Betreiben hin ins Leben gerufenen *Enquetekommission* des Bundestags gänzlich darauf. Dass der Endbericht dieser Inquisitionskommission (franz. „enquête" und lat. „inquisitio" haben in diesem Fall nicht von ungefähr dieselbe Wortwurzel) nicht zur Zufriedenheit der Kirchen ausfiel, lag nicht an der nach eigener Aussage „überzeugten Katholikin" Nolte, die kurz vor ihrer Berufung zu Helmut Kohls jüngster Ministerin gegenüber der Illustrierten *Tango* (13.10.1994) die Kirche gegen den Vorwurf übermäßigen Reichtums in Schutz genommen hatte: „Eine Wirtschaftsmacht ist die katholische Kirche bestimmt nicht ... Mit diesen Unterstellungen wider besseren Wissens soll die Autorität der Kirchen untergraben werden", so Claudia Nolte. (Näheres zum Reichtum der Kirche siehe z.B. bei Carsten Frerk, „Violettbuch Kirchenfinanzen".) Jugendliche Naivität oder bewusste Volksverdummung?

Rheinland-Pfalz:
Minister fordert zur Denunziation auf

Das könnte man beim rheinland-pfälzischen Sozialminister **Ulrich Galle** (SPD) auch fragen, der 1993 das Staatsvolk zur flächendeckenden Denunziation aller nicht-kirchlichen Glaubensaktivitäten aufforderte – „zur Erleichterung liegt ... eine Rückantwortkarte bei". Als dann Urchristen auf Verleumdungen des *Hessischen Rundfunks* mit einer Gegenüberstellung von kirchlichen Verleumdungen von heute und nationalsozialistischen Verleumdungen gegen die Juden aus den frühen 30er Jahren reagierten, hielt der CDU-Fraktionsvorsitzende **Hans-Otto Wilhelm** eine argumentative Auseinandersetzung mit diesem Thema für völlig überflüssig und erregte sich: Dies sei „völlig unerträglich", das Bundesland sei zu einem „Tummelplatz derartiger Gruppierungen" geworden – und das Universelle Leben fehle gar in Galles „Sektenbroschüre".

Das „Versäumte" holte Galle im März 1994 nach, indem er öffentlich vor dem Universellen Leben „warnte": Es falle durch einen „totalitären Anspruch" auf, sei „in außerordentlich aggressiver Weise gegen die katholische und evangelische Kirche" eingestellt und versuche „durch die Gründung von Parteien (Urdemokraten) zu politischem Einfluss zu gelangen". (Es gab eine einzige dem Universellen Leben nahestehende Gemeinderätin in einem einzigen fränkischen Dorf!) Eine Nachfrage beim Ministerium ergab, dass man dort gar keine eigenen Unterlagen hatte – man übernahm einfach die Behauptungen des katholischen Sektenbeauftragten Christoph Bussen (Diözese Speyer), die dieser zeitgleich in der Rheinpfalz (24.3.1994) darlegte – nicht ohne die dreiste Falschbehauptung hinzuzufügen, im Universellen Leben sei nicht nur der Verzehr von Fleisch, sondern auch der Gebrauch von Medikamenten „untersagt". Sämtliche Ärzte und Patienten der von Urchristen geführten Klinik und Arztpraxen können das Gegenteil bezeugen – aber für einen katholischen Theologen zählen eben nur Verbote, etwas anderes kann er sich offenbar gar nicht vorstellen.

Die kirchlichen Nachrichtenagenturen griffen all diese wahrheitswidrigen Behauptungen wieder begierig auf – und das bekannte Zitier-Karussell setzte sich einmal mehr in Gang. Eine Anrufung der Gerichte erwies sich wiederum als erfolglos: Das Verwaltungsgericht Mainz (8.6.1994) beanstandete, die Urchristen hätten nicht glaubhaft gemacht, dass das Ministerium seine Äußerung wiederholen würde – obwohl dieses noch im Prozess erklärt hatte, es sei weiterhin notwendig, vor dem Universellen Leben zu warnen. Das Oberverwaltungsgericht Koblenz hingegen beschied (8.8.1994), es sei dem Universellen Leben zuzumuten, ein mehrere Jahre dauerndes Hauptsacheverfahren zu führen.

Galles Nachfolgerin im Amt des Sozialministers, **Rose Götte** (SPD) verstieg sich sogar zu einer öffentlichen Warnung vor den Marktständen der Firma *Gut zum Leben*, die der evangelische Pressedienst umgehend in Umlauf brachte. Und auch Göttes Nachfolgerin, Arbeitsministerin **Malu Dreyer** (SPD), die spätere Ministerpräsidentin von Rheinland-Pfalz, hielt im Mai 2002 die „Geschäftstätigkeit" von Urchristen in Frankenthal für „sehr problematisch".

Irgendwelche Beweise oder Begründungen kann auch sie nicht anführen; sie verlässt sich einzig auf Meinungslügen von kirchlicher Seite. Es scheint, dass die Kirchenhörigkeit der rheinland-pfälzischen Regierung nicht auf Entgleisungen von Einzelpersonen beruht, sondern System hat, und zwar quer durch die Parteien.

Und entsprechend sind die Folgen: Was eine Landesregierung verkündet, wird auf kommunaler Ebene einfach nachgebetet; seinen eigenen gesunden Menschenverstand schaltet dort kaum noch jemand ein. Welche Auswirkungen regierungsamtliche Verketzerungen im leider noch immer obrigkeitshörigen Deutschland haben, zeigt das Beispiel der Stadt Überlingen: Oberbürgermeister **Klaus Patzel** verweigerte dem Universellen Leben im Oktober 1994 die weitere Anmietung städtischer Räume mit der „Begründung", man habe „alle ... verfügbaren öffentlichen Erkenntnisquellen geprüft, insbesondere eine Veröffentlichung in der Illustrierten ‚Stern'" sowie „Informationen ... aus anderen Bundesländern" – gemeint war, wie eine Nachfrage ergab, Rheinland-Pfalz. (Armes Deutschland, wenn es nur über kirchliche „Erkenntnisquellen" zu verfügen meint.)

Schleswig-Holstein:
Bundesverdienstkreuz für „Sekten"-Hatz

Deshalb fanden sich die Urchristen auch nicht mit dem „Bericht ... über Aktivitäten von Sekten in Schleswig-Holstein" ab, den die dortige Landesregierung 1995 veröffentlichte. Nicht nur, weil dort wieder die längst bekannten und widerlegten Unwahrheiten aus dem erwähnten kirchlichen Lexikon abgeschrieben wurden: Der „angestrebte Christusstaat" solle „auch politische Wirklichkeit" werden, oder „neue geoffenbarte Heilmethoden" sollten „an die Stelle der Schulmedizin" treten. Sondern auch, weil erfahrungsgemäß die bloße Erwähnung in einem staatlichen Bericht, und sei sie noch so inhaltsleer, bereits völlig genügt, eine Glaubensgemeinschaft in den Augen vieler Bürger und Behörden als aussätzig abzustempeln. Und das ist ja ganz offensichtlich auch das Ziel solcher Pamphlete.

Obwohl die Urchristen wiederum ein Eilverfahren anstrengen, lässt sich das Verwaltungsgericht Kiel ein halbes Jahr Zeit – und lehnt dann den Antrag ab mit der „Begründung", dass die Kläger nicht gegen den als Herausgeber firmierenden Verlag, sondern gegen die Landesregierung direkt vorgegangen seien – ein ganz offensichtlich an den Haaren herbeigezogener Vorwand. Dass die Regierung den Bericht auf Anfrage ebenfalls versendete, interessierte das Gericht nicht. Im März 1996 gingen die Urchristen dann vor dem Oberverwaltungsgericht Schleswig notgedrungen einen Kompromiss ein: Die Landesregierung darf weitere Auflagen publizieren, muss allerdings die (oben erwähnten) schlimmsten Verleumdungen unterlassen.

Doch was so eine Landesregierung sich da aus den Giftschränken der kirchlichen Inquisitoren zusammenbraut, ist eben nicht irgendein unbedeutender Bericht von vielen. Wie sehr Behörden und Politiker sich dann auf Exposés verlassen, die auf solche Weise entstandenen sind, wird an einem Mustervertrag deutlich, der Mitte 1996 allen Ausstellern auf einer Esoterikmesse in Lübeck vorgelegt wurde: „Der Veranstalter hat dafür Sorge zu tragen, dass Aussteller, die für Sekten werben, vor denen die Bundes- oder Landesregierung warnt, nicht an der Veranstaltung teilnehmen. ... Auf die Drucksache ... des Deutschen Bundestages wird hingewiesen." In Lübeck sorgte sogar ein eigener städtischer (!) „Beauftragter des Jugendamtes für Sekten und Psychokulte", Eberhard Arent, für stramm kirchlichen Kurs.

Bezeichnend für die Kirchenhörigkeit fast aller deutschen Regierungsstellen in Bezug auf nicht-kirchliche Minderheiten ist, was der „Sektenbeauftragte" von Schleswig-Holstein, **Hans-Peter Bartels,** später

Wehrbeauftragter des Deutschen Bundestages, im Februar 1996 zu einer geplanten Tagung in Nordfriesland zum Thema „Neue religiöse Bewegungen und Psychokulte" zu sagen hat. Obwohl der Untertitel „Die Seelenfresser kommen?", durch ein Fragezeichen nur notdürftig kaschiert, an polemischer Stimmungsmache kaum zu überbieten ist, nimmt der SPD-Politiker Bartels daran Anstoß, dass die „umstrittenen Sekten" sich selbst vorstellen dürfen: Er lehne es kategorisch ab, „Sekten überhaupt eine Plattform zu bieten".

Im Klartext: Die „Ketzer" sollen sich nicht verteidigen dürfen – das durften sie in mittelalterlichen Inquisitionsprozessen schließlich auch nicht!

Diffamierungsangriff bei Nacht und Nebel

Besonders eifrig bei der Verfolgung religiöser, also nicht-kirchlicher Minderheiten ist man in **Berlin**. In der deutschen Hauptstadt, die eigentlich bezüglich der Rechtsstaatlichkeit ein Vorbild für andere Städte sein sollte, hat der lutherische Sektenbeauftragte Pastor Thomas Gandow die staatlichen Stellen voll im Griff. Hier, in der Stadt der Filz-Skandale, kann man auch die personelle Verfilzung von Staat und Kirche beobachten.

Nur ein Beispiel: Der Senator für Familie und Jugend, der 1994 einen ersten Berliner „Sektenbericht" herausgab, war **Thomas Krüger** (SPD) – ein lutherischer Pfarrer, später Präsident des Deutschen Kinderhilfswerks und noch später Leiter der Bundeszentrale für politische Bildung.

Die „Bildung", die er in diesem ersten Berliner „Sektenbericht" den Bürgern zumutete, war – wie unter diesen Umständen zu erwarten – rein kirchlich-inquisitorisch geprägt.

Gegen diesen Bericht gab es einige Einsprüche von darin an den Pranger gestellten Gruppierungen, darunter einen der Urchristen im Universellen Leben. Sie wehrten sich dagegen, dass in diesem Bericht von 1994 einfach eine Reihe von Verdächtigungen über sie zusammengetragen wurden – nachdem in der Einleitung alle aufgeführten Gruppen mit geschickter Suggestion als „Ungeheuer", als „antidemokratisch und sozial unverträglich" hingestellt worden waren.

Doch das Berliner Oberverwaltungsgericht lehnte einen Eilantrag, mit welchem der Stadt Berlin die Nennung des Universellen Lebens untersagt werden sollte, ab und lieferte eine Begründung mit, die blanker Hohn ist: Die Glaubensgemeinschaft werde ja durch einen solchen Bericht nicht daran gehindert, „ihre Tätigkeit, so wie sie es nach ihrem Glauben für richtig" hält, „fortzusetzen".

Das ist ungefähr so, wie wenn man zu einem Handwerker, den man im Mittelalter unschuldig an den Pranger gestellt und mit allerlei Unrat beworfen hat, anschließend sagen würde: „Du kannst ja deine Handwerksdienste jetzt gerne weiter anbieten."

Um solche Klagen in Zukunft ganz überflüssig zu machen – anhören will man die Gruppen ja ohnehin nicht –, trickst Krügers Nachfolgerin, **Ingrid Stahmer** (SPD), die Gerichte aus und bringt im Dezember 1997 den nächsten „Sektenbericht" sozusagen bei Nacht und Nebel heraus. Bei einer Pressekonferenz stellt sie den Bericht vor und teilt der erstaunten Öffentlichkeit mit, dass ein Großteil davon bereits an Beratungsstellen und Schulen verschickt worden sei. Die „Sektenfachfrau" Anne Rühle erklärte, man habe sich damit „vorsorglich gegen juristische Blockaden" gewappnet.

Juristische Einsprüche von betroffenen Gruppen, die mit Recht befürchten müssen, einmal mehr öffentlich diskriminiert zu werden, betrachtet man in Berlin also als „Blockaden", die man durch flinkes Handeln zu verhindern sucht. Dass man sie vorher, wie in einer Demokratie üblich, anhören könnte oder müsste, bevor man über sie etwas Herabsetzendes sagt, kommt offensichtlich weder in Berlin noch anderswo einer staatlichen Stelle in den Sinn.

(Aber so schrieb es die mittelalterliche Inquisition ja auch vor: Mit einem Ketzer darf man gar nicht reden!)

Da in diesem Bericht wiederum eine ganze Reihe von Lügenmeinungen des lutherischen Sektenbeauftragten Behnk enthalten waren, zogen die Urchristen einmal mehr vor Gericht – doch auch diesmal erwies sich die hauptstädtische Justiz als äußerst kirchenhörig. Ein Vierteljahr nach Einreichung eines Eilantrags beschied das Verwaltungsgericht, das Universelle Leben könne ja der öffentlichen Warnung der Senatsverwaltung ihrerseits mit „abweichenden Darstellungen" begegnen. Das Gericht weiß natürlich, dass das völlig illusorisch ist: Keine Berliner Zeitung würde eine Gegendarstellung der Urchristen abdrucken.

Gestern - Inquisitor: Verfolgung bis zum Mord
Heute - Sektenbeauftragter/Sektenexperte: Verfolgung bis zum Rufmord

Staats-Kirchen-Filz auf Schritt und Tritt

Damit nicht doch jemand trotz aller kirchlichen und staatlichen Diffamierungskampagnen einer nichtkirchlichen Gruppierung z.B. einen Saal vermietet, beschließt das Berliner Abgeordnetenhaus im Sommer 1999, dass „konfliktträchtige religiöse beziehungsweise weltanschauliche Organisationen oder Psychomarktanbieter" in der Hauptstadt keine öffentlichen Räumlichkeiten mehr anmieten dürfen. Und wer als „konfliktträchtig" gilt, das bestimmt der Staat aufgrund kirchlicher Einflüsterungen. Lässt man den Begriff „konfliktträchtig" einmal auf sich wirken, so wird man sich der ganzen Heimtücke bewusst, die sich dahinter verbirgt. Dem unbefangenen Zeitungsleser wird ja von offizieller Seite der Eindruck vermittelt, es handele sich hier um Gruppierungen, die ständig gegen Recht und Gesetz verstoßen und dadurch „Konflikte" hervorrufen. In Wirklichkeit ist es die kirchliche und in ihrem Gefolge die staatliche Seite, die gegen die Regeln der Verfassung verstößt und dadurch den Konflikt erst herbeiführt.

„Konfliktträchtigkeit" könnte auch heißen: Je mehr Gläubige die Volkskirchen verlassen und nach einer Alternative suchen, desto mehr Menschen wird bewusst, dass zwischen dem christlichen Anspruch der Großkirchen und ihrer unchristlichen Realität eine Diskrepanz, ein unübersehbarer Konflikt besteht. Diese Diskrepanz beinhaltet letzten Endes einen Etikettenschwindel, indem die Gläubigen in die Irre geführt und der Name des Jesus, des Christus, für eigene Machtinteressen missbraucht wird – mit unübersehbaren Folgen.

Baden-Württemberg: Wer ist der beste „Sekten"- Jäger?

Wo eine Landesregierung nicht ganz so stürmisch an die Verunglimpfung von „Sekten" herangeht, wie die Kirche sich das wünschen würde, dort stehen einzelne Politiker bereit, den Brand der modernen Inquisition nach Kräften anzufachen.
Wie zum Beispiel der Fraktionsvorsitzende der CDU in Baden-Württemberg, **Günter Oettinger,** später Ministerpräsident und noch später Kommissar der Europäischen Union. Im Oktober 1994 hielt er eine „detaillierte Untersuchung" des Universellen Lebens für „dringend erforderlich" – ohne aber sagen zu können, was die Urchristen sich nach seiner Meinung konkret zuschulden kommen ließen.
Die CDU-Fraktion bringt daraufhin eine eigene Broschüre über „Sekten als Gefahr für unsere Demokratie" heraus, in der sie Diffamierungen Behnks und des Hessischen Rundfunks abdruckt.

Da will die SPD nicht zurückstehen. Mit besonderem Eifer macht sich die Landtagsabgeordnete **Carla Bregenzer** (SPD) aus Frickenhausen an die „Arbeit". 1995 gibt sie in einer Landtagsdebatte über die „Sektengefahr" Falschaussagen des Sektenbeauftragten Behnk weiter. Als die Urchristen Frau Bregenzer daraufhin zu einem persönlichen Besuch einladen, damit sie sich selbst an Ort und Stelle von der Unhaltbarkeit ihrer Behauptungen überzeugen kann, erhalten sie noch nicht einmal eine Eingangsbestätigung.

Ein Politiker, der sich zu seiner Profilierung auf das „Sekten"-Pferd geschwungen hat, wird freiwillig nicht wieder heruntersteigen. Er würde sich ja mit einer Untersuchung der Tatsachen sein Arbeitsgebiet – die Diskriminierung Andersgläubiger – kaputt machen.

Carla Bregenzer ignorierte lieber die Tatsachen, verbreitete weiter allerlei kirchliche Verunglimpfungen („psychisch und finanziell abhängig", „Wirtschaftskonzern mit religiösem Deckmantel" usw.) über die Urchristen und reichte im März 1996 eine Landtagsanfrage zum Thema Universelles Leben ein.

Die damals zuständige Kultusministerin **Annette Schavan**, zuvor Leiterin einer bischöflichen Studienstiftung und am Ende ihrer Karriere deutsche Botschafterin im Vatikan (!), fand nichts dabei, dass hier einmal mehr unbescholtene Bürger zum Gegenstand einer offiziellen Ausforschung gemacht wurden – und sie hielt es auch nicht für nötig, die Betroffenen dazu anzuhören. Dennoch fiel im Mai 1996 das Ergebnis für die Urchristen gar nicht so schlecht aus: **Es gebe, so stellte die Landesregierung fest, keinerlei Anhaltspunkte, dass im Universellen Leben „Repressalien" gegen „Aussteiger" ausgeübt würden. Es gebe keine Hinweise, dass die Anhänger „ausgebeutet" würden, ja nicht einmal „Anzeichen von verfassungswidrigen Handlungen oder Einstellungen" konnten die Staatsdiener ausfindig machen. Gegen Schule und Klinik gebe es ebenfalls keine Einwände.**

Die Ignoranz einer Ministerin, die angeschuldigte Mitbürger nicht einmal anhört, ging an ihrem Bericht allerdings nicht spurlos vorüber. So übernahm sie ungeprüft Behauptungen des im Auftrag des Würzburger Bischofs zurechtgeschusterten Scheingutachtens von Alfred Spall über die Meditationskurse im Heimholungswerk Jesu Christi (siehe Kapitel 3).

Dennoch: Die Urchristen waren in einem amtlichen Bericht – nach Bayern (vgl. Kap. 10, S. 283) – zum zweiten Mal öffentlich rehabilitiert worden. Wer nun aber geglaubt hatte, dass die Medien dies zur Kenntnis nehmen würden, der sah sich getäuscht:

Die kirchenhörige Presse verschwieg die Kernpunkte, wonach es keinerlei Hinweise für Rechtsverstöße gibt – und griff zielsicher die wenigen Punkte heraus, wo die Regierung kirchliche Verdrehungen wiedergegeben hatte.

Der FDP-Landtagsabgeordnete **Dr. Walter Döring** nützte diese Stimmungslage dazu, mit auf den Anti-Sekten-Profilierungszug aufzuspringen und vor „dieser auch in Schwäbisch-Hall aktiven Psychogruppe nachdrücklich zu warnen".

Baden-Württemberg ist ein gutes Beispiel dafür, wie sich offenbar karrieresüchtige Politiker mit populistischen Ausfälligkeiten gegen nicht-kirchliche Minderheiten regelrecht zu überbieten versuchen. **Carla Bregenzer** forderte eine „Stiftung für Sektenopfer" und präsentierte eine etwas verwirrte „Aussteigerin", der Jahre nach einem Klinik-Besuch plötzlich einfiel, dass es ihr dort doch nicht so gut gefallen hatte. Und als der Lebensmittel-Versand *Lebe Gesund!* im März 2003 einen Werbespot mit der Aufforderung „vegetarisch essen!" im Fernsehen schaltet, beeilt sich Bregenzer, die ARD aufzufordern, diesen Spot nicht mehr zu bringen. „Begründung": Dadurch „konterkariere" man die „Aufklärungsarbeit" (wie Bregenzer sie versteht) über das Universelle Leben ...

Währenddessen hält der „Sektenbeauftragte der Landesregierung", **Hans-Werner Carlhoff**, überall im „Ländle" Vorträge, in denen er von 50 „konfliktträchtigen Gruppierungen" spricht. Dagegen gibt es keinen einzigen staatlichen „Kirchenbeauftragten", der die Bevölkerung etwa über die Sexualverbrechen von Priestern oder über die Gefahr ekklesiogener Neurosen aufklärt.

Noch im Jahr 2013 gibt Baden-Württemberg einen weiteren „Sektenbericht" heraus, den 9. Bericht der „Interministeriellen Arbeitsgruppe für Fragen sogenannter Sekten und Psychogruppen", in dem auch das Universelle Leben kurz erwähnt wird. Das Bundesland wird inzwischen von Ministerpräsident **Winfried Kretschmann** regiert, der der grünen Partei ebenso angehört wie dem Zentralkomitee der deutschen Katholiken.
An diesem Bericht sieht man, welchen Aufwand dieses Bundesland noch immer betreibt, um alle möglichen religiösen Aktivitäten der Bürger, und seien sie zahlenmäßig noch so unbedeutend, flächendeckend zu beobachten und unter dem kirchlich geprägten Schema „Sekte" zu klassifizieren. Alle Aktivitäten – nur nicht diejenigen der großen Kirchen, obwohl doch die dort auftretenden Vergehen (etwa Sexualverbrechen von Priestern) wesentlich mehr Anlass zur Beobachtung geben würden.

Und das alles geschieht auf Kosten des Steuerzahlers!

Acht von elf Ministerien – also fast die gesamte Landesregierung – sind an diesem Bericht beteiligt. Hinzu kommen Nicht-Regierungsstellen, die ebenfalls einbezogen werden. Eine herausragende Stellung nimmt hierbei – wie könnte es anders sein – die „Arbeitsgemeinschaft Christlicher Kirchen" (ACK) ein. In einer eigenen ACK-"Fachgruppe" sitzen sämtliche „Sektenbeauftragten" der Großkirchen aus der Region.

Nun wird auch klar, weshalb die römisch-katholische und die lutherische Kirche in dem staatlichen Bericht – abgesehen von ihrer Verflechtung mit dem Staat – kein einziges Mal erwähnt werden. Der Staat macht sich hier zum verlängerten Arm der Kirchen, die ihr Ziel, die religiöse „Konkurrenz" möglichst klein zu halten, keineswegs aufgegeben haben. Dieses Ziel wird jedoch in dem Bericht hinter klangvollen Rechtfertigungsversuchen versteckt: Man müsse „Aufklärung und Prävention" betreiben, um die Bevölkerung „vor Übervorteilung und Schädigung" zu schützen. Man spürt förmlich das Bedauern zwischen den Zeilen, wenn eingeräumt wird: „Andererseits wird heute aber auch deutlich, dass Gesellschaftlichkeit von Glaubenssystemen letztlich niemals unterdrückt werden kann." Daraus wird aber nicht der naheliegende Schluss gezogen, solche Spähaktionen gegen die eigenen Bürger zu unterlassen und die Verfolgung von Rechtsverstößen, wenn sie denn auftreten, den zuständigen Behörden zu überlassen. Nein, die aufwändige Datensammlung geht ungebremst weiter, und politisch nicht legitimierte private Gruppen, die sich ebenfalls der „Sektenbeobachtung" verschrieben haben, erhalten staatliche Zuschüsse und damit einen quasi-öffentlichen Status. (Literaturhinweise: „Die staatliche und kirchliche Gewalt und die Gerechtigkeit Gottes", Gabriele-Verlag Das Wort, und Carsten Frerk: „Kirchenrepublik Deutschland")

Abgesehen von allgemeiner Stimmungsmache ist ein konkreter Sinn der staatlichen Aktivitäten gegen die außerkirchliche religiöse Betätigung der eigenen Bürger aber nicht zu erkennen, denn es wird außer Schlagworten kaum etwas vorgebracht.

Das *Universelle Leben aller Kulturen weltweit* etwa wird kurioserweise nur im Zusammenhang mit dem *International Religious Freedom Report* erwähnt. Dort war Deutschland von der US-Regierung gerügt worden, weil es bestimmte Glaubensgemeinschaften, darunter auch das Universelle Leben, diskriminiert.

Bayern:
Minister als eifriger „Ketzer"-Verfolger

Die Idee Carla Bregenzers, verfolgte Minderheiten als Täter hinzustellen, indem man „Hilfsfonds" für „Aussteiger" gründet, griff im Nachbarland Bayern der Verbraucherminister **Eberhard Sinner** (CSU) auf. Gemeinsam mit Landrat **Waldemar Zorn** (CSU) gründete er im Juli 2001 einen „Spendenfonds" für „mittellose UL-Aussteiger". Ausgerechnet Zorn, der als Bürgermeister von Hettstadt Urchristen scharenweise aus seinem Dorf vertrieben hatte, machte sich nun „Sorgen" um Anhänger des Universellen Lebens, die „regelrecht rausgemobbt" würden. Und Minister Sinner missbrauchte sein von Steuergeldern finanziertes Ministerbüro als Anlaufstelle für „Sektenopfer".
Bereits als Landtagsabgeordneter hatte Sinner seine merkwürdige Auffassung von Demokratie unter Beweis gestellt, als er im April 1997 Landrat Grein (Main-Spessart) massiv angriff: Dessen Behörde hatte es gewagt, in einer Frauenbroschüre neben zahlreichen katholischen, evangelischen und gewerkschaftlichen Einrichtungen auch einen urchristlichen Kindergarten und die urchristliche Sozialstation „Helfende Hände" anzuführen. Der Landrat hatte sich zuvor juristisch beraten lassen und war zu dem Schluss gekommen, der Staat

dürfe aus Gründen der Gleichbehandlung die Aufnahme der Adressen nicht verweigern. Er ließ allerdings die Glaubenszugehörigkeit der urchristlichen Einrichtungen durch einen entsprechenden Zusatz angeben, damit jedermann sich frei entscheiden könne. Der *Bayerische Rundfunk* (Report München, 21.4.1997) nahm prompt daran Anstoß und interviewte Behnk, der wieder einmal vor den „totalitären" Urchristen warnen durfte. Sinner warf dem Landratsamt vor, eine „Sekte" zu unterstützen, deren Lehre „mit der christlichen Botschaft nicht das Geringste zu tun" habe, und damit „die Bemühungen der Kirche" bei der Bekämpfung der Urchristen „in eklatanter Weise" zu unterlaufen.

Besser hätte der Protestant Sinner gar nicht zum Ausdruck bringen können, dass er sich bei seiner politischen Arbeit nicht so sehr als Volksvertreter, sondern eher als verlängerter Arm der Großkirchen versteht.

Oder meint Sinner „mit der christlichen Botschaft" all das, was beide Großkirchen in den letzten Jahrhunderten bis heute unter Missbrauch des Namens von Jesus, dem Christus, verbrochen haben: von der Verbreitung von Angst und Schrecken vor einem angeblich zürnenden Gott, der Seine ungehorsamen Kinder in die ewige Verdammnis schickt

über die Bekämpfung der urchristlichen Gemeinschaften bis hin zu den Kreuzzügen, Ketzer- und Hexenverfolgungen, der Beteiligung an Kriegen und den Sexualverbrechen an Kindern?
Dann haben die Urchristen tatsächlich nichts damit zu tun.

Gemeinnützigkeit: Anordnungen von „ganz oben" stellen die Wahrheit auf den Kopf

Die Urchristen hatten in diesem Fall das Glück, dass im Landkreis Main-Spessart nicht die CSU, sondern die „Freien Wähler" den Landrat stellen – eine Gruppierung, in der es noch einen hohen Prozentsatz zwar konservativer, aber unabhängiger Politiker gab. Wie hingegen andere bayerische Behörden im kirchlichen Sinne verfahren, mussten die Urchristen in der Frage der Gemeinnützigkeit erfahren.

Normalerweise müssen Vereinigungen, die ausschließlich religiöse oder weltanschauliche Ziele verfolgen, ihre Spenden nicht versteuern. Dies wurde auch beim Verein Universelles Leben e.V. jahrelang so gehalten. Bis dann Bürgermeister Zorn 1990 das Gerücht verbreitete, Christusbetriebe würden „keine Mark Gewerbesteuer" zahlen. Was natürlich Unsinn war.

Das Münchner Finanzministerium ordnete daraufhin eine ausführliche Prüfung sowohl des Trägervereins Universelles Leben als auch der von Urchristen geführten Betriebe an, die jedoch im November 1992 zu einem auf der ganzen Linie entlastenden Ergebnis durch das Finanzamt Würzburg führte:
„Die vereinnahmten Erlöse und Spenden werden ausschließlich und unmittelbar für den satzungsmäßigen Zweck verwendet. ... Anhaltspunkte für missbräuchlichen Einsatz von Spendengeldern in Gewerbebetrieben bzw. Begünstigung des Vereins durch die Betriebe wurden nicht festgestellt ... Die Prüfung ... hat keine Feststellungen getroffen, die einen Widerruf der Gemeinnützigkeit rechtfertigen würden."

In krassem Gegensatz zu all diesen Feststellungen ordnete das bayerische Finanzministerium am 3. Dezember 1993 jedoch an:
„Der Verein Universelles Leben e.V. kann nicht als gemeinnützig anerkannt werden. Die unter Vorbehalt der Nachprüfung stehenden Veranlagungen der Jahre 1989 bis 1991 sind entsprechend zu berichtigen. Die vorläufige Anerkennung der Gemeinnützigkeit für die Jahre ab 1992 ist zu widerrufen."
Zur Begründung verfiel man auf die Idee, die von Urchristen geführten Unternehmen in einer Art „Gesamtschau" dem Universellen Leben zuzurechnen.

Bei katholischen Klöstern, die in einer viel direkteren Weise wirtschaftlich tätig sind, kommt hingegen keine Behörde auf die Idee, diese in einer Art „Gesamtschau" der katholischen Kirche zuzurechnen.

Diese Anordnung steht im Widerspruch zu den eindeutigen Ergebnissen der einschlägigen Untersuchungen und stellt im Grunde eine Rechtsbeugung dar.

Der letzte Satz des ministeriellen Schreibens vom 3.12.1993 lässt erahnen, was dahinter steckt:

„Eine höchstrichterliche Klärung der gemeinnützigkeitsrechtlichen Sekten-Problematik ist von grundsätzlicher Bedeutung. Für die Beurteilung künftiger Fälle besteht daher Interesse, die zu erwartenden Rechtsmittel durchzusetzen."

Man wollte also in einer Art Musterprozess allen nicht-kirchlichen Glaubens-Minderheiten auf finanziellem Wege das Wasser abgraben. Die Urchristen erklärten daraufhin, dass sie sich in Zukunft nicht mehr auf den Status Gemeinnützigkeit verlassen werden, solange dieser von einem Staat gewährt wird, der sich auf diese Weise zum Büttel der Machtansprüche der Großkirchen machen lässt. Von einem solchen „Kirchenstaat" wollen die Urchristen keine Almosen annehmen. Für einige bereits abgelaufene (und im Vertrauen auf die gewährte vorläufige Gemeinnützigkeit wie gewohnt abgerechneten) Jahre begannen die Nachfolger des Jesus von Nazareth jedoch einen Finanzprozess – denn die Behörden verlangten nachträglich „Schenkungssteuer" für eingegangene gemeinnützige Spenden, obwohl diese Spenden längst ausgegeben waren, und zwar genau so, wie es nach dem Steuerrecht vorgeschrieben ist. Die fehlenden Tatsachen ersetzte man der Einfachheit halber durch Verleumdungen und Kirchenlügen, die in großem Umfang Einzug in die Behördenakten gehalten hatten.

Die Glaubensgemeinschaft wandte sich gegen diese Ungeheuerlichkeit hilfesuchend an das Finanzgericht. Doch dort kam man vom Regen in die Traufe. Zwar konnten die Richter die im Grunde verfassungsfeindliche Begründung der Finanzbehörden nicht billigen, ohne sich landesweit lächerlich zu machen. Aber sie behalfen sich mit einem formalen Kunstgriff: Sie fanden heraus, dass vor Jahren bei einer amtlichen Eintragung ein kleiner Verfahrensfehler unterlaufen war. Dies war jahrelang niemandem aufgefallen und hatte sich auch tatsächlich nie negativ ausgewirkt. Aber jetzt genügte es den Richtern 1998 für eine Entscheidung, die den Erwartungen der Kirche Rechnung trug und diese Erwartung lautete: Entzug der Gemeinnützigkeit für Menschen, die nach den Zehn Geboten und der Bergpredigt des Jesus von Nazareth leben wollen.

Dasselbe Spiel wiederholte sich in einem zweiten Prozess, der für einen weiteren Steuerzeitraum geführt werden musste und bis 2013 (!) dauerte: Obwohl der Verfahrensfehler nun behoben worden war, fand die Finanzverwaltung in der Satzung nun eine andere Stelle, die man so auslegte, dass man die Gemeinnützigkeit verweigern müsse. 20 Jahre lang war niemand auf diese abwegige Idee gekommen, weder die Gerichte, die damit zu tun hatten, noch die zahllosen Beamten, die den Auftrag hatten, Gründe zu finden, um der Gemeinschaft aus kirchlich-religiösen Gründen ihr Recht zu verweigern. Auch hatte diese Stelle der Satzung sich in keiner Weise auf die Tätigkeit der Glaubensgemeinschaft ausgewirkt. Aber sie genügte den Beamten, um sie für eine Entscheidung nach kirchlichen Vorgaben auszulegen. Schließlich einigte man sich auf einen Vergleich, um den Schaden wenigstens zu begrenzen. Wieder ist das Universelle Leben gezwungen, erhebliche Gelder nachzuzahlen. Doch der Versuch einer kirchlich indoktrinierten Ministerialbürokratie, die Bewegung der Urchristen auf diese Weise zu stoppen, misslingt.

Rennebach will Bundes-Inquisitorin werden

Auf Bundesebene ist es vor allem die SPD-Bundestagsabgeordnete und lutherische Synodalin **Renate Rennebach**, die ab 1995 zur „Bekämpfung" der „Sekten" aufruft und dafür die Position eines „Bundessektenbeauftragten" eingerichtet haben will – offenbar mit sich selbst als erster Inhaberin. Sie wirft dem Universellen Leben und anderen Glaubensrichtungen pauschal vor: „Sie alle verletzen die Würde des Menschen, verführen zumeist junge Leute."
Als sie aufgefordert wird, ihre Behauptungen zu präzisieren oder sich selbst ein Bild von den Urchristen zu machen, hält sie es nicht einmal für nötig, zu antworten.

Vermutlich weiß sie ganz genau, dass sie bei den Urchristen im Universellen Leben keinerlei Belege für diese ungeheuerliche Verleumdung findet – wohl aber bei den Institutionen Kirche. Allein die Taufe eines Säuglings ist schon eine massive Verletzung der Würde des Menschen, ebenso die Drohung mit einer angeblichen ewigen Verdammnis, von den Misshandlungs – und Sexualverbrechen an Kindern und Jugendlichen durch Priester und Pfarrer ganz zu schweigen.

Erst als die Urchristen nach einer „Telefonaktion" zum Thema „Sekten", bei der neben SPD-Abgeordneten auch der lutherische „Sektenexperte" Hemminger auf Fragen des Publikums antwortet, mehrere Abgeordnete der SPD anschreiben, bequemt sich Rennebach, Stellung zu nehmen:

„Einen Beitrag zur Korrektur Ihres offensichtlich bestehenden Eindrucks, wir seien falsch oder unzureichend über Ziele und Praktiken des Universellen Lebens informiert, können Sie selbst dadurch leisten, indem Sie uns ein aussagefähiges Organigramm über die innere Struktur Ihrer Organisation zur Verfügung stellen sowie uns Auskunft geben über die mit dem Universellen Leben und seinen Führungspersonen zusammenhängenden Betriebe und Beteiligungen. Wir werden sodann diese Unterlagen sorgfältig prüfen und auch die Frage, ob sich daraus Gesprächsbedarf für uns ergibt."

Aus diesen Zeilen spricht die ganze Arroganz der modernen Inquisition: Wir sprechen nicht mit dem „Ketzer" über seinen Glauben – *er* hat vielmehr *uns* umfassend Auskunft zu geben! Glauben schenken wir ihm sowieso nicht, da in unseren Inquisitionsakten immer die Wahrheit steht!

Und diese Akten füllt vor allem Rennebachs Parteigenosse Wolfgang Behnk. So behauptet Rennebach laut einer dpa-Meldung, das Universelle

Leben habe „gegenüber dem Sektenbeauftragten der evangelischen Kirche sogar schon mit religiösem Massenselbstmord gedroht". (Siehe auch Kapitel 8, Seite 309)
Nach anwaltlicher Intervention nimmt sie diese böse Diffamierung zurück – doch ohne sich dafür zu entschuldigen, denn ausgesprochen und verbreitet wurde sie.
Um im Bundestag die Einrichtung „ihrer" Enquetekommission durchzusetzen, macht Rennebach der Öffentlichkeit Angst vor „600 Sekten" in Deutschland. Erst nach den für alle „Sekten"-Jäger enttäuschenden Ergebnissen der Enquete wird es um Rennebach etwas stiller.

Österreich:
„Ihr könnt ja zu Hause beten"

Auch in Österreich wird die „Sektengefahr" an die Wand gemalt. Familienminister **Martin Bartenstein** zeigt sich „bereit, entschlossen gegen das Sektenunwesen aufzutreten" und kündigt eine „Broschüre über Sekten" an, die dann im November 1996 erscheint, obwohl es auch nach österreichischem Verfassungsrecht nicht statthaft ist, Religionsgemeinschaften unterschiedlich zu behandeln, also vor den einen zu warnen und vor anderen nicht.

Obgleich sich der Staat laut Broschürentext nicht „mit einer oder mehreren bestimmten Kirchen ... solidarisieren" darf, schreibt das Ministerium bezüglich des Universellen Lebens einfach ganze Passagen aus einer Broschüre der Erzdiözese Wien ab, hält also eigene Recherchen gar nicht erst für nötig. Ein Gerichtsverfahren gegen die Aufnahme der Urchristen in diesen Report wird von der österreichischen Justiz verschleppt.

In der Broschüre behauptet Bartenstein ganz ungeniert, die Verpflichtung des Staates zum Schutz der Religionsfreiheit beziehe sich nur auf „gesetzlich anerkannte Kirchen und Religionsgemeinschaften" mit über 2000 Mitgliedern. Kleineren Religionsgemeinschaften „ist die sogenannte ‚häusliche Religionsausübung' gestattet ... „
So ist das also: Wer der Kirche nicht passt, wird unter dem Vorwand der Mitgliederzahl zur Glaubensgemeinschaft zweiter Klasse gemacht, die gerade noch zu Hause beten darf.

Vollends absurd wird die Broschüre, wenn es um die Kriterien für die „Gefährlichkeit" einer Gruppe geht. Wenn es heißt: „Wird keine oder kaum Kritik in der Gemeinschaft zugelassen?" – wer denkt da nicht an die vielen Lehrverbote für kritische katholische Theologen? Oder: „Werden die Mitglieder dazu gedrängt, intime Details aus ihrem Leben offenzulegen?" – wer denkt da nicht an die Beichte?

Doch das war erst der Anfang: Eine neu geschaffene „Sektenstelle" soll in Österreich „öffentlich zugängliche Daten" über nicht-kirchliche Minderheiten sammeln, etwa, „welche Personen in Sekten an führender Stelle tätig sind". Die Großkirchen selbst werden von dieser mit fünf Millionen Schilling staatlich dotierten Spitzeltätigkeit in einem eigens dafür verabschiedeten Gesetz ausdrücklich ausgenommen.
Wegen dieser offensichtlichen Diskriminierung und Bespitzelung von Minderheiten wurde Österreich von den in Bezug auf Religionsfreiheit recht wachsamen Vereinigten Staaten öffentlich gerügt. Solche Gesetze seien „nicht mit der Europäischen Menschenrechtskonvention sowie anderen internationalen Übereinkommen" vereinbar.
Auch in Österreich berufen sich kommunale Behörden (etwa in Linz) auf die Nennung des Universellen Lebens in dieser Broschüre, um damit z.B. die Verweigerung der Anmietung städtischer Räume zu rechtfertigen. In Linz gibt außerdem das Familienministerium des Bundeslandes Oberösterreich gemeinsam mit dem Bischöflichen Pastoralamt (!) im Juni 1998 eine eigene Broschüre zum Thema „Sekten – (Un-)Wesen und (Un-)Wissen" heraus.

Verfasser ist der Sektenbeauftragte des Bistums Linz, Andreas Girzikowsky persönlich; auf der Rückseite wird für die Lektüre der Kirchenzeitung geworben. In einer Pressemeldung warnt der Autor speziell vor dem Universellen Leben, das „Österreich und die Schweiz auf ihrem Speisezettel" habe. Der oberösterreichische Landeshauptmann **Josef Pühringer** wirft „Sekten" mit „Drogensucht" in einen Topf. Dasselbe tut der Salzburger Landesschulratspräsident **Gerhard Schäffer**: An den Schulen sei „Werbung für Alkohol, Drogen oder Sekten" verboten.

Im Bundesland Salzburg werden Schulleiter von kirchlichen und staatlichen „Experten" auch aus Deutschland gegen „Sekten, Psychoterror und Satanskult" aufgehetzt. 270 Schuldirektoren nehmen an einer Tagung des Landesschulrats teil – 75 Prozent aller eingeladenen, wie Regierungsrat Stöglehner stolz vermerkt. Da will das benachbarte Südtirol nicht zurückstehen: Die Provinz Südtirol ernennt im September 1998 einen staatlichen Sektenbeauftragten …

Man muss sich wieder daran erinnern: Wer hat überhaupt bestimmt, wer als „Sekte" zu gelten hat? Natürlich die Großkirchen, und sie heften dieses Schimpfwort praktisch allen anderen Gemeinschaften an.

„Wehret den Anfängen!"

Als in Oberösterreich Landeshauptmann **Pühringer** unter der Überschrift „Auf der Suche nach dem Sinn" eine weitere Auflage seiner „Sekten"-Broschüre herausbringt (2002), meldet sich mit Professor Ernö Lazarovits ein ehemaliger Häftling des Konzentrationslagers Mauthausen und ein Mitglied des ungarischen Zentralrats der Juden zu Wort. In einem Brief an Pühringer und an Bundespräsident Klestil weist er darauf hin, dass er aufgrund seiner leidvollen Erfahrungen im KZ sensibel für Menschen sei, die wegen ihrer religiösen Überzeugung angefeindet werden:

„Aus Erfahrung kann ich sagen, dass es mit der Judenverfolgung so begonnen hat, dass man uns zuerst schlecht gemacht hat, was im weiteren den Vorwand lieferte, die wohl auch ihnen bekannten nächsten Schritte zu setzen. Heute werden Gedenkfeiern abgehalten und bei jeder dieser Veranstaltungen wird beschworen: So etwas darf nie wieder passieren!! Dem kann man nur beipflichten, jedoch muss man besonders ‚den Anfängen wehren'. Mit großer Beunruhigung muss ich daher feststellen, dass mit der von der katholischen Kirche und dem Land Oberösterreich herausgegebenen CD-Rom mit dem Titel ‚Auf der Suche nach dem Sinn' eine Behandlung von Andersgläubigen praktiziert wird,

die man im Ansatz als kollektives Schlechtmachen bezeichnen kann, so wie man uns seinerzeit den ‚Judenstern' umhängte. Damals waren es ‚nur' die Juden, heute sind es ‚nur' die ‚Sekten' – wo ist der Unterschied?"

Als die Urchristen diese bemerkenswerte Stellungnahme eines international renommierten jüdischen Mitbürgers in Deutschland über die bekannte Medienagentur *„News aktuell"* (Hamburg) gegen entsprechende Bezahlung verbreiten lassen wollen, wird ihnen dies verweigert.

Justitia ist auf dem Kirchenauge blind

Wurden die Urchristen auf Betreiben der Kirchen von staatlicher Seite diskriminiert, so blieb meist nur der Weg über die Gerichte, der aber, wie geschildert, in der Mehrzahl der Fälle keinen oder nur geringen Erfolg brachte. Dies verwundert nicht, wenn man weiß, dass „Sektenexperten" der Kirchen auf Richterakademie-Tagungen stundenlang über die „gefährlichen Sekten" referieren dürfen und danach mit den Richtern fröhliche Abende verbringen.
Die Urchristen wurden, wenn sie diesen Weg dennoch beschritten, von Kirchenvertretern oft als

„prozesswütig" bezeichnet. Einige verstiegen sich sogar zu der scheinheiligen Bemerkung, das Anrufen von Gerichten widerspreche der Bergpredigt, die sie ansonsten selber nicht ernst nehmen und als „Utopie" bezeichnen. Dabei steht in der Bibel der Kirchen selbst die Anweisung, einen Konflikt „vor die Gemeinde" zu bringen, wenn er zwischen den Beteiligten, auch nach Hinzuziehung Dritter, nicht gelöst werden kann (Mt 18,15 ff). Der Ingrimm der Sektenbeauftragten gegen „Ketzer", die als Bürger dieser Welt von ihren staatsbürgerlichen Rechten Gebrauch machen, dürfte deshalb wohl eher mit den dadurch verursachten Beschränkungen ihrer ansonsten unbegrenzten Verleumdungsmöglichkeiten zusammenhängen.

Trotz der eher beschränkten Erfolgsaussichten führte und führt für die Urchristen in vielen Fällen kein Weg daran vorbei, als Staatsbürger von ihrem Recht auf Anrufung der Gerichte Gebrauch zu machen. Jedes dieser Gerichtsurteile ist einem kleinen Damm vergleichbar, der die Schmutzflut der Verleumdungen und Diskriminierungen wenn auch nicht gänzlich verhindert, so doch zumindest teilweise eingrenzt. Dafür seien noch einige weitere Beispiele angeführt.

Kirchenhetze im Staatsgewand

Der Journalist Holger Lösch veröffentlicht Ende 1994 in einer Broschüre der Bayerischen Landeszentrale für Politische Bildung einen Beitrag über das Universelle Leben, der von Unwahrheiten und Boshaftigkeiten nur so strotzte. Und das in einer vom Staat bezahlten und herausgegebenen Broschüre, die zur „Aufklärung" an alle bayerischen Schulen verteilt wird!

Der Bayerische Verwaltungsgerichtshof ordnet im April 1995 in der zweiten Instanz eines Eilverfahrens an, dass die Broschüre an elf Stellen unkenntlich gemacht werden muss. Die Urchristen gehen in die Hauptsacheklage, weil die nicht geschwärzten Passagen noch immer massive Verleumdungen enthalten und von „Pfarrer" Behnk eifrig als „vom Gericht festgestellt" zitiert werden – dabei hat eine Beweisaufnahme oder Zeugenvernehmung in diesem Eilverfahren gar nicht stattgefunden! Der lange Atem lohnt sich: Im September 1998 erhalten die Urchristen vor dem Münchner Verwaltungsgericht in entscheidenden Punkten recht; die restlichen Exemplare der Broschüre werden eingestampft und die bayerische Staatsregierung muss an alle bayerischen Schulen eine Richtigstellung schicken. Damit ist klar: Kirchliche Sektenbeauftragte dürfen zwar im

Rahmen einer fast schrankenlosen „Meinungsfreiheit" Unwahres als Meinung verbreiten – aber der Staat darf diese Hetze nicht übernehmen.

Bei der Verhandlung im August 1998 war es zu peinlichen Szenen für den Anwalt der staatlichen Seite gekommen, der beispielsweise keinen einzigen konkreten Fall nennen konnte, in dem ein Anhänger des Universellen Lebens auf ärztliche Hilfe verzichtet hatte. „Ich darf ja eigentlich eine solche Schrift nur herausgeben, wenn ich schon Tatsachen habe. Reine Vermutungen darf ich nicht in die Welt setzen", merkte der Richter dazu stirnrunzelnd an. Behnk verbreitete aber weiter die für seine „Arbeit" günstigen Passagen des längst überholten Gerichtsbeschlusses von 1995, so als ob es das weitergehende Urteil von 1998 nicht gegeben hätte.

Informationsstände für Urchristen?

Erfolg haben die Urchristen auch bei der Durchsetzung staatsbürgerlicher Rechte wie desjenigen der freien Meinungsäußerung – wenn auch erst nach langem Kampf. Im Mai 1985 lehnt die Stadt Essen, im Gegensatz zur bis dahin üblichen Praxis, einen Antrag der Urchristen ab, einen Informationsstand in der Essener Innenstadt aufstellen zu dürfen.

Dahinter steckt das „Sekten-Info" Essen, deren Leiterin Heidemarie Cammans zuvor die Kommunalpolitiker gegen neue Glaubensbewegungen aufgehetzt hatte. Die Urchristen ziehen vor Gericht – allerdings dauert es drei Jahre, bis zum Oktober 1988, ehe sie wieder einen Informationsstand in Essen aufstellen dürfen. Zuvor hatten sie zwar theoretisch Recht bekommen, aber die eingeklagten Termine waren bereits abgelaufen. Erst als sie einen Termin eineinhalb Jahre im Voraus beantragten, erhielten die Vertreter des Universellen Lebens fünf Tage (!) vor diesem Termin die Genehmigung per Urteil in zweiter Instanz zugesprochen. Das Urteil des Verwaltungsgerichts Münster enthielt die Maßgabe, dass Straßenbaubehörden bei Genehmigungen für Informationsstände allein die Erfordernisse des Verkehrs berücksichtigen dürfen, dass es ihnen aber nicht zusteht, irgendwelche inhaltlichen Einwendungen zu machen.

Auch anderswo gibt es Schwierigkeiten. In Berlin hat Pastor Thomas Gandow gründliche Diskriminierungsarbeit geleistet. Ab Mitte 1986 lehnen die zuständigen Berliner Bezirksämter Informationsstände der Urchristen ab und begründen dies mit der „Gefahr", dass „gerade junge Menschen ... unter dem Vorwand religiöser Zielsetzung ... psychisch und materiell geschädigt werden".

Ehe es zum Prozess kommt, behalten offenbar besonnene Juristen die Oberhand über die kirchlich indoktrinierten Beamten: Ab 1987 wird wieder genehmigt. Die Hetzschrift, aus der die hanebüchene Verleumdung stammte, stellt sich als „verwaltungsinterne Schrift" heraus. Der Senator für Jugend und Familie lehnt es ab, den Urchristen Einblick in das Pamphlet zu gewähren. Das ehemalige West-Berlin überträgt dieses vergiftete Klima, diese Missachtung der Rechte nicht-kirchlicher Minderheiten wenig später nahtlos auf die neue Bundeshauptstadt Berlin.

Nach dem Verfahren gegen die Stadt Essen genügt in den darauffolgenden Jahren meist eine Übersendung dieses Urteils an die jeweilige Stadtverwaltung, um eine sich anbahnende Blockade gegen Informationsstände zu beenden.
Die verschärfte Agitation kirchlicher „Experten" im Vorfeld der Enquete-Kommission des deutschen Bundestages führt Mitte der neunziger Jahre trotz der eindeutigen Rechtslage zu vermehrten Ablehnungen, die meist mit irgendwelchen staatlichen „Sektenberichten" oder mit Aussagen von kirchlicher Seite begründet werden. In Ludwigshafen, Bremen, Freudenstadt, Baden-Baden, Radolfzell und Obernburg am Main müssen die Genehmigungen für Informationsstände erneut gerichtlich

eingeklagt werden, diesmal allerdings meist in kurzen Eilverfahren.

Vor Gericht stellte sich z.B. heraus, dass die Stadt Obernburg die Urchristen und das Gericht schlicht belog, als sie behauptete, die beantragte Stelle sei wegen der Beeinträchtigung des Verkehrs ungeeignet. Ein Anruf beim zuständigen Polizeirevier ergab nämlich, dass an der betreffenden Stelle bereits des Öfteren andere Stände ohne Schwierigkeiten aufgestellt worden waren. Besonders merkwürdig verhielt sich jedoch die Stadt Rastatt, die Ende 1994 einen Informationsstand zwar genehmigte, dafür aber eine völlig überhöhte „Bearbeitungsgebühr" von 100 Mark verlangte. Es stellte sich heraus, dass der zuständige Sachbearbeiter erhebliche Zeit beim Herumtelefonieren verbrachte, um sich bei seiner Entscheidung für die „Ketzer" abzusichern. Dies stellte er dann den Urchristen in Rechnung. **Es ist ähnlich wie im Mittelalter: Der Häretiker muss für die durch die Inquisition entstandenen Maßnahmen auch noch bezahlen!**

Auch das Verteilen von Handzetteln versuchen einzelne Gemeinden zu unterbinden, in Bamberg 1997 sogar unter Verhängung eines „Bußgeldes" von 30 Mark, das erst durch Intervention eines Anwalts zurückgenommen wird. Die Stadt Ingolstadt will es genau wissen und zieht bis vor den Bayerischen

Verwaltungsgerichtshof, wo 1996 in zweiter Instanz eindeutig festgestellt wird, dass das Verteilen von Schriftgut überwiegend informativen Inhalts durch das Grundrecht auf Meinungsfreiheit gedeckt ist.

Auch wenn die genannten Fälle letzten Endes doch noch im Sinne dieses Grundrechts entschieden wurden, so ist dennoch allein die Notwendigkeit, wegen einer Selbstverständlichkeit in einem demokratischen Staat Prozesse führen zu müssen, ein Skandal; von den der Allgemeinheit dadurch entstehenden Gerichtskosten – Steuergelder, die vergeudet wurden – einmal abgesehen.

Zivildienstleistende: konstruierte „Gewissenskonflikte"

Soziale Einrichtungen sind in starkem Maße auf die Mitarbeit von Zivildienstleistenden (seit 2011: Bundesfreiwilligendienst) angewiesen. Das wussten auch die Behörden, als sie im Sommer 1986 einen Antrag der urchristlichen Sozialstation *Helfende Hände* in Würzburg auf Anerkennung als „Beschäftigungsstelle des Zivildienstes" vorliegen hatten. Sie lehnten diesen Antrag Anfang 1987 rundweg ab – mit der absurden Begründung, es befände sich im selben Gebäude eine „gewerbliche Einrichtung" (nämlich die Dienstleistungsfirma *Wir sind für Sie da*) und es sei daher nicht auszuschließen, dass der Zivildienstleistende auch für gewerbliche Arbeiten eingesetzt würde. Des weiteren würden die Zivildienstleistenden unter Umständen in „Gewissenskonflikte" geraten, weil der Verein „Helfende Hände" schließlich zum Universellen Leben gehöre.

Die behördliche „Gehirnakrobatik" ist beträchtlich: Zivildienstleistende bei Caritas und Diakonischem Werk sind der Gefahr von „Gewissenskonflikten" nach Meinung des Bundesamtes für Zivildienst in Köln offenbar nicht ausgesetzt – warum dann plötzlich bei den Urchristen? Und „gewerbliche Einrichtungen" gibt es im Umkreis kirchlicher Sozialeinrichtungen sicherlich zuhauf, ohne dass jemals eine Behörde daran Anstoß genommen hätte.

Doch sind die „Begründungen" auch noch so haarsträubend: Die Urchristen müssen einmal mehr den Gang vors Gericht antreten. Und sie haben einmal mehr Anlass, an der Unabhängigkeit der deutschen Justiz zu zweifeln: In erster Instanz entscheidet im Oktober 1988 das Verwaltungsgericht Köln, es liege im Ermessen des Bundesamtes, an wen es die aufgrund der beschränkten Anzahl von Wehrdienstverweigerern ebenfalls beschränkte Anzahl möglicher neuer Zivildienstplätze vergebe.

Erst die Berufung beim Oberverwaltungsgericht Köln ergibt im Juni 1991 (fünf Jahre nach dem Antrag!) einen positiven Bescheid: Das Bundesamt sei an seine eigene Praxis gebunden, spezielle Pflegestellen (und eine solche sind die *Helfenden Hände*) bei der Neuvergabe von Plätzen zu bevorzugen.

Unabhängige Richter gesucht

Die aufgeführten Beispiele belegen eindeutig, dass es für eine diskriminierte nicht-kirchliche Minderheit keine Alternative zur Ausschöpfung der juristischen Möglichkeiten gibt – auch wenn der Rechtsstaat wie im Fall der Hettstädter Siedler (siehe Kapitel 6, Seite 211) bisweilen zum „Rechtswege-Staat" verkommt, weil der Rechtsweg so lange dauern kann, bis die Klagenden zermürbt aufgeben.
Die rechtlichen Möglichkeiten müssen ausgeschöpft werden – auch wenn häufig den Medien die Weitergabe kirchlicher Diffamierungen von Gerichten als „Meinungsäußerungen" oder „zulässige Wertungen" zugestanden wurde; auch wenn die Gerichte dabei des Öfteren die „Notbremse" zogen, indem sie dem Universellen Leben einfach die „Klagebefugnis" absprachen: Wenn das Universelle Leben beleidigt wird, so könne nicht der Verein Universelles Leben dagegen vorgehen, weil er

ja nicht für alle Anhänger des Universellen Lebens sprechen könne.

Dem aufmerksamen Leser wird aber nicht entgangen sein, dass es sich bei den aufgeführten mehr oder weniger erfolgreichen Fällen ausschließlich um Verfahren gegen Behörden, Staatsvertreter oder von den Kirchen beeinflusste Medien oder Parteiorganisationen handelt. Wo Urchristen es hingegen wagen, Kirchenvertreter direkt gerichtlich zu belangen, dort stoßen sie sehr rasch an eine merkwürdige, aber historisch erklärbare psychologische Barriere. Hier zucken die Richter bisher noch - bewusst oder unbewusst – zurück: Einen Pfarrer, schon gar einen Bischof kann man nicht vor Gericht zitieren oder am Ende noch verurteilen! Dann landet ja am Ende der Richter noch in der ewigen Verdammnis! So kommt es, dass ein Bürgermeister nicht gegen die „Sekten" vom Leder ziehen darf – aber ein vorgeblich christlicher Pfarrer darf es sehr wohl; seine Meinungslügen werden ihm als „gerade noch zulässige Meinungsäußerungen" von jedem Gericht eingeräumt. Und ein Bischof darf den Pfarrer bei dieser Schmutzarbeit decken und unterstützen, obwohl doch die Kirche als „Körperschaft öffentlichen Rechts" ähnlichen Maßstäben unterworfen sein müsste wie der Staat – von den Maßstäben der Zehn Gebote Gottes und der Bergpredigt ganz zu schweigen.

„Meinungsäußerung":
Darf jeder über jeden alles sagen?

Hinzu kommt, dass die deutschen Gerichte unseren Staat, unabhängig vom Thema „nicht-kirchliche Minderheiten", im Laufe vieler Jahre bezüglich der Meinungsfreiheit in eine äußerst kritische Situation hineinmanövriert haben:

Der Schutz der Ehre eines angegriffenen Bürgers findet so gut wie überhaupt nicht mehr statt. Ein hoher bayerischer Richter sprach deshalb bereits von einer „Liquidierung des Ehrenschutzes durch das Bundesverfassungsgericht".

Nachdem moralische Maßstäbe wie das achte Gebot für die kirchlichen Sektenbeauftragten und ihre Vorgesetzten ohnehin keine Rolle spielen – zumal gegenüber „Ketzern" –, machen die Kirchenvertreter und die von ihnen abhängigen Journalisten von den fast grenzenlosen Möglichkeiten der juristisch gewährleisteten Verleumdungsfreiheit regen Gebrauch.
Werden ihnen dann von Gerichten bestimmte Behauptungen über eine Glaubensminderheit als „zulässige Wertung" bestätigt, dann gehen sie damit wiederum hausieren: „Laut Gerichtsbeschluss darf über sie Folgendes gesagt werden: ..."

Kaum jemand weiß, dass die Gerichte in solchen Fällen die zugrunde liegenden Tatsachen meist überhaupt nicht geprüft haben. In den unkritischen Augen der Öffentlichkeit wird aus einer zulässigen Meinungsäußerung eine offizielle Feststellung des Gerichts – und der Rufmord ist perfekt.

Von den Kirchen diskriminierte Glaubensgemeinschaften befinden sich daher in einem ständigen Dilemma: Unternehmen sie nichts gegen die Meinungslügen, so wird es immer schlimmer. Unternehmen sie etwas, so kann es ihnen erneut schaden, weil all die beklagten Lügenmeinungen in den Medien immer wieder breitgetreten werden, gleich, ob sie als „noch eben zulässige Meinungsäußerungen" erlaubt oder untersagt werden.
Trotz dieses Risikos erstatteten die Urchristen Unterlassungsklagen und Strafanzeigen gegen die Diffamierer – oft mit wenig Erfolg. So wurden z.B. Strafanzeigen wegen Volksverhetzung gegen Behnk, Magnis, Bischof Scheele und Landesbischof Hanselmann 1993 nicht näher verfolgt, die Klageerzwingungsverfahren allesamt eingestellt.

Besonders ungeniert offenbarten dabei drei Bamberger Richter ihre kirchlichen Überzeugungen. Die Richter vom Oberlandesgericht Bamberg befassten sich keineswegs mit den gegen die Kirchenvertreter vorgebrachten Beschwerden, sondern beschäftigten sich in ihrem Urteil lieber mit den Glaubensinhalten der Urchristen – obwohl ihnen das aufgrund der gebotenen weltanschaulichen Neutralität der Justiz gar nicht zusteht.

Die Bamberger Richter jedoch warfen sich zu Glaubensrichtern über die Urchristen auf. Vor allem ihr Glaube an die Prophetie der Jetztzeit, ihr Glaube an die Reinkarnation – all dies könne auch bei toleranten Menschen (für die sich die Richter offenbar halten) „Widerspruch und ablehnende Reaktionen" hervorrufen. Damit verharmlosten und rechtfertigten die Richter die Folgen der Hetzreden, die Gegenstand der Strafanzeigen waren. Diese Anwürfe riefen nicht lediglich „Widerspruch" oder „ablehnende Reaktionen" hervor, sondern sie hatten tätliche Angriffe, Brandstiftung, Bedrohung, Entlassungen und vieles mehr zur Folge (siehe auch Kapitel 12). Das interessierte die drei Richter, die selbst wohl katholisch oder evangelisch erzogen sind, aber offenbar nicht, im Gegenteil: Sie klatschen den Hetzern sogar noch Beifall.

Was blieb den Urchristen? Sie veröffentlichen eine Anzeige: „Unabhängige Richter gesucht!" Diese Anzeige mussten sie allerdings, weil die Ortspresse den Abdruck verweigerte, als Handzettel verteilen.

In Bamberg vor dem Gerichtsgebäude wurden dann zwei Urchristen prompt vorübergehend von der Polizei festgenommen – obwohl sie doch nur ihr Recht auf freie Meinungsäußerung wahrnahmen ...

Wie „unabhängig" manche deutschen Richter sind, zeigt auch ein Zwischenfall, der sich im August 1993 vor dem Würzburger Amtsgerichtsgebäude ereignete. Zwei Urchristen verteilten dort Handzettel, um auf die Diskriminierung durch Kirche, Staat und Justiz hinzuweisen. Als ein Richter vorbeikommt und das Gebäude betritt, ruft er erbost: „Das Heimholungswerk, das soll der Teufel holen, aber schnell!"

Die Kirche lügt vor Gericht

Die personelle Verflechtung und ideologische Abhängigkeit zwischen Gerichten und Kirchen ist nicht immer so offenkundig wie etwa im Fall der Hansestadt Bremen: Dort ist der Präsident der Bremer lutherischen Landeskirche gleichzeitig Leitender Oberstaatsanwalt. Im Jahr 1995 hätte er eigentlich ein Verfahren gegen sich selbst bzw. seine Landeskirche einleiten müssen – tat es aber nicht. Die Bremische Landeskirche stand nämlich unter massivem Verdacht der Täuschung. Ihr Sektenbeauftragter hatte eine Broschüre über „Destruktive Kulte" verfasst und darin etliche Verunglimpfungen gegen das Universelle Leben eingebaut. So ließ er eine offensichtlich fiktive Figur namens „Jürgen" zu Wort kommen, der durch das Universelle Leben angeblich zum „psychischen Wrack" wurde. (Wie im Mittelalter: Anonyme Beschuldigungen genügen für eine Verurteilung des „Ketzers".) Die Schulmedizin werde durch „Glaubensgebete" und „Heilmeditation" ersetzt. Die Urchristen hätten „ein ganzes Dorf aufgekauft".

Die Urchristen erhielten vorab von dem geplanten Text Kenntnis und verklagten die Bremer Kirche auf Unterlassung. Der Kirchenmann brachte seinen Text aber zunächst im Verlag „Bonn aktuell" heraus – vor dem Landgericht Hamburg wurden die genannten Passagen und noch weitere untersagt; das Buch musste zurückgezogen werden. Dennoch hielt es das Oberverwaltungsgericht Bremen nicht für angebracht, der Kirche die Veröffentlichung der genannten Passagen auch in der nach wie vor geplanten kircheneigenen Broschüre zu untersagen. Begründung: Man müsse erst abwarten, denn die Bremische Kirche hatte dem Gericht mitgeteilt, man wisse ja noch nicht, welchen Text man überhaupt bringen werde. Offenbar eine Lüge, denn wenig später erschien die Kirchenbroschüre mit den fast wortgleichen Verleumdungen wie zuvor das Buch. Die Presse in Bremen berichtete übrigens ausführlich darüber, dass die Kirche sich über die Urchristen „kritisch äußern" dürfe, verschwieg aber die soeben erwähnte fadenscheinige Begründung für dieses Urteil und erwähnte auch die vorhergegangene Untersagung zahlreicher Passagen in Langels Buch mit keinem Wort.

Auch wenn die Urchristen aufgrund der Voreingenommenheit vieler Richter nur zum Teil juristische Erfolge erzielen konnten, so wurde durch ihre Aktionen zumindest aufgedeckt, wie gering das moralische Niveau der Kirchen ist: Nicht wenige ihrer Vertreter treten jegliche Ethik mit Füßen, machen hemmungslos von ihrer Machtstellung Gebrauch und missbrauchen die ihnen von Gerichten eingeräumte Verunglimpfungsfreiheit zu einer permanenten Hetzkampagne gegen Andersdenkende. Und es wurde deutlich, wo für die Kirche die Grenze liegt: beim Geld. Als die Urchristen die lutherische Kirche Bayerns wegen der Vernichtung von Arbeitsplätzen durch ihren Sektenbeauftragten Behnk auf Schadensersatz verklagten, wurde es um den Kirchenrat zumindest vorübergehend merklich stiller.

12. Die Auswirkungen der Verleumdungen

Die jahrelangen Verleumdungskampagnen der Talarträger und ihrer Handlanger in Politik und Medien hatten, wie gesagt, erhebliche Auswirkungen auf die Urchristen, auf ihre Familien, Betriebe und Einrichtungen. Etliche davon wurden bereits erwähnt – so, etwa, wenn die Genehmigung für eine Privatschule möglichst lange verweigert wird, wenn Kinder beschimpft werden, wenn Landwirten die staatlichen Zuschüsse verweigert werden oder wenn das Universelle Leben in einer Stadt keinen Informationsstand aufbauen darf. Dieses weite Feld soll hier noch mit weiteren Beispielen aufgefächert und dargestellt werden.

Den kirchlichen Experten ging es vor allem um die gesellschaftliche und wirtschaftliche Ausgrenzung all derer, die sich der urchristlichen Lehre durch das Prophetische Wort verbunden fühlen. Die Verleumder versuchten also, den „Ketzern" auf allen Ebenen die Lebensmöglichkeiten möglichst stark einzuschränken. Es geht darum,

- zum einen, die Gemeinschaft von Menschen direkt zu behindern, die sich – ohne äußere Institution und ohne Priester – dem Freien Geist, Gott in uns, zuwenden;

- zum zweiten, die Lebensgrundlagen der Urchristen zu zerstören, indem man die Betriebe und Sozialeinrichtungen schädigt, die sie aufgebaut haben;

- und zum dritten, einzelnen Urchristen Schaden zuzufügen, indem man sie verunsichert und einschüchtert durch persönliche Beleidigungen und Drohungen, oder indem man dafür sorgt, dass ihnen z.B. die Wohnung oder der Arbeitsplatz genommen werden.

Es kann sich bei dieser Schilderung immer nur um Beispiele handeln, denn das tatsächliche Ausmaß der Fälle ist unübersehbar.

12.1. Stört die Aktivitäten ihrer Glaubensgemeinschaft!

Gebt ihnen keine Räume!

In weit über hundert Fällen wurden den Urchristen im Universellen Leben Säle für Veranstaltungen verweigert – meist ohne Angabe näherer Gründe oder mit der vagen Ausrede, es habe „Anrufe" und „Beschwerden" gegeben. Wer sich dahinter verbirgt, ist unschwer zu erraten; und oft genug wird das „Geheimnis" unfreiwillig gelüftet:

- Da erhebt dann der Pfarrgemeinderat Einspruch (wie 1982 in **St. Anton/Tirol**), der Stadtpfarrer stößt Drohungen an den Gastwirt aus (wie 1983 in **Altötting**: „Sie werden keine Wallfahrer mehr ins Haus bekommen") oder hetzt seine Gläubigen gegen den Veranstalter auf (wie 1984 in **Garching**, wo dem Vermieter eines Saales dann telefonisch mit dem Einschlagen von Fensterscheiben gedroht wurde).

- In **Heidenheim** wird 1989 die Vermietung eines öffentlichen Raumes abgelehnt – den Abgewiesenen wird bedeutet, der katholische Pfarrer trage dafür die Verantwortung.

- In der Gemeinde **Tegernsee** wird 1990 ein Gemeindesaal verweigert, weil das Jugendamt des Landkreises mit einem Münchner Sektenbeauftragten Kontakt aufgenommen hatte.
- In **Bad Neustadt** an der Saale schreiben die Dekane beider Konfessionen 1991 verschiedene Gastwirte an und fordern sie auf, keine Räume an das Universelle Leben zu vermieten.
- In **Baiersbronn** im Schwarzwald predigt der lutherische Pfarrer 1995 sogar von der Kanzel gegen die Urchristen, weil diese in einem Café vor Ort gelegentlich einen Raum anmieten – und die Wirtin knickt ein.
- Auch eine Gastronomin in **Ansbach** hält 1995 dem Druck nicht stand – die Pfarrer im Ort sorgen dafür, dass ihr Lokal, das sie gelegentlich an Urchristen vermietet, boykottiert wird, und man verbreitet auch noch das Gerücht, sie wolle das Objekt an das Universelle Leben verkaufen.
- In **Bad Windsheim** wird 1996 ein Gastwirt von einer lutherischen Pfarrerin unter Druck gesetzt: Die Lokalzeitung droht einen „bösen Artikel" an, und der Pfarrer veranstaltet extra einen Informationsabend über „Sekten". Die Urchristen suchen sich lieber einen anderen Raum, um den Gastwirt nicht in existenzielle Schwierigkeiten zu bringen ...

Manchmal kommen die Pfarrer allerdings auch zu spät – was ihre Wut nur steigert: Als junge Urchristen 1993 im **Würzburger** Mozartgymnasium einen Film über den Reichtum der Kirchen vorführen, regen sich anschließend die Dekane Kurt Witzel (kath.) und Joachim Beer (ev.) öffentlich auf. Der Stadtschulrat hält es gar für notwendig, sich beim Generalvikar der Diözese zu entschuldigen – dafür, dass seine Behörde sich an das Grundgesetz gehalten hat!

Die Kirchen betrachten Kurorte in besonderer Weise als ihr Terrain, weshalb auch im August 1984 die Besucher eines Vortrages des Universellen Lebens in **Bad Neustadt** an der Saale vor verschlossener Türe stehen. Die Kurverwaltung beruft sich auf „viele Anrufe", die es gegeben habe. Die Kurverwaltung in **Bad Endorf** spricht 1985 unverhüllt von der „Einstufung des Heimholungswerks als Sekte".

Der kirchlich angeheizte Ablehnungseifer führt manchmal zu unfreiwillig satirischen Stilblüten. So verweist die staatliche Kurverwaltung in **Bad Steben** 1986 zur Begründung einer Absage eines Vortrages zum Thema „Gibt es ein Leben nach dem Tod" auf die „erfolgreiche Kurseelsorge beider Konfessionen". Ähnlich reagiert die Kurverwaltung **Bad Dürrheim**, die 1988 auch die „Interessen der evangelischen und katholischen Kurseelsorge" berücksichtigen will und „keinen zusätzlichen Bedarf" sieht. In **Bad Abbach** wird den Urchristen ein bereits angemieteter Raum wieder gekündigt – der Kurseelsorger hatte angerufen.

Auch andere öffentliche Einrichtungen tun sich mit der Vergabe von Räumen an die Urchristen schwer.
- Die Erziehungswissenschaftliche Fakultät der Universität **Erlangen** verweigert 1987 einen Raum „nach Rücksprache mit Vertretern des Faches Theologie" – und zeigt damit, wer hier das Sagen hat.
- Die Universität **Marburg** verweigert 2001 die Anmietung eines Saales mit der Begründung, das Universelle Leben sei eine „Sekte", die „Position gegen die ... Kirchen bezieht".
- Das Deutsche Jugendherbergswerk kündigt 1993 Räume für ein Treffen junger Urchristen, weil „erhebliche Zweifel entstanden" seien, ob das Universelle Leben „den Grundsätzen des Miteinanders im Deutschen Jugendherbergswerk entspricht".
- An die Jugendherberge in **Weinheim** wendet sich 1996 sogar der Oberbürgermeister von Karlsruhe, um eine Veranstaltung der Urchristen zu verhindern.

- In der Jugendherberge **Lam** im Bayerischen Wald wird jungen Urchristen 1997 mitgeteilt, man könne sie nicht beherbergen – sie stünden in der Münchner Geschäftsstelle auf einer Liste von „Sekten".

Und wenn es jungen Urchristen einmal gelingt, in einer Jugendherberge unterzukommen, dann kann es ihnen passieren, wie im Jahr 1993, dass Journalisten des Hessischen Rundfunks ihre Kameras direkt vor dem Eingang aufbauen und sie mehr als einen Tag lang förmlich belagern, um möglichst viele Bilder von angeblich „durchgeknallten" Jugendlichen zu bekommen. Die von Kirchenvertretern aufgehetzten Journalisten versuchten ständig, in die Räumlichkeiten vorzudringen und Jugendliche zu Interviews zu zwingen.

- Die Stadt **Osnabrück** beruft sich bei einer Saalabsage 1994 auf Äußerungen der Bundesregierung;
- die Stadt **Leverkusen** meint 1997, das Universelle Leben verfolge „Ziele, die durch eine für ein demokratisches Gemeinwesen geschaffene Einrichtung nicht gefördert werden können".
- Das Novapark-Hotel in **Wien** beruft sich bei einer Absage 1999 auf den Familienminister in Wien und einen „Netzwerk-Verein gegen destruktive Kulte".

Die vorgebrachten „Gründe" für die Absagen beruhen allesamt auf den Suggestionen und Verleumdungen der heutigen Inquisitoren und ihrer Helfershelfer in Staat und Medien. Das „Sekten-Stigma", einmal von der Kirche angehängt, bleibt oft lange in den Köpfen der Menschen und lässt sich nur schwer wieder auflösen. Kaum einer der potentiellen Vermieter kannte die Urchristen aus eigenem Erleben, keiner machte sich ein eigenes Bild – was die Amtskirchen vorgeben, das wird einfach brav nachgeplappert.
In einigen Fällen kann die Kirche auf Vermieter direkten Druck ausüben, weil sie bekanntlich sehr viele Immobilen besitzt.

- Etwa in **Heidelberg**, wo der örtlichen Gruppe des Universellen Lebens ein bereits abgeschlossener Mietvertrag wieder gekündigt wird, weil die badische evangelische Landeskirche finanziell am Gebäude beteiligt sei.

- In **Paderborn** (1994) genügt es schon, dass der Vermieter und sein Steuerberater mit der Kirche zusammenarbeiten, um nach nur drei Monaten einen Mietvertrag ebenfalls platzen zu lassen.

- Auch in **Wiesbaden** müssen die Urchristen bereits nach einem Vierteljahr ihre angemieteten Räume wieder verlassen – es wird ihnen mitgeteilt, dass die Besitzerin des Hauses ein „Vermögensträger im Bereich der katholischen Kirche" sei. Die Urchristen erhalten nicht einmal die Maklerprovision zurück.

- Manche Gastwirte sind wenigstens so ehrlich, „Angst vor Geschäftsschädigung" oder vor dem „Druck der Öffentlichkeit" anzugeben, wie in **Lippstadt** (1984);

- oder in **Winterthur**, wo 1994 ein Hotel einen diskriminierenden Artikel Hugo Stamms im Zürcher *Tagesanzeiger* zum Anlass nimmt, sämtliche Reservierungen zu stornieren: Es sei für das Hotel „äußerst unangenehm, im Zusammenhang mit Ihnen öffentlich erwähnt zu werden".

- Im Bayerischen Hof in **Bayreuth** spricht man 1995 von „Rufschädigung".

- Doch was mag sich wohl die Stadt **Freilassing** dabei gedacht haben, als sie 1984 einen Saal ausgerechnet wegen „Neutralität in religiösen Fragen" (!) verweigerte?

*Nehmt ihnen
die Werbemöglichkeiten!*

Selbst wenn die Anmietung eines Saales gelingt: Um die Bevölkerung auf Veranstaltungen hinzuweisen, ist man auf öffentliche Werbemöglichkeiten angewiesen. Auch hier bekommen die Urchristen die Wirkung der kirchlichen Rufmordkampagnen zu spüren: Die städtischen Reklamefirmen in zahlreichen Städten (z.B. **München, Bremen, Frankfurt, Bamberg**) weigern sich ebenso wie die Eisenbahnreklame-Stellen in Deutschland und Österreich, Plakate des Universellen Lebens anzunehmen oder den Urchristen Schaukästen zu vermieten. Wo untergeordnete Stellen dies dennoch tun, werden sie sehr bald „zur Räson gebracht" – wie die Bahnhofsverwaltung von **Neunkirchen** bei Wiener Neustadt, die im April 2000 bereits bezahlte Plakate der Urchristen wieder abnehmen ließ: Die Regionalleitung Wien Süd hatte dies angeordnet, weil das Universelle Leben in Minister Bartensteins „Sektenbroschüre" enthalten war.

Dann bleiben als Werbemöglichkeit noch die aufwändige Verteilung von Flugblättern oder das Aufstellen von Informationsständen, was aber, wie an anderer Stelle geschildert (Kapitel 11, Seite 455), häufig gegen den penetranten Widerstand der

Behörden regelrecht erkämpft werden muss. Gegen gutes Geld kann man auch Anzeigen in der Tagespresse schalten – sollte man meinen. Doch für Urchristen ist auch das nicht so einfach. Über 200 Zeitungen und Zeitschriften im deutschsprachigen Raum lehnen Anzeigen von Urchristen ab – und berufen sich dabei, wenn sie überhaupt Gründe nennen, auf kirchliche Sektenbeauftragte, deren Verleumdungen sie in ihren Ablehnungsbriefen zum Teil wörtlich wiedergeben. In vertraulichen Gesprächen verweisen dann auch Vertreter großer Verlage auf die Macht der Kirchen, die auch wirtschaftlichen Einfluss z.B. auf Anzeigenkunden nehmen können.

Beleidigungen, Drohungen, Schüsse

Immer wieder war zu spüren, dass kirchliche Verleumdungen bereits ihren Weg in die Köpfe vieler Menschen gefunden hatten. Weit über hundert Drohungen und Beleidigungen gegen Urchristen sind dokumentiert, unter denen „Sektenschwein" noch das gelindeste ist, und selbst Forderungen nach „Vergasen" und „An die Wand stellen" nicht selten vorkommen.
Häufig, besonders nach aufhetzenden Fernsehsendungen, entlädt sich die Abneigung gegen die Andersgläubigen auch in blinder Zerstörungswut:

In über 60 Fällen wurden Anschläge auf urchristliche Einrichtungen verübt, darunter acht zerstörte Schaukästen in verschiedenen Städten, Schmiereien, eingeworfene Scheiben. Besonders häufig wurde das Gebäude des Universellen Lebens am Haugerring, schräg gegenüber dem **Würzburger** Bahnhof, zur Zielscheibe von Attacken. Allein dreimal wurden dort die freistehenden Leuchtreklameschilder mit Steinen eingeworfen. Es wurden beim Eingang aufgestellte Schriftentische umgeworfen oder gar angezündet. Anfang 1989 schoss sogar jemand mit einem Kleinkalibergewehr durch die Fensterscheiben. Nur im Fall des angezündeten Schriftentisches konnte später der Täter ermittelt werden – er stammte aus der rechtsradikalen Szene. Man sieht, welche dumpfen „Früchte" die kirchlichen Hetzkampagnen zeitigen ...

12.2. Entzieht ihnen die Lebensgrundlage!

Besonders häufig wurden die Betriebe und Einrichtungen, die Nachfolger des Jesus von Nazareth gemeinsam aufbauten, zur Zielscheibe der kirchlichen Verleumder und ihrer Helfershelfer. Denn Menschen, die nicht nur in Worten, sondern in der Tat christlich leben wollen, die also bestrebt sind, gemeinsam Jesus, dem Christus, dem Freien Geist, im Alltag nachzufolgen, schaffen sich nicht nur eine unabhängige wirtschaftliche Basis für ihren Lebensunterhalt – sie könnten auch zeigen, dass die Bergpredigt des Jesus, des Christus, auch im beruflichen bzw. wirtschaftlichen Leben keine Utopie ist. Für das System, das Seine freie Lehre des Friedens und der Gottes- und Nächstenliebe in eine äußere Religion verzerrte, mit Priestern als Mittler zwischen Gott und den Menschen, ist das eine der größten Gefahren – denn sie will nicht die Gemeinsamkeit und das Miteinander, sie will das Prinzip „Trenne, binde und herrsche" mit Reich und Arm, mit Höhergestellten und Untergebenen, Herrschenden und Abhängigen.

Angriffe gegen Marktstände und Läden

Die wahren Propheten Gottes lehren aus dem einen Strom; es ist – von Abraham bis Gabriele – ewig derselbe Geist der Gottes- und Nächstenliebe, der Freiheit, der Einheit und des Friedens. So, wie Jesus von Nazareth sprach: *„Selig, die keine Gewalt anwenden; denn sie werden das Land erben"*, so lehrt der Christus-Gottes-Geist auch heute durch Gabriele die Liebe zur ganzen Schöpfung: zu den Mineralien, Pflanzen und Tieren. Wer die Gottes- und Nächstenliebe allmählich in sich erschließt, wird alles Leben achten, er wird keine Tiere mehr töten und essen, er wird auch das Land lieben und die Früchte, die die Mutter Erde hervorbringt, schätzen.

Deshalb betreiben Urchristen – nach dem Konzept aus dem Reich Gottes – den Friedfertigen Landbau vom Anbau bis zum Kunden und bieten entsprechende Lebensmittel und Produkte in verschiedenen Läden und auf Märkten an.

Friede zwischen Mensch, Natur und Tieren – das hat die Priesterkaste schon immer als Utopie abgelehnt und nichts gegen die Grausamkeit gegenüber unseren Mitgeschöpfen getan – ganz im Gegenteil, sie haben die Brutalität gegenüber der Schöpfung gefördert.

Der als Kirchenvater verehrte Augustinus lehrte z.B.: *"Aus ihren Schreien können wir ersehen, dass Tiere qualvoll sterben; aber das tangiert den Menschen nicht, denn das Tier entbehrt einer vernünftigen Seele und ist deshalb nicht mit uns durch eine gemeinsame Natur verbunden."* (zit. nach Peter Dinzelbacher, Mensch und Tier in der Geschichte Europas, S. 289)

In den Dogmen der Kirche ist seit der Antike eine vegetarische Ernährung zudem eine „gottlose Ketzerlehre". (siehe hierzu das Buch: „Vegetarier – gottlose Ketzer")

Die Urchristen gehen mit gutem Beispiel voran: *für* die Natur, *für* die Tiere, *für* das Leben – und schon gehen die Amtskirchen wieder dagegen vor. Natürlich kann man in Deutschland nicht so ohne weiteres zum Verkaufsboykott gegen eine Glaubensminderheit aufrufen. Zu lebendig ist noch die Erinnerung an die Zeit, in der es in den deutschen Städten hieß: „Kauft nicht beim Juden!" Doch die Talarträger unserer Zeit finden rasch Möglichkeiten, mit etwas anderen Formulierungen die Menschen vom Kauf abzuhalten.

Das musste als erster ein Verkaufsfahrer erleben, der Ende September 1986 mit seinem Verkaufsfahrzeug, beladen mit Produkten des Betriebes *Gut zum Leben*, durch den unterfränkischen Ort **Bergrheinfeld** bei Schweinfurt fuhr. Er wird 500 Meter nach dem evangelischen Pfarrhaus von der Polizei gestoppt und muss seine Verkaufsfahrt einstellen. Bisher konnte er mit seinem Reisegewerbeschein, also ohne zusätzliche Genehmigung, jede Woche in diesem Dorf Gemüse und Brot verkaufen. Doch drei Tage zuvor hatten der katholische und der evangelische Pfarrer gemeinsam im amtlichen Gemeindeblatt darüber „informiert", dass eben dieser Verkaufsfahrer „mit einer Sekte in Zusammenhang" stehe. Die Pfarrer fordern ihre Gläubigen auf: „Prüft alles, und das Gute behaltet!" Und für den Fall, dass jemand unter den Gläubigen den Wink mit dem Zaunpfahl nicht verstehen würde, hatte man vorsichtshalber die Polizei angerufen. Der Verkaufsfahrer beantragte eine extra Verkaufsgenehmigung bei der Gemeinde, die ihm aber zunächst „aus verkehrstechnischen Gründen" verweigert wurde. Der Verkäufer bestand jedoch auf einer Prüfung der Rechtslage, und die Genehmigung musste dann doch erteilt werden.

Seine ersten Lorbeeren als moderner Inquisitor verdiente sich der Theologiestudent und spätere lutherische Pfarrer und Sektenbeauftragte Matthias Pöhlmann damit, dass er am 2.12.89 einen Leserbrief im *Fränkischen Tag* in **Bamberg** veröffentlichen ließ – Überschrift: „Biokost mit bitterem Nachgeschmack." Gemeint ist der Marktstand von *Gut zum Leben* auf dem Bamberger Markt. Soviel Einsatz gegen die „Ketzer" schon in der Ausbildungszeit muss natürlich belohnt werden: Pöhlmann wird später an der Universität Erlangen eine Assistentenstelle mit Schwerpunkt „Sekten" erhalten – und im neuen Jahrtausend dann zum hauptamtlichen Mitarbeiter der Evangelischen Zentralstelle für Weltanschauungsfragen in Berlin aufsteigen – und 2014 zum „Landeskirchlichen Beauftragten für Sekten- und Weltanschauungsfragen" in Bayern.

Die Pfarrer:
Bei Rufschädigungen immer vorneweg

Auch in **Coburg** ist es der Pfarrer persönlich, der den Marktstand gerne beseitigen würde. Der lutherische Pfarrer Michael Thein veröffentlicht – unter Weglassung seiner Berufsbezeichnung – in der *Neuen Presse Coburg* (2.5.1995) und im *Coburger Tageblatt* (3.5.1995) einen Leserbrief, der in der Forderung gipfelt, *Gut zum Leben* müsse „auch dem uninformierten und flüchtigen Leser offenlegen, dass es sich hier um Gedankenmaterial des ‚Universellen Lebens' handelt. Dann kann der mündige Bürger selbst entscheiden, ob er an diesem Stand sein Geld ausgeben will oder nicht." Pfarrer Thein hat sein Handwerk gelernt: Auch so kann man zum Boykott aufrufen. Ob der „mündige Bürger" gemerkt hat, dass der Herr Pfarrer hier im Grunde eine neue Form des Judensterns, diesmal für „Ketzer", gefordert hat? Man versucht – wie im Mittelalter – den „Ketzer" in eine ausweglose Lage zu manövrieren: Wie er es auch macht, ist es falsch. Offenbart er beim Brotverkauf seinen Glauben, wird ihm die Standlizenz entzogen, weil er „missioniert". Offenbart er ihn nicht, so verheimlicht er etwas und ist „gefährlich". Seltsam ist nur, dass katholische oder lutherische Bauern noch nie genötigt wurden, ihren Taufschein an den Marktschirm zu hängen.

Ganz ähnliche Töne schlägt die Pröpstin Roswitha Alterhoff in **Bad Hersfeld** an. „Das ist Etikettenschwindel", äußert sie in der *Hersfelder Zeitung* (24.1.1996) und fügt hinzu: „Vermutlich läuft das Geschäft besser, wenn die Kunden nicht wissen, bei wem sie kaufen." Erinnern solche Worte nicht an die Agitation von Nationalsozialisten zu Beginn der 30er Jahre, die dafür sorgten, dass jeder wusste, wer ein jüdischer Geschäftsmann ist und wer nicht?

In **Simmerath** bei Aachen ist es der Aachener Sektenbeauftragte Herbert Busch, der in Aktion tritt – weil dort zweimal im Jahr ein Marktstand von *Gut* *zum Leben* aufgebaut wird. In der *Aachener Volkszeitung* fordert Busch, in „Schulen, Erwachsenenbildung, Verwaltungen und Presse" solle „die politische und soziale Auseinandersetzung gesucht werden" (welch moderne, eingängige Umschreibung für die alte kirchliche Inquisition), wenn man schon den Marktstand nicht verbieten könne.

Der örtliche Gemeindedirektor erklärt daraufhin am folgenden Tag, man wolle „noch einmal prüfen, ob die Sekte ‚Universelles Leben' die formellen gewerblichen Voraussetzungen erfüllt, um erneut beim Simmerather Markt in Erscheinung zu treten". (Wohlgemerkt: Das Universelle Leben betreibt den Stand gar nicht! Genauso wenig, wie man sagen kann, dass die Vatikankirche z.B. einen Marktstand betreibt, wenn ein katholischer Gläubiger seine Produkte auf einem Markt anbietet ...)

„Solange die Organisation sich auf dem Boden des Grundgesetzes bewege und es keine eindeutige Rechtssprechung gebe, könne er nichts unternehmen. ... ‚Ich bin Katholik, aber meine private Haltung darf hier keine Rolle spielen.'" Das ist also das Äußerste, was sich die urchristlichen Marktbetreiber in so einem Fall erhoffen dürfen: Ein verschämtes Rückzugsgefecht der Amtsträger, ganz nach dem Motto: Ich würde sie ja gerne verbieten, aber leider, leider: Es geht nicht. Angesichts der schrillen Begleitmusik, die dazu die *Aachener Volkszeitung*

(3.7.1993) spielt – mit der Überschrift „Muß Simmerath weiter mit der Sekte leben?" –, schimmert durch die Hinhaltetaktik des Beamten fast schon wieder so etwas wie ein Hauch von Zivilcourage.

In **Pforzheim** behauptet Pfarrer Hans-Peter Held Anfang 1997 glattweg und wahrheitswidrig, in den universellen Bio-Betrieben arbeiteten „die Leute ohne Bezahlung und Sozialversicherung". Im idyllischen **Tegernsee** macht Pfarrer Rigam in seinem Pfarrbrief auf einen neuen Laden aufmerksam, den „eine der gefährlichsten Sekten in Deutschland" angemietet habe. Die Heimatzeitung *Miesbacher Merkur* (9.1.1998) fragt pflichteifrigst gleich beim Landratsamt, beim Bürgermeister, bei der Kriminalpolizei (!) und beim Direktor des Tegernseer Gymnasiums nach, ob es schon „Berührungspunkte" mit der „Sekte" gegeben hätte.
Der lutherische Gemeindepfarrer Wolfgang Spengler holt seinen Kollegen, den Sektenbeauftragten Behnk, aus München in den Ferienort, wo dieser vor 50 Tegernseern gegen die „gefährliche, sektiererische Organisation" hetzt (*Tegernseer Zeitung*, 8.5.1998). Als Mitarbeiter der Firma *Gut zum Leben* einen Handzettel in **Tegernsee** verteilen, um sich gegen die verleumderische Hetze zur Wehr zu setzen, schreibt der *Münchner Merkur* (12.5.1998): „Universelles Leben greift Sektenpfarrer an" und

zitiert aus dem Handzettel nur einen einzigen Satz – der allerdings den Nagel auf den Kopf trifft: „Ein Pfarrer darf in Bayern alles sagen – auch wenn es gelogen ist."

Der Laden in Tegernsee muss daraufhin geschlossen werden. Als stattdessen im benachbarten **Rottach-Egern** ein Laden aufgemacht wird, lädt die Firma nach einiger Zeit die Bevölkerung zu einem Vortrag ein. Die Presse berichtet jedoch nicht über den Vortrag an sich, sondern vorab über den „Ärger", den er ausgelöst habe. „Es ist eine Schande, dass unser Bürgermeister in unserm Kursaal einen Vortrag von einer Sekte erlaubt", wird eine „empörte Rottacherin" in der Lokalzeitung (10.3.2000) zitiert. Ihren Namen wolle die Frau nicht nennen, „weil sie Repressionen der Sekte befürchtet". Das ist ein ebenso beliebter wie hinterhältiger Trick von Kirchenvertretern: Anonym verleumden – und die feige Anonymität gleich wieder in eine weitere Verleumdung ummünzen. Statt auf das Grundgesetz und die Meinungsfreiheit zu verweisen (die die Kirchen immer dann in Anspruch nehmen, wenn sie ihnen nützt), erklärt Bürgermeister Konrad Niedermaier eher zerknirscht: „Das ist mir alles nicht recht." In der Zeitung werden vorab Behauptungen der Berliner Senatsverwaltung über das Universelle Leben veröffentlicht wie: Das Ziel der Lehre sei eine

„Umprogrammierung des Individuums zu einem Menschen, der sich von allen Diskussionen fernhält." Der Widerspruch fällt offenbar niemandem auf: Ein solcher Mensch würde doch überhaupt nicht zu einem öffentlichen Vortrag mit Aussprache einladen.

Politiker bei der Schmutzarbeit

Zahlreiche Politiker übernehmen in blindem Gehorsam die von den Kirchen vorgegebene Verleumdungsstrategie gegen die Urchristen, und so mancher wird – zur Förderung der eigenen Karriere? – entsprechend aktiv.

Der damalige Staatssekretär im bayerischen Innenministerium, Peter Gauweiler (CSU), findet es im Mai 1990 „haarsträubend", dass *Gut zum Leben* in **München** einen Marktstand unterhalten darf – obwohl er als Mitglied der Landesregierung für die Angelegenheiten der Stadt München gar nicht zuständig und überdies als Regierungsvertreter an das Gebot der weltanschaulichen Neutralität gebunden ist.

Der stellvertretende CSU-Fraktionsvorsitzende des Münchner Stadtrats, Hans Podiuk (der 2002 zum OB-Kandidaten gemacht wird), empört sich gar: „Die Stand-Lizenz muß rückgängig gemacht werden. Die Stadt sollte einen Musterprozeß anstreben." Die Stadt ist so klug, es nicht zu tun – denn sie hätte den Prozess verloren. Das hindert aber die Münchner Szene-Zeitung *Prinz* (5/94) nicht daran, erneut gegen den Stand zu hetzen: „Sekte unterwandert Münchens Öko-Szene."

Immer wieder: „die Sekte" – ein Schimpfwort, das, wie gesagt, ausschließlich mit vielen negativen Assoziationen verbunden ist, das aber offenbar jeder jedem anderen ungestraft anheften darf. Wie wäre es wohl, wenn man z.B. nur noch von der „Groß-Sekte katholisch" oder „Groß-Sekte evangelisch" sprechen würde?

Im Jahr darauf sind es die Münchner Jungsozialisten, die sich „empört" über den Stand zeigen: „Unverständlich", so der Juso-Vorsitzende, „dass die Sekte überhaupt eine Genehmigung erhielt." In seinem Brief an Parteifreund und Oberbürgermeister Ude („mit sozialistischen Grüßen") offenbart der Jungsozialist allerdings einen für Nachwuchspolitiker beschämenden Mangel an juristischen Grundkenntnissen: Er übernimmt – natürlich ohne eigene Nachforschungen anzustellen – Zitate des Inquisitors Behnk (übrigens auch SPD-"Genosse"), die dieser sich von Gerichten als durch das Recht auf Meinungsäußerung gedeckt hat bestätigen lassen. Doch der Jungpolitiker schreibt: „Diese Äußerungen sind durch etliche Beschlüsse ... als den Tatsachen entsprechend für rechtmäßig erklärt worden." Genau das – ob diese Behauptungen den Tatsachen entsprechen – haben die Gerichte aber gar nicht untersucht. Das Beispiel zeigt, wie Rufmord funktioniert.

Als auch die CSU mit einer erneuten Stadtratsanfrage den Marktstand vertreiben will, stellt der Münchner Kommunalreferent Georg Welsch im November 1995 klar: Die Jahre zuvor von der Stadt getroffene Einschätzung, dass die Firma *Gut zum Leben* „ein leistungsfähiger Anbieter eines wirklich umfassenden Sortiments aus biologisch kontrolliertem Anbau" sei, habe sich „voll bestätigt". Die Firma betreibe keinerlei weltanschauliche Werbung, „sie hält sich strikt an die Marktordnung und kommt ihren Zahlungsverpflichtungen pünktlich nach ... Dem Kommunalreferat sind keine Umstände bekannt, die vor diesem Hintergrund den Widerruf der Zuweisung rechtfertigen würden."

„Naturfreunde" – oder Kirchenhörige?

Doch in der Zwischenzeit wird ein Verkaufsboykott längst auf **überregionaler** Ebene propagiert: In der Juni-Ausgabe 1992 der Zeitschrift *Öko-Test* erscheint ein großer Artikel mit der Überschrift: „Falsche Propheten im Bioladen – Sekten sichern sich im Biobereich zunehmend wirtschaftliche Macht". Seitenlang schreibt die Autorin Birgit Schumacher die Desinformationen und Diffamierungen kirchlicher „Sektenexperten" ab. Sie behauptet zum Beispiel:

„Denn immerhin soll der Innere Weg die Gläubigen ja vor dem Weltuntergang retten ... An der Arche des Universellen Lebens wird fleißig gezimmert. Regionale und globale Katastrophen, ob Waldsterben oder Erdbeben, Kriege, Ozonloch oder Treibhauseffekt, machen Angst. ... Nur wer sich der Gemeinschaft anschließt, wird gerettet."

Da ist sie wieder, die böswillige Falschaussage, die mit der Lehre des Universellen Lebens nichts zu tun hat. Denn was einem Menschen im Äußeren geschieht oder nicht geschieht, hat nichts mit der Zugehörigkeit zu einer bestimmten Gruppe zu tun. Das ist lutherischer oder katholischer Glaube, aber nicht die Lehre des Freien Geistes. (Die katholische Kirche lehrt ausdrücklich: *„Mag einer noch so viel*

Almosen geben, ja selbst sein Blut für den Namen Christi vergießen, so kann er doch nicht gerettet werden, wenn er nicht im Schoß und in der Einheit der katholischen Kirche bleibt." – nachzulesen bei Neuner/Roos, Der Glaube der Kirche, Nr. 381.)

Schumacher redet auch wahrheitswidrig von „Abgabe der Ersparnisse"; das Universelle Leben gehöre zu den „Gemeinschaften, die mit scheinbar religiösen Hintergründen autoritäre Systeme aufbauen, die Menschen nicht nur das Geld wegnehmen, sondern ihnen auch den freien Willen absprechen und sie unmündig machen".
Eine boshafte Lügenmeinung und wiederum eine Projektion: Martin Luther spricht in seiner Lehre dem Menschen eindeutig den freien Willen ab – für die Urchristen ist hingegen die Beachtung des freien Willens ein zentrales Gebot. Und wie steht es um den freien Willen eines Katholiken, der unter der Androhung einer angeblichen ewigen Verdammnis gezwungen ist, dem Kirchendogma Folge zu leisten?

Wer denkt bei derartiger Stimmungsmache daran, dass es doch die Amtskirchen selbst sind, die einen regelmäßigen Obolus von jedem ihrer Mitglieder verlangen – und diesen obendrein vom Staat einziehen lassen!

Dass sich ausgerechnet im Öko-Bereich tätige Reporter dazu hergeben, eine ökologisch vorbildliche Initiative madig zu machen, kann – außer mit Hörigkeit den Kirchen gegenüber – vielleicht noch mit einem Konkurrenz- oder Neidreflex erklärt werden. Eine Rolle könnte aber auch die Fleischeslust so mancher „Naturschützer" spielen, die womöglich befürchten, dass ein wirklich konsequenter Tierschutz sie zum Verzicht auf ihr geliebtes Schnitzel bewegen könnte ...

Für den 3. Januar 1993 wird in der Programmzeitschrift *TV Hören und Sehen* eine Fernsehsendung zum Thema „Öko-Sekten – dubiose Geschäfte mit der Umwelt" angekündigt.

Die Zeitschrift *FF-aktuell* kündigt für dieselbe Sendung einen Bericht über das Universelle Leben an: Die Verbraucher sollten davor gewarnt werden, „gutgläubig in alternativen Ökoläden" einzukaufen – „denn manchmal stecken dahinter Sekten-Gurus, die jetzt auch auf der Öko-Welle reiten". Dann wird ein „Markus D." erwähnt, der vom Universellen Leben „bitter enttäuscht" worden sei. Man habe ihm dort sein Sparbuch abgenommen, ihm Sex verboten und „Gehorsam bis zur Selbstaufgabe" verlangt. Das ist Unsinn, und diesen „Markus D." gibt es gar nicht; Nachforschungen bleiben ergebnislos. So klagt das Universelle Leben gegen die Zeitschrift, die solchen Nonsens abdruckt, auf

Unterlassung – diese versichert, so etwas nie wieder behaupten zu wollen, das Verfahren wird eingestellt. Aber die Lügen sind in der Welt. Wer wird sie rückgängig machen?

Immerhin ist der *Bayerische Rundfunk* gewarnt – entgegen der Ankündigung kommt das Universelle Leben in der fraglichen Sendung nicht vor. Doch das dazugehörige Begleitheft *Globus* (2/93), herausgegeben vom Bund für Umwelt- und Naturschutz Baden-Württemberg, war offenbar schon im Druck. Überschrift: „Schräge Propheten auf dem Ökotrip". „Gerissene Geschäftemacher", so heißt es da, versuchten, „allgemeine Zukunftsängste geschickt auszunutzen ... Solche unseriösen Öko-Sekten bringen andere Gruppen aus dem esoterischen und ökologischen Spektrum in Mißkredit und lähmen politisch wirksames Handeln".
Im Klartext heißt das: Nur wer katholisch oder lutherisch ist, hat ein Recht, für Naturschutz einzutreten und wird als „seriös" betrachtet. Die Autorin Christa Stewens vom klerikal beeinflussten *Bayerischen Rundfunk* interviewt in diesem Zusammenhang Beate Seitz-Weinzierl, katholische Theologin und Frau des BUND-Vorsitzenden Hubert Weinzierl, die meint, es sei „für die Umweltbewegung schädlich, wenn das ganze ökologische Katastrophenrepertoire vom Waldsterben über Ozonloch

und Klimaveränderung bis zur Gentechnik für eine Heilslehre herhalten muß". Was die Kirche jedoch in all diesen Bereichen bisher konstruktiv zu einer Lösung beigetragen hat, sagt sie nicht – das kann sie auch nicht, weil die Kirche selber letztlich mit ihrer falsch verstandenen Auslegung der Worte „Macht euch die Erde untertan" zum „Katastrophenrepertoire" maßgeblich beigetragen hat.

Vielleicht würde es der Umweltbewegung nicht schaden, sich einmal Gedanken darüber zu machen, weshalb die Großkirchen auf keine der schwerwiegenden Umwelt-Herausforderungen eine klare Antwort gegeben haben:
Sie haben sich weder klar gegen die Atomkraft ausgesprochen (im Gegenteil: namhafte Kirchenvertreter befürworteten diese sogar), noch gegen Tierversuche, weder gegen Gentechnik noch gegen industrielle Landwirtschaft und Massentierhaltung; sie haben nie ein klares Bekenntnis etwa für den ökologischen Landbau abgegeben, von einem Eintreten für die gequälte Tierwelt ganz zu schweigen.

Das Universelle Leben hingegen bezieht klare Stellung zu all diesen Fragen und handelt auch entsprechend, denn das Gebot der Gottes- und Nächstenliebe gilt auch in Bezug auf die Natur und die Tiere.

Im Oktober 1997 setzt die Frauenzeitschrift *Amica* die überregionale Kampagne fort. Der Journalist Werner Paczian veröffentlicht dort einen Hetzartikel mit der Überschrift „Die miesen Tricks der Öko-Sekte".

Die miesen Tricks von *Amica* lernten die Urchristen bereits am 25. Mai 1997 kennen, als mitten in einer ihrer sonntäglichen Veranstaltungen in Würzburg der Fotograf Wolfgang Gressmann aus Hamburg aufstand, einen bis dahin versteckten Fotoapparat hervorzog und wie wild zu knipsen begann. Als er auf wiederholte Aufforderung hin damit nicht aufhörte, wurde er des Saales verwiesen und aufgefordert, die Bilder herauszugeben, die ohne Einverständnis der Besucher aufgenommen worden waren. Als Gressmann und ein Begleiter, vermutlich Paczian, daraufhin wegliefen, wurde die Polizei gerufen. Im Beisein der Beamten übergab Gressmann einem Vertreter des Universellen Lebens zwei Filme, die aber nicht die im Veranstaltungsraum aufgenommenen Bilder enthielten. Der Anwalt der Urchristen erreichte zwar vor dem Verwaltungsgericht Hamburg, dass der Zeitschrift *Amica*, für die die beiden arbeiteten, die Verwendung der Bilder untersagt wurde – doch Paczian rächte sich mit einer Flut von Schmähungen: „Sekten-Konzern", „Greuel-Imperium", die Qualitätskontrolle der Lebensmittel sei „zweifelhaft" (obwohl alle Lebensmittel aus kontrolliert-ökologischem Anbau strengen Kontrollen unterliegen – aber unter dem Begriff „Meinungsäußerung" darf offenbar jeder alles über andere verbreiten, ob es stimmt oder nicht, ob es geschäftsschädigend ist oder nicht).

Druck auf Stadtverwaltungen

Mit solcher Munition wird dann wiederum Druck auf Stadtverwaltungen ausgeübt, etwa auf die von **Hanau**. In der *Hanauer Zeitung* vom 6.4.1994 steht zu lesen, dass sich „im Rathaus immer wieder Marktkunden beschweren" – über den Stand von *Gut zum Leben*, der dort seit fünf Jahren steht. Welche „Marktkunden" das sind, ist unschwer zu erraten. Die Zeitung versäumt es nicht, die neusten Lügenmeinungen von kirchlicher Seite mit anzufügen. Um die Perfidie eines solchen Vorgehens zu erfassen, genügt es, sich den analogen Fall vorzustellen: Was wäre, wenn ein Jude oder ein Ausländer einen Marktstand in Hanau oder anderswo betreiben würde – und wenn sich dann ständig bestimmte Personen mit entsprechenden antisemitischen oder ausländerfeindlichen Parolen bei der Stadtverwaltung „beschweren" würden? Wie würden die Beamten, die Politiker, die Unternehmer reagieren, was würden die Zeitungen schreiben?

Warum wird mit zweierlei Maß gemessen? Als ein Vertreter der Jungen Union Hanau 1997 die Stadt zur „Überprüfung" des Marktstandes auffordert, antwortet Oberbürgermeisterin Margret Härtel fast devot, „dass sie alles versuchen werde, bei einem Nachweis irgendeiner Verbindung des Marktstandes mit der Sekte diesem die Standgenehmigung zu entziehen. Weiter betont die Oberbürgermeisterin, dass sie alles tun werde, um eine Festsetzung einer Sekte in Hanau zu verhindern." (*Hanauer Anzeiger*, 18.10.1997)

Was ist aus der staatlich gebotenen Neutralitätspflicht geworden? Und seit wann ist es Aufgabe von auf die Verfassung vereidigten Stadtoberhäuptern, Glaubensminderheiten aus ihren Städten zu vertreiben? Dass Hanau einmal eine Stadt war, in der 1597 eine verfolgte religiöse Minderheit, die Hugenotten, Aufnahme fand, scheint im historischen Gedächtnis keinerlei Spuren hinterlassen zu haben.

Dadurch und durch das Beispiel ihrer Parteifreunde aus Neu-Isenburg ermutigt, wiederholt die Junge Union ihre „Warnung" im April 1998 und fügt hinzu: „Mit einem Boykott träfe man die Sekte an ihrer empfindlichsten Stelle."

Kirchlich gesteuerte Medien

Im Februar 1994 schießt sich im **Frankfurter** Raum eine Koalition von Kirchenvertretern und kirchlich gesteuerten Medien auf die Marktstände von *Gut zum Leben* ein. Den Auftakt macht der *Hessische Rundfunk*. In seiner Sendung „In Hessen unterwegs" (1.2.1994) wird von einem Kunden gesprochen, der „großen Ärger" verspürt habe, weil er „wohl eine Sekte direkt mitfinanziert" habe – in der Frankfurter Kleinmarkthalle. Dem Universellen Leben werfe man „knallharte Verfolgung Andersdenkender" vor. Im Raum Würzburg sei man dabei, „ganze Dörfer aufzukaufen und zu unterwandern". Mit dieser Lüge versucht man offenbar, die Vertreibung der Urchristen aus dem Dorf Hettstadt bei Würzburg zu rechtfertigen.

Am 25. Februar übernimmt *Radio FFH* die Verleumdungs-Stafette. Eine Journalistin interviewt in der Kleinmarkthalle Kunden, die sie vorher über die angebliche Gefahr des Verkaufsstandes „aufgeklärt" hat. Dementsprechend sind die Antworten, aus denen man unschwer herauslesen kann, welche Meinungslügen die Journalistin jeweils verbreitet hat: „Wenn das tatsächlich eine Sekte ist, das kann ich einfach nicht unterstützen" – „Ich möchte niemand unterstützen, der dann andere Leute diskriminiert" – „ ... dann möchte ich nicht mehr hingehen, weil da musst du ja damit rechnen, dass sie irgendwann wissen wollen, wo ich wohn."

Als *Gut zum Leben* im Februar 1994 einen neuen Laden in der Frankfurter Altstadt eröffnet, lässt der evangelische Sektenbeauftragte Kurt-Helmuth Eimuth über den Evangelischen Pressedienst eine „Warnung vor Bio-Sekte" verbreiten. „Die Verbraucher und Verbraucherinnen sollten wissen, wen sie mit dem Kauf solcher Produkte fördern", so Eimuth. Der „religiöse Wahn" dieser Leute sei nach seiner Einschätzung „in den letzten Jahren immer schlimmer geworden". In der *Frankfurter Neuen Presse* (24.2.1994) fügt Eimuth seiner Warnung vor dem neuen Laden noch die altbekannte Standard-Lügenmeinung hinzu, im Universellen Leben werde ein „Weltuntergang" prophezeit, den „nur die Geretteten" überleben würden.

Und damit es auch der Letzte kapiert, was ein braver Staatskirchenbürger zu kaufen oder nicht zu kaufen hat, bringt die öffentlich-rechtlichen Fernsehsendung „Trend" die Rede auf die „obskure Sekte" Universelles Leben und zählt ihre Stände auf.
Die kirchlichen Experten verwenden das Wort „Sekte" als Schimpfwort – und kaum jemand macht sich die Mühe, sich selbst ein Bild zu machen, was es mit den Urchristen wirklich auf sich hat.

Die groß angelegte Hetzkampagne im Raum Frankfurt zeigt zumindest teilweise die von den Kirchen gewünschte Wirkung: Im März 1994 teilen einige Stammkunden den Verkäufern des *Gut zum Leben*-Standes in der Kleinmarkthalle mit, dass sie „aufgrund der Fernsehsendungen" nicht mehr dort einkaufen wollen. Im nahen **Darmstadt** schreit am 5. März eine Frau vor dem dortigen Marktstand von *Gut zum Leben*: „Aufhängen sollte man euch!" – und sie erwähnt die Fernseh-Sendung. Noch im Mai 1996 wird eine Kundin am Marktstand in der *Frankfurter Neuen Presse* zitiert: „Ja, das ist so eine Gemeinschaft, die sich religiös nennt, aber ganze Dörfer in der Nähe von Würzburg in Schrecken versetzt." So also wirkt Volksverhetzung. Denn in Schrecken werden die Bewohner dieser Dörfer nicht durch die Urchristen versetzt, sondern, wenn überhaupt, durch die Verleumdungen von Kirchenvertretern.

Im November 1995 hetzt die Zeitung der Fachhochschule Frankfurt (*Nordwestwind*) gegen den *Gut zum Leben*-Stand im Frankfurter Nordwestzentrum. Die lutherischen Pfarrer Andreas Goetze und Bernd Durst fordern in ihrem Pfarrbrief, dem Praunheimer Auferstehungsboten, die Gläubigen dazu auf, „keine Früchte religiösen Wahns" zu kaufen. Die Pfarrerin Ines Fetzer aus Maintal-

Dörnigheim bei Frankfurt macht es ihnen nach: Im *Maintal-Tagesanzeiger* (24.5.1996) verbreitet sie das Gerücht, es bestünden „Zweifel daran, dass die Produkte wirklich aus biologischem Anbau stammen. In der Vergangenheit hätten Untersuchungen ergeben, dass das verkaufte Obst keineswegs biologisch angebaut worden ist."

Das ist geschäftsschädigende Unwahrheit.

Boykottaufruf in Neu-Isenburg

Am 28.10.1997 greift dann die *Frankfurter Neue Presse* den Laden von *Gut zum Leben* im Einkaufszentrum von **Neu-Isenburg** bei Frankfurt an und verwendet dabei unverkennbar die Diffamierungen Werner Paczians. Unter der Überschrift „IG City kämpft gegen Handel der totalitären Sekte" zitiert die Zeitung einen Sprecher der „Interessengemeinschaft City", die den Laden vermietet und sich schon lange bemühe, „die Sekte wieder vom Wochenmarkt zu verbannen". „Wir wären froh, wenn sie wieder weg wäre", sagt ein Sprecher. Die Junge Union Neu-Isenburg bemüht sich offenbar, die historische Tradition der Grafen von Ysenburg fortzusetzen, die im 17. Jahrhundert vor allem in ihrem Residenzort Büdingen zu den schlimmsten Hexenbrennern des protestantischen Raumes gehört hatten. Sie will die Situation zur Profilierung nützen und „ruft ... die Bürger zu einem Boykott der ‚*Gut zum Leben*'-Händler auf", so die *Frankfurter Neue Presse* (30.10.1997). Das Universelle Leben strebe einen „totalitären Staat" an und habe das Ziel, „die demokratische Rechtsordnung abzuschaffen".

Ein ungeheuerlicher Vorwurf, der jeglicher Grundlage entbehrt. Urchristen folgen Jesus von Nazareth nach, der sagte: „Mein Reich ist nicht von dieser Welt."
Wer in Wahrheit ständig den Geist der Verfassung mit Füßen tritt, das sind die Verleumder im Talar und ihre Helfer.

Die Bürger werden von der Jungen Union, der Nachwuchsorganisation einer angeblich christlichen Partei, aufgefordert, „keinen einzigen Pfennig" in die Läden zu tragen. Dieser Boykott-Aufruf wird im Neu-Isenburger Anzeigenblatt, im *Dreieich-Spiegel* und in der *Offenbach-Post* wiederholt. Wenige Tage später erklären sich auch die Neu-Isenburger Grünen „solidarisch" mit der Jungen Union beim Kampf gegen die „vorgeblich ökologischen Landwirtschaftsprodukte". „Informationen aus dem Hessischen Landtag hätten bestätigt, dass diese Sekte totalitär sei, ihre Mitglieder ausbeute und Aussteigewillige verfolge". **Man sieht hier, wie kirchliche Lügenmeinungen erst von der Politik übernommen und dann wieder als „Bestätigung" in die Öffentlichkeit zurückgespielt werden.**

Durch einen Anwalt fordert die Firma *Gut zum Leben* die Junge Union auf, den Boykott-Aufruf zurückzunehmen. „Sie verunglimpfen dadurch Menschen, denen keinerlei Gesetzesverstöße anzulasten sind … Im Zeitalter der Massenarbeitslosigkeit handelt es sich um eine beispiellose Rücksichtslosigkeit, mit solchen Parolen Firmen in den Ruin zu treiben", schreibt der Anwalt. Das Landgericht Darmstadt untersagt am 8.1.1998 der Jungen Union jedoch lediglich die Behauptung, in den Geschäften werde „für einen Hungerlohn gearbeitet". Alles andere seien „kritische Meinungsäußerungen" und daher zulässig.
Auch die Hauptsacheklage wird am 15.10.1998 mit derselben Begründung zurückgewiesen.
Erst das Oberlandesgericht Frankfurt **untersagt** im Januar 2000 (also mehr als zwei Jahre nach der Verleumdung!) den Jungpolitikern die Behauptungen, wer bei *Gut zum Leben* einkaufe, „müsse wissen, dass er damit eine Organisation finanziell unterstütze, die einen totalitären Staat anstrebe", und „bei den Verkaufstellen der Klägerin handele es sich um eine wirtschaftliche Aktivität, die das klare

Ziel habe, die demokratische Rechtsordnung abzuschaffen". Und die Richter – eine seltene, umso erfreulichere Ausnahme – schreiben den eifrigen Jung-Ketzerjägern ins Stammbuch:

„Es wäre dem Problemverständnis bei der Beklagten [der Jungen Union] förderlich, wenn sie sich der Erkenntnis öffnen würde, dass ein Boykottaufruf etwa gegen einen qualitativ hervorragend und legal arbeitenden Betrieb nicht zu rechtfertigen ist, nur weil er ausschließlich schiitische Moslems als Mitarbeiter beschäftigt, und weil die fundamentalistische Geistlichkeit dieser Spielart des moslemischen Glaubens dem hiesigen Demokratieverständnis fremd und sogar feindlich gegenübersteht, oder dass man gegen einen eigenwirtschaftlichen Betrieb etwa der katholischen Kirche nicht deshalb mit einem Boykott zu Felde ziehen darf, weil deren ‚Oberhirte' bei Entscheidungen in religiös-dogmatischen Fragen Unfehlbarkeit für sich in Anspruch nimmt."

Abgesehen davon, dass das Demokratieverständnis der Urchristen nichts mit den Auffassungen des fundamentalistischen Islam oder der katholischen Kirche zu tun hat: **Es ist bezeichnend für unseren Staat, dass solche Nachhilfe in Sachen Staatsbürgerkunde erst nach einem über zweijährigen Rechtsstreit vor den Schranken eines Gerichtes erfolgen muss, weil Elternhaus, Schule und die** älteren „christlichen" Parteifreunde (selber in peinliche Skandale verwickelt) in diesem Punkt versagt haben. Sie setzen der Indoktrination der Pfarrer nichts entgegen, im Gegenteil, sie übenehmen sie vielmehr häufig ungeprüft.

Dass bei den jungen Politikern weder Einsicht noch Umkehr erfolgt ist, sieht man an ihrer Reaktion nach dem Urteil. Nach einer Meldung der *Frankfurter Neuen Presse* (11.2.2000) wollen sie „an ihren Hauptkritikpunkten" festhalten. Bemerkenswert ist diese Zeitungsmeldung auch deshalb, weil daran deutlich wird, wie unterschiedlich man über ein Urteil berichten kann. Während die *Frankfurter Rundschau* (11.2.2000) schreibt, dass der Jungen Union ein Boykottaufruf gegen *Gut zum Leben* untersagt wurde, bringt die *Neue Presse* das Ganze unter der Überschrift „Junge Union darf Sekte weiter kritisieren". Hier werden als erstes die wenigen Punkte aufgeführt, die nicht untersagt wurden, weil sie nach Ansicht des Gerichtes gerade noch zulässige Meinungsäußerungen darstellen. Die untersagten Äußerungen werden dann mit der Floskel „Lediglich von der Formulierung ... müsse die JU Abstand nehmen" eingeleitet. Und am Ende wird gar – wahrheitswidrig – behauptet, der Boykott-Aufruf der Jungen Union sei „gar nicht Gegenstand der Verhandlung gewesen".

Wenige Tage später (16.2.2000) muss die *Frankfurter Neue Presse* eingestehen, dass sie diese peinliche Falschmeldung aus einer Pressemitteilung der Jungen Union einfach abgeschrieben hatte ...
Ihre Kirchenhörigkeit bringt die *Frankfurter Neue Presse* am 26.9.2000 in einem weiteren Artikel schon in ihrer Wortwahl zum Ausdruck – nämlich mit der Überschrift „Sekte macht sich in der Markthalle breit". Es geht um die Frankfurter Kleinmarkthalle. Die „Glaubensschwestern und -brüder" hätten bereits drei Marktstände „fest in ihrer Hand". Ein Stadtrat der Grünen offenbart ebenfalls, dass er keine Ahnung hat, wovon er spricht. „Viel Geld würden sie wahrscheinlich nicht für ihre Arbeit an den Marktständen bekommen, unter dem Deckmantel der Gemeinnützigkeit hätten sie mehr Möglichkeiten." Hätte der Stadtrat sich erkundigt, so hätte er erfahren, dass die Verkäufer nicht nur gut bezahlt werden, sondern dass die Firma *Gut zum Leben* als Gewerbebetrieb nie eine Gemeinnützigkeit besessen hat.

Trotz ihres juristischen Erfolgs gegen die Junge Union sind die Tage des *Gut zum Leben*-Geschäfts im Neu-Isenburger Einkaufszentrum gezählt. Anfang 2002 wird der Firma mitgeteilt, dass im Zuge eines Umbaus alle Läden nacheinander vorübergehend das Gebäude verlassen müssen, um dann in das umgebaute Zentrum wieder einzuziehen. Alle – bis auf einen: *Gut zum Leben*. Wegen des „Sektenimages" will die Geschäftsleitung des ECE-Konzerns in Hamburg die Firma nicht wieder hineinlassen. Auch ein anderer bundesweiter Betreiber von Einkaufszentren, die Firma ICM, versperrt den Urchristen ihre Gebäude. In Aschaffenburg z.B. darf *Gut zum Leben* nicht in die City-Galerie. Die Macht der Kirche, wird den Antragstellern mitgeteilt, sei hier „so stark" – eine Kirche, die sich christlich nennt, aber keine Skrupel hat, die Arbeitsplätze von ehrlich arbeitenden Mitbürgern zu gefährden.

*Ketzerjäger –
quer durch die politischen Parteien*

Das von den Kirchen gestreute Gift gegen die Urchristen wirkt – kaum eine Parteirichtung ist dagegen gefeit. Die Stadtratsfraktion der Grünen in **Darmstadt** fordert im Dezember 1994, dem Marktstand der Firma *Gut zum Leben* die Standgenehmigung zu entziehen. Es sei den Grünen „nicht geheuer", dass „sich diese Sektierer jetzt unter Umständen auch in Darmstadt ausbreiten wollen". Auch in **Karlsruhe** sind es die Grünen, die im März 1999 wegen eines *Gut-zum-Leben*-Marktstandes eine Anfrage an das Bürgermeisteramt richten.

Äußerst befremdlich ist die Antwort: Das Amt für Bürgerservice und Sicherheit hält das Universelle Leben für „eine Organisation mit totalitären Strukturen". Das Wort Religion werde dort „nur als Deckmantel benutzt, um in Wirklichkeit zu Geld und Macht zu kommen" (*Badische Neueste Nachrichten*, 21.4.1999). In diesem Amt sitzt nämlich ein besonders fanatischer „Sekten"-Jäger. Als die Firma *Gut zum Leben* auf dem Karlsruher Weihnachtsmarkt aktiv werden will, erklärt dieser Beamte, man wolle eine solche „Sekte", bei der „schlimme Machenschaften" liefen (konkret nennen kann er natürlich keine), auf dem Karlsruher Bahnhof nicht haben. Bereits Anfang 1997 hatte der Polizeibeamte in einem Vortrag in Karlsruhe öffentlich erklärt, er würde „denen" am liebsten den Marktstand „zumachen".

In **Rheinland-Pfalz** übernimmt sogar der SPD/FDP-regierte Staat die Rolle des Denunzianten. Kultusministerin Rose Götte (SPD) warnt landesweit vor den Marktständen von *Gut zum Leben,* denn es sei, so die Ministerin in der *Rheinpfalz* (11.10.1996), „nicht auszuschließen, dass das ‚Universelle Leben' über die Marktstände versuche, neue Mitglieder zu werben". Nur seltsam, dass niemand auf die Idee kommt, etwa vor einem Kloster zu warnen, dessen Mönche, wie die der Benediktinerabtei Plankstetten in Nürnberg, in schwarzer Kutte einen Marktstand betreiben und nebenbei auf ihre Veranstaltungen im Kloster hinweisen ...

Die Wahrheit ist ohnehin uninteressant

Die lutherische Pfarrerstochter und SPD-Kommunalpolitikerin Ele Schöfthaler greift am 4. Juni 1997 mit einem Leserbrief im *Schwabacher Tagblatt* den Marktstand in **Schwabach** bei Nürnberg an. Sie behauptet, wer „in die Fänge der Sekte geraten" sei, müsse sich „von den eigenen Kindern und dem Partner" lossagen. (Um es klar zu sagen: Das ist Unsinn.) Sie fordert die Schwabacher Verwaltung auf, „ebenso mutig" wie diejenige in Ansbach zu sein, wo man den Stand wieder vertrieben habe.
Die Verwaltung hatte dann tatsächlich Mut – und widersprach öffentlich den Behauptungen von Frau Schöfthaler. In einem Leserbrief vom 12.6.1997 antwortet die Pressestelle der Stadt, man habe Frau Schöfthaler darüber aufgeklärt, dass der Schwabacher Markt – im Gegensatz zu dem in Ansbach – öffentlich-rechtlich geregelt sei und daher dem Standbetreiber keine „weltanschauliche Gesinnungsprüfung abverlangt werden" könne. Es sei „nicht nachvollziehbar", weshalb die Leserbriefschreiberin „wider besseres Wissen mit ihren Darlegungen der

Leserschaft dennoch suggeriert, dass es der Stadt Schwabach lediglich am notwendigen Mut fehle, um den Verkaufsstand zu verbieten".

Doch die Stimmungsmache geht weiter. Es wird nun klar, dass der Angriff auf den Marktstand nur der Einstieg zu einer größeren Hetzkampagne war. Ele Schöfthaler stellt im September 1997 in einem öffentlichen Vortrag in einem lutherischen Gemeindehaus weitere Behauptungen über das Universelle Leben auf: Den Kindern werde verboten, mit andersgläubigen Kindern zu spielen (was nicht stimmt – umgekehrte Fälle sind jedoch glaubhaft bezeugt), Arbeitskräfte müssten in urchristlichen Betrieben „für einen Apfel und ein Ei" arbeiten, es gebe „Familientragödien", Außenstehende würden als „Untermenschen" angesehen und weitere Meinungslügen mehr.
Im Zuge einer einstweiligen Anordnung werden ihr vom Oberlandesgericht Nürnberg alle diese Äußerungen untersagt, hauptsächlich da die meisten von ihnen, wie sich herausstellt, nicht auf direkten Beobachtungen beruhen, sondern auf allgemeinen Verdächtigungen Dritter, die als „Tatsachen" weitergegeben wurden. Im Hauptsacheverfahren jedoch vertritt das Gericht in veränderter Besetzung plötzlich eine andere Rechtsauffassung: Das Universelle Leben sei gar nicht klagebefugt (womit die meisten

strittigen Behauptungen in der Luft hängen) – und „für einen Apfel und ein Ei" sei eine „relativ substanzlose Aussage", also nicht ehrenrührig (!). Lediglich die Behauptung, eine Lehrerin der urchristlichen Schule würde Kindern verbieten, mit anderen Menschen zu sprechen, bleibt untersagt. Bezeichnend ist die Reaktion der Presse: „Sekte stoppt Gegnerin" heißt es nach der Untersagung, „Meinungsfreiheit siegt" nach dem Hauptsacheverfahren.

Dass (durch die Rechtssprechung gedeckte) Meinungen auch bewusste Unwahrheiten und Verleumdungen beinhalten können, interessiert offenbar weder Journalisten noch Kirchenvertreter – ebensowenig, wie dass hier eine Glaubensminderheit durch einen juristischen Verfahrenstrick (angeblich fehlende Klagebefugnis) um die Wahrnehmung ihres Rechts auf Ehrenschutz gebracht wird. Frauen aus allen möglichen kirchlichen Gruppen erklären sich im Laufe des Prozesses mit Schöfthaler „solidarisch", ohne auch nur eine Sekunde zu überprüfen, ob die Behauptungen überhaupt stimmen.

Immer dieselbe Platte

Das interessiert aber auch die meisten Journalisten nicht, wenn es gilt, die „Sensation" eines angeblich geheimnisumwitterten „Sektenstandes" für die Lokalseiten auszuschlachten.
Eine Zeitung schreibt von der anderen ab – und die Strickmuster ähneln sich. Nach einem einleitenden Satz, etwa: „Der Laden in **Heilbronn** ist hell und freundlich, Probierstände laden zum Testen … ein", folgt unweigerlich: „Aber nur wenige Kunden wissen, dass sie mit ihren Einkäufen … eine totalitäre Sekte unterstützen." So die *Rhein-Neckar-Zeitung* (8.8.2001). Die Artikel sind fast austauschbar.

Am 13.4.1993 schreibt die **Pforzheimer** Zeitung über „Bioware im Sektenzwielicht", am 14.5.1993 die **Nürnberger** Nachrichten über „Brot mit Botschaft". Nahezu jeder Marktstand der Urchristen wird irgendwann in der Lokalpresse als „Sektenstand" diskriminiert, ob in **Sindelfingen, Böblingen, Reutlingen, Tübingen, Marktredwitz, Konstanz, Gelnhausen** – um nur einige Beispiele zu nennen. In letzterem Ort wies ein Leserbriefschreiber immerhin darauf hin, dass sich Gelnhausen 1938 „als erste Gemeinde judenfrei" gemeldet habe – offensichtlich mit dem Tenor, dass ihn die Aussicht auf „Gelnhausen – sektenfrei!" ängstigt.

In **Ingolstadt** lässt man sich etwas ganz Besonderes einfallen: Der lokale Fernsehsender *IN-TV* schickt am 20. Januar 1994 ein Kamerateam auf den Marktplatz, das vor dem *Gut-zum-Leben*-Marktstand demonstrativ seine Geräte aufbaut, die Kunden filmt und sie vor laufender Kamera anspricht, ob sie gewusst hätten, dass sich eine „Sekte" hinter diesem Stand verbirgt. Die Methode zeigt sofort den gewünschten Erfolg: „Jetzt kann ich leider keine Gemüsebratlinge mehr kaufen", sagt eine Kundin ins Mikrophon, „das ist schon vielleicht ein Argument". Wobei sie offen lässt, ob das „Argument" im „Sekten"-Vorwurf besteht oder im Gefilmt-Werden in Großaufnahme für die lokalen Abendnachrichten.

Es gibt ihn also noch, den Pranger des Mittelalters – heute kommt man z.B. in das lokale Fernsehen.

Auch Ende Juni 2006 baut sich ein Fernsehteam in **München** vor einem Marktstand auf, an dem Brot und Gemüse aus Friedfertigem Anbau verkauft werden. Diesmal ist es das Team von *quer* vom *Bayerischen Fernsehen*. Die Kunden und Kundinnen, die gerade eingekauft haben, werden vor laufender Kamera befragt: „Wissen Sie, dass da eine Sekte dahintersteckt?" Diese Bilder werden dann in der Sendung ausgestrahlt. Manche Kunden, so ist

zu sehen, reagieren ausweichend oder versuchen, sich zu rechtfertigen (als ob man das müsste, wenn man auf dem Markt gesunde Lebensmittel einkauft!). Eine Kundin jedoch sagt: „Nein, das wusste ich nicht. Dann kauf ich nichts mehr ein."
„Bravo", lautet der unausgesprochene Tenor der Sendung: „Das ist die richtige, die katholische Reaktion!" Gleichzeitig wird den Zuschauern vermittelt: Wenn ihr da einkauft, dann werdet auch ihr womöglich eines Tages vom *Bayerischen Rundfunk* vor laufender Kamera zur Rede gestellt. Wollt ihr das riskieren?

Auch in **Bad Neustadt** an der Saale stellt sich am 2.12.1994 eine Journalistin, diesmal von der *Main-Post*, demonstrativ vor den *Gut zum Leben*-Marktstand und befragt Kunden, ob sie wüssten, dass sie hier „beim Universellen Leben" einkaufen.

Im **Wiesbadener** *Kurier* steht am 12.6.1992 zu lesen: „Über Bio-Gemüse und Vollwertbrot Zugang zur Seele? Auf dem Wiesbadener Wochenmarkt macht ein Stand des Universellen Lebens mit Naturkost Geschäfte." Bezeichnenderweise sind es solche Artikel, die auf den religiösen Hintergrund der Standbetreiber überhaupt erst hinweisen. Der Kunde am Stand wüsste es sonst gar nicht, er wird also in keiner Weise missioniert – was auch in Leserbriefen immer wieder bestätigt wird.

In **Offenbach** betätigt sich die *Offenbacher Zeitung* (3.12.1994) als Denunziantin und macht den Direktor eines Kaufhauses, vor dem *Gut zum Leben* seine Waren verkauft, auf die „totalitäre Sekte" aufmerksam. „Von der Sektengeschichte hatten wir keine Ahnung", diktiert der Direktor in den Journalistenblock. Im August 2000 erfährt der Zeitungsleser, dass es 1996 eine „politische Anfrage" im Stadtrat gegeben habe und dass sich der städtische Amtsleiter beim „Sektenbeauftragten der Diözese Würzburg" erkundigt habe. Graf Magnis habe geantwortet, er „könne sich nicht vorstellen, gewerbliche Aktivitäten aus weltanschaulichen Gründen zu verbieten". Hier schließt sich in gewisser Weise der Kreis. Zwölf Jahre, nachdem er eine Lawine losgetreten hatte, die noch immer rollt, indem er den Marktstand von *Gut zum Leben* in Würzburg angriff (Kapitel 4, Seite 147), war endlich auch der katholische Graf zumindest über die Rechtslage informiert. Ein Wort der Entschuldigung über die Geschäftsschädigung und den nicht berechenbaren Schaden für rechtschaffene Bürger, der in all den Jahren entstanden ist und weiter entsteht, ist nie erfolgt.

Als im Frühjahr 2002 in **Frankenthal** ein Ökoladen von *Lebe Gesund!* und eine Filiale des Second-Hand-Möbelhauses *Das Karussell* eröffnen, zieht die *Rheinpfalz* (6.3.2002) alle Verunglimpfungsregister. Sie zitiert vom Berliner Senat über die Landesregierung von Rheinland-Pfalz bis zum katholischen Sektenbeauftragten Christoph Bussen, was sie nur an Rufschädigungen finden kann. Bussen und sein protestantischer Kollege Ziegert halten Vorträge in dem Städtchen – der Umsatz in den Läden sinkt. Der FDP-Landtagsabgeordnete Peter Schmitz versucht, aus dieser Diskriminierung noch politisches Kapital zu schlagen, indem er im April 2002 eine Landtagsanfrage einbringt: Ob es zutreffe, dass die Landesregierung von Rheinland-Pfalz vor dem Universellen Leben gewarnt habe und warum? Wohlgemerkt: Er fragt nicht, was man den Urchristen konkret vorwerfen kann, was sie also nachweisbar Unrechtes tun. In ihrer Antwort (11.4.2002) stellt Sozialministerin Malu Dreyer (SPD), die spätere Ministerpräsidentin, fest, „umfangreiche juristische Verfahren" hätten das Ministerium in seiner Einschätzung „bestätigt".

An konkreten Fakten kann man aus der nebulösen Antwort jedoch nur herausdestillieren, dass die Urchristen ab und an Flugblätter verteilen. Und das ist nichts Verbotenes. Rechtfertigt das etwa eine staatliche Warnung?

Wenn man die hier vorgebrachten Beispiele der Hetzkampagnen liest, dann wirkt das wie eine kirchlich inszenierte Gehirnwäsche, die über die Medien in den Köpfen der Menschen vorgenommen wird: das Schimpfwort „Sekte", die ständig sich wiederholenden Diskriminierungen, Verhöhnungen, Lügen, Suggestionen, Feindbilder, Verdrehungen ... Es drängt sich dennoch die Frage auf: Warum ist denn kaum jemandem aufgefallen, dass es keinen einzigen bewiesenen Vorwurf gegen die Urchristen gibt? Sie tun nichts Unrechtes. In ihren Betrieben, in ihren Läden und auf den Marktständen bieten sie hervorragende Produkte an, sie achten die Gesetze des Staates, sie missionieren nicht. Sie bemühen sich, in Frieden zu leben und die Zehn Gebote Gottes und die Bergpredigt in ihrem Leben in die Tat umzusetzen.

So mancher denkt vielleicht: „Warum gehen die Kirchen dann so gegen sie vor?" Die Antwort findet sich in den Geschichtsbüchern – alle Gemeinschaften, die nicht kirchenhörig waren, sondern Jesus, dem Christus, dem Freien Geist, und den urchristlichen Prinzipien treu blieben, wurden von den Amtskirchen verfolgt.

Auch der *Südkurier* (14.12.2001) beteiligt sich an der Hetzjagd – und ist auch noch stolz darauf, dass, „nachdem der SÜDKURIER im Bauernmarkt deswegen vorstellig wurde", die Produkte von *Gut zum Leben* aus den Regalen des **Radolfzeller** Bauernmarktes „verschwanden".

Hier bekommt die „Sekten"-Hysterie unfreiwillig satirische Züge: „Mit Schrecken", so der *Südkurier,* „wurde am Dienstag ... festgestellt, dass auch hier Produkte der Sekte vertrieben und verkauft werden". „Die sind eigentlich überall vertreten und sehr freundlich", sagt eine Einkäuferin. Man sieht an diesem Beispiel, wie tief mittelalterliche Denkmuster („Mit Ketzern Geschäfte zu machen, kann uns alle den Kopf kosten! Und vertrau deinen Gefühlen nicht!") noch im kollektiven Unterbewusstsein stecken können. Vier Tage später (18.12.2001) hat der *Südkurier* auch den Marktstand im benachbarten **Singen** im Visier.

Auch der *Mannheimer Morgen* hetzt am 26.11.1992 mit Zitaten der Sektenbeauftragten Bussen (Speyer) und Behnk (München) gegen den Marktstand auf dem **Mannheimer** Marktplatz („Gläubige beißen bei Körnerbrot an"). Die Grünen wiederholen die Diffamierungen in ihrer Hauszeitung *Grüne Liane* (Febr. 1993). Als zusätzlich ein neuer Laden eröffnet wird, ist es Helga Lerchenmüller von der Aktion Bildungs-Information (ABI) aus Stuttgart, die im *Mannheimer Morgen* (10.3.1994) Stimmung gegen *Gut zum Leben* macht.

Gestern - Inquisitor: Verfolgung bis zum Mord
Heute - Sektenbeauftragter/Sektenexperte:
Verfolgung bis zum Rufmord

Die ABI, die für ihre Stimmungsmache gegen Glaubensminderheiten Zuschüsse aus Steuergeldern bezieht, war im September 1994 auch in **Stuttgart** zur Stelle, als die *Stuttgarter Zeitung* (12.9.1994) den Marktstand von *Gut zum Leben* in der dortigen Markthalle angriff („Menschenfang", „Wolf im Schafspelz"). Wer da mitarbeite, so Helga Lerchenmüller, der sei „für seine Familie verloren" – obwohl doch gerade die Urchristen sich mit Hilfe der Bergpredigt des Jesus von Nazareth dafür einsetzen, dass es in den Familien und Ehen friedlich zugeht. Wirtschaftsbürgermeister Blessing verkündete in den *Stuttgarter Nachrichten* (15.9.1994), er wolle sich dafür stark machen, „dass die Sekte nicht in der Markthalle bleiben darf". Auch die Stuttgarter Szene-Zeitung *Lift* zieht im März 1995 und im Mai 1996 über die Urchristen und ihren Marktstand her: Steter Rufschädigungstropfen höhlt bekanntlich den Stein. Marktamtsleiter Lothar Breitkreuz äußert bei dieser Gelegenheit ganz ungeniert, dass er es „bedauert", dass die *Gut zum Leben*-Mitarbeiter ihre Waren ordnungsgemäß verkaufen und daher keinen Anlass zum „Einschreiten" liefern.

ABI meldete sich auch 2001 wieder zu Wort, als es galt, der Stadt Stuttgart gegen einen „gefährlichen" Marktstand der von Urchristen geführten Firma *Lebe Gesund!* „beizustehen". Am 14.7.2001 hatte der „Internationale Ausschuss des Stuttgarter Gemeinderats" noch einen Preis der Theodor-Heuß-Stiftung bei einem Wettbewerb für „neue Bündnisse für Demokratie" erhalten – Oberbürgermeister Wolfgang Schuster lobte das „gegenseitig Verständnis und die Toleranz" in der Stadt.

Doch wenig später kündigte die Stadt den *Lebe Gesund!*-Stand in der Markthalle unter dem Vorwand, man habe dort „Propaganda" für die „Sekte" gemacht. So macht man Stimmung: In Wirklichkeit war nur in einer am Stand ausliegenden Informationsbroschüre am Ende eine Anzeige des urchristlichen *Verlages Das Wort* enthalten. Die im Stuttgarter Stadtrat vertretenen Parteien und ein Teil der Stuttgarter Medien rissen sich förmlich um die „Ehre", den „Ketzern" jetzt endlich den wirtschaftlichen Garaus machen zu dürfen. Stadtrat Andreas Reißig von der SPD forderte in einem Antrag, den Stand aus der Markthalle zu werfen und warf CDU-Ordnungsbürgermeister Beck vor, „bei der Sektenbekämpfung total versagt" zu haben (*Stuttgarter Zeitung*, 23.6.2001). Der Journalist Michael Ohnewald von der *Stuttgarter Zeitung* bezeichnet den CDU-Mann als „schlafmützig" – woraufhin dieser in derselben Zeitung seine negative Einstellung zu religiösen Minderheiten durch die Worte bekundet, er wundere sich „sowieso darüber, wie viele Leute da kaufen, obwohl man seit Jahren weiß, wer hinter diesem Laden steckt" (*Stuttgarter Zeitung*, 26.6.2001), ein „boykottähnlicher Aufruf", wie ein Anwalt feststellt (*Stuttgarter Zeitung*, 28.6.2001). Auch Werner Wölfle von den Grünen fordert ein Verbot des Marktstandes.

Am eifrigsten gebärdet sich jedoch der CDU-Fraktionsvorsitzende Michael Föll. Er schreibt am 19.7.2001 im Amtsblatt Stuttgart (das eigentlich ein weltanschaulich neutrales Forum sein sollte!), es handele sich hier um eine „verachtenswerte Organisation", die man „ächten" müsse – und beruft sich bei diesem Urteil auf die Sektenbeauftragten der Kirchen. Föll wird daraufhin von einem Anwalt der Firma *Lebe Gesund!* wegen Volksverhetzung angezeigt.

Eberhard Kleinmann von der ABI geht nun als „Beobachter" des Universellen Lebens an die Presse, spricht (weit übertrieben) von „mehr als 100 Wirtschaftsunternehmen", die dem „fundamentalistischen Endzeitkult" Universelles Leben nahe stünden, und verbreitet wiederum die Falschaussage, man werde dort „weit unter Tarif bezahlt" – was zu behaupten ihm prompt gerichtlich untersagt wird.

Merkwürdig: In all den Jahren hat keiner der modernen Inquisitoren, die von der Anzahl und der angeblichen „Wirtschaftsmacht" der von Nachfolgern des Jesus von Nazareth geführten Betriebe sprachen, jemals am Wirtschaftsimperium der Großkirchen Anstoß genommen, die besonders in Deutschland für ihre lukrativen Investitionen bekannt sind – auf dem Immobilienmarkt, auf dem Grundstücksmarkt, bei diversen Firmenbeteiligungen und mit eigenen Aktienfonds. Sie sind die größten nichtstaatlichen Grundbesitzer in Deutschland. Zusätzlich lassen sie sich noch vom deutschen Staat, aus dem allgemeinen Steuertopf, mit Milliarden subventionieren. Sie lassen sich die Bischofsgehälter, den Religionsunterricht an staatlichen Schulen, die Ausbildung ihrer Theologen, natürlich auch die der Sektenbeauftragten, vom Staat bezahlen – also von den Steuergeldern aller Bürger. (Lesen Sie hierzu von Carsten Frerk: Finanzen und Vermögen der Kirchen)

Doch in Stuttgart ist man entschlossen, den bei den Kunden beliebten, aber von den Kirchen auf den Index gesetzten Biostand endlich loszuwerden. Um den religiös-inquisitorischen Hintergrund des Rauswurfs zu kaschieren, ersetzt man die erste Kündigung – „Begründung": angebliche religiöse Werbung – durch eine zweite, die gar keine Begründung mehr enthält. Die Stadt beruft sich darauf, es handele sich bei der Markthalle um keine öffentliche Einrichtung, weshalb sie ohne Angabe von Gründen kündigen dürfe.

Die Firma *Lebe Gesund!* wehrt sich gerichtlich gegen den Rauswurf, erhält jedoch in den ersten beiden Instanzen nicht recht, da die Gerichte dieses leicht durchschaubare Manöver durchgehen lassen. Dass die Kündigung ganz offensichtlich aus Glaubensgründen geschah, interessiert die Richter nicht. Auch der Bundesgerichtshof weigert sich, der Firma zumindest bis zur endgültigen gerichtlichen Entscheidung vorläufigen Rechtsschutz zu gewähren – der Stand muss Ende August 2002 geräumt werden. Die Firma *Lebe Gesund!* bezieht stattdessen einen Laden in der Innenstadt.

Als *Lebe Gesund!* zusätzlich zeitweise einen Stand im Stuttgarter Hauptbahnhof übernimmt, veröffentlicht die *Stuttgarter Zeitung* Ende Mai 2007 einen Artikel dagegen, den die Bundesbahn prompt auf den Informationstafeln am Bahnsteig einblendet – und erst nach Protesten wieder entfernt.
Man muss sich das vorstellen: Ein Vermieter diskriminiert den eigenen Mieter, der nichts Unrechtes getan hat, in aller Öffentlichkeit. So weit reicht die Macht der Kirchen ...

Und sie wird gerade dann besonders deutlich, wenn – selten genug – einmal ein positiver Artikel über einen Marktstand erscheint. Anfang Juli 2013 berichteten die *Nürnberger Nachrichten* über einen

Sondermarkt auf dem Marktplatz der Stadt **Nürnberg**. Es wurden ökologisch angebaute Lebensmittel verkauft. Auf einem Foto wurde ein Marktstand der Firma *Lebe Gesund!* gezeigt. Der Name der Firma wurde in dem positiv gehaltenen Artikel gar nicht genannt, nur der Stand war abgebildet. Doch das genügte offenbar, dass Kirchenlobbyisten Einfluss nahmen: Wenige Tage später verweigerte dieselbe Zeitung der Firma eine Anzeige, in der die Firma *Lebe Gesund!* im Raum Nürnberg eine Verkäuferin suchen wollte, und zwar „aus grundsätzlichen Erwägungen". Derartige Anzeigen waren zuvor über längere Zeit hinweg ohne Beanstandung angenommen worden.

Es bleibt immer etwas hängen

Es ist angesichts der Vielzahl an Angriffen auf von Urchristen betriebene Marktstände und Läden fast ein Wunder, dass so viele von ihnen noch immer tagtäglich ihre gesunden Produkte anbieten können. Wie viele Kunden durch die ständige Verleumdungsarbeit dauerhaft vom Kauf abgeschreckt worden sind und welcher finanzielle Schaden dadurch entstanden ist, wird wohl nie jemand erfahren.
Und wie geht es damit den Kunden? Was geschah denn, wenn einer der modernen Inquisitoren mal

wieder einen bösartigen Artikel in die Zeitung setzte? Am nächsten Tag war so mancher Laden dann mit unflätigen Parolen besprüht. An solchen Tagen und noch viele Tage danach konnte man auch Menschen beobachten, die am Stand vorbeiliefen, mit dem ausgestreckten Finger auf ihn zeigten und zu ihren Gesprächspartnern sagten: „Schau, das ist der Sektenstand. Die sollten verboten werden, die sind gefährlich." Oder die andere Passanten direkt ansprachen: „Wie können Sie nur bei dieser Sekte einkaufen?"

Wer kann sich einfühlen, wie es den betroffenen Menschen ergeht, z.B. den Frauen und Männern, die in den Läden arbeiten? Sie müssen Tag für Tag damit leben, dass ihnen Unrecht getan wird, dass ihnen Ablehnung, ja manchmal regelrechter Hass entgegengeschleudert wird, dass sie um ihren Arbeitsplatz fürchten müssen – weil die großen Kirchenkonzerne ihnen den Stempel „Sekte" aufgedrückt haben und das Volk und die Politiker der kirchlichen Gehirnwäsche unterliegen.
Die Verkäufer kamen sich zeitweise vor wie im Zoo, sie wurden abfällig beäugt und lauthals beschimpft: „Ihr gehört hier raus! Verschwindet von hier!" Manche Kunden kauften zwar weiter ein, ließen sich aber Tüten ohne Aufdruck geben, denn sie würden sich anders nicht ins Büro trauen.

Lutherische Religionslehrer schickten in mehreren Städten ganze Schulklassen zum Marktstand. Die Jugendlichen standen dann etwas verlegen herum und beäugten alles. Es stellte sich heraus: Sie sollten anschließend einen Aufsatz über die Sekte schreiben. Denn laut Lehrplänen für den aus allgemeinen Steuermitteln bezahlten evangelischen und katholischen Religionsunterricht an staatlichen Schulen müssen die Religionslehrer mit ihren Schülern dieses Thema durchnehmen und vor den nach Meinung der Kirchen gefährlichen Sekten warnen. Und zu diesem Zweck werden dann auch die von den Sektenpfarrern vorgefertigten Verunglimpfungen den Kindern eingepflanzt – das Feindbild ist aufgebaut.

Es verschlägt einem die Sprache über solche Unverfrorenheit: Hier stehen die Priestermänner vor jungen Menschen und zeigen mit dem Finger auf die angebliche „Sekte" – während in ihren eigenen Reihen der tausendfache sexuelle Missbrauch an Kindern vertuscht wurde und die Sexualverbrecher im Priestertalar nur versetzt wurden, wodurch sie dann ungehindert weitere Schutzbefohlene missbrauchen konnten.

*Wer sich wehrt,
soll eingeschüchtert werden*

Im März 2006 war an sämtlichen Verkaufs-Kästen der *Bild-Zeitung* in **München** in großen Lettern die Schlagzeile angeheftet: „Dubiose Sekte betreibt Öko-Stand." Mehrere dieser Kästen stehen auch rund um den Marktstand von *Gut zum Leben*. Urheber dieser Aktion war einmal mehr der lutherische Sektenbeauftragte Wolfgang Behnk.

Dieses Beispiel zeigt einmal mehr: Scheiterhaufen sind heute überflüssig. Die Flammen des Rufmords können heute stattdessen aus Zeitungs-Kästen züngeln oder aus einer Talkshow, einem Fernsehmagazin, und spielend ein Millionenpublikum erreichen.

Die Nachfolger des Jesus von Nazareth setzten sich mit einem Flugblatt gegen diese Hetze zur Wehr. Darin wurde die Lutherkirche als „Inquisitionssekte" bezeichnet, die gegen Aussteiger aus den Kirchen „mit Rufmord, Ehrabschneidung und geschäftsschädigender Verleumdung" arbeite. Außerdem habe sie sich noch nicht von ihrer antisemitischen Vergangenheit distanziert.
Dem Unterzeichner des Flugblatts wurde daraufhin einige Wochen später um sieben Uhr morgens die

Polizei in die Wohnung geschickt, um eine „Hausdurchsuchung" durchzuführen. Die Lutherkirche hatte ihn wegen „Beleidigung" angezeigt. Der Vorgesetzte von Behnk, Landesbischof Dr. Johannes Friedrich, war nämlich auf dem Blatt ausdrücklich als Verantwortlicher für das Treiben seines „Experten" benannt worden. Und das lieben die Hierarchen nicht, die für gewöhnlich andere die „Drecksarbeit" erledigen lassen.

Vor dem Landgericht Würzburg wurde ein Strafprozess durchgeführt, der „nur" mit einer „Verwarnung" endete – vermutlich aber nur deshalb, weil die Glaubensgemeinschaft sich mit friedlichen Demonstrationen zur Wehr setzte und weil internationale Filmteams auf die wachsende Diskriminierung von Minderheiten in Deutschland aufmerksam machten.

Ein Kirchenvertreter hingegen ist – trotz zahlreicher Strafanzeigen, die diesbezüglich erstattet wurden – noch nie wegen beleidigender Äußerungen gegen das Universelle Leben oder die Prophetin Gottes oder wegen Verunglimpfung der urchristlichen Glaubensanschauung vor Gericht gestellt worden. Davor schrecken Staatsanwälte bis heute zurück; bei den meisten sitzt die kirchliche Indoktrination sehr tief.

Der Irrsinn geht weiter

Und so gehen die Hetzkampagnen weiter. Besonders skurril ist das Verhalten des lutherischen Pfarrers und CSU-Stadtrats Peter Bielmeier, der im Frühjahr 2004 allen Ernstes forderte, die Stadt **Nürnberg** möge einen von Nachfolgern des Jesus von Nazareth betriebenen Marktstand auf dem Hauptmarkt verbieten. Der Lutheraner verstieg sich sogar zu der aberwitzigen „Begründung", Nürnberg, als „Stadt der Menschenrechte" könne sich einen solchen Marktstand „nicht erlauben". Besonders erschütternd ist hier: Er merkt gar nicht, dass es sein eigener Antrag ist, der an dunkle Zeiten der deutschen Geschichte erinnert und gerade ein Indiz dafür ist, wie gefährdet die Menschenrechte in Deutschland offenbar noch immer sind.

Vollends lächerlich wird der Vorstoß der CSU-Fraktion, wenn man weiß, dass auf demselben Markt ein Stand des katholischen Klosters Plankstetten steht. Ein Vergleich der beiden Stände lohnt sich: Bei den Urchristen arbeiten keineswegs nur Anhänger des Universellen Lebens, sondern Angehörige verschiedenster Nationen und Glaubensrichtungen. In einem Kloster hingegen darf es nur Katholiken geben. Angestellte der „Ketzer" erhalten den vollen Arbeitslohn im tariflichen Rahmen und sind voll sozialversichert – im Gegensatz zu den Insassen von Klöstern, die in der Regel nur ein Taschengeld erhalten und geringfügig pauschal versichert sind. Auf dem Stand der Mönche wurde zudem des öfteren für Gottesdienste und Einkehrtage im Kloster geworben – was ihnen niemand ankreidete, was aber die „christlichen" Politiker von der CSU dem „ketzerischen" Stand unterstellten, obwohl solches dort nicht vorkommt.

Dementsprechend verlief auch das von der CSU angeregte „Prüfungsverfahren" im Sande – denn eine rechtliche Möglichkeit, einem anständigen Markthändler wegen seines Gebetbuches die Lizenz zu entziehen, gibt es in unserem Land zum Glück bislang nicht.

Doch der Irrsinn geht weiter. Im April 2009 versucht in **Bad Homburg** der protestantische Pfarrer namens Stefan Schrick von sich reden zu machen, zumal er gerade vor einer Beurteilung durch das Presbyterium seiner Kirchengemeinde steht. Er schaut ins Internet, findet die üblichen Lügenmeinungen, dichtet einiges hinzu – und die Taunuszeitung druckt es umgehend ab. Deren Journalistin ist zuvor am örtlichen Marktstand, dessen Betreiber dem Universellen Leben nahe steht, aufgekreuzt, ohne sich jedoch als solche erkennen zu geben.

Von den Aussagen des jungen Marktverkäufers bringt sie allerdings fast nichts – diese hätten jedoch die Anwürfe des Pfarrers entkräftet.

Doch auch „Ketzer"-Jagen will gelernt sein. Die Zeitung handelt sich prompt eine Gegendarstellung und eine Unterlassungsverpflichtung ein, weil der Pfarrer in seinem Übereifer nicht nur die üblichen – als gerade noch erlaubte Meinungsäußerungen getarnten – Verunglimpfungen, sondern auch nachweisbar falsche Tatsachenbehauptungen von sich gab, etwa: Das *Universelle Leben* werde vom Verfassungsschutz beobachtet, oder: Das *Universelle Leben* sei der Betreiber des Marktstandes.
Die hier aufgeführten Fälle waren trotz der großen Anzahl nur eine Auswahl aus all den kaum verhüllten öffentlichen Boykottaufrufen, die dokumentiert sind. Hinzu kommen ungezählte Fälle, in denen eine Diskriminierung nur vermutet werden kann. So etwa, wenn Ende 2016 die Bundesbahn der Firma *Lebe Gesund!* ohne nähere Begründung einen Laden im **Mannheimer** Hauptbahnhof kündigt. Mitte 2017 stehen die Räume noch immer leer ...

Was kann der Grund sein, wenn ein Wirtschaftsunternehmen „freiwillig" auf Umsatz verzichtet? Ende 2012 teilt die Distelhäuser Brauerei in **Tauberbischofsheim** der Firma *Lebe Gesund!* mit, man werde ab sofort kein Bier mehr liefern. Eine Begründung wurde nicht genannt, doch es ist klar: Man fürchtet, von kirchlichen Stellen mit „Ketzern" in Verbindung gebracht zu werden.

Die Auswirkungen des Rufmords gegen die Läden und Marktstände sind jedenfalls nicht zu übersehen: So mancher Kunde versteht den Wink mit dem kirchlichen Zaunpfahl, lässt sich einschüchtern und macht um den Stand mit den wohlschmeckenden und bekömmlichen vegetarischen Nahrungsmitteln schweren Herzens erstmal wieder einen Bogen. Immer wieder kündigen auch neue Mitarbeiter der Läden und Marktstände nach wenigen Tagen wieder, nachdem sie auf die „Sekte" angesprochen wurden oder Verleumdungen im Internet gelesen haben. Und das in einer Zeit wachsender Arbeitslosigkeit.

Doch trotz allem lässt sich heute sagen: Der Versuch, auf diesem Wege den Nachfolgern des Jesus von Nazareth die wirtschaftliche Existenz zu entziehen, ist gescheitert. Der Friedfertige Anbau und der Vertrieb seiner Produkte – vom Anbau bis zum Kunden aus einer Hand – überzeugen immer mehr Menschen.

Distanziert euch von den „Ketzern"!

Umso wütender sind die Angriffe gegen das neu entstehende Urchristentum in all seinen Facetten. Und dort, wo offen oder unter der Hand zum Boykott aufgerufen wird, zeitigt die bewusst angezettelte Ausgrenzung in ihrer Hysterie immer wieder seltsame Blüten – sie trifft z.B. die „Falschen", also die Nicht-Ketzer.

So wie im Mittelalter in solchen Fällen Handwerker oder Krämer beteuerten, keine „Ketzer" zu sein; so wie im Deutschland der frühen dreißiger Jahre Ärzte, Rechtsanwälte oder Geschäftsinhaber in Zeitungsanzeigen versicherten, dass z.B. „Dr. Sommer kein Jude" sei (so etwa 1933 in Nürnberg), so distanzieren sich auch in Unterfranken am Ende des 20. Jahrhunderts immer wieder Firmen und Unternehmer von den Urchristen.

So etwa eine Bäckerei, die in ihren Filialen in **Würzburg** und Umgebung Plakate anbringt: „Wir gehören nicht zum Heimholungswerk. Anderslautende Gerüchte entbehren jeglicher Grundlage und Wahrheit." In einem Café in **Wertheim** lässt dieselbe Firma die Kunden gar wissen: „Wir sind praktizierende Katholiken! Die Geschäftsleitung." Auch Gaststätten in **Würzburg** distanzieren sich per Zeitungsanzeige: „Für alle, die es aus erster Quelle wissen – wir wissen es besser! Wir gehören **nicht** dem Universellen Leben an – und so bleibt es auch." Grund für die Gerüchte war offenbar, dass einige Nachfolger des Jesus von Nazareth des öfteren in diesem Lokal gespeist hatten (– was sie nach dieser Distanzierung natürlich nicht mehr taten und worüber sie die Öffentlichkeit an gleicher Stelle per Anzeige informierten.) Zwei Ärzte, die im Haus neben dem Haus des Universellen Lebens in Würzburg ihre Praxis hatten, ließen dort ein Schild anbringen: „Bedingt durch die örtlichen Verhältnisse möchten wir darauf hinweisen, dass zwischen uns und dem Universellen Leben keine Verbindung besteht."

Im Jahr 1994 nahmen die Distanzierungen so überhand, dass das *Fränkische Volksblatt* darüber berichtete (10.9.1994):
„Sie tauchen immer wieder auf: Anzeigen, Flugblätter und Plakate, mit denen Würzburger Geschäftsleute ‚Klarheit' schaffen wollen. ‚Klarheit' darüber, dass sie nicht zum Universellen Leben gehören – allen Gerüchten zum Trotz. Betroffen sind längst nicht mehr nur Läden aus der eher alternativen oder Bio-Szene. Mittlerweile hat ein renommiertes Würzburger Hotel genauso dagegen zu kämpfen wie ein Buchladen, eine Bäckerei oder ein Sportcenter."

Der Artikel soll offenbar Mitgefühl mit den betroffenen Unternehmen wecken. Dass hinter diesen Distanzierungen eine jahrelange kirchliche Rufmordkampagne gegen unbescholtene Mitbürger steckt, ist für das katholische *Volksblatt* allerdings kein Thema.

Dass die Ausgrenzung und Diskriminierung einer Minderheit eine Gefahr für einen demokratischen Staat darstellt, kommt weder den sich distanzierenden Geschäftsleuten noch den Medien in den Sinn. Alle sind sich offenbar darüber einig, dass die Urchristen nichts arbeiten und nichts verdienen sollen – Katholiken oder Protestanten soll es natürlich nicht treffen.
Es gibt aber noch Steigerungen. Zum Beispiel eine Anzeige einer Landwirtsfamilie aus Kreuzwertheim, die 1996 im Gemeindeblatt, offenbar um Verluste bei ihrem Ab-Hof-Verkauf zu vermeiden, kundtat:
„Meiner verehrten Kundschaft zur Kenntnis!!! Es wurde verschiedentlich nachgefragt, ob wir beim Universellen Leben einkaufen würden. Gegen dieses Gerücht muß ich mich entschieden wehren; es entspricht nicht den Tatsachen."

Auslöser für eine solche Anzeige ist jenes mittelalterliche Denken, das die Kirchen ihren Gläubigen über Jahrhunderte eingehämmert haben: Ich kaufe

nicht nur bei dem nicht, der ein „Ketzer" ist – ich meide auch denjenigen, der mit dem „Ketzer" in irgendeiner Weise verkehrt, der etwa bei ihm etwas einkauft! Ähnliches erfährt ein (durchaus katholischer) Heizöllieferant aus der Umgebung Marktheidenfelds, dem verschiedene Kunden absagen, weil er „auch an die Universellen" Öl liefert.
Es ist wie im Mittelalter: Wer mit den „Ketzern" Geschäfte macht, hat Angst, unweigerlich in die Mühlen der Inquisition zu geraten – nur dass sich diese heute „modernisiert" hat.

Pfarrer sammelt Verleumdungen – und verbreitet sie im Netz

Kirchliche „Sektenexperten" nützen für ihr anrüchiges Handwerk auch die digitalen Medien – so etwa Pfarrer Michael Fragner aus Uengershausen, der eifrig alle Desinformations-Daten seiner „Kollegen" sammelt und verbreitet. Als eine von Nachfolgern des Nazareners geführte Firma im Jahr 2005 eine Umfinanzierung einiger Immobilien plant, platzt ein bereits mit einigen Banken ausgehandeltes Finanzierungspaket in letzter Minute: Die Bankmanager hatten Fragners Sammelsurium im Internet angeklickt. Die Firma klagte auf Schadensersatz.

Die deswegen angerufenen Gerichte untersagten zwar die weitere Verbreitung der beanstandeten Falschaussagen, auf dem angerichteten Schaden ließen die Richter aber das Opfer sitzen. Sie fanden nichts dabei, dass auf „Verbindungen" von Firmen zu Glaubensgemeinschaften hingewiesen werde – und zwar, weil „mittlerweile viele Menschen Kontakte zu Glaubensgemeinschaften jeglicher Art und deren Aktivitäten kategorisch ablehnten", so zitiert der *Main-Post*-Journalist Tilman Toepfer aus einem Urteil. Die Überschrift: „Landeskirche darf über UL-Aktivitäten aufklären" (11.12.06).

„Aufklären" – so kann man also Stimmungsmache gegen Andersgläubige auch nennen. *Wer* über Jahre hinweg dafür gesorgt hat, dass „mittlerweile" viele Menschen aufgewiegelt und aufgehetzt sind, das bleibt außen vor. Das könnte den Lesern ja die Augen öffnen.

Gleichzeitig stürzen sich die Helfershelfer der Verleumder auf jedes Detail, um es den „Ketzern" so schwer wie möglich zu machen.

Nur ein Beispiel von vielen: Im Sommer 1993 bringt eine von Nachfolgern des Jesus von Nazareth betriebene Apotheke aus **Esselbach** in einem entlegenen Spessartdorf einen Rezeptkasten an, in den die Dorfbewohner ihre Rezepte einwerfen können, um die entsprechenden Medikamente rasch zu erhalten. Doch der Kasten wird mehrfach beschädigt. Bisher hatte nämlich eine Apotheke aus einem Nachbarort das entlegene Dorf mit Medikamenten beliefert, doch nun hat sich auch die näher gelegene neue Apotheke in Esselbach auf eine Anfrage der Apothekenkammer hin dazu bereiterklärt. Die Kammer sieht für solche Fälle einen eineinhalbjährigen Turnus vor, in dem sich die Apotheken abwechseln. Ein ganz normaler Vorgang? Nicht, wenn Christusfreunde beteiligt sind.

Der Apotheker aus dem Nachbarort unterläuft den Wechsel, indem er in Flugblättern seine Bereitschaft bekundet, auch weiterhin Medikamente zu liefern, und indem er seinen Kasten – mit der Aufschrift eines anderen Namens – in dem entlegenen Ort hängen lässt. Das *Main-Echo* (26.6.1993) berichtet über „Verunsicherung" der Bürger (wer hat sie wohl verunsichert?) und über die „Befürchtung ..., dass das Universelle Leben durch das Austragen der Medikamente die häuslichen Verhältnisse der Bewohner gut kennenlernen und versuchen könnte, Dienstleistungen des Universellen Lebens (Pflegedienst ‚Helfende Hände') anzubieten" – eine skandalöse Unterstellung!

Der Inquisitionsgehilfe Thomas Müller schreibt einen Leserbrief, in dem er sich über die Apothekenkammer beschwert, welcher der Glaube der neuen Apothekerin gleichgültig sei (was ja der Verfassung ausnahmsweise einmal entspricht!) und zu dem Schluss kommt: Das Dorf „muß sich selbst helfen!" So war es auch im Mittelalter: Wer einen Konkurrenten ausschalten wollte, denunzierte ihn einfach als „Ketzer" oder als „Hexe" – und der „Fall" war „erledigt". Nachdem durch die kirchliche Propaganda im Ort ihr Rezeptkasten kaum mehr in Anspruch genommen wurde, verzichtete die urchristliche Apotheke darauf.

Oder ein weiteres Beispiel: Landwirte, die Friedfertigen Landbau betreiben, werden immer wieder auch bei der Zupachtung von Flächen behindert. Im November 1990 sagte der **Esselbacher** Bürgermeister dem Hof im Ortsteil Kredenbach die Verpachtung einiger gemeindeeigener Felder zu. Dann jedoch lud man den katholischen Ortspfarrer in den Gemeinderat ein, wo er über das Universelle Leben „referieren" durfte. Ergebnis: Die Verpachtung der Flächen wird abgelehnt.

Die staatliche Fachhochschule Würzburg-Schweinfurt begann im Jahr 2013 damit, einen „Altenheimatlas **Würzburg**" zu erstellen, in dem sämtliche Altenheime der Stadt verzeichnet sein sollen. Darunter sind auch zwei Einrichtungen, die von Nachfolgern des Nazareners betrieben werden: das „Haus zur Inneren Heimat" sowie das „Haus des Gemeinwohls".

Die Studentin, die dieses Projekt durchführt, teilte der Leiterin dieser Einrichtungen jedoch im Juli 2013 überraschend mit, sie könne diese Einrichtungen nicht mit aufführen. Begründung: *„Da unser Projekt vor allem aus finanziellen Mitteln des Freistaats Bayern finanziert wird, können wir Ihre Einrichtungen aufgrund des organisatorischen und ideellen Hintergrundes Ihres Trägers nicht berücksichtigen."*
Wohlgemerkt: Alle Heime werden regelmäßig kontrolliert, und es lagen keinerlei Beschwerden vor. Der eben zitierte Satz lässt vermuten, dass das „Veto" gegen die Veröffentlichung wiederum aus der Regierung oder den Behörden des Bundeslandes Bayern kommt. Der „ideelle Hintergrund" ist nichts anderes als die von den Großkirchen abweichende Glaubensüberzeugung der Heimleitung.
Doch warum wird nicht der „organisatorische und ideelle Hintergrund" der Großkirchen unter die Lupe genommen? Etwa derjenige der Vatikankirche mit ihrem Anspruch, jeder müsse sich ihrem Oberhaupt, dem Papst, unterwerfen, um das Heil zu erlangen, sonst sei er auf ewig verdammt? Oder derjenige der Lutherkirche mit ihrem menschenverachtenden Gründer?

12.3. Isoliert und diskriminiert jeden Einzelnen von ihnen!

Doch nicht nur Betriebe, deren Mitarbeiter ein Leben und Wirtschaften nach der Bergpredigt anstreben, geraten ins Visier der modernen Inquisition. Auch einzelne „Ketzer" können für die Inquisition gefährlich sein. Denn gerade die Zugehörigkeit zu einer urchristlichen Glaubensgemeinschaft kann Einzelnen die Kraft geben, auch ohne soziale Anerkennung bei ihrer Überzeugung zu bleiben. Und jeder „Ketzer", der unter „Rechtgläubigen" lebt und arbeitet, kann das sorgsam aufgebaute Feindbild aufweichen, dass alle „Sektierer" fanatisch, rechthaberisch, unsympathisch seien und vieles mehr. Deshalb werden auch einzelne Anhänger des Nazareners in ihren normalen Lebensäußerungen behindert.

Berufsverbot aus Glaubensgründen

Besonders rücksichtslos reagieren die Talarträger, wenn ein „Ketzer" beruflich mit Kindern oder Jugendlichen zu tun hat. Dabei spielt es keine Rolle, ob der oder die Betroffene seinen Glauben bei seiner Arbeit mit ins Spiel bringt oder nicht, ob er in einer kirchlichen oder staatlichen Einrichtung arbeitet – die Tatsache, dass er mit einem nicht-kirchlichen Glauben in einem sozialen Beruf arbeitet, reicht aus, um entsprechende Maßnahmen zu ergreifen.

Die erste, die dies zu spüren bekommt, ist die Kindergärtnerin Angelika B., die im hohenlohischen **Untermünkheim** in einem kommunalen Kindergarten arbeitet. Als sie im März 1984 aus der evangelischen Kirche austritt, schreibt Pfarrer Martin Völlm im Namen des evangelischen Kirchengemeinderats an die Gemeinde Untermünkheim, die den Kindergarten betreibt:

„An der fachlichen Qualifikation von Frau A.B. hat der Gesamtkirchengemeinderat auch jetzt keinen Zweifel. Er hat jedoch wegen der geistlich-religiösen Einstellung von Frau B. die große Sorge, dass sie im Kindergarten christlichen Glauben in biblischem Sinn nicht mehr vermitteln kann. Auch wenn Frau B. versprochen hat, über die ‚Sonderlehren' aus Würzburg im Kindergarten Untermünkheim zu schweigen, so ist doch ein Konflikt zwischen der Anschauungswelt von Frau B. und den Eltern sowie zwischen den Eltern und den von Frau A.B. betreuten und beeinflussten Kindern vorhanden. Ihre Arbeit entspricht nach Auffassung des Gesamtkirchengemeinderats nicht mehr den Richtlinien der Arbeitsgemeinschaft für Ev. Kindergärten, die die Vertragspartner der

Vereinbarung zwischen der bürgerlichen Gemeinde Untermünkheim und den Ev. Kirchengemeinden ... gemeinsam anerkannt haben.
Deshalb schlägt der Gesamtkirchengemeinderat der Rathausverwaltung und dem bürgerlichen Gemeinderat Untermünkheim vor, Frau B. noch einmal zu einem weiteren Gespräch einzuladen und ihr nahezulegen, ihre Stellung als Leiterin des Kindergartens von sich aus zu kündigen, um langfristig Konflikte im Glaubensbereich zu vermeiden. Der Kirchengemeinderat bittet darum, bei diesem Gespräch vertreten zu sein."

So einfach ist das: Die Kirche, die sich in allen Belangen vom Staat subventionieren lässt, will über den Glauben der Beschäftigten nicht nur der kirchlichen, sondern auch der staatlichen Einrichtungen bestimmen. Sie tut das mit der „Begründung", man wolle „Konflikte" vermeiden – die allerdings ohne sie gar nicht bestehen würden, die sie ja erst selbst vom Zaun bricht. Wie sagte doch Karlheinz Deschner in seinen „Aphorismen": *„Kirche – eine Praxis, die krank macht, um heilen zu können; die in Nöten hilft, die man ohne sie gar nicht hätte; das Gängeln derer, die noch glauben, durch jene, die es nicht mehr tun."*
Angelika B. ist jedoch nicht so leicht einzuschüchtern. Sie weigert sich, selber zu kündigen, denn sie

hat sich nichts vorzuwerfen, sie hat kein Kind im Sinne ihres Glaubens beeinflusst. Nun hat die Gemeinde ein Problem: Um dem Drängen der Kirche nachzukommen, muss sie einen Verfassungsbruch begehen. Sie begeht ihn dann auch – aber verdeckt: Ab sofort übernimmt nicht mehr Angelika, die Leiterin des Kindergartens, sondern der Bürgermeister die Einteilung der neu hinzukommenden Kinder auf die einzelnen Gruppen. Angelikas Gruppe wird auf das Mindestmaß gedrückt, das von den Richtlinien her möglich ist. Und im Ort werden nun, bei Bierfesten und anderen Gelegenheiten, Gerüchte gegen die als tüchtig und untadelig anerkannte Frau gestreut. Sie wird wiederholt vorgeladen und im Beisein des Pfarrers und Bürgermeisters regelrecht über ihren Glauben verhört. Als sie sich recht geschickt aus der Affäre zieht, beklagen sich die Honoratioren: „Sie machen es uns aber schwer!" Auch Fangfragen eifriger Eltern im Kindergarten zwischen Tür und Angel bringen nicht das gewünschte Ergebnis.

Doch nach über einem Jahr hat der Bürgermeister erreicht, dass vier Eltern ihre Kinder aus Angelikas Gruppe abmelden – *nur* vier, müsste man angesichts einer monatelangen Kampagne sagen. Um sich notdürftig abzusichern, beruft die Elternbeiratsvorsitzende noch einen Elternabend ein –

allerdings nur für die Eltern der beiden Gruppen, die Angelika *nicht* leitet. Sie als die Leiterin des Kindergartens wird nicht eingeladen, wohl aber der evangelische Pfarrer. Es ist ein Leichtes, die Eltern dort so zu manipulieren, dass sie übereinstimmend erklären, ihre Kinder nicht in Angelikas Gruppe wechseln lassen zu wollen. Dann kündigt man im Herbst 1985 Angelika mit der „Begründung", ihre Gruppe sei zu klein geworden. Ein eineinhalbjähriges Spießrutenlaufen geht damit zu Ende – die Gemeinde muss allerdings vor dem Arbeitsgericht Heilbronn in eine Abfindung einwilligen. Was mit dieser Frau gemacht wurde, blieb im Ort nicht verborgen. So meldete z.B. kurz vor der Kündigung eine Familie ihr Kind ganz bewusst in Angelikas Gruppe an mit der Begründung: „Als Christ kann man sich nicht so verhalten, wie man es dieser Frau gegenüber getan hat." (Der Bürgermeister ließ diese Ummeldung allerdings nicht mehr zu.) Eine andere Frau zog wenig später aus dem Ort weg, denn: „Da bleib ich nicht wohnen!"
Was hätte Angelika B. in dieser Situation gemacht, wenn sie keine Freunde in ihrer Glaubensgemeinschaft gehabt hätte? Wegen ihres Glaubens in ihrem Heimatort faktisch mit Berufsverbot belegt, wechselte sie nach Würzburg, um dort in einem urchristlichen Kindergarten zu arbeiten.

Hexenjagd in Lindelbach

Zehn Jahre später wiederholt sich der Fall:
Diesmal ist es die Kindergärtnerin Christine L., die in einem städtischen Kindergarten in Lindelbach, einem Ortsteil von **Wertheim**, arbeitet. Auch mit ihr ist man sehr zufrieden – bis Anfang 1994 im Dorf bekannt wird, dass Christine dem Universellen Leben nahe steht.
Der lutherische Pfarrer Hausmann lädt daraufhin den lutherischen Dekan Rüdiger Beile zu einem „Informationsabend" ein, an dem dieser mit Verleumdungen von Pfarrer Haack über das Universelle Leben herzieht.
Die Kindergärtnerin wird natürlich nicht eingeladen, das könnte ja den Ablauf der Verleumdungen stören.
Einige Tage später wird Christine dann vor einen Elternabend zitiert, wo sie mit Vorwürfen konfrontiert wird: Sie habe die Kinder aufgefordert, keine Blumen mehr zu pflücken. (Nicht wahllos pflücken, hatte sie den Kindern gesagt, und wenn, dann in eine Vase stellen.) Sie habe den Mann geschimpft, der den Rasen vor dem Kindergarten mähen wollte. (Lass das Gras noch ein wenig wachsen, damit der Rasen bei der heißen Sonne nicht wieder verbrennt, hatte sie gesagt.) Außerdem wolle ein Kind keine Wurst mehr essen.

Man fühlt sich an ein „Hexenverhör" oder ein Inquisitionstribunal erinnert, bei dem aus konfusen Belanglosigkeiten eine Anklage gezimmert werden soll. Am Ende wird abgestimmt, wer von den anwesenden Eltern seine Kinder noch zu dieser Kindergärtnerin schicken will. 20 von 26 Eltern sagen Nein. Pfarrer Hausmann schreibt in einem Brief an die Kirchenältesten (es handelt sich, wohlgemerkt, um einen städtischen, nicht um einen kirchlichen Kindergarten!) und den Ortsvorsteher, man müsse „prüfen ..., ob die Leiterin bereit sei, sich vom Universellen Leben abzuwenden". (Es ist unglaublich: „Abschwören!" oder „Widerrufen!" sagte man früher.) Die „Sorge der Eltern" habe „Vorrang" – eine „Sorge", die der Pfarrer mit seiner Stimmungsmache selber erst erzeugt hatte!
Haben, wie sich mittlerweile herausgestellt hat, Eltern nicht umgekehrt Grund zur Sorge, wenn sie ihre Kinder in kirchliche Einrichtungen geben?

Nun war die Frage: Wie würde die Stadt Wertheim reagieren? Würde sie sich vor die Mitarbeiterin stellen, für die sie als Arbeitgeberin eine Fürsorgepflicht hat? Wieder sei die Frage gestellt: Wie hätte sich eine Stadt verhalten, wenn eine Kindergärtnerin z.B. mit schwarzer Hautfarbe per Abstimmung von den Eltern abgelehnt worden wäre? Hätte sie nicht alles versucht, um den aufkeimenden Rassismus einzudämmen, um zur Mäßigung aufzurufen, um die Urheber der Kampagne dingfest zu machen?

Doch Angehörige nicht-kirchlicher Minderheiten sind in einem Land, das stolz auf seine Demokratie ist, nicht Menschen zweiter, sondern dritter Klasse. Wertheim unter der Führung von Bürgermeister Gläser (CDU) (siehe auch Kapitel 6, Seite 247) tut nichts von alledem. Die Stadt kündigt der Kindergärtnerin – unrechtmäßigerweise, wie das Arbeitsgericht Crailsheim feststellt. Wertheim muss daher auch eine hohe Abfindung bezahlen – doch die Kindergärtnerin muss sich eine andere Stelle suchen. Ein Versuch, sich selbständig zu machen, scheitert aufgrund der öffentlichen Stigmatisierung als „Sektenangehörige". Sie findet schließlich bei den Urchristen Arbeit, kann allerdings dort nicht in ihrem angestammten Beruf arbeiten, da die Stellen im Erziehungsbereich belegt sind.

Behindert ihre Ausbildung!

Es ist bezeichnend, dass auch die Fälle, in denen jungen Urchristen Ausbildungsmöglichkeiten verweigert wurden, sich fast alle im Bereich der sozialen Berufe abspielten.
Einer jungen Kinderkrankenschwester wurde 1987 in Würzburg zum Ende der Probezeit gekündigt. Man hätte sie weiterbeschäftigt, wenn sie sich binnen einer Woche vom Universellen Leben distanziert hätte.
Einer anderen Urchristin wird 1997 in einem evangelischen Altenheim in Wertheim ein Praktikumsplatz verweigert, weil sie keiner der beiden Kirchen angehöre. Im Lebenslauf der Frau war die Firma *Gut zum Leben* eingetragen. Sei es ein Ausbildungskurs für Heimleiter oder ein Praktikum als Journalistin bei der *Tauber-Zeitung* in Bad Mergentheim – der „falsche" Glaube versperrt die Türen.
Und wo man sie aus rechtlichen Gründen nicht verschließen kann, kommt mitunter ein Nadelstich in letzter Minute: 1993 wird eine Lehramtskandidatin kurz vor der Vereidigung gefragt, ob sie nicht „psychisch unter Druck" stehe, weil sie doch auch „zu dieser Sekte" gehöre.
Einem Lehrer in Baden-Württemberg wird verweigert, Ethik-Unterricht zu geben, weil er ein Urchrist ist.

Ein jugendlicher Absolvent der Schule *Lern mit mir* wollte ab Sommer 2013 ein Freiwilliges Soziales Jahr ableisten. Das Rote Kreuz vermittelte ihn an das Juliusspital – ein katholisches Krankenhaus. Dort erfuhr man jedoch aus den Unterlagen, wo er zur Schule gegangen war – und verweigerte ihm die freiwillige Beschäftigung, obwohl dem jungen Mann nur ein Taschengeld hätte gezahlt werden müssen. In der Satzung des Spitals stehe, so wurde mitgeteilt: Sektenmitglieder dürfen nicht eingestellt werden. Das Pikante daran: Der Jugendliche und seine Eltern sind katholisch. Denn die Privatschule steht Schülern aller Glaubensrichtungen offen. Nachdem die Eltern dies dem Krankenhaus mitteilten, war dieses plötzlich wieder bereit, den Schüler aufzunehmen.

Solche Leute stellen wir nicht ein

Immer wieder werden ausgebildeten Fachkräften Arbeitsplätze verweigert, weil sie dem Universellen Leben nahe stehen. So z.B. Christian S., der 1988 als Psychologe beim TÜV Unterfranken Arbeit suchte. Man verlangte von ihm eine Zusage, dass er nicht als Urchrist öffentlich in Erscheinung treten würde. Oder Iris K., der 1993 eine Arbeitsstelle bei einer Sozialstation in Lohr mit der Begründung verweigert wurde, sie gehe den Inneren Weg im Universellen Leben. Iris K. ist Jüdin. Oder eine Mutter, die 1996 in Marktheidenfeld wieder in ihrem Beruf als Bürokauffrau arbeiten möchte. Als man im Bewerbungsgespräch erfährt, dass ihre Kinder in die Schule der Urchristen gehen, wird das Gespräch abrupt beendet.

Auch wer einen Arbeitsplatz hat, ist vor einer Kündigung aus Glaubensgründen nicht sicher – auch wenn dann meist ein anderer Grund als Vorwand gesucht wird.
Dem Universellen Leben nahestehende Handwerker (wohlgemerkt: nicht in Betrieben der Urchristen arbeitende) verlieren Kunden, wenn ihre Glaubenszugehörigkeit bekannt wird. Im Raum Würzburg kann auch die Wohnungssuche nach der Frage: „Stehen Sie dem Universellen Leben nahe?" sehr rasch beendet sein.
Eine Urchristin wurde in Waldbüttelbrunn sogar von der Seniorengruppe eines Sportvereins als Gymnastiklehrerin abgelehnt. Eher würden sie alle austreten. Der Verein reagierte immerhin gelassen und übertrug ihr eine andere Gruppe.

Kirchliche Hetze als Waffe im „Rosenkrieg"

Weniger gelassen geht es zu, wenn private Auseinandersetzungen unter Verwandten geführt werden. Auch hier werden mitunter kirchliche Verleumdungen als „Argument" verwendet.

Im April 1990 wird eine 31-jährige Frau aus dem Bayerischen Wald von ihrem Ehemann kurzerhand vor die Tür gesetzt, nachdem sie ein Seminar in Würzburg besucht hatte.

Ein Mann aus Österreich gibt 1994 als Begründung für sein Scheidungsgesuch unter anderem an, seine Ehefrau sei vom Universellen Leben seit über zehn Jahren dazu angehalten worden, den körperlichen Kontakt zu vermeiden. In Wirklichkeit kannte die Frau die Urchristen nur flüchtig und seit einer wesentlich kürzeren Zeit – und Verbote werden dort ohnehin nicht aufgestellt.

Im Juli 1993 bedroht ein Vater aus Darmstadt seine Tochter mit Hinauswurf und Enterbung, weil sie beim Universellen Leben einen Meditationskurs macht.

Eine Mutter aus Villach teilt im Oktober 1993 ihrem Sohn mit, dass sie ihn enterben wolle. Kurz zuvor war „Pfarrer" Behnk in Villach gewesen und hatte behauptet, die Anhänger des Universellen Lebens hätten ihre „materielle Verfügungsgewalt verloren".

Auch um das Sorgerecht für Kinder wird mit solchen „Argumenten" gestritten.

In München will eine Mutter 1996 das alleinige Sorgerecht für ein Kind, weil der Partner „nach wie vor praktizierendes Mitglied dieser Sekte" sei, während sie „die gefährlichen, manipulativen Praktiken und Techniken dieser Vereinigung durchschaut" habe.

In Berlin will 1993 umgekehrt ein Vater seiner von ihm getrennt lebenden Frau das Sorgerecht für das gemeinsame Kind aberkennen lassen, weil sie bei einer „gefährlichen Sekte" sei. Zuvor hatte er seiner ehemaligen Partnerin an den Kopf geworfen: „Selbstmord wäre doch für dich in diesem Fall die ideale Lösung!" (Auch ein Ergebnis der bösartigen Massenselbstmord-These von „Pfarrer" Behnk. Siehe Kapitel 8, Seite 309) Bei einer ersten Verhandlung lässt sich die Richterin davon beeinflussen und äußert „Bedenken", ob die Mutter das Kind zu einem „kritisch denkenden Menschen" erziehen könne. (Merkwürdig: Kirchlich geprägte Eltern werden so etwas in einem Scheidungsverfahren nicht gefragt – obwohl doch die Kirchen in ihrer Lehre den Gläubigen mit der ewigen Verdammnis drohen, wenn sie die kirchlichen Lehrsätze nicht für wahr halten.) Das Kind kommt zeitweise zum Vater; erst nach einer Hauptsacheverhandlung 1995 wird der Mutter das alleinige Sorgerecht zuerkannt, unter anderem, weil es „dem Gericht ...

nicht zu(stehe), die religiöse Überzeugung eines Elternteils zum Maßstab zu nehmen". „Die religiöse Einstellung und Überzeugung eines Menschen, so auch hier der Mutter, ist durch das Grundrecht der Religionsfreiheit gemäß Artikel 4 Abs. 1,2 GG geschützt." Zu Behauptungen über das Universelle Leben stellt das Gericht nur fest: „Auch an den ‚großen' Religionsgemeinschaften" – man beachte die Anführungszeichen – „wird je nach Standpunkt immer wieder zum Teil heftige Kritik geübt." Doch die Frage bleibt: Weshalb muss man in diesem Land zwei Jahre prozessieren, um solche Selbstverständlichkeiten feststellen zu lassen?

Das Klima der Ausgrenzung und seine Aufheizer

Doch diejenigen, die über Jahre hinweg Menschen aufgewiegelt, die das Klima im ganzen Land gründlich und nachhaltig vergiftet haben, sie waschen immer ihre Hände in Unschuld – als ob sie es nicht selbst waren, die so lange gelogen und verleumdet haben, bis Aufgehetzte und Indoktrinierte auf ihre Hassparolen handgreifliche Taten folgen lassen.
Wie fühlt man sich denn, wenn sich die Kinder nicht mehr auf die Straße trauen, weil sie befürchten müssen, als „Sektenschweine" beschimpft zu

werden oder weil Nachbarn ihren Kindern verboten haben, mit ihnen zu spielen? Wenn man nur schwer eine Wohnung bekommt, weil der Vermieter dich sofort nach deinem Gebetbuch fragt? Wenn dein Marktstand und damit dein Arbeitsplatz nach zehn Jahren unter fadenscheinigen Gründen gekündigt wird, und du nicht weißt, wie es weitergeht? Wenn du deinen Arbeitsplatz als Handwerker verlierst? Wenn du unablässig in den Medien Verleumdungen lesen musst? Wenn Familienangehörige, aufgebracht durch Besuche des Sektenbeauftragten, nichts mehr mit dir zu tun haben wollen? Wenn dir als Oma der Kontakt zu deinen Enkeln untersagt wird? Wenn Familienangehörige jahrelang den Kontakt zu dir abbrechen, bloß weil der Sektenbeauftragte Lügengeschichten über dich verbreitet hat? Wenn bei einer Scheidung der Ehemann das Sorgerecht für die Kinder fordert, einfach weil die Mutter bei einer „Sekte" sei? Wie fühlt man sich da? Das ist Inquisition heute. Es geht immer um Isolation, Stigmatisierung und Ausmerzen. Pfarrer Haack hat es selbst einmal zu den Urchristen gesagt: *„Im Mittelalter wären wir ganz anders mit euch umgesprungen."*

Und wie ist es für die Prophetin Gottes, Gabriele, die es aus Liebe zu Gott auf sich genommen hat, den Menschen der heutigen Zeit das Wort der Wahrheit

aus dem Reich Gottes zu bringen, die Lehre des Freien Geistes – Gott in uns? Wie ist es, zu wissen, dass der Christus-Gottes-Geist uns Menschen in Seinem Offenbarungswort die Liebe unseres ewigen Vaters nahebringt, uns Hilfen über Hilfen für alle Lebensbereiche schenkt und den Weg in unsere ewige Heimat aufzeigt – und dann erleben zu müssen, dass man um Seines Wortes Willen verleumdet und an den Pranger gestellt wird; dass das Wort des Ewigen lächerlich gemacht und oft verhindert wird, dass Menschen von Seiner wunderbaren Lehre der Gottes- und Nächstenliebe, der Freiheit, Einheit und des Friedens erfahren?
Nur ein Mensch, der wahrhaft in Gott lebt und einzig Ihm dient, findet die Kraft, das auszuhalten – über mehrere Jahrzehnte.

Wir leben zwar im 21. Jahrhundert – aber die Kirchenhetze ist in ihren konkreten Auswirkungen noch immer hochaktuell. Die giftige Munition, über Jahre hinweg abgeschossen, tut weiter ihre Wirkung.

13. Trotz Anfeindungen und Schikanen: Das Friedensreich entsteht

Ein Reich des Friedens auf dieser Erde – das ist eine uralte Sehnsucht der Menschheit: Auf Erden soll es so werden wie im Himmel!
Auch in den Bibeln der Kirchen ist mehrfach vom kommenden messianischen Reich die Rede. Beim großen Gottespropheten Jesaja steht z.B. unter der Überschrift „Der Messias und Sein Friedensreich", was Gott, der Ewige, durch ihn ankündigte:
Dann wohnt der Wolf beim Lamm, der Panther liegt beim Böcklein. Kalb und Löwe weiden zusammen, ein kleiner Knabe kann sie hüten. Kuh und Bärin freunden sich an, ihre Jungen liegen beieinander. Der Löwe isst Stroh wie das Rind. Der Säugling spielt vor dem Schlupfloch der Natter, das Kind streckt seine Hand in die Höhle der Schlange. Man tut nichts Böses mehr und begeht kein Verbrechen auf meinem ganzen heiligen Berg; denn das Land ist erfüllt von der Erkenntnis des Herrn, so wie das Meer mit Wasser gefüllt ist."
Und der Ewige sprach, ebenfalls durch Seinen Propheten Jesaja: *„Denn schon erschaffe Ich einen neuen Himmel und eine neue Erde. Man wird nicht mehr an das Frühere denken, es kommt niemand mehr in den Sinn. Nein, ihr sollt euch ohne Ende freuen und jubeln über das, was Ich erschaffe."*

Auch bei Jeremia (Kap. 32), Daniel (Kap. 7) oder Ezechiel finden sich solche Ankündigungen: *„Ich schicke Regen zur rechten Zeit, und der Regen wird Segen bringen. ... Ich pflanze ihnen einen Garten des Heils."* (Ez 34)
In der Offenbarung des Johannes wird dieses Reich ebenfalls geschildert, und es ist dort ausführlich vom „Neuen Jerusalem" die Rede, von der „Stadt auf dem Berge".
Das Reich des Friedens soll auf der Erde entstehen – durch Menschen, die Seinen Willen tun, indem sie Sein ewiges Gesetz der Gottes- und Nächstenliebe erfüllen.

Diese Zeit ist gekommen. Am 6. November 1987 offenbarte der Cherub der göttlichen Weisheit in Würzburg durch Gabriele, die Prophetin und Botschafterin Gottes, unter anderem Folgendes:
„Die Posaune der göttlichen Weisheit erschallt über den Äther.... Die große Zeit ist nahe ...
Ihr Menschen steht vor einer mächtigen Zeitenwende. Der Herr kommt im Geiste. Jetzt schon bereitet Er das Friedensreich, Sein Reich, vor ... meine Freunde, erwachet! ... Der Satan wird gebunden werden – ja, er bindet sich selbst durch sein gegensätzliches Wirken ... Erkennet: Die Finsternis verspürt sehr wohl, dass ihre Macht zu Ende geht. Die Mächte der Finsternis bäumen sich auf und sind bestrebt – so wie zu

allen Zeiten –, die wahren Nachfolger des Herrn zu vernichten. Eine schleichende Christenverfolgung ist im Gange ...

Wahrlich, meine Menschengeschwister, die Erde vibriert – und je mehr die magnetischen Pole in Vibration kommen, um so mehr wird sich auf dieser Erde verändern ...

Im Geiste steht schon das Friedensreich auf dieser Erde – und durch euch soll es umgesetzt werden in die materielle Form ...

O sehet, viele sagen: ‚Das Reich Gottes ist ein geistiges Reich.' Das ist richtig. Zuerst müssen die Menschen das Innere Reich erschließen, dieses Innere Reich ausstrahlen durch die Liebe, durch den Frieden. Doch was sich im Inneren formt und Gestalt annimmt, das wird sich auch im Äußeren zeigen."

Die „Entmythologisierung" des Friedensreichs

Es ist die Erfüllung der Vision, die die Christenheit seit Jahrhunderten im Vaterunser herbeibetet mit den Worten *„Dein Reich komme, Dein Wille geschehe, wie im Himmel, so auf Erden"* – und dagegen gehen die Kirchen vor!
Die Reaktion des Kirchenvertreters Haack auf diese Offenbarung aus dem Reich Gottes zeigt, dass die Talarträger der Institutionen Kirche mit dem Urgrund des wahren Christentums überhaupt nichts zu tun haben – und auch den Inhalt ihrer eigenen Bibeln nicht kennen oder ihn ebenso wenig ernst nehmen wie die Gebote Gottes und die Lehren der Bergpredigt des Jesus von Nazareth, die bis heute ebenso darin zu lesen sind wie die Ankündigung des Friedensreiches durch die Propheten Gottes.
Im *Main-Echo* (31.12.1987) war zu lesen:
„In einer ersten Stellungnahme zu dem in Würzburg ausgerufenen Beginn einer neuen Ära erklärte der evangelische Sektenpfarrer Friedrich-Wilhelm Haack (München), daß der Glaube an eine unmittelbar bevorstehende ... Herrschaft Christi und seiner Getreuen vor dem Jüngsten Gericht nichts Neues sei. Bereits im ersten Jahrhundert nach Christus habe es darüber heftige Auseinandersetzungen gegeben.

Haack wies ferner darauf hin, daß die Beschreibung dieses Zeitabschnitts in der Offenbarung des neuen Testaments äußerst zurückhaltend ausfalle. So gebe es keinerlei Hinweise auf ein ‚Goldenes Zeitalter', wie es durch die Jahrhunderte bis in die Gegenwart von den verschiedensten religiösen Gruppierungen immer wieder beschworen werde."

Haack sagt hier bewusst die Unwahrheit – denn als Theologe weiß er natürlich, dass die Ankündigung des Friedensreichs in der Bibel der Kirchen keineswegs so „zurückhaltend" ausfällt, wie er behauptet.

Doch die Verheißung eines Reiches, in dem Frieden herrscht zwischen Mensch und Tier, wo das Böse keinen Raum mehr hat, ist bei den meisten Theologen – und offenbar auch bei Haack – wohl längst einer „Entmythologisierung" zum Opfer gefallen. Für den protestantischen Theologen Rudolf Bultmann (1884-1976), der diesen Begriff prägte, sind solche Visionen – und natürlich auch die Vorstellung einer vorhergehenden „unter kosmischen Katastrophen hereinbrechenden Endzeit" – längst „erledigt". Sie gelten als zeitbedingte Beimischungen, deren man sich entledigen muss. Übrig bleibt dann nur ein blutleerer Rationalismus.

Für die Kirchen, die durch Jahrhunderte immer wieder Unfrieden gesät haben, ist die Vorstellung eines „Friedensreiches" zudem offenbar gar nicht attraktiv. Unter skandalösem Missbrauch des Namens des Jesus, des Christus, des Friedefürsten, rechtfertigten, erlaubten und förderten sie Kriege – und das bis in unsere heutige Zeit. Der Papst, der „heilige Vater" der Romkirche, trägt bis heute den Titel „Lenker des Erdkreises". Wo ist da Raum für das Friedensreich des Jesus, des Christus? (Lesen Sie auch: Die Rehabilitation des Christus Gottes.)

Im Mai 1987, wenige Monate vor der Veröffentlichung der erwähnten göttlichen Offenbarung, hatte Pfarrer Haack bei einem Vortrag in Marktheidenfeld (siehe Kapitel 7, Seite 269) sogar behauptet, eine Ankündigung des Friedensreiches gebe es so in der Bibel gar nicht. Von einem irdischen Reiche Jesu spreche dort nur der Teufel. Wer also anstrebt, die Anwendung der Gesetze Gottes nicht in ein fernes Jenseits zu verschieben, sondern hier und jetzt damit zu beginnen, der muss aus der Sicht Haacks des Teufels sein. Wenn aber der Talarträger Haack und seine Kollegen die Gesetze Gottes nicht anstreben wollen, dann strafen sie Jesus von Nazareth Lügen, denn Er sprach: „Folget Mir nach!" Und die Frage drängt sich förmlich auf: Wem also folgen sie denn nach?

Die Verleumdungsmaschine rollt

Schon die bloße Ankündigung einer friedvolleren Gesellschaft versetzte die Talarträger offenbar in Alarmbereitschaft. Sie beziehen ihre Energie aus ihrem übermächtigen Reichtum, aus der Macht, die sie ausüben, aus der Abhängigkeit ihrer Mitglieder, aus dem Streit, aus Konflikten, die sie selbst mit ihren Feindbildern heraufbeschwören, aus der Angst vor der angeblich ewigen Verdammnis, die sie verbreiten. Sie machten aus dieser Ankündigung sofort ein neues Schmähwort, das des bereits erwähnten „Endzeitjüngers" (siehe auch Kapitel 10), und bauten es in ihr Rufmordrepertoire ein.
Im März 1988 griffen die Würzburger Dekane beider Konfessionen – Dekan Martin Elze (luth.) und Stadtdekan Helmut Bauer (kath., später zum Weihbischof befördert) – in einem zweiten „Klärenden Wort" (das erste hatten sie 1985 herausgegeben, siehe Kapitel 5, Seite 184) das Thema „Friedensreich" auf. „Dieser Begriff", so die Dekane, „steht im letzten Buch der Heiligen Schrift in einem ganz anderen Zusammenhang und gehört zur bildhaften Sprache dieses Buches". Und Bilder, so könnte man ergänzen, braucht man nun mal nicht ernst zu nehmen – man kann sie getrost „entmythologisieren" und anschließend bequem entsorgen.

"Wir Christen", so die Dekane weiter, *"leben schon immer in der Endzeit. ... Daß die Endzeit erst heute beginne, widerspricht der Heiligen Schrift. ... Das Geschäft mit der Angst, das schon öfters in der Kirchengeschichte mit apokalyptischen Zeitangaben"* – solche gibt es beim Universellen Leben überhaupt nicht! – *"gemacht wurde, lehnen wir Christen ab."*

Das „Geschäft mit der Angst" – da sind die Kirchen Experten. Mit der Angst vor der ewigen Verdammnis lassen sich immer noch viele „Schäfchen" gut bei der Stange halten – und abkassieren. Die sogenannte „ewige Verdammnis" ist nach wie vor fester Bestand der Lehre beider Großkirchen. Noch heute hat das bereits erwähnte katholische Dogma Gültigkeit, dass *„»niemand außerhalb der katholischen Kirche, weder Heide« noch Jude noch Ungläubiger oder ein von der Einheit Getrennter – des ewigen Lebens teilhaftig wird, vielmehr dem ewigen Feuer verfällt, das dem Teufel und seinen Engeln bereitet ist, wenn er sich nicht vor dem Tod ihr (der Kirche) anschließt."*

Die Amtskirchen wollen also nichts von einem Friedensreich wissen – das ist, aus ihrer Sicht, auch logisch, denn dort werden nicht mehr die Amtskirchen mit ihren Mittlern zwischen Gott und den Menschen herrschen, sondern einzig Jesus, der

Christus, der Freie Geist, wird der Mittelpunkt sein, und die Menschen werden in Seinem Geist der Liebe und der Einheit miteinander und mit der Natur und den Tieren in Frieden leben.

Die Keimzelle des Friedensreichs im Visier kirchlicher Verleumder

„Im Geiste steht schon das Friedensreich auf dieser Erde – und durch euch soll es umgesetzt werden in die materielle Form ..."
Das hatte der Cherub der göttlichen Weisheit im November 1987 angekündigt. Doch wie ein mächtiger Baum aus einem kleinen Samenkorn entsteht, so beginnt alles wahrhaft Große zunächst im Kleinen, fast Unscheinbaren. Es hat also eine Vorgeschichte. Und es ist sicher kein Zufall, dass bereits die erste kleine Keimzelle des Friedensreiches auf dieser Erde fast von Beginn an heftig von Kirchenvertretern attackiert wurde.

Im August 1991 verbreitete sich die Nachricht in den Dörfern nahe Würzburg, dass Anhänger des Universellen Lebens einen ausgesiedelten Gutshof mit 130 Hektar Land erworben hatten. Der Vorbesitzer, ein Saatguthersteller, baute sich in den neuen Bundesländern eine neue Existenz auf.

Auf die Frage eines *Main-Post*-Journalisten, ob sie den Verkauf an die Urchristen bestätigen könne, antwortet die Frau des Vorbesitzers: „Wäre es denn eine Veröffentlichung wert, wenn ein Katholik oder Protestant den Hof kaufen würde?"

Die Nachfolger des Jesus von Nazareth begannen, die Hofstelle aufzuräumen und die ersten Felder anzulegen, auf denen sie Getreide anbauten – ohne künstlichen Dünger, ohne Agrargifte, ohne Mist und Gülle, also im Friedfertigen Anbau, wie er als Konzept aus dem Reich Gottes durch Gabriele gegeben worden war. Doch lange konnten sie nicht in Ruhe und Frieden arbeiten. Denn am 21.4.1993 verbreitete Pfarrer Behnk in der Öffentlichkeit die Lügenmeinung vom angeblich drohenden „Massenselbstmord" wie im US-amerikanischen Waco, der auf ebendiesem Landgut bevorstehe (vgl. Kapitel 8, Seite 309)

Diese Hetzreden führten, wie beschrieben, zu einer regelrechten „Pilgerfahrt" sensationslüsterner Journalisten. Dass die dabei eingesetzten tief fliegenden Hubschrauber, die Luftbilder liefern sollten, die auf dem Hof lebenden Tiere fast zu Tode erschreckten, war diesen Leuten offensichtlich einerlei.

Einer der Journalisten, die ohne jede Voranmeldung mit einem Kamerateam auf das Gelände vordrangen, war Detlef Cosmann. Sein Beitrag wurde bereits am 25.4.1993, also nur vier Tage nach Behnks gezielter Rufmordattacke, im TV-Magazin *„ZAK"* des *Westdeutschen Rundfunks* ausgestrahlt. Cosmann behauptete unter anderem, der Hof sei „abgesichert mit aufwendiger Elektronik, Doppelzaun mit Sicherheitstrakt für Grenzschützer und pflichtbewusste Hunde".

Berufsmäßige Ehrabschneider wissen genau, mit welchen Stichworten sie beim Zuschauer Angst und Abscheu hervorrufen können. In diesem Fall wird offenbar bewusst versucht, eine Assoziation zur innerdeutschen Grenze herzustellen – der Fall der innerdeutschen Mauer lag zu diesem Zeitpunkt schließlich erst wenige Jahre zurück. Wie böswillig und absurd diese Anspielung ist, wird deutlich, wenn man weiß, wie es tatsächlich auf dem Gelände des Hofes aussah, auf dem bis heute redliche Landwirte ihrer friedlichen Arbeit nachgehen: In Wirklichkeit war der angebliche „Doppelzaun" nichts als ein neuer Weidezaun, hinter dem einige Pfosten des alten Zaunes noch nicht entfernt waren. Und auch wenn das Landgericht Würzburg dem Sender am 23.6.1993 diese falsche Behauptung untersagte – in den Köpfen der Zuschauer ist der im Film gezeigte Zaun, optisch verzerrt von unten in grotesker Vergrößerung aufgenommen, längst gespeichert.

Eine Steigerung dieser Hetze erlebten die Fernsehzuschauer wiederum wenige Tage später am 9. Mai 1993 in der Sendung „Die Reporter" auf *Pro 7*. Hier werden schon in der Anmoderation die Weichen gestellt:

„Der Massentod, die brennenden Bilder aus Waco haben alle aufgeschreckt. Allein in Amerika gibt es über 3000 fanatische Sekten. Doch wer glaubt, ein solches Inferno sei bei uns nicht möglich, der irrt. Die Verkünder der Moon-Sekte, des Universellen Lebens, der Scientologen oder der Philadelphia-Gemeinde – sie leben unter uns. Und so verschieden die Heilslehren dieser Seelenverkäufer auch sein mögen, eines haben sie gemeinsam: den religiösen Fanatismus. Ihre Anhänger geben den Propheten ihr Geld, ihre Arbeitskraft, ihre Gesundheit und nicht selten auch ihr Leben. Sie folgen ihnen blind ins Reich des Bösen."

Wieder eine ungeheuerliche Stimmungsmache – ein Gemisch aus erschreckenden Bildern und Suggestionen, mit denen beim Fernsehzuschauer auf geradezu diabolische Weise Angst und Abscheu erzeugt werden: Geld, Arbeitskraft, Gesundheit – alles, was die Existenz eines Menschen ausmacht, scheint bedroht.

Und wer stand dahinter und zog die Fäden? Es waren – und sind – Kirchenvertreter wie Behnk, die schon immer alles Nicht-Kirchliche verteufelten

– die vor allem aber die reine Lehre des Christus-Gottes-Geistes immer wieder in den Schmutz zu ziehen versuchten.

Den Urchristen blieb nur der Weg offen, sich mit rechtlichen Mitteln gegen diese satanische Verleumdungsflut zu stemmen – doch ohne Erfolg. Die Behauptung, die „Anhänger ... geben den Propheten ihr Geld, ihre Arbeitskraft, ihre Gesundheit und nicht selten auch ihr Leben", könne, so urteilte am 10.8.1993 das Landgericht Würzburg, dem Sender *Pro 7* nicht untersagt werden, denn sie sei „nicht ehrverletzend. Auch innerhalb der katholischen Kirche ist es die Regel, dass bei Eintritt in einen Orden das Vermögen auf die Ordensgemeinschaft übertragen wird. Bei dieser Behauptung handelt es sich letztlich nur um eine symbolische Darstellung der Hingabe der Mitglieder an die jeweilige Glaubensgemeinschaft."

Dieses Urteil ist skandalös. Der Leser möge selbst urteilen, ob er nach der Lektüre der oben angeführten Anmoderation auch zu diesem Schluss kommt. Im übrigen besteht der Unterschied eben darin, dass kein Fernsehsender in Deutschland nach der Waco-Katastrophe auf die Idee kam, drohende Massenselbstmorde in katholischen Klöstern zu suggerieren.

Das absurde Urteil des Landgerichts wird noch unverständlicher, wenn man bedenkt, dass im Filmbericht von *Pro 7*, unmittelbar nach diesen einleitenden Worten, Bilder von Leichenbergen gezeigt wurden, unterlegt mit den Worten:
„*8. August 1969: Charles Manson und die Anhänger seiner Teufelssekte bringen in Kalifornien acht Männer und Frauen auf bestialische Weise um. Bekanntestes Opfer: die hochschwangere Schauspielerin Sharon Tate. 18. November 1978: Jim Jones, Führer der Volkstempelsekte, bringt im südamerikanischen Urwald in Guyana tausend seiner Anhänger dazu, sich mit Zyankali zu vergiften. Jüngster Fall, 19. April 1993: In der Flammenhölle von Waco sterben 86 Davidianer, angeführt vom selbsternannten Messias David Koresh.*"

Was bringt Fernsehjournalisten dazu, unbescholtene Bürger, die Jesus von Nazareth nachfolgen und begonnen haben, Seine Bergpredigt und die Zehn Gebote Gottes in ihrem täglichen Leben in die Tat umzusetzen, mit grausamen Verbrechen und mit Massenselbstmord in Verbindung zu bringen?
Kann denn der Zuschauer nach den schauerlichen Worten (und Bildern!) zum Auftakt des Filmberichts überhaupt noch wahrnehmen, dass das, was ihm anschließend vorgeführt wird, mit all den Schrecklichkeiten der Einleitung rein gar nichts zu tun

haben kann? Er wurde ja auf extrem Negatives eingestimmt – und genau so funktioniert Verleumdung und Manipulation in den kirchlich gesteuerten Massenmedien.

Ein Journalist als Kirchen-Sprachrohr

Solche TV-Berichte wie der eben geschilderte – und es gab laufend ähnliche – blieben nicht ohne Auswirkungen auf die Menschen im Volk, gerade auch in den Dörfern in unmittelbarer Umgebung des Hofgutes. Und besonders heftig waren die Reaktionen unmittelbar nach Behnks Waco-Meinungslüge.

Als Ende Mai 1993, also vier Wochen nach Behnks Hetzrede, der jährliche Grenzgang der Gemeinde Hettstadt in die Nähe des Hofes führt, kommt kurz zuvor ein Anruf: „Morgen kommen wir mit Kanonen von Hettstadt!" Wenig später der nächste Anruf: „Wir kommen heute Mittag, bestellt schon mal die Feuerwehr!"
Die „Kanonen" der kirchlich manipulierten Massenmedien hatten wenige Tage zuvor gesprochen – und die Feuer des Rufmords waren noch lange nicht gelöscht. Denn die „Feuerwehr" der Justiz löschte den Brand nicht.

Nun beginnen kirchliche „Experten" im Verbund mit kirchenhörigen Journalisten und kirchlich indoktrinierten Lokalpolitikern einen Kleinkrieg gegen das Land des Friedens, der in seiner Boshaftigkeit über Jahre hinweg überdeutlich zeigt, was für Kleingeister die Talarträger und ihre Helfershelfer wirklich sind.

Man muss das Verleumdungsfeuer schüren, solange es brennt, denkt sich auch so mancher Zeitungsjournalist, der sich auf Kosten seiner Mitmenschen aufwerten will. Im Juni 1993 entdeckten die Landwirte des Hofes eine wilde Müllkippe, die ihre Vorgänger vor Jahren angelegt hatten. Sie beseitigten den Abfall ordnungsgemäß und stutzten zu diesem Zweck einige Sträucher. Was jedoch stand in der Lokalzeitung *Main-Post* zu lesen? Unter der Überschrift „Einklang zwischen Worten und Taten? – Biotop gerodet, Abfall in der Natur" schreibt der Journalist Tilman Toepfer, es solle „zu einer nicht genehmigten Rodung eines Biotops gekommen sein".

Von einem „Biotop" konnte jedoch keine Rede sein; niemand wusste etwas davon. Und selbst wenn es ein Biotop gewesen wäre – beschädigt wurde nichts. Erst drei Tage später wurden die Leser der Zeitung über den wahren Sachverhalt aufgeklärt. Als sich dann im Dezember 1993 ein katholischer

Professor der Würzburger Universität beim Spazierengehen in der Nähe des Hofes durch frei herumspringende und bellende Hunde (die gleich zurückgepfiffen wurden) belästigt fühlt und einen bösen Brief an Landratsamt und Polizei schreibt, macht Redakteur Toepfer auch daraus wieder eine „Story" mit der Überschrift: „Vorfall mit freilaufenden Hunden ... Nur pflichtbewusst oder aggressiv?"

Tilman Toepfer ist einer der Journalisten, die bis heute jeden noch so kleinen Anlass nutzen, um sich auf Kosten der Urchristen im Universellen Leben in Szene zu setzen. Vor allem kann man da für die Karriere kaum etwas falsch machen – denn gegen die „Ketzer" zu sein, das gehörte vor allem im Raum Würzburg immer schon zum „guten Ton". Tilman Toepfer ist damit geradezu der Prototyp eines Journalisten, der sich in opportunistischer Weise dem Geschmack der Masse anbiedert. Und die Masse ist, wie der protestantische Theologe Prof. Walter Nigg feststellte, einer der größten Feinde der Prophetie. In seinem Buch „Prophetische Denker" schreibt Nigg:
Der bekannteste Feind der Prophetie ist die Masse ... Die Masse ist ein amorphes Gebilde. ... Die Massensuggestion wirkt auf die meisten Menschen demoralisierend, sie verlieren alle guten Eigenschaften in dem Augenblick, da sie in der Masse untertauchen

und fanatisierte Herdentiere werden. Die Masse ... ist ohne Kopf und ohne Herz und kann deswegen leicht zu allem schlechten Tun missbraucht werden. ... Zur Masse gehört auch der Mensch der öffentlichen Meinung, der ohne eigene Überzeugung sich allen Modeströmen anpasst und sich so zu dem Heer der Mitläufer gesellt, der kein eigenes Gesicht mehr hat und sich auch seiner unsterblichen Seele gar nicht bewusst wird ... Der mondäne Gesellschaftsmensch, der ohne Konturen ist und ohne Normen dahinlebt, betrachtet den Propheten lediglich als Gegenstand der Neugierde, über den sich bei Tee und Fruchtsalat interessant diskutieren lässt, wenn nicht sogar als bloßen Phantasten, der mit der Wirklichkeit nicht rechnet. ... Die Menge ist allezeit der große Feind des Sehertums, eine Gegnerschaft, die zuletzt immer mit einer Verfolgung der Propheten endigt ... (S. 123 f.)

Ein Journalist wie Toepfer macht sich somit zum Sprachrohr der aufgehetzten „Masse", wie sie Walter Nigg beschreibt, und ihrer fremdenfeindlichen Instinkte, denen er als Journalist kaum etwas entgegensetzt. An die Stelle von seriösem Journalismus tritt hier blanker Populismus. Auch ein scheinbarer Biedermann, der häufig zündelt, wird irgendwann zum geistigen Brandstifter.

Da Toepfer in Hettstadt und damit in der Nähe des Gutes *Terra Nova* lebt, wie es von den Bewohnern inzwischen genannt wird, bleibt das Universelle Leben über Jahre hinweg sein bevorzugtes Hass-Thema.

Alles, was dort vor sich geht, und sei es noch so naturschützerisch wertvoll, versteht er im Handumdrehen in etwas angeblich Negatives zu verwandeln. Im Mai 2001 etwa stellt er sich auf die Seite einiger Jäger vor allem aus Hettstadt, die sich durch die neu angelegten Hecken in ihrer Sicht- und Schießfreiheit eingeschränkt fühlen.

Auch die Aufforstung von Wäldern, als Maßnahme zur Speicherung von klimaschädlichen Gasen anerkannt, wird in der Provinzzeitung *Main-Post* eher negativ dargestellt. Toepfer nimmt im August 2001 Anstoß an den Zäunen, die – streng nach behördlicher Vorschrift – um Aufforstungsflächen herum errichtet wurden, und bringt sie groß ins Bild. Die an manchen Wegrändern mit dürren Zweigen und Ästen aufgeschichteten „Benjes-Hecken", aus denen nach wenigen Jahren wie von selbst grüne Hecken sprießen, bezeichnet er als „überdimensionale Schutzwälle".

Damit macht er sich einmal mehr zum Sprecher der lokalen Jagd-Lobby, der solche die Landschaft bereichernden Maßnahmen das Schussfeld begrenzen. Von dieser Lobby wird noch die Rede sein.

*Der Bund Gottes, des ewigen Schöpfers,
mit Natur und Tieren*

Unbeirrt vom Dauerbeschuss der Kleingeister legte Gabriele, die Prophetin und Botschafterin Gottes, kurz vor der Jahrtausendwende dort den Grundstein für das kommende Reich des Friedens, um das gelebte Gebot der Gottes- und Nächstenliebe, das auch die Natur und die Tiere mit einschließt, auch im Äußeren sichtbar werden zu lassen. Sie gründete die „Gabriele-Stiftung, das Saamlinische Werk der Nächstenliebe zur Wiedergutmachung an Natur und Tieren".

Auf dem Bauernhof hatten, wie gesagt, einige Urchristen unter der Anleitung Gabrieles damit begonnen, den Pflanzen, den Tieren, ja auch der Erde und dem Bodenleben Liebe und Fürsorge angedeihen zu lassen.
So verwandelte sich innerhalb weniger Jahre eine zuvor völlig kahle, ausgeräumte Agrarwüste in eine blühende Oase des Lebens. Es ist das größte private Biotopverbundsystem Deutschlands: Ein Verbund von Waldflächen, Hecken, Bauminseln, Feucht- und Steinbiotopen bietet auch Wildtieren und Pflanzen ungestörte Lebensräume, wo Tiere und Pflanzen aller Art ungestört wandern bzw. sich ausbreiten können.

Die „Gabriele-Stiftung" hat es sich – neben der Sorge für hilfsbedürftige und kranke Menschen – vor allem zur Aufgabe gemacht, Lebensräume für Tiere, Pflanzen und Mineralien zu schaffen. Die in diesen Lebensräumen aufgenommenen Tiere dürfen bis an ihr natürliches Lebensende mit ihren Artgenossen leben und werden liebevoll betreut.

In einer Broschüre der Stiftung heißt es dazu:
„Im Jahre 1999 schloss Gott, der Ewige, den Bund mit den Tieren und der ganzen Natur und somit mit der Mutter Erde. Er, Gott, der Unendliche, übergab die Mutter Erde in die Obhut von Geistwesen und göttlichen Wesen der Natur. Gott hat also die Reinigung der vom Menschen verunreinigten und malträtierten Erde sowie die Errichtung einer friedvollen Umwelt für ein friedliches Zusammenleben aller Geschöpfe nunmehr in die Hände von Geistwesen und göttlichen Wesen der Natur gelegt. Diese werden so lange für die Gesundung und den Wiederaufbau der Erde in Seinem Geiste verantwortlich sein, bis Er die Erde friedvollen Menschen anvertrauen kann ... Und Gott sprach ...: Wenn geistig-kosmisch friedfertige Menschen die Erde bewohnen, werde Ich die Erde wieder den Menschen geben, so wie es Jesus, der Christus, in der Bergpredigt sagte: Selig sind die Sanftmütigen, denn sie werden das Erdreich besitzen."

Gott, der Ewige, knüpft damit an das an, was bereits der Gottesprophet Hosea angekündigt hat: *„Ich schließe für Israel an jenem Tag einen Bund mit den Tieren des Feldes und den Vögeln des Himmels und mit allem, was auf dem Erdboden kriecht. Ich zerbreche Bogen und Schwert; es gibt keinen Krieg mehr im Land; ich lasse sie Ruhe und Sicherheit finden."* (Hosea 2,20)

Während zahllose Menschen nicht nur aus der Umgebung, sondern aus der ganzen Welt vom Land des Friedens begeistert sind, während sie diesen Ort der Ruhe und der Artenvielfalt schätzen und lieben lernen, während Tochter-Stiftungen der *Internationalen Gabriele-Stiftung* in Afrika nach diesem genialen Konzept zu arbeiten beginnen, werden all diese Aktivitäten von den deutschen Medien kaum zur Kenntnis genommen oder gar gewürdigt, sondern fast ausschließlich hämisch und abfällig kommentiert. Hätten kirchliche Organisationen auch nur annähernd ähnlich Großartiges zustande gebracht, wäre es in den Medien selbstverständlich voller Lob groß herausgestellt worden!

Die modernen Inquisitoren und ihre Hilfskräfte in den Massenmedien und in der Politik griffen nun gleichzeitig auf zwei Fronten an: Zum einen führten sie weiterhin einen Kleinkrieg gegen das Friedvolle Land, gleichsam um jeden Grashalm und jede

Hecke. Zum anderen bekämpften sie auf überregionaler Ebene mit Meinungslügen und Verunglimpfungen jegliche Aktivitäten der Nachfolger des Jesus von Nazareth, mit denen diese für den Frieden zwischen Mensch, Natur und Tieren eintraten. Denn genau dies beinhaltet ja das Friedensreich auf dieser Erde.

Wenden wir uns zunächst dem Geschehen auf überregionaler Ebene zu.

Urchristen treten für Frieden ein

„Ich zerbreche Bogen und Schwert; es gibt keinen Krieg mehr im Land" – diese Worte des Gottespropheten Hosea wurden nicht zufällig in der erwähnten Broschüre der Gabriele-Stiftung zitiert. Für den Frieden zwischen den Menschen traten die Urchristen bereits 1991 öffentlich ein. Sie griffen den Skandal auf, dass von Nationen, die sich „christlich" nennen, ein Angriffskrieg ausging. Als im Januar 1991 eine kriegerische Koalition unter Führung der USA begann, den Irak zu bombardieren, protestierten die Urchristen mit einer Serie von Extrablättern, die sie in zehntausendfacher Auflage auf den Straßen verteilten. Sie verwiesen darin nicht nur darauf, dass Jesus von Nazareth Pazifist war, der die Feindesliebe lehrte und jegliche Gewalt verurteilte.

Sie fragten nicht nur: „Kain, wo ist dein Bruder Abel?". Sie erinnerten auch daran, dass nicht zuletzt die „Mutter Erde" mitsamt der Tierwelt unter dem Krieg unsäglich zu leiden hat.

Gerade nach der Jahrtausendwende setzen sich Christusfreunde verstärkt für den Frieden zwischen Mensch und Tier ein. Mit großen Plakataktionen werben sie für vegetarische Ernährung – und zwar nicht in erster Linie aus gesundheitlichen, sondern aus ethischen Gründen. „Bitte, bitte, esst uns nicht!", flehen Tiere von Großplakaten herab, oder es wird festgestellt: „Was Augen hat, essen intelligente Menschen nicht" – während die Augen von Hühnern, Schweinen oder Rindern den Betrachter direkt anschauen.
Zeitweise wird sogar im Fernsehen mit einem Werbe-Spot dafür geworben, auf tierische Nahrung zu verzichten. Um auf das Leid der Tiere aufmerksam zu machen, führen Urchristen regelmäßig Demonstrationen durch mit dem Motto: „Menschen, esst kein Fleisch! Weg mit den Tierghetto-Wärtern! Nieder mit den Schlachthöfen!" Sie beteiligen sich aber auch an anderen Demonstrationen, die z.B. die Abschaffung der Jagd zum Ziel haben oder den Protest gegen Tierversuche oder gegen sogenannte „Hubertusmessen", bei denen Pfarrer und Priester die von Jägern erschossenen Tiere „segnen".

Gehören Tiere etwa nicht zur Natur?

Den Talarträgern ist offenbar jeglicher Anlauf zu einem Bewusstseinswandel der Bevölkerung in Richtung Friedfertigkeit ein Dorn im Auge. An vielen Orten, an denen Plakate auftauchen, melden sich umgehend Kirchenvertreter zu Wort.
So z.B. in Münchberg (Oberfranken), wo die *Frankenpost* (8.6.2006) das Plakat „Ihr Menschen habt uns krank gemacht – jetzt esst ihr unsere Krankheit" ausgemacht hat. Sogleich wird der lutherische Pfarrer und Sektenbeauftragte Bernhard Wolf befragt, der an der Universität Bayreuth auf Kosten des Steuerzahlers seiner inquisitorischen Arbeit nachgehen darf – in einem eigens eingerichteten „Forschungs- und Informationszentrum Neue Religiosität":
„Was an sich harmlos und idealistisch klingt, ist für Sektenexperten eine ausgeklügelte Strategie. ‚Früher hat das Universelle Leben auf die Ökologie-Problematik gesetzt; seit einiger Zeit ist die Sekte mehr auf den Tierschutz umgestiegen und will auf diesem Weg Mitglieder werben', sagt Bernhard Wolf."
Sein Versuch, das Universelle Leben zu diskreditieren, ist auf einer falschen Darstellung aufgebaut, so dass seine ganze Argumentation ins Leere läuft: Das Universelle Leben betreibt überhaupt keine Mitgliederwerbung; es hat keine Mitglieder. Wer

die Veranstaltungen besucht, kann völlig frei kommen und wieder gehen.

Im übrigen offenbart der Lutheraner den „blinden Fleck", den seine Kirche mit der Vatikankirche gemeinsam hat: Man tut so, als ob ausgerechnet die Tiere nicht zum großen „Haus" (griech. oikos) der Ökologie gehören würden – als ob „Tierschutz" und „Ökologie" ganz verschiedene Schubladen wären.

Gerade auf dem Gebiet der Ökologie und des Einsatzes für die Schöpfung, für Natur und Tiere haben Urchristen unter Anleitung von Gabriele von Anfang an Erstaunliches geleistet – das ist nicht zu leugnen, also müssen es die Kirchen in den Augen der Bevölkerung irgendwie schlecht machen. Zumal sie selbst mit ihren naturverachtenden Dogmen den Grundstein für die Brutalität gegen das Leben, gegen Gottes Schöpfung gelegt haben – und diese nach wie vor gutheißen.

Das Ziel:
Diskriminierung und Ausgrenzung

Eine Gruppe von „Ketzern" darf also nicht für irgend etwas einstehen, ohne dass man ihr sofort unlautere Motive unterstellt. Die „Ketzer" dürfen sich auch nirgends beteiligen – denn dann besteht angeblich sofort die „Gefahr", dass sie die Aktionen anderer „unterwandern".

So beobachtet der lutherische Berliner Sektenbeauftragte Thomas Gandow die Beteiligung von Urchristen an den Anti-Jagd-Demonstrationen in Berlin mit „Sorge". Das *ARD-Magazin* „Polylux" (21.10.2002) berichtet denn auch nicht über die Anliegen und Argumente der Jagdgegner, sondern ausschließlich über die „Bedenken" der Kirche. Originalton Gandow:

„Ich kann nur jedem Tierschützer, der wirklich etwas erreichen will und der ernst genommen werden will, raten, sich von dieser Kampagne freizumachen, die die Motive und auch Gefühle von Tierschützern nur ausnutzt ..."

Gestern - Inquisitor: Verfolgung bis zum Mord
Heute - Sektenbeauftragter/Sektenexperte: Verfolgung bis zum Rufmord

Ja, Urchristen appellieren an die Gefühle ihrer Mitmenschen, um sie zu sensibilisieren, dass Tiere unsere Mitgeschöpfe sind, unsere kleinen Brüder und Schwestern, die das gleiche Recht auf Leben haben wie wir. Wo liegt das Problem? Es gibt keins – es wird wieder nur Stimmung gemacht.

Gehen wir gedanklich wieder zurück ins Mittelalter. Ein Kirchenvertreter warnt die Bevölkerung: „Macht mit den Ketzern nicht gemeinsame Sache! Lasst euch nicht mit ihnen blicken! Sonst geht es euch schlecht!" Ein braver Katholik (oder Protestant) ist nicht da, wo sich ein „Ketzer" aufhält – nicht einmal dann, wenn es um den Einsatz für die Tiere geht, die millionenfach mit dem Segen der Großkirchen abgeschossen werden.

Man kann es zwar heute nicht mehr so machen wie im Mittelalter, als man einem im „Kirchenbann" befindlichen Häretiker nicht einmal etwas zu essen oder gar Obdach geben durfte, wenn man ihm begegnete. Doch eine Art „Apartheid" streben die modernen Inquisitoren offenbar noch immer an, eine möglichst umfassende Ausgrenzung und Abschiebung in ein gesellschaftliches Ghetto.

Keiner der Reporter, die diese kirchliche Verleumdungsmasche übernehmen, fragt kritisch nach, ob denn auf den Demonstrationen, die angeblich „unterwandert" werden, jemals irgend jemand religiöse Missionierungsversuche gemacht hat. Den Kirchen geht es einzig darum, die Aktivitäten der urchristlichen Minderheit zu stören, wo immer sie auftritt.

Kirche und Fleisch-Lobby: gemeinsam gegen Vegetarier

Man muss es sich nochmals bewusst machen: Da wird gegen Menschen gehetzt, die gegen das Töten sind, die sich für das Leben, für Frieden und Freiheit einsetzen, die für Natur und Tiere eintreten und ein einzigartiges, privates Biotopverbundsystem angelegt haben.
Doch sie haben eben – und das ist ihre „Todsünde" – das „falsche" Gebetbuch. In den Rundfunkgesetzen aller Bundesländer ist klar festgelegt, dass durch die Beiträge der öffentlich-rechtlichen Sendeanstalten keine Minderheiten diskriminiert werden dürfen. Doch Papier ist bekanntlich geduldig. Einklagbar ist diese Vorschrift in unserem „Rechtsstaat" nicht. Die Urchristen haben das erfahren müssen.
In jenen Jahren wurden immer wieder ähnlich lautende Diffamierungen verbreitet, und auch Pfarrer Behnk schlägt in dieselbe Kerbe, indem er im Zusammenhang mit dem Universellen Leben behauptet: „Obskure Seelenfänger versuchen immer

häufiger, über die Esoterik und Ökoszene Menschen anzulocken." (*Bayerisches Fernsehen*, Unkraut, 13.1.2003)

Wen wundert es da, dass auch die Metzger bequem auf kirchliche Munition zurückgreifen, um gegen eine Fernsehwerbung für vegetarische Ernährung in Stellung zu gehen. Der Deutsche Fleischer-Verband behauptet in einer Presseerklärung einfach, dass hier „unter dem Deckmantel der vegetarischen Lebensweise mittelbar für eine Sekte geworben" werde. Tatsache ist: Eine Firma, der *Lebe Gesund-Versand*, der vegetarische Lebensmittel vertreibt, hat den Spot in Auftrag gegeben. (Man muss schon bei den Fakten bleiben – sonst könnte man z.B. auch sagen, dass „unter dem Deckmantel des Fleischkonsums" mittelbar für die vatikanische Großsekte geworben wird, wenn ein katholischer Metzger eine Anzeige aufgibt.)

In dasselbe Horn wie der Deutsche Fleischer-Verband stößt auch der Deutsche Bauern-Verband, der offenbar die Einnahmen der im Verband organisierten Schlachtviehhalter bedroht sieht. Es springen also all jene bereitwillig auf den Verleumdungskarren der Kirchen, die ohnehin schon von Berufs wegen und mit dem Segen der Kirchen ihr Geschäft mit dem Tierleid und dem Mord an den Tieren machen.

In einer Erklärung vom 6.3.2003 sprechen die Verbandsbauern vom „Sektenmilieu" (was will man damit suggerieren?) und berufen sich auf die Baden-Württembergische SPD-Landtagsabgeordnete Carla Bregenzer, eine fanatische Lutheranerin, die ihrerseits die ARD-Intendanten auffordert, den Werbevertrag für diesen Spot nicht zu verlängern.

Diese Entscheidung nahm der Fernseh-Chefetage zunächst das Landgericht Würzburg ab, das einer Klage des „Vereins gegen Unwesen im Handel und Gewerbe Köln e.V." stattgab und den Spot untersagte. „Die Bildfolge löse schockartige Gefühle des Ekels und des Abscheus aus. Das würde den Wettbewerb beeinträchtigen und die Fleischindustrie benachteiligen." Erst nach zweijährigem Rechtsstreit hob das Oberlandesgericht Bamberg das Urteil wieder auf.
Auch in anderen Fällen müssen Urchristen vor Gericht um das Recht kämpfen, ihre Mitmenschen mit den anklagenden Augen ihrer Mitgeschöpfe, der Tiere, zu konfrontieren. In Berlin steigen die Verkehrsbetriebe plötzlich aus einem bereits abgeschlossenen Werbevertrag wieder aus, wonach in der U-Bahn das Plakat „Was Augen hat, essen verantwortungsbewusste Menschen nicht" aufgehängt werden sollte. Vor Gericht berufen sich die Behördenvertreter darauf, dass der Berliner Senat –

auf Betreiben der Kirchen, versteht sich – im Jahre 1997 vor dem Universellen Leben „gewarnt" habe. (Siehe auch Kapitel 11, Seite 427) Nach einem halben Jahr, im Oktober 2003, urteilt das Amtsgericht Schöneberg, dass der Vertrag eingehalten werden müsse. Das Universelle Leben sei „nicht verboten, und seine Aktivitäten sind weder verfassungswidrig noch strafbar."

Doch was ist das für ein Land, in dem solche Selbstverständlichkeiten immer wieder vor Gericht eingeklagt werden müssen? Wobei hier anzumerken ist, dass die beiden zuletzt genannten Gerichtsurteile eher Ausnahmen darstellen. In zahlreichen anderen Fällen war und ist die Justiz hingegen nicht bereit, gegen den Strom eines kirchlichen geprägten „Zeitgeistes" zu schwimmen.

Fest steht, dass den Urchristen bei ihrem publizistischen Einsatz für die Tiere immer wieder Knüppel zwischen die Beine geworfen wurden, sei es durch TV-Sender, Zeitungsredaktionen oder langwierige Gerichtsverfahren, mit denen sie sich ihre Rechte erkämpfen mussten.

Kleinkrieg gegen das Land des Friedens

Die Attacken richteten sich auch gegen das im Aufbau befindliche Friedvolle Land.

Als im Frühjahr 2002 die nächste Kommunalwahl in Sicht ist, lässt sich Hettstadts Bürgermeister Eberhard Götz (SPD) mit demonstrativ erhobenen Händen in der *Main-Post* ablichten: Er sei dagegen, „dass Wanderer ganze Landstriche nicht mehr passieren dürfen" – ein Seitenhieb gegen die Urchristen, die, wie gesagt, auf ehemals kargen Agrarflächen Benjeshecken anlegen, Bauminseln pflanzen und für Neuaufforstungen sorgen. Dabei sind die Durchgangswege weiterhin passierbar, denn die zahlreichen öffentlichen Wege zwischen den Aufforstungsflächen bleiben selbstverständlich frei.

Auch Greußenheims Bürgermeister (CSU) verlässt im Vorfeld der Kommunalwahl der Mut, die Urchristen so zu behandeln wie alle anderen Bürger auch. Er stellt zunächst einem Feinkostbetrieb, der von Urchristen betrieben wird und der unter anderem in Greußenheim angebaute Feldfrüchte verarbeitet, ein Grundstück im dörflichen Gewerbegebiet in Aussicht – doch dann treten in einer Bürgerversammlung wieder Scharfmacher auf den Plan, welche die bekannten kirchlichen Verdächtigungen in den Raum stellen. Man beschließt, wegen des bevorstehenden Grundstückskaufs eine „Bürgerbefragung" durchzuführen – obwohl Derartiges in der Verfassung gar nicht vorgesehen ist: Entweder der Gemeinderat beschließt über den Verkauf der Fläche, oder es gibt ein ordentliches Bürgerbegehren, also einen offiziellen Volksentscheid.

Der Bürgermeister lässt die ominöse Befragung dennoch durchführen – und das, obwohl das Feinkostunternehmen sein Kaufgesuch bereits zurückgezogen hatte: Denn als Urchristen lehnen sie es ab, zum Gegenstand eines Tribunals über ihren Glauben zu werden. Obgleich der katholische Pfarrer von der Kanzel aus gegen die Urchristen gehetzt hatte, sprachen sich bei der Abstimmung Mitte Januar 2002 (bei einer Wahlbeteiligung von knapp 45%) immerhin rund 26 Prozent *für* einen Verkauf aus. Die Urchristen selbst hatten an der Abstimmung nicht teilgenommen. Die Greußenheimer hätten, so der Journalist Toepfer in einem Kommentar, „ihre Stimme erhoben". Die kirchlich beeinflussten Scharfmacher bezeichnet er als „besorgte Fragesteller".

Eine „urchristliche" Hecke wird gerodet

Als die urchristlichen Landwirte im Februar 2004 einen Apfel- und Olivenhain anlegen, lockern sie, um Platz zu schaffen, eine Hecke auf, indem sie einige Bäumchen und Sträucher behutsam ausgraben und an anderer Stelle wieder einpflanzen. Als Tilman Toepfer von den Vorgängen Wind bekommt, schreibt er in der *Main-Post* (19.2.2004) von einer „Rodungs-Aktion", die im Widerspruch stehe zur Bergpredigt, und höhnt: „Misst man sie an ihren Worten ..., dann müßten sie noch heute taub sein vom Wehgeschrei der Bäumchen, als sie Hand an sie legten." Am nächsten Tag muß die *Main-Post* kleinlaut einräumen, dass die angebliche Dramatik des Geschehens frei erfunden war.

Genau ein Jahr später war es dann die angrenzende Gemeinde Hettstadt, die tatsächlich eine brutale Rodungsaktion durchführen ließ. Mehrere Meter Hecke, die von den Urchristen angelegt worden waren, wurden von Bulldozern ausgerissen, weil sie ein paar Quadratmeter mit bedeckten, die den Urchristen nicht gehörten. Die konnten freilich nichts dafür, weil der Wegverlauf an dieser Stelle schon seit Jahrzehnten – also bereits unter dem Vorbesitzer des Gutes – von den Grundstücksgrenzen abwich. Die benachbarten Landwirte hatten eine

„Abkürzung" benutzt, die dann stillschweigend zum „Gewohnheitsrecht" wurde. Alle Versuche, die irrtümlich bepflanzten Areale zu tauschen, zu erwerben oder zu pachten, schlugen fehl.

Ein Mitarbeiter der Unteren Naturschutzbehörde des Landratsamts Würzburg hatte – laut *Main-Post* (26.2.2005) – übrigens noch versucht, die Hecke zu retten, indem er sie als „schützenswert" einstufte. Doch der Jurist des Amtes habe anders entschieden. Kein Wunder: Der Chef des Landratsamts ist Landrat Waldemar Zorn, CSU-Politiker und zeitweise Kirchenfunktionär, der die urchristlichen Siedler bereits zu Beginn der 90er Jahre aus „seinem" Dorf vertrieben hatte.

Das alles klingt wie eine Provinzposse und ist auch eine, allerdings mit ernstem Hintergrund: Jede Lebensäußerung eines urchristlichen „Ketzers" wird in unserem Land nach Kräften behindert, und sei sie noch so positiv – ja gerade dann mit besonderem Eifer.

Da hat dann ein örtlicher Feldgeschworener nichts Besseres zu tun, als nachzumessen, ob bei der Anpflanzung der Pappeln links und rechts der Zufahrt zum Hofgut auch die „Grenzabstände" eingehalten wurden und die teilweise Nichteinhaltung bei der Gemeinde zu „monieren". Die Landwirte bieten daraufhin der Gemeinde an, ihr die Bäume zu schenken.

Doch darf man als braver Katholik so einfach das Geschenk von „Ketzern" annehmen? Als sich die „Diskussion" darüber über Monate hinzieht, graben die Urchristen kurzerhand ihre urchristlichen Pappeln wieder aus und pflanzen sie um. Aufregung gab es dann nicht wegen des unverständlichen Verhaltens der Gemeinde, sondern wegen eines Schildes, das zeitweise an Stelle der ausgepflanzten Bäume aufgestellt wurde, um die Passanten über den Sachverhalt zu informieren.

An derselben Zufahrt stellten die Betreiber des Hofguts auch Schilder auf, mit denen die Autofahrer gebeten wurden, auf Tiere Rücksicht zu nehmen und langsam zu fahren. Auch diese Schilder mussten auf Geheiß des Landratsamts wieder entfernt werden.

„Ketzer" darf man nicht gut finden

Das Feindbild, das die Kirchen über die Urchristen in Umlauf gesetzt haben, wurde um jeden Preis aufrechterhalten. Wer sich Urchristen nähert, sich mit ihnen „verbrüdert", indem er sich ganz normal verhält, auch mal sagt, dass ihm etwas gefällt, der gilt als „Kollaborateur".

Als es die Ortsgruppe Hettstadt des Bundes Naturschutz Anfang 2004 wagt, das Biotopverbundsystem unabhängig von irgendwelchen Glaubenserwägungen einfach nur gut zu finden, erklären Bürgermeister Eberhard Götz (SPD) und der in Hettstadt wohnende Reporter Tilman Toepfer aus „Protest" ihren Austritt. Und wer Grundstücke an das urchristliche Hofgut verkauft, muss im Nachbardorf bis zum heutigen Tag darauf gefasst sein, dass man sich in der Gastwirtschaft nicht mehr zu ihm an den Tisch setzt und auf der Dorfstraße die Seite wechselt, wenn er des Weges kommt.

Dass das Friedvolle Land dennoch mit der Hilfe vieler Unterstützer aus dem In- und Ausland ständig weiter wächst, kann man unter diesen Umständen nur als Wunder bezeichnen. Es ist, als ob die kirchlichen Drahtzieher im Hintergrund verbissen um jeden Quadratmeter Land kämpfen würden, der ihrer Einflussnahme entzogen wird, und auf dem friedliebende Menschen sichtbar werden lassen, wie man die „Sünden" einer technokratischen Flurbereinigungs-Vergangenheit in kürzester Zeit mehr als wiedergutmachen kann.

Die Gegner des Freien Geistes versuchen mit allen Mitteln, zu verhindern, dass Menschen das Gute und Vorbildliche erkennen, das die Urchristen gerade auf dem sich aufbauenden friedvollen Land unter der Anleitung von Gabriele geschaffen haben.

Deshalb werden immer wieder Fernsehteams in die fränkische Provinz geschickt, um mit entsprechenden Kommentaren und Bildern das Feindbild und die Mär von der „bösen Sekte" aufrecht zu erhalten. **Gleich zweimal** in wenigen Jahren ist es das Magazin *Quer* des – wie könnte es anders sein – *Bayerischen Fernsehens*, das für die nötigen Querschläger sorgt. Der Moderator „erklärt" den Zuschauern die katholische Sicht der Dinge:

„Wenn Sie in Würzburg oder der unmittelbaren Umgebung wohnen, dann sollten Sie dankbar sein. Und warum? Ganz einfach: Wenn die Welt untergeht, dann bleiben Würzburg und Umgebung verschont. Das glauben Sie nicht? Das sagen aber die Anhänger von Universelles Leben ..." (21.6.2001)

Dass das nicht den Tatsachen entspricht, wurde hinreichend erklärt. Dennoch werden die alten Falschbehauptungen einfach immer wieder aufgewärmt.

Die Inquisitionshelfer dürfen ins Fernsehen

Fünf Jahre später moderiert derselbe Moderator wie folgt:
„Der Weltuntergang ist übrigens in den letzten Jahrhunderten immer wieder mal geweissagt worden. Bislang hat's nicht geklappt. Aber was nicht ist, kann ja noch werden. Und es gibt auch immer wieder Mitmenschen, die an ein nahendes Ende glauben, trotz aller störenden Fakten – z.B. die Sekte Universelles Leben ..." (6.7.2006)

Zwei Reporterinnen brachten auch dieses Mal wieder katholische Nachbarn als Helfershelfer der Inquisition vor die Kamera. Da durfte sich der Hettstädter Jäger Norbert Gram beklagen, dass er beim Jagen gestört worden sei. (Wie oft er selbst durch nächtliche Schüsse die Hofruhe gestört hatte, blieb unerwähnt.) Da durfte ein Gemeinderat Karten ausbreiten, um zu zeigen, welche Grundstücke die „Sekte" schon gekauft hat. (Als ob es in unserem Land anrüchig oder verboten wäre, Land zu erwerben.)

Die ersten Opfer: die Tiere

Wenden wir uns nun dem Schauplatz zu, der von einer Seilschaft von Jägern, Politikern, Journalisten und Kirchenvertretern für einen gezielten Schlag gegen das Friedvolle Land der Urchristen vorgesehen war: der Jagd.

Wie kann man ein Land zerstören, auf dem der Friede zwischen Mensch, Natur und Tieren im Vordergrund steht? Indem man dort möglichst viele Tiere abknallt!

Zunächst fällt auf, dass in unmittelbarer Umgebung des Hofguts Terra Nova immer wieder angeschossene und qualvoll verendete Tiere aufgefunden werden: ein Wildschwein ohne Unterkiefer, ein anderes mit nur drei Beinen, eine trächtige Bache mit Bauchschuss und toten Föten im offenen Bauch, ein Fuchs ohne Beine, ein durch Rattengift verendeter Pfau, der auf dem Hof gelebt hatte ... Oder dass Tierkadaver offenbar als Köder ausgelegt werden. Die Untere Jagdbehörde erteilte den schießwütigen Jägern extra eine Sondergenehmigung, dass auch während der Schonzeit Wildschweine (mit Ausnahme führender Bachen) geschossen werden durften. Zahlreiche Tiere flüchteten angeschossen in das Revier des Hofes der Urchristen, wo sie verendeten.

In mindestens einem Fall wurde ein angeschossenes Tier sogar bis in das Hofrevier verfolgt und dann weggeschafft – was normalerweise den Straftatbestand der Wilderei erfüllt.
Dies war jedoch nur das Vorspiel zu einer weit größeren Auseinandersetzung. Denn der Filz zwischen Jagd, Politik und Kirche ist beträchtlich ...

Schießbefehl im Friedensreich?

Im November 2004 überflog völlig unangemeldet ein eigens dafür ausgeschickter Hubschrauber das Hofgut und machte mit einer Wärmebildkamera angeblich 120 Wildschweine rund um die Hofstelle ausfindig. Unberücksichtigt blieb dabei, dass sich in den Wäldern und Weiden rund um das Gut auch Weidetiere wie Kühe aufhalten, von denen zahlreiche durch den tieffliegenden Hubschrauber erschreckt wurden und panikartig in die zu ihren Weiden gehörigen Waldstücke flüchteten. Mit einer Wärmebildkamera kann man Kühe von Wildschweinen aber kaum unterscheiden. Unberücksichtigt blieb auch, dass in den Nächten vor diesem Hubschraubereinsatz an den Reviergrenzen besonders fleißig geballert wurde: Etwa um Wildschweine und andere Wildtiere in ein bestimmtes Gebiet zu treiben?

Der Leiter der Unteren Jagdbehörde im Landratsamt Würzburg (sein Vorgesetzter: Waldemar Zorn), hatte jedenfalls den erwünschten Anlass konstruiert. Er verlangte Ende November 2004 von den zuständigen Jagdpächtern des zum Hofgut gehörigen „Eigenjagdreviers", jeden Monat 18 Wildschweine abzuschießen – und bewehrte diesen Bescheid mit der Androhung eines monatlichen Zwangsgeldes von 10.000 Euro bei Zuwiderhandlung.

Die Begründung für diese Gewaltmaßnahme war allerdings reichlich dürftig: Es gebe zunehmende Wildschäden durch Wildschweine auf den umliegenden Feldern. Dabei gehören diese Felder fast alle zum Hofgut selbst, dessen Landwirte sich nie über Wildschäden beschwert hatten. Die Felder anderer Landwirte waren durch Elektrozäune geschützt, so dass auch hier keine Schäden geltend gemacht werden mussten.

Zum anderen behauptete die Jagdbehörde, es bestehe „Seuchengefahr"; die Schweinepest drohe. Dabei konnte in weitem Umkreis davon keine Rede sein. Und Fachleuten ist längst bekannt, dass derartige Tierseuchen – hierzu gehört übrigens auch die berüchtigte Vogelgrippe – nicht in Wildbeständen, sondern in der Massentierhaltung ihren Ausgangspunkt haben.

Wie sehr einige der ansässigen Jäger angesichts friedlicher Nachfolger des Jesus von Nazareth um die Ausübung ihres blutigen Hobbys fürchteten, kam in der Aussage eines Jägers zum Ausdruck, der am 18.7.2004 in Anwesenheit eines urchristlichen Ohrenzeugen den Ausspruch tat: „Ich wünsche mir die Schweinepest."

„Unter dem Auferstehungskreuz wird nicht geschossen!"

Die urchristlichen Landwirte des Gutes setzten sich gegen diesen Schießbefehl, der kurz vor Weihnachten eingetroffen war – der Zeitpunkt ist sicher kein Zufall – publizistisch und juristisch zur Wehr. In Extrablättern („Unter dem Zeichen des Auferstehungskreuzes der Urchristen, das Leben bedeutet, wird nicht geschossen") klärten sie die Bevölkerung der umliegenden Orte über die Hintergründe auf – denn die örtliche *Main-Post* hatte unter Federführung von Tilman Toepfer vor allem die Desinformationen der Jäger verbreitet. Vor Gericht klagten sie gegen die angebliche „Eilbedürftigkeit" des erlassenen Bescheids. Das Verwaltungsgericht Würzburg wies in erster Instanz – einen Tag vor Weihnachten! – die Beschwerde gegen den Sofortvollzug zurück – mit der zynischen „Begründung", der Bestand der Wildtiere werde sich nach den Abschüssen, und seien sie auch unnötig gewesen, schon wieder erholen ...

Kurz nach Weihnachten wurde erneut ein Hubschrauber losgeschickt. Der Januar 2005 brachte dann eine unerwartete Wende. Der Bayerische Verwaltungsgerichtshof hob die Entscheidung des Verwaltungsgerichts Würzburg wieder auf: Der Sofortvollzug war ausgesetzt. Dem Gericht leuchtete einfach nicht ein, dass eine Eilbedürftigkeit vorhanden sein sollte, wo doch von einem Ausbruch der Schweinepest weit und breit keine Spur zu sehen war.

Doch so rasch gab die Jägerlobby nicht auf. Just zur nächsten Weihnachtszeit 2005 kündigte die Jagdbehörde weitere Hubschrauberflüge an, um wiederum den „Schwarzwildbestand" zu ermitteln. Ihr Leiter sprach laut *Main-Post* (29.12.2005) von einer „explosionsartigen Vermehrung der Schwarzkittel"; der Bestand müsse „verkleinert" werden. Als der Polizeihubschrauber dann am 12. Januar – natürlich wieder unangemeldet – das Gelände erreichte, überflog er den Wald, in dem sich die Wildschweine angeblich aufhielten, nur kurz, um sich dann umso länger über dem eigentlichen Hofgelände aufzuhalten. Die auf den angrenzenden Weiden grasenden Rinder flohen in wilder Panik und rissen einen Zaun nieder. „Ein Einschüchterungsversuch", urteilte ein Beobachter der Szene, „eine deutliche Drohgebärde nach dem Motto: ‚Euch kriegen wir noch klein'".

Demonstration gegen die „Massaker-Bruderschaft"

Um die Pläne der Waidmanns-Clique offenzulegen und zu durchkreuzen, entschlossen sich die urchristlichen Landwirte zu einem ungewöhnlichen Schritt: Sie riefen die Bevölkerung zu einer Demonstration in der Würzburger Innenstadt auf.
Der „Tiermassaker-Bruderschaft", so eine der Hauptforderungen, müsse das Handwerk gelegt werden. Die Landwirte forderten, einem anderen Landratsamt unterstellt zu werden, solange der katholische Landrat Waldemar Zorn dort die Interessen der Jäger über diejenigen der Allgemeinheit stelle. Außerdem forderten sie erneut das Recht, auf ihrem eigenen Grund und Boden selbst über die Ausübung oder Nichtausübung der Jagd entscheiden zu dürfen.

Die Demonstration am 28. Januar 2006 erwies sich als eine eindrucksvolle Kundgebung für das Lebensrecht der Tiere, die dem Menschen anvertraut sind. Über tausend Menschen, darunter auch zahlreiche Tierfreunde aus dem Ausland (Österreich, Schweiz, Italien, Slowenien, Kroatien u.a.), zogen durch die Innenstadt mit Transparenten, auf denen die Hauptdrahtzieher benannt und ein Ende des Jagdzwangs gefordert wurde. Bei der Schlusskundgebung auf dem Würzburger Marktplatz wurden zahlreiche Solidaritätsäußerungen von Tierschutzverbänden aus der ganzen Welt verlesen, vor allem aus Lateinamerika, Afrika und Südeuropa.

Die Zwischenfälle häufen sich

Wie wichtig diese internationale Unterstützung ist, zeigte sich nicht nur im Verfahren selbst, in welchem das geplante Massaker an den Wildschweinen verhindert werden konnte. Nur eine wachsame internationale Öffentlichkeit kann auch ein Gegengewicht bilden zu der Kampagne, die in altbewährter Manier friedliebende Menschen zu Außenseitern stempeln soll. Die Politiker, Journalisten und Kirchenvertreter, die eine solche Kampagne lostreten, geben vor, nur „Kritik üben" zu wollen. Während sie ihre Hände in Unschuld zu waschen versuchen, sind die ersten Auswirkungen ihrer Kampagnen schon eingetreten.
In jeder Bevölkerung gibt es wirre Köpfe, die nur allzu gern die angebotenen Feindbilder aufgreifen, um ihre Neurosen und Psychosen daran auszuleben.
Am 20.7.2002 etwa schlichen zwei Gestalten in Tarnhosen, Stiefeln und olivgrünen T-Shirts durch die Umgebung des Hofguts. Die herbeigerufene

Polizei fand im Auto der beiden „Möchtegern-Rambos" (so die *Main-Post*, 14.2.2003) unter anderem Tarnschminke, eine Sturmhaube und eine funktionstüchtige Pistole.

Das ist keineswegs der einzige Zwischenfall dieser Art. Am 21. Dezember 2003 werden auf der Straße, die zum Hofgut führt, ca. 300 je drei Zentimeter lange Nägel gefunden.

Im November 2005 wird – kurz nach mehreren abfälligen Artikeln von Tilman Toepfer in der *Main-Post* – eine Pferdekoppel verwüstet, die Kirchenaussteigern gehört; es wird ein Straßenschild herausgerissen und so auf dem Zufahrtsweg zum Hof platziert, dass ein Unfall hätte passieren können, wäre das Schild nicht rechtzeitig entdeckt worden.

Ende Dezember 2005 wird wieder eine Pferdekoppel in der Nähe des Hofguts verwüstet – diesmal zwar keine, die einem Urchristen gehört hätte, doch wer weiß das von den Randalierern, von denen bis zur Stunde keiner ermittelt werden konnte, schon so genau?

Die gerade erwähnten Zwischenfälle sind – das sei an dieser Stelle noch gesagt – nur ein kleiner Ausschnitt aus der großen Anzahl von gewaltsamen Auswirkungen, die kirchliche Verleumdungen immer wieder hervorbringen. Morddrohungen, Beleidigungen auf offener Straße, Schmierereien, Sachbeschädigungen, eingeworfene Fensterscheiben,

Brandstiftung – all das sind Ereignisse, mit denen Urchristen seit Jahren immer wieder konfrontiert sind.

Wem fehlt der Integrationswille?

Um solche Zwischenfälle einzudämmen, hatten Landwirte des Gutes Terra Nova der Gemeinde Greußenheim vorgeschlagen, ein Verkehrsschild aufstellen zu dürfen mit der Aufschrift: „Anlieger frei von 22.00 Uhr bis 6.00." Damit hätte man eine Handhabe gegen die nächtliche Ruhestörung gehabt. Das verweigerte die Gemeinde jedoch. Urchristen sind offenbar keine Mitbürger, die eine Gemeinde vor Rowdytum und Übergriffen schützen müsste.

Ähnliches wiederholte sich in zahlreichen anderen Fällen. Die Landwirte wollten z.B. Ende 2009 im Zufahrtsbereich eine Informationstafel für die zahlreichen Besucher des Landes des Friedens aufstellen – abgelehnt.
Auch ein Besucherparkplatz wurde abgelehnt.
Die Landwirte wollten 2006 dort in der Nähe ein Kreuz errichten mit der Aufschrift: „Wehret den Anfängen! Gegen Intoleranz und Ausgrenzung!" – abgelehnt.

Im Gewerbegebiet der Gemeinde war eine Gewerbeschau geplant. Die urchristlichen Landwirte wurden auch darüber informiert – doch bei der konkreten Planung und Durchführung der Ausstellung wurden sie nicht mehr berücksichtigt.

Sie unterbreiteten der Gemeinde 2010 ein Angebot, für die Linienführung eines geplanten Radweges einen Landtausch vorzunehmen. Es wurde abgelehnt, obwohl diese Variante für die Gemeinde kostengünstiger gewesen wäre.

Auch ein Angebot der Landwirte des Gutes, sich bei der Waldflurbereinigung mit der Gemeinde abzustimmen, wurde ausgeschlagen.

Und dann beschwerte sich im Jahr 2014 einer der Gemeinderäte, dass die Bewohner des Gutes Terra Nova sich nicht „in die Dorfgemeinschaft integrieren" würden. Doch welchen Integrationswillen zeigte die Mehrzahl der Gemeinderäte? Hierzu gibt es weitere Beispiele. So mussten in vielen Fällen die Bewohner von Terra Nova übergeordnete Instanzen einschalten, um mühevoll Dinge zu erreichen, die normalerweise jedem Bürger zustehen:

Im Jahr 2002 wurde im Gemeinderat die Genehmigung für das Bohren eines Brunnens im Bereich der Obstgärten abgelehnt. Das Landratsamt Würzburg erteilte dann die Genehmigung entgegen der rechtswidrigen Ablehnung der Gemeinde.

Auch die Errichtung einer Apfelhalle wurde im Gemeinderat mehrfach abgelehnt. Erst das Landratsamt musste die rechtswidrige Ablehnung aufheben und die Genehmigung erteilen.

Die Genehmigung für ein Landhofcafé mit Hofladen wurde zwischen Juli 2010 und Dezember 2011 von der Gemeinde Greußenheim blockiert, ehe das Verwaltungsgericht Würzburg für Recht und Ordnung sorgte. Als die Bewohner von Terra Nova trotz dieser Rechtsbeugung die Gemeinderäte in das neu eröffnete Café einluden, erhielten sie nicht einmal eine Absage. Sie werden von den meisten Gemeinderäten behandelt, als gäbe es sie nicht. Ist das der Integrationswille des Gemeinderats?

Im Jahr 2014 wurden von Seiten des Gutes Terra Nova mehrere Anträge auf Neuaufforstungen gestellt, die im Gemeinderat widerrechtlich abgelehnt wurden. Erst das Amt für Landwirtschaft in Würzburg erteilte dann die Genehmigung.

Im November 2014 schließlich schrieben die Landwirte einen Brief an die Bürgermeisterin und an sämtliche Gemeinderäte, in dem sie all diese Vorgänge und noch weitere aufzählten und schrieben: *„Wir werden ganz offensichtlich vom Gemeinderat als Bürger 2. Klasse behandelt. Auf uns wirkt dieses Verhalten oftmals als reine Schikane, weil wir nicht* *kirchlich gebunden sind, sondern Jesus von Nazareth nachfolgen. Sind wir wirklich erwünscht in Greußenheim? Wir sind nicht katholisch und nicht lutherisch, doch wir sind ernsthaft bestrebt, die Lehre des Jesus von Nazareth im Alltag umzusetzen. Somit sind wir Urchristen in der Nachfolge des Jesus von Nazareth. Was ist daran anstößig?"*

Weiter wiesen die Schreiber des Briefes darauf hin, dass der Gemeinde eine große Chance entgeht, wenn sie ihre Blockadehaltung nicht aufgibt:
„Haben Sie überhaupt schon mitbekommen, dass das Land der Internationalen Gabriele-Stiftung das größte privat angelegte Biotopverbundsystem in Deutschland darstellt, mit einer Artenvielfalt, die in ganz Mitteleuropa ihresgleichen sucht? Eine Artenvielfalt, die es allenfalls noch im Donaudelta gibt, wie uns namhafte Biologen ... bestätigen ... Haben Sie überhaupt mitbekommen, dass über das Land der Internationalen Gabriele-Stiftung mit ihren Tochterstiftungen in Afrika ... Hunderte TV-Sender in aller Welt tagtäglich berichten. Millionen Menschen interessiert es, was hier geschieht. ... Wir sind jederzeit zu einem fairen Miteinander bereit."

Bis heute kam auf diesen Brief keine Antwort.

Ein Waldkauf wird verweigert

Dass ein Hofgut, auf dem Menschen in Frieden nicht nur miteinander, sondern auch mit Natur und Tieren leben, nicht nur einigen Jägern oder Pfarrern vor Ort ein Dorn im Auge ist, dass hier vielmehr überregionale Kräfte am Werk sind, zeigt ein anderer Fall.

Es geht um ein an das Hofgut angrenzendes Waldgrundstück, das die Landwirte erwerben wollen, um es in ihre Pflegemaßnahmen mit einzubeziehen. Dieses Grundstück befindet sich im Besitz des deutschen Staates, der zunächst auch durchaus bereit war, es zu veräußern – der Staat braucht schließlich Geld. Doch die Zusage wird plötzlich zurückgezogen, die Entscheidung wird hinausgezögert. Die Bundesvermögensverwaltung, der ein angemessenes Preisangebot vorgelegt wird, hat zwar keinerlei Einwände, weil sie ja gehalten ist, Grundstücke nach Möglichkeit zu veräußern.

Doch die erstaunten Urchristen erfahren, dass man schließlich nicht nur – ungewöhnlich genug – das Bundesfinanzministerium, sondern auch noch das Bundesfamilienministerium (!) eingeschaltet hat, um einen simplen Waldverkauf zu tätigen. Das Familienministerium – als würden die Kinder auf den Bäumen wachsen! Des Rätsels Lösung: Das Familienministerium war von kirchlich geprägten

Beamten bereits Jahrzehnte vorher zu einer Sammelstelle kirchlicher Propaganda gegen religiöse Minderheiten gemacht worden. Und ebendieses Ministerium schaltete auch noch das Bayerische Kultusministerium ein.

Nachdem der zuständige Beamte im Finanzministerium zunächst im Juli 2001 einen Verkauf telefonisch zusagte, wird dieser dann im Oktober lapidar abgelehnt – ohne Nennung von Gründen. In einigen Amtsstuben kursieren offenbar noch immer Dossiers von kirchlichen Sektenbeauftragten, durch die den Urchristen elementare Bürgerrechte vorenthalten werden sollen.

Die Landwirte zogen daraufhin nach Berlin vor Gericht. Das Landgericht Berlin lehnte es jedoch in erster Instanz ab, in der Verweigerung des Finanzministeriums eine Diskriminierung zu sehen. Das Gericht beteiligte sich vielmehr selbst an der Diskriminierung, indem es feststellte, der Staat könne in der Öffentlichkeit sein Ansehen auch dadurch schädigen, dass er mit Leuten wie den Klägern Geschäfte abschließe.

Dass dieses skandalöse Urteil kein einmaliger Ausrutscher war, zeigte sich in der zweiten Instanz: Auch diese wollte keine Willkürhandlung des Staates darin erkennen, dass eine Verkaufszusage aus Glaubensgründen wieder rückgängig gemacht worden war.

Die Betroffenen wollten nun wenigstens Einsicht in die Akten erhalten, um zu erfahren, was da über sie in Umlauf war, und um dazu Stellung nehmen zu können. Die Akteneinsicht wurde ihnen jedoch verweigert. Sie mussten sich auch dieses Recht wiederum jahrelang mühsam vor Gericht erkämpfen.

Doch auch der Weg dorthin war steinig: Zwischendurch hieß es plötzlich, die Akten seien verloren gegangen oder vernichtet worden. Später hat man sie dann angeblich wiedergefunden, aber man sagte sinngemäß: In bestimmte Akten dürft ihr hineinschauen, in andere nicht. Aufschlussreich ist die „Begründung", die die Behörde dafür nannte: Man könne sonst innerhalb der Amtsstuben nicht mehr frei reden, wenn man davon ausgehen müsse, dass man durch die Akteneinsicht später strafrechtlich verfolgt werden könnte ...

Gaben die Beamten damit nicht indirekt zu, dass sie in den Amtsstuben Dinge besprechen, die nicht gesetzeskonform sind? Und wurde durch die jahrelange Hinhaltetaktik etwa beabsichtigt, mögliche Straftaten von Verleumdern verjähren zu lassen?

Die später doch noch erfolgte Akteneinsicht jedenfalls hat ergeben: Es waren wie immer die gleichen kirchlichen Hetzer am Werk.

Ein riesiger Windkraft-Turm als Drohgebärde?

Im Jahr 2014 sollte dann plötzlich eine riesige Windkraftanlage direkt vor eine hochwertige Apfelanlage gebaut werden, höher als der Kölner Dom. Die Genehmigung lief in diesem Fall ausgesprochen rasch, aber sie lief an den Landwirten, die diese Apfelanlage betreiben, unrechtmäßigerweise komplett vorbei. Dabei geht von so einer riesigen Anlage nicht nur die Gefahr des Eiswurfs aus, sondern es kann auch niedrigfrequenter Schall die Gesundheit der Arbeiter beeinträchtigen – von der Lebensgefahr für dort vorkommende seltene Tierarten wie z.B. Fledermäuse oder Rotmilane ganz zu schweigen. Die Landwirte gehen gerichtlich dagegen vor, doch der riesige Betonturm steht bereits.

Im Aufsichtsrat der Firma, die dieses Monstrum errichten will, sitzt auch eine bekannte Politikerin: Monika Hohlmeier, die Tochter von Franz Josef Strauß, dessen Grabrede Kardinal Joseph Ratzinger hielt. Schon als Staatssekretärin im bayerischen Kultusministerium hatte sie die Schreckensszenarien der Sektenbeauftragten gegen die Urchristen übernommen und behauptet, sie, die Urchristen, würden sich systematisch nach außen abschotten und verfolgten „in ziemlich aggressiver Weise ökonomische und auch politische Interessen". (siehe

Kapitel 9, Seite 377) Später dann, als Kultusministerin (die zur weltanschaulichen Neutralität verpflichtet ist!) stand sie der Schule des Universellen Lebens „sehr negativ" gegenüber und bekundete, dass sie mit den Sektenbeauftragten eng zusammenarbeite. Die Schule, so brachte sie es damals zum Ausdruck, „ist uns ein Dorn im Auge".
Die Gemeinde Hettstadt, auf deren Gemarkung sich die Anlage befindet, hätte jede Menge anderer Standorte in der Nähe auswählen können. Und der adelige Großgrundbesitzer hat auf seinen ausgedehnten Flächen das Monstrum unter Missachtung aller Abstandsflächen an den äußersten Rand gesetzt – an eine Stelle, die unter dem Gesichtspunkt des Menschen- und Naturschutzes die denkbar ungeeignetste ist – nämlich direkt an der Grenze zum Land des Friedens der Internationalen Gabriele-Stiftung. Doch die Genehmigung ist derart schludrig und rechtswidrig durchgezogen worden, dass die Landwirte des Friedvollen Landes die Inbetriebnahme des bereits fertigen Turms durch ein langwieriges Gerichtsverfahren in letzter Minute noch verhindern können.

Doch der Kampf ist nicht zu Ende: Die Betreiber haben im Jahr 2017 eine neue Genehmigung beantragt. Und so muss man auch hier wieder feststellen:

Alles, aber auch alles, was aus dem Reich Gottes auf diese Erde kam und kommt für ein friedvolles Zusammenleben unter den Menschen sowie mit der Natur und den Tieren, wird von Talarträgern und ihren Helfershelfern angegriffen, um es nach Möglichkeit zu verhindern.

Auch wenn dies nicht gelungen ist und auch auf lange Sicht nicht gelingen wird – die Kräfte, die gegen den Freien Geist, gegen das Leben und die Einheit wüten, versuchen es immer wieder.

„Das Maß ist voll"

Gabrieles Wirken in Wort und Tat geschieht immer in selbstloser Liebe für Menschen, Natur und Tiere, immer für das Leben, das Gott in allem ist. Wer im Negativen verhaftet ist, kann das nicht verstehen, weil er nur entsprechend seinem momentanen Bewusstsein sprechen, handeln – und schreiben kann. Anfang Oktober 2003 erscheint in der *Main-Post* ein hämischer Artikel des Journalisten Tilman Toepfer mit der Überschrift „Wie feiert die ‚Prophetin' ihren 70. Geburtstag?" Toepfer benutzt dieses Datum jedoch nur als Aufhänger, um einmal mehr die altbekannten kirchlichen Lügenmeinungen loszuwerden, die sodann in dem Artikel wieder aufgetischt werden.

Was Gabriele betrifft, so kann man nur sagen: Jeglicher Personenkult ist ihr zuwider, und dazu zählen für sie auch Geburtstagsfeierlichkeiten. War dieser provozierende Artikel als persönlicher Tiefschlag gedacht? Sie, die die Lehre aus dem Reich Gottes gebracht hat, die Anregungen und Ideen, wird immer wieder als eine äußere „Gallionsfigur" dargestellt – um sie dann umso besser angreifen zu können.

Doch wer Gabriele kennt, der weiß, dass sie sich durch die mediale Übermacht der kirchlich beeinflussten Kesseltreiber nicht beeindrucken lässt. Sie weiß eine höhere Macht hinter sich, die ihr beisteht. Sie weiß: Das Wort kommt aus den Himmeln. Es sind Gott-Vater und Sein Sohn Christus und der Cherub der göttlichen Weisheit, die zu ihr und durch sie sprechen. Anderenfalls hätte sie angesichts des nach menschlichem Ermessen aussichtslosen Ungleichgewichts im Kampf David gegen Goliath längst den Mut verlieren müssen.

Stattdessen greift Gabriele erneut zur Feder und veröffentlicht eine Erklärung mit der Überschrift: *„Das Maß ist voll – der Krug ging lange genug zum Brunnen."* Dieser Text gibt Zeugnis davon, mit welchem Klarblick Gabriele das Treiben der berufsmäßigen Aufwiegler aus den Großkirchen analysiert.

Hier nur einige Auszüge:

Liebe Urchristen, liebe Freunde des Universellen Lebens in der ganzen Welt!
Viele von Euch wissen, dass ich meinen 70. Geburtstag hinter mir habe. Seit etwa 30 Jahren diene ich dem Ewigen als Sein Instrument. In diesen 30 Jahren hat Er, der Allmächtige, ein weltweites Werk der Gottes- und Nächstenliebe geschaffen, ein charismatisches Wertzeichen. ...
Durch kirchliche Indoktrination von der Wiege bis zur Bahre haben die kirchlichen Amtsträger viele ihrer Gläubigen weg von dem Ewigen, dem wahren Gott, geführt und somit in die Veräußerlichung gestürzt, was das heutige Bild vieler sogenannter Kirchenchristen beweist. ...

Jesus, der Christus, lehrte eine Innere Religion, die des Herzens, ohne kirchliche Hochgestellte, die sich als Götter aufspielen und sich den kirchlich »würdigen« Glanz überstülpen in Gloriolen wie »Exzellenz«, »Eminenz«, »Bischof«, »Pfarrer«, »Priester«. Die größte Verhöhnung des ewigen Gottes ist der menschliche »Heilige« Vater auf Erden – obwohl Jesus, der Christus, es anders geboten hatte, als Er z.B. sagte: ... »Auch sollt ihr niemand auf Erden euren Vater nennen; denn nur einer ist euer Vater, der im Himmel.« ...

*Die Großen füllen ihre Säckel,
der kleine Mann muss zahlen*

Durch die Veräußerlichung hielt und hält es die Kirche – die mit der Zeit nicht nur machtbesessen wurde, sondern ihre Gläubigen auch mit dem Prügel der ewigen Verdammnis in Angst und Schrecken versetzte und dadurch unter ihre Knute brachte –, wie es nun mal der Satan will. Wer dieser Kirche dient und die kirchlichen Exzellenzen und Eminenzen in Fragen des Glaubens, der Ethik und Moral zu Rate zieht und ihnen in den vordersten Rängen den Platz anbietet, der wird von der »ehrwürdigen« Allianz gefördert und befördert. Der kleine Mann, das Volk, darf Steuern zahlen, damit die »Großen« ihre Säckel füllen und sich dadurch auch immer mehr Ansehen und Macht erobern. Diese globale hinterhältige Strategie – die einen haben das Sagen, die anderen müssen schweigen und zahlen – hielt sich nahezu 2000 Jahre. Wer nicht hörig sein wollte, der wurde verleumdet, diskriminiert und dadurch mundtot gemacht oder umgebracht.
Karlheinz Deschner brachte das ganze scheinheilige Gebäude konfessioneller totalitärer Macht- und Geldhierarchie auf den Punkt. Er schrieb, und das darf man sagen: »Nach intensiver Beschäftigung mit der Geschichte des Christentums kenne ich in Antike, Mittelalter und Neuzeit, einschließlich und

besonders des 20. Jahrhunderts, keine Organisation der Welt, die zugleich so lange, so fortgesetzt und so scheußlich mit Verbrechen belastet ist wie die christliche Kirche, ganz besonders die römisch-katholische Kirche.«

Wenn es einen Gott gibt – glauben Sie, lieber Leser, dass Gott, der Vater, der Schöpfer aller Wesen und Menschen, diesem Treiben, dieser »amtskirchlichen Moral«, auf Dauer gesehen nicht widerspricht? Er, der große Geist, tat es durch Jesus von Nazareth, den größten Propheten aller Zeiten, der der Erlöser aller Seelen und Menschen ist. Er tat es durch viele erleuchtete Männer und Frauen und durch Propheten. Er bringt auch heute wieder Sein Wort, und das schon 30 Jahre lang. Durch das Prophetische Wort – denn Gott hat nicht die menschliche Sprache – klärt Er die willigen Menschen auf und hält unverblümt, mit klaren, unmissverständlichen Worten den kirchlichen Amtsträgern den Spiegel vor, vor ihre Augen der Falschmünzerei.

Der Feldzug der schwarzen Kolonne

Der wahre Gott, der Christus Gottes, Seine Lehre der Liebe, Güte und Freiheit ist den konfessionellen Falschmünzern ein Dorn im Auge. Ausgerüstet mit ihrem Einfluss auf ihresgleichen, auf Politiker, Journalisten und machthungrige Anhänger, die sich ein

Pöstchen erhofften und erhoffen, zogen und ziehen sie gegen das Wort Gottes zu Felde, gegen Urchristen und vor allem gegen mich, Sein Instrument. Die kirchlichen Obrigkeiten, deren oberstes Gebot Macht, Ansehen, Vermögen, Geld- und Goldbesitz ist, nahmen sich konfessionelle Beauftragte und benutzten für ihre gegensätzlichen Aktivitäten auch weitere kirchlich Indoktrinierte wie z. B. Politiker, Richter, Journalisten sowie all jene, die von der Lüge profitieren wollten und wollen.
Mehr als bereitwillige Unterstützung für ihr bösartiges Treiben fanden sie bei Menschen, die zunächst von dem Klima jener Betriebe angezogen worden waren, deren Verantwortliche sich zur Aufgabe gemacht hatten, die Gebote Gottes und die Lehren der Bergpredigt Schritt für Schritt zu erfüllen. Weil sie dort jedoch Anderes, Unanständiges, pflegen wollten, verließen sie diese Betriebe dann aber wieder. ...

Das ist die Welt von heute, aber nicht die hochstehende Lehre des Jesus von Nazareth, nicht Sein ethisch-moralisches Wertzeichen, das der große Geist im Universellen Leben lehrt.
Seit rund 30 Jahren ziehen die kirchlichen Obrigkeiten in Tageszeitungen, über Radio- und Fernsehteams, mit Journalisten und unter Duldung seitens der Richter gegen das göttliche Lehrwerk im Universellen Leben zu Felde ...

*Universelles Leben –
das charismatische Wertzeichen*

Wie geht die schwarze Kolonne vor? Konfessionell indoktrinierte »mittelalterliche« Experten sprechen von einem universellen »Wirtschaftsimperium«, wo Menschen – so lautet die Aussage von »Aussteigern« – »ausgebeutet« und wo Spenden »in klingende Münze« umgesetzt werden, wo Bosse ein »totalitäres Regime« führen. Weiter heißt es: Das Werk des Ewigen, das Universelle Leben, sei eine »totalitäre Sekte«, und weitere Anwürfe.
Das Maß ist voll! Der Krug ging lange genug zum Brunnen. Nach 30 Jahren Schweigen und Richtigstellen – was ganz selten eine Resonanz zeigte – beauftrage ich nun Anwälte, die Gerichte anzurufen, um die falschen Behauptungen eines mittelalterlichen Regimes aus der Welt zu schaffen.
Leider muss gesagt werden, dass auch Richter aufgrund ihrer Indoktrination dem haarsträubenden mittelalterlichen Vorgehen und den dazugehörigen Anekdoten Beifall spendeten, um das von Journalisten und von sogenannten »Aussteigern« und weiteren kirchlich Hörigen verbreitete Lügengebäude mit dem Befund »Meinungsäußerung« abzudecken.
Daraufhin heißt es dann: Man darf sagen, das Universelle Leben sei ein Wirtschaftsimperium, es sei totalitär, ja gefährlich, und in den Betrieben des

Universellen Lebens würden Menschen ausgebeutet, das Universelle Leben entmündige seine Anhänger, einige Wenige brächten andere um ihr Vermögen und ähnliches.

Wie schon gesagt: Das alles und einiges mehr darf man sagen, weil es von indoktrinierten Richtern als Meinungsäußerungen apostrophiert wurde. Doch diese »Meinungsmache« ist gelogen; die Lügen sind im Deckmantel des Begriffs »Meinungsäußerung« verborgen.

Noch einmal sei klar gesagt: Das Universelle Leben ist ein freies Werk. Es besitzt keinen einzigen Betrieb. Das Universelle Leben ist auf die Gaben der Nächstenliebe angewiesen. Es kann daher auch keine totalitäre Herrschaft ausüben, weil jeder Mensch in seinem Denken und Leben frei bleibt. So war es vom Beginn des Werkes Gottes an, und so ist es auch bis heute geblieben. Die Zuwendungen, die Spenden, werden, nach Maßgabe des Spenders, zur Verbreitung des Wortes Gottes oder für weitere Zwecke zur Förderung des göttlichen Werkes verwendet. Alle anderslautenden Aussagen sind Lügen gegen das Werk des Ewigen und gegen Menschen, die sich als Urchristen fühlen. In den ca. 30 Jahren vom Heimholungswerk Jesu Christi bis zum Universellen Leben heute hat sich kein Mensch am Gotteswerk bereichert. Die Aussagen über Bereicherung am Werk des Herrn sind Projektionen kirchlicher Anhänger auf das Universelle Leben, weil es in den oberen Rängen der Institutionen Kirche so gehalten wird. ...

Wie zu Beginn gesagt, ich bin nun 70 Jahre geworden und möchte das charismatische Wertzeichen, das große Geschenk Gottes an die Menschen, ohne den schmutzigen Mantel der Lüge – so, wie das Werk des Ewigen in Wahrheit geblieben ist, frei und auf das Wort Gottes und die Nächstenliebe bezogen – als Vermächtnis an wahre Urchristen weitergeben. Das Universelle Leben ist wahrlich ein charismatischer, göttlicher Schatz von unsagbarer Bedeutung für die Menschen, die Gott in Jesus, dem Christus, lieben gelernt haben und lieben lernen. Solange ich im Zeitlichen lebe, werde ich diesen himmlischen Schatz verteidigen. Gott wird mir beistehen.

Ich klage die Lügner im »Gewand« des Rufmordes an. Anwälte werden weltliche Gerichte anrufen, um die Ungeheuerlichkeiten, Böswilligkeiten und Lügen, die sich hinter Meinungsäußerungen« verbergen, aufzudecken. Ich rufe alle wahren Urchristen auf, diese Schritte zu unterstützen. Ich wiederhole: Über Anwälte rufen wir die Gerichte an. Wir wollen nicht, dass Recht gesprochen wird – wir wollen Gerechtigkeit. Beten wir, dass es noch Richter mit klarem

Verstand gibt, die nicht unter die Apostrophierung „Vernebelung durch Indoktrination" fallen. ...

Liebe Urchristen, liebe Freunde des Universellen Lebens in der ganzen Welt, dies war nur ein kleiner Ausschnitt aus fast 30 Jahren Lügen, Diskriminierung und mittelalterlichen Hetztiraden gegen Männer, Frauen und Kinder. ...

In der Gottes- und Nächstenliebe verbunden
Gabriele

Richter unter kirchlicher Beeinflussung

Wie angekündigt, beauftragten daraufhin Vertreter des Universellen Lebens Anwälte, die nicht dem Universellen Leben nahestehen, vor Gericht den Versuch zu machen, der *Main-Post,* stellvertretend für andere Zeitungen, wenigstens einige der gängigsten lügenhaften Verdrehungen untersagen zu lassen. Dies scheiterte jedoch nach zwei Jahren Prozessführung unter anderem daran, dass das Oberlandesgericht Bamberg bereits die „Aktivlegitimation" des Vereins Universelles Leben verneinte. In normales Deutsch übersetzt: Die Richter stellten sich auf den Standpunkt: Der Verein Universelles Leben, der nur eine begrenzte Anzahl von

Mitgliedern hat (er wurde auch nur gegründet, weil für bestimmte rechtliche Abläufe nun mal eine juristische Person vonnöten ist), könne nicht für die Glaubensgemeinschaft Universelles Leben insgesamt sprechen.

Wenn Sie, liebe Leserin, lieber Leser, nun den Kopf schütteln und in sich hineinsprechen: „Das verstehe ich nicht!" – dann liegen Sie goldrichtig. Es ist mit Händen zu greifen, dass dies eine an den Haaren herbeigezogene juristische Ausflucht ist, um nicht über die inhaltliche Berechtigung der Klage näher nachdenken zu müssen. Zahlreiche Gerichte zwischen Hamburg und Passau sehen dies übrigens anders und haben die sogenannte „Aktivlegitimation" nicht in Frage gestellt.

Gabriele hat ja in ihrer Erklärung bereits angedeutet, dass viele Richter befangen sind. Weshalb wurde diese Aktion dennoch durchgeführt?
Weil bei solchen Aktionen nicht der vordergründige Sieg entscheidend ist – entscheidend ist der Gewinn, der oft erst auf den zweiten Blick erkennbar ist. Dieser Gewinn kann zum Beispiel darin bestehen, dass der eine oder andere, der von solchen Prozessen hört oder liest, sich darüber Gedanken macht, ob hier nicht tatsächlich einer urchristlichen Minderheit übel mitgespielt wird. Oder darin, dass

die Journalisten der *Main-Post* und auch deren damaliger Verleger, der Holtzbrinck-Verlag, mit ihrem eigenen Verhalten konfrontiert werden. Oder darin, dass der „Fluchtreflex" der Richter aufgedeckt wird.

In ihrem Buch *„Die kirchliche und staatliche Gewalt und die Gerechtigkeit Gottes"* schreibt Gabriele dazu:
Durch persönliche Erfahrungen und Analysen kamen viele Urchristen zu der Überlegung, dass ein nur geringer Teil der katholisch und lutherisch getauften Richter sich nicht dem kirchlichen Diktat unterordnet. Es entsteht der Eindruck, dass es leider wenige katholische und lutherische Richter gibt, die sich klar und ohne Beeinflussung, sei es von den Kirchen oder von katholisch und lutherisch geprägten Ministern und Abgeordneten, ihr eigenständiges Urteilsvermögen erhalten haben, so dass sie den von der Kirche angeschwärzten, missliebigen konfessionsfreien Kläger nicht nach kirchlichem Wunsch mit „Meinungsäußerung ist erlaubt" abspeisen, ihn somit nicht brandmarken und folglich weiteren Verunglimpfungen und Schmähungen preisgeben. (S. 38)

Trotz dieser ungünstigen Ausgangslage und geringer Erfolgsaussichten haben die Nachfolger des Jesus von Nazareth im Verlauf der Jahre immer wieder ihre Rechte als Staatsbürger wahrgenommen

und haben versucht, vor Gericht der Diskriminierung und Ausgrenzung durch Kirchenfunktionäre und deren Helfershelfer entgegenzutreten.
Von den Medien wurden sie deshalb gerne als „prozessfreudig" verschrien – obwohl sie sich damit genau an den Rat des Jesus von Nazareth hielten, wie er in der Bibel der Kirchen überliefert ist:

Wenn dein Bruder sündigt, dann geh zu ihm und weise ihn unter vier Augen zurecht. Hört er auf dich, so hast du deinen Bruder zurückgewonnen. Hört er aber nicht auf dich, dann nimm einen oder zwei Männer mit, denn jede Sache muss durch die Aussage von zwei oder drei Zeugen entschieden werden. Hört er auch auf sie nicht, dann sag es der Gemeinde. Hört er aber auch auf die Gemeinde nicht, dann sei er für dich wie ein Heide oder ein Zöllner. (Mt 18, 15-17)

Die „Gemeinde" – das ist in diesem Fall der Staat mit seinen Gerichten. Nur dass heute auch der Staat und seine Richter häufig selber wie „Heiden und Zöllner" sind, weil sie sich von den Kirchen beeinflussen und gängeln lassen.
Dennoch muss dieser Schritt versucht werden – zum einen, damit niemand sagen kann, er habe von nichts gewusst. Und zum anderen: Wer weiß, ob nicht alles viel schlimmer wäre, wenn sich die

Nachfolger des Jesus von Nazareth nicht durch die Gerichtsverfahren, die sie anstrengten, zumindest hier und da einen gewissen Respekt verschafft hätten?

Auch Jesus von Nazareth ließ nicht einfach alles stumm über sich ergehen. Er fragte den Knecht des Hohenpriesters: „Warum schlägst du Mich?"

Auch wenn die Masse der Menschen, wie Gabriele in ihrem Buch „Die kirchliche und staatliche Gewalt und die Gerechtigkeit Gottes" schreibt, *„ihre Verantwortung der Priesterkaste übergeben"* hat (S. 168) – immer mehr Menschen auf der gesamten Erde erfassen heute, welch unschätzbares Geschenk Gott, der Allgütige, uns Menschen gemacht hat, indem Er uns die Tochter aus Seiner Herzkammer, den Seraph der göttlichen Weisheit, Gabriele, auf die Erde gesandt hat. Trotz aller Angriffe der Widersacher Gottes gegen das Werk des Herrn und die Wortträgerin Gottes, Gabriele, die unter dieser Boshaftigkeit all diese Jahre schwer zu leiden hatte – die Gegenspieler Gottes haben diesen Kampf verloren.

Christus ist der Sieger

Auch wenn der Menschheit aufgrund der Wirkungen der äonenlangen Abkehr von Gott noch schwere Zeiten bevorstehen – Christus, der Mitregent der Himmel, ist der Sieger, denn Er ist der Friede, der Weg, die Wahrheit und das Leben. Seine Lehre ist schlicht – es ist die Gottes- und Nächstenliebe an Mensch, Natur und Tieren –, und Er ist mit Gott, unserem ewigen Vater, der Freie Geist, Gott in uns, der jedem beisteht, der sich Ihm in seinem Inneren zuwendet.

Gabriele, die Prophetin Gottes, Seine Gesandte in dieser unserer Zeit, ist die göttliche Weisheit, inkarniert in dem Menschen Gabriele, um aus dem Reich Gottes hier auf der Erde für Gott, den Ewigen, zu wirken, um Seine Botschaft der Liebe, der Freiheit und der Einheit allen suchenden Menschen zu bringen. Gott, unser aller ewiger Vater, möchte nicht, dass Seine Menschenkinder leiden, dass sie im Menschenwerk der äußeren Religionen verhaftet bleiben, in Dogma und Kulthandlungen, gar in der Angst vor einer angeblichen ewigen Verdammnis. Er möchte, dass wir zu Ihm finden, zu dem Freien Geist – Gott in uns – und zeigt uns durch Seine Prophetin Gabriele den Weg zurück in unsere ewige Heimat, in die Himmel, von der wir einst ausgegangen sind.

Wie nie zuvor in der Geschichte der Menschheit bringt Gabriele die allumfassende Wahrheit aus dem Reich Gottes für alle suchenden Menschen – über die großen kosmischen Zusammenhänge, den Aufbau der ewigen Seinsschöpfung, über die Einheit allen Lebens, über den Sinn und Zweck des Erdenlebens und den Weg der Seele in die ewige Heimat – und insbesondere die Wahrheit über Gott:

Gott ist ewige Liebe. Er ist der ewig Eine, immer Derselbe, unwandelbar, der eine Gott, der keine Unterschiede macht, sondern alle Seine Kinder gleich liebt – keine Seele ist verloren. Seit dem Fall wirkt Er durch Seine Propheten, in denen hohe Wesen aus dem Reich Gottes inkarniert sind, um Seine Menschenkinder aufzuklären, um sie zu warnen, um ihnen den Weg zu einem erfüllten Leben in Liebe, Freiheit, Einheit und Frieden zu zeigen – um uns alle heimzuholen.

All das und weit mehr an Liebe und Weisheit trägt Gabriele in sich – und musste erleben, wie die Amtskirchen gegen sie und gegen das ewige Wort der Liebe aus dem Reich Gottes ein ständiges Trommelfeuer an Hetzattacken abfeuerten, wie durch die Rufmordkampagnen der Amtskirchen vielen Menschen das ewige Wort Gottes, Seine Botschaft der Freiheit und der Liebe, auch heute vorenthalten wurde – so, wie die Priesterkaste zu allen Zeiten versuchte, das Prophetische Wort zum Schweigen zu bringen und die Menschen davon abzuhalten, zu dem Freien Geist – Gott in uns – zu finden.

Dass Gabriele all dies ertragen hat und gleichzeitig das große, weltweite Christus-Gottes-Werk aufbauen konnte, ist eine übermenschliche Leistung, die nur jemand vollbringen kann, der in Gott lebt und Ihm aus selbstloser Liebe die unverbrüchliche Treue hält.

Mittlerweile durchschauen mehr und mehr Menschen die Machenschaften der Priesterreligionen und wenden sich Gott in Freiheit zu, ohne Amtsinhaber, Kulte, Zeremonien und dergleichen.
Durch Gabrieles unermüdliches Wirken, um den Menschen die Botschaft der Gottes- und Nächstenliebe nahezubringen, finden heute Millionen von Menschen auf der ganzen Welt zu dem nahen Gott, dem Freien Geist – Gott in uns – und zum Inneren Weg der Liebe und des Friedens im messianischen, sophianischen Zeitalter.

Anhang

Offener Brief an Politiker und Mitglieder des Deutschen Bundestages

Sehr geehrte Damen und Herren,

als Politiker mit einem Bundestagsmandat haben Sie versprochen, für die gute Deutsche Verfassung und für das Recht in diesem Land einzutreten und dafür Sorge zu tragen, dass alle Gesetze unseres freien, demokratischen Staates eingehalten werden. Dazu gehört auch der Schutz aller Menschen gegenüber den Bestrebungen von totalitaristischen Glaubensorganisationen, alle anderen als die eigene Überzeugung auszumerzen. Für diesen Schutz steht Art. 4 des Deutschen Grundgesetzes, in dem gewährleistet wird: „Die Freiheit des Glaubens, des Gewissens und die Freiheit des religiösen und weltanschaulichen Bekenntnisses sind unverletzlich."
Als Politiker und Mandatsträger haben Sie versprochen, dafür Sorge zu tragen, dass dieses Recht unter keinen Umständen verletzt wird.
Anlässlich des nun vorliegenden Buches von Matthias Holzbauer, welches die Geschichte der Grausamkeit von Kirche und Staat sowie die Verfolgung, Diskriminierung und Ausgrenzung von Gabriele, der Prophetin und Botschafterin Gottes in unserer Zeit, dokumentiert, frage ich Sie:

Wo waren Sie in den nunmehr über 40 Jahren von Gabrieles Wirken, und wie haben Sie Gabriele geschützt und ihr zu ihrem verfassungsmäßigen Recht verholfen, als sie von den Großkirchen in Deutschland öffentlich angegriffen, verleumdet und diskriminiert wurde? Sie haben doch versprochen, die Bürger dieses Landes und damit auch Gabriele vor derartigen Übergriffen zu beschützen.

Gabrieles Name und ihr Werk kann Ihnen als Politiker in Deutschland nicht entgangen sein, da doch Gabrieles Werk für Millionen Menschen auf allen Kontinenten dieser Erde zu einem Wertzeichen, zum Begriff für Freiheit und Gerechtigkeit geworden ist, zur Offenbarungsquelle des Freien Geistes, des Christus-Gottes-Geistes in unserer Zeit.

Und wenn Sie Christ sind, was ich bei den meisten von Ihnen annehmen darf, dann müssen Sie doch auf dieses Ereignis vorbereitet gewesen sein, denn es war Ihnen ja – wie in jeder Bibel nachzulesen ist – von Jesus von Nazareth angekündigt worden, dass der Tröster, der Freie Geist, kommen würde. Warum haben Sie, als nun eintrat, was vorhergesagt wurde, als Christ nicht erfüllt, was Ihnen geboten gewesen wäre, nämlich diese integre, schlichte Frau, Gabriele, vor den Übergriffen katholischer und evangelischer Intoleranz zu schützen?

Wie kein Zweiter ist Gabriele in unserer Zeit weltweit für die Freiheit aller Menschen eingetreten und hat ihnen allen einen Weg bereitet, um ein von dogmatischen Zwängen befreites christliches Leben führen zu können, so, wie es alle wahren Propheten Gottes seit Abraham, einschließlich des größten Propheten aller Zeiten, Jesus von Nazareth, getan haben.

Allein aus diesem Grund wurde Gabriele von der katholischen und evangelischen Kirche in Deutschland angegriffen und mit der ganzen Medienmacht des 20. und 21. Jahrhunderts verfolgt, bis hin zum Rufmord. Sie haben doch versprochen, derartige Ausgrenzung, Diskriminierung und Verfolgung, die schlimmste Erinnerungen an das Mittelalter wachrufen, in unserer Zeit zu verhindern. Warum haben Sie das nicht getan?

Allein aus Glaubensgründen wurde Gabriele von den professionellen Menschenverfolgern der katholischen und evangelischen Kirche, die das skurrile Kirchenamt der sogenannten „Sektenbeauftragten" bekleiden, im Auftrag und nach der verbindlichen Doktrin ihrer dogmatischen Religionen über 40 Jahre bekämpft und verfolgt. Die Kirche beansprucht für sich, in krassem Gegensatz zu unserer demokratischen Verfassung, alles ausmerzen zu dürfen, was ihrem kirchlichen Glauben widerspricht. Insoweit sind die Amtskirchen nur ihren Dogmen und Kirchengesetzen treu geblieben und haben damit bewiesen, dass sie immer noch dieselben sind wie im Mittelalter, als sie Scheiterhaufen für Andersgläubige entfachten.

Das Ausmerzen von Andersdenkenden durch Folter und Scheiterhaufen ist heute nicht mehr möglich, aber das Feuer des Rufmordes konnten sie immer noch schüren.

Im Gegensatz dazu haben Sie jedoch versprochen, das zu verhindern. Warum sind Sie nicht eingeschritten? Warum haben Sie dem Deutschen Grundgesetz nicht Geltung verschafft und Gabriele, die Prophetin Gottes in unserer Zeit, vor den Übergriffen der Intoleranz bewahrt?

Ich kann es nur als Ihr Versagen anschauen, dass Sie dem, was sich in Deutschland in den zurückliegenden vier Jahrzehnten diesbezüglich abgespielt hat, tatenlos zugesehen haben.

Schämen Sie sich nicht, wenn jetzt in dem Buch von Matthias Holzbauer die Wahrheit auch über Ihr Versagen gegenüber Gabriele an den Tag kommt? Womit wollen Sie sich entschuldigen? Etwa damit, dass der Reiter „Kirche" das Ross „Staat" immer noch zu fest im Zaum hält?

Diese Frau steht alleine für den Christus Gottes in dieser Welt, ohne die Milliarden, die unser Staat den Kirchen in Deutschland immer noch Jahr für Jahr schenkt. Gabriele hätte zwar keine Staatsgeschenke angenommen, wenn sie offeriert worden wären, aber das Mindeste, was man von Ihnen als Politiker hätte erwarten können, wäre der Schutz Gabrieles mit dem Deutschen Grundgesetz gewesen, so, wie es jedem deutschen Bürger zusteht.
Für Sie als Politiker ist es absolut beschämend, dass Sie dem allen tatenlos zugesehen und Augen und Ohren verschlossen haben, als Gabriele von den Kirchen verfolgt wurde. Es ist eine Schande für die Politiker unseres Landes, dass sie diese Frau so schmählich im Stich gelassen haben.

Sie hat der Verfolgung standgehalten, weil sie Gott nicht abgeschworen hat – deshalb wurde sie verfolgt.

Alfred Schulte

Zu diesem Thema erreichten den Autor noch weitere Briefe, die hier auszugsweise wiedergegeben sind:

In einer TV-Sendung hörte ich Details darüber, wie sich auch Politiker fast aller Parteien in Deutschland und auch in meinem Herkunftsland Österreich an der Hetzjagd auf die Prophetin Gabriele und auf die Glaubensbewegung der Urchristen im Universellen Leben beteiligt haben, wie sie einfach nachgeplappert haben, was Kirchenvertreter, sogenannte „Experten" an Meinungen und Behauptungen über sie in die Welt gesetzt haben.

Besonders empört hat mich, dass sogar die aufrüttelnde Stellungnahme von Professor Lazarovits, einem ehemaligen KZ-Häftling und jüdischem Mitbürger aus Ungarn, offenbar ungehört verhallte. Er schrieb aus eigener leidvoller Erfahrung etwas, das eigentlich selbstverständlich sein solle, es aber offenbar auch im 21. Jahrhundert nicht ist: dass man Menschen nicht wegen ihrer religiösen Überzeugung anfeinden und kollektiv schlechtmachen dürfe: „Damals waren es ‚nur' die Juden, heute sind es ‚nur' die ‚Sekten' – wo ist der Unterschied?". Gerade die Politiker müssten doch wachsam sein für die Menschenrechte und die Gerechtigkeit im Land, und nicht aus Angst vor der „ewigen Hölle" sofort einknicken, wenn sie einen Priestertalar auch nur von weitem sehen.

Walter Weber

Die TV-Sendungen zum Thema „Die Verfolgung der Prophetin Gottes und der Nachfolger des Jesus von Nazareth" haben mich tief beeindruckt. Den größten Skandal finde ich, dass es noch im 20. und 21. Jahrhundert möglich war, dass Gabriele so verunglimpft und ausgegrenzt werden konnte, eine Frau, die nur Gutes für die Menschen vollbracht hat und vielen Menschen so viel Hilfe, Hoffnung und eine wahre Lebensperspektive gebracht hat – Menschen, die sich von Gott entfernt hatten, weil sie mit dem grausamen kirchlichen Gottesbild nichts anfangen konnten. Und diese Frau wird dann in aller Öffentlichkeit heruntergemacht, und zwar nicht nur von Kirchenvertretern, die von ihren Religionskonzernen dafür bezahlt werden, dass sie unschuldige Menschen verhöhnen und bösartige Unwahrheiten über sie verbreiten. Von denen ist man es ja gewohnt! Nein, auch von den Behörden, den Politikern, den Medienvertretern, die doch eine Verantwortung haben, die Verfassung zu achten. Die Politiker sind sich nicht zu schade, diese Religionskonglomerate mit vielen Milliarden pro Jahr zu subventionieren, obwohl sie doch steinreich sind. Und wofür? Dass sie dann Menschen mit Lügenparolen überziehen, nur weil sie anders glauben? Dass ich so etwas mit meinen Steuergeldern auch noch ungefragt unterstützen muss, das finde ich unfassbar!

Elena dell'Eva

In Spanien wurde die Staatskirche 1978 abgeschafft, Deutschland schon 1919. Und doch habe ich den Eindruck, es gibt sie hier in Deutschland noch, und zwar gleich doppelt: Zwei Staatskirchen, die sich zwar nicht so nennen, aber den Staat und die Politiker ganz schön unter der Fuchtel haben. Nach außen hin tun die Politiker unabhängig – aber wenn es darum geht, „Häretiker" zu diskriminieren, dann kuschen sie fast alle und geben die Bühne frei für die „moderne" Inquisition. Damit hatten wir in Spanien ja reichlich Erfahrung – aber die Täter in den schwarzen Talaren scheinen heute wieder da zu sein, nur mit etwas anderen Methoden. In dem Buch „Das Kettenopfer" kann man nachlesen, dass das schon seit Jahrtausenden so geht: Priester gegen Propheten. Traurig ist nur, dass die herrschenden Politiker das bis heute offenbar nicht durchschauen – oder nicht durchschauen wollen. Wovor haben sie Angst?

Itxaso Diego

Lesen Sie auch:

Das Kettenopfer

Matthias Holzbauer
Dieter Potzel
Alfred Schulte

Übelste Verfolgung mit den Mitteln der jeweiligen Zeitepoche - Diffamierung, Ausgrenzung, Folter, Mord; heute Rufmord - das ist das Los aller Gottespropheten und -prophetinnen, bis in unsere Zeit.

Gott, der Ewige, spricht durch Seine Propheten - und die Priesterkaste geht unerbittlich gegen Seine Gesandten und gegen Sein Ewiges Wort vor.

Dieses Buch zeigt auf, welche Opfer gottergebene Menschen immer wieder bringen mussten, die im Auftrag des Ewigen in Demut, Bescheidenheit und geistiger Vollmacht ihren Brüdern und Schwestern auf der Erde das ewige Wort aus dem Reich Gottes brachten. Es ist ein „Kettenopfer": Ein Opfer nach dem anderen reiht sich, gleich den Gliedern einer Kette, in das Verfolgungsschicksal ein, das ihm von der Priesterkaste aufgezwungen wurde; Opfer um Opfer für Gott, für Seine Lehre der Gottes- und Nächstenliebe, der Freiheit – Gott in uns – und für die Rückführung aller Seiner Kinder in das ewige Vaterhaus.

ca. 480 S., geb., Best.-Nr. S 473, ISBN 978-3-89201-959-6

**Auch als DVD-Reihe -
fordern Sie unser Gesamtverzeichnis an.**

Die kirchliche und staatliche Gewalt und die Gerechtigkeit Gottes

Gabriele

Warum gibt es auf der Erde keine Gerechtigkeit? Wie christlich ist das „christliche" Abendland? - Mit Fakten und klaren Analysen der scheinbaren „Gegebenheiten", die oftmals nicht mehr hinterfragt werden, weil „es schon immer so war", regt Gabriele zum eigenen Nachdenken und Eforschen an.

208 S., geb., Best.-Nr. S 370, ISBN 978-3-89201-200-9, Euro 9,80

Die Rehabilitation des Christus Gottes

Martin Kübli, Dieter Potzel, Ulrich Seifert

Der Christus Gottes wurde und wird von konfessionellen Machtstrukturen auf schändlichste Weise in Misskredit gebracht. Dieses Buch deckt den Etikettenschwindel mit dem Namen „christlich" auf ebenso wie die Schandtaten, die unter Missbrauch Seines Namens begangen wurden und werden, mit verheerenden Folgen für die Menschheit und für die gesamte Erde.

Erfahren Sie mehr über: Gewalt, Kriege und Verbrechen unter dem Deckmantel „christlich" – kirchliche Dogmen – die Abgründe der Lehre des Martin Luther – Missachtung und Unterdrückung der Frau – den Missbrauch von Kindern durch Kleriker – das Verbrechen an der Schöpfung ...

708 S., geb., Best.-Nr. S 469, ISBN 978-3-89201-437-9, Euro 19,90

Vegetarier - gottlose Ketzer?

Was Fleischesser und Vegetarier gleichermaßen wissen sollten

Ulrich Seifert

Übermäßiger Fleischkonsum ist ein schwerwiegendes Problem: Dem Menschen bringt er Übergewicht, Herzerkrankungen und weitere Krankheiten. Den Tieren bereitet er unsägliche Quälereien in der Massentierhaltung und einen grausamen Tod im Schlachthof. Zurück bleiben abgeholzte Regenwälder, vergiftete Böden und Gewässer - und ein Planet Erde, der direkt in die Klimakatastrophe getrieben wird.

Wer hat uns das eingebrockt? Wer den Blick schärft, findet *den* Berufsstand, der schon vor Jahrhunderten den Grundstein für die brutale Missachtung des Lebens gelegt hat - und diese „Tradition" bis heute hoch hält ... Der Autor hat eine Fülle kaum bekannter Zusammenhänge und Fakten recherchiert. Er appelliert an die Leser: „Schaut nicht weg! Schaut hin, was mit den Tieren gemacht wird!"

144 S., kart., Best.-Nr. S 463, ISBN 978-3-89201-345-7. Euro 12,90

Gerne übersenden wir Ihnen unser Buch-, CD- und DVD-Verzeichnis sowie Gratis-Leseproben zu vielen Themen.

Gabriele-Verlag Das Wort
Max-Braun-Str. 2, 97828 Marktheidenfeld
Tel. 09391/504135, Fax 504135
www.gabriele-verlag.com